인간관계와 의사소통

안권순 · 이정순 공저

HUMAN RELATIONSHIPS AND COMMUNICATION

학지사

머리말

살아가면서 인간관계 때문에 한 번이라도 고민해 보지 않은 사람은 없을 것이다. 특히나 사람들이 한곳에 모여 어우러져 살아가야 하는 현대인들이라면 더욱 그러하다. 이마누엘 칸트(Immanuel Kant)는 모순된 인간의 면모에 대해 "인간은 자율적인 이성을 지닌 존재자이지만 이에 못지않게 감성적 한계에 매여 있는 존재자"라고 규정했다. 즉, 인간관계는 처음부터 갈등을 이미 내포하고 있고 모든 인간관계는 시간이 지나면서 크고 작은 갈등이 생길 수 있다.

인간은 사회적 동물로서 우리 삶에서 인간관계는 중요한 역할을 한다. 하지만 때로는 서로 다른 개인차와 가치관 등으로 인하여 갈등이 발생하거나 의사소통의 오해로 인해 문제가 생길 수도 있다. 이러한 인간관계에서 발생하는 문제를 해결하고 건전한 관계를 형성하기 위해 효율적인 인간관계의 원리와 이론을 적용하는 것은 매우 유용하다.

인간관계와 의사소통은 우리 일상생활에서 중요한 부분을 차지하며, 성공적인 상호작용은 개인 및 직업적 성공에 중요한 영향을 미친다. 인간이란 사회적 존재로서 사회 속의 많은 이해관계 집단이나 조직과의 상호관계를 통하여 활동하고 있다. 인간관계에서 의사소통은 인간이 생존과 바람직한 사회생활을 영위하기 위해 외부적으로 나타내는 의사표시이며 가장 필수적으로 가지고 있어야 하는 능력이다.

좋은 인간관계는 상호 존중, 이해, 지지, 소통, 협력 등의 원칙을 기반으로 형성되므로, 서로에게 영향을 미치며 풍요로움과 만족감을 제공하기 위한 내용들로 이 책을 구성하려고 하였다.

이 책은 전체 12장으로 인간관계의 이해, 갈등, 적응 및 부적응과 인간관계, 친구와 인간관계, 연애와 인간관계, 사랑과 인간관계, 가족과 인간관계, 직업과 인간관계, 대화와 인간관계, 의사소통과 인간관계, 의사소통장애와 진단평가, 인간관계와 다양한 커뮤니케이션, 인간관계 개선 전략으로 구성되어 있다.

책을 집필하면서 나름대로 노력을 했으나 여전히 미진한 부분도 보여 아쉬운 마음이 든다. 이 책의 미진한 부분은 수정과 보완을 통해 완성되도록 독자 여러분의 격려와 질책을 부탁드린다.

2025년

저자 일동

차례

제6장

가족과 인간관계

제7장

직업과 인간관계

제8장

대화와 인간관계

제9장

의사소통과 인간관계

제10장

의사소통장애와 진단평가

제11장

인간관계와 다양한 커뮤니케이션

제12장

인간관계 개선 전략

제1장

인간관계의 이해

1. 인간이란

1) 인간의 본질

인간의 본질에 대한 물음은 무엇이 인간을 동물들로부터 구별시켜 주는가에 대한 것일 수 있다. 인간이라는 생물 종이 가지는 종차(種差)에 대한 질문은 인간이 다른 동물들과 구별되는 차이가 분명하고 우리를 설득시켜 줄 수 있을 만한 그런 특징에 대한 것일 수 있다. 즉, 인간이란 '스스로를 묻는 존재'라는 사실에서 출발한다. '나는 도대체 누구인가?', '내가 산다는 것은 무엇을 의미하는가?' 자신의 존재 이유, 삶의 의미, 자기의 정체성 등을 물을 수 있는 것은 모든 존재 가운데 인간밖에 없다. 그러므로 우리가 '인간적'이라고 인정할 수 있는 식별 근거는 다른 동물들로부터 구별되는 차이성의 증거여야 할 것이다.

그렇다면 과연 무엇이 일리 있는 증거로서 인정받을 수 있을까? 우리는 인간을 '사회적 동물'이라 부른다. 인간이 사회적 동물이라는 명제는 인간이 무언가를 위해서 '모이는 존재'라는 사실과 인간은 '함께-있음' 속에서만 생존할 수 있고, 유일한 삶의 형식을 통해서만 존재할 수 있듯이 인간은 결코 혼자서는 살 수 없다.

찰스 다윈(Charles R. Darwin, 1809~1882)이 『종의 기원(The Origin of Species)』(1859)을 발표한 이후 인간에 대한 이해는 새로운 방향으로 나아갔다. 그 이전까지 인간은 동물과는 현저히 다른 우월한 지위를 가진 존재로 이해되었지만, 다윈 이후 인간은 동물의 한 종으로 새롭게 이해되기 시작하였다. 다윈 이후 모든 학문과 종교, 윤리와 미학, 심지어 문화와 사회적인 것까지 새롭게 규정하고 정의해 가는 양상을 보여 준다(신승환, 2010).

따라서 인간이 무엇이냐는 물음은 여러 관계 속에서 그 해답을 찾아낼 수 있다. 인간은 동물이므로 동물과 비교해 보는 것(생물학적 인간학)도 가능하고, 인간을 인간 그 자체로서 연구하는 것(이성적 인간학)도 가능하며, 인간은 욕망의 만족을 추구하면서 전적으로 생물학적 수준에서 삶을 영위할 수도 있지만, 자연을 능가하는 정신으로 살아갈 수도 있다. 인간의 본성에 대한 다양한 해석이 상호 배타적이지 않은 까닭이 여기에 있다. 그러므로 인간이란 무엇인가에 대한 올바른 대답은 어느 하나의 극단을 피하는 종합에서 발견할 수 있고, 인간은 동물이기에 동물로 살아갈 수밖에 없지만, 폭넓은 사회적 관심을 가진 책임 있는 존재로도 살아갈 수 있다.

따라서 인간은 자신을 규정하기보다는 자유로운 개방된 존재로서 자신을 규정해 간다는 사실은 인간학적 탐구가 본질 탐구에 머물지 않고 나아가 인간의 자기실현과 자기완성이라는 새로운 차원의 인간학적 과제를 안고 있음을 시사한다.

2) 인간의 기원

'인간이란 무엇인가?'는 우리가 철학의 이해를 통해 답을 얻고자 하는 질문들 가운데 중요한 하나이다. 시대적 구분에 따라 크게 세 가지로 이에 접근해 볼 수 있다.

[그림 1-1] 인간의 기원

출처: 안권순(2023).

첫째, 고대, 중세 철학자들 대부분이 받아들였던 '인간은 이성적 동물이다.'라는 것이다. 소크라테스(Socrates)를 시작으로 당시 철학자들은 인간이 모든 다른 생물들과 동일하게 '생명의 원리'인 영혼을 지니고 있지만, 특별히 '사고 능력'을 담당하는 지성적 영혼을 지니고 있다는 점을 강조한다. 이러한 맥락에서 모든 인간은 동일한 영혼을 소유하고 있으며, 몸에 의해 '나'와 '타자'가 구분되는 것으로 여겨진다. 바로 이것이 아리스토텔레스(Aristoteles)의 인간에 대한 이해이다.

둘째, 정념(Passions), 감정, 감성을 내세우는 근대철학자들의 이론이다. 이들에게서 이성은 참과 거짓의 구별 능력 혹은 계산, 추리하는 능력으로 제한된 의미를 지닌다. 데카르트(Descartes)는 사실 인간의 본성을 정념의 문제로 다룬다. 그에게서 '생명의 원리'로서의 영혼의 본질은 '생각하는 것'으로 바뀌며, 생명의 원리는 몸의 '심장'에 부여된다. 이때 '생각하다'는 단지 '반성작용'만이 아니라 감성까지 포함하는 넓은 의미로서, 결국 '의식'을 말한다. 의식의 철학이 시작된 것이다. 인간은 세계 그리고 '자아'에 대해 의식하는 존재로 세워진다. 근대철학자들에게서 인간에 대한 이해는 지성, 이성, 감성, 기억, 상상력 등의 정신 능력에 대한 논의를 통해 보다 구체적으로 전개된다.

셋째, 인간의 본성 자체를 부정하는 현대 실존주의이다. 니체(Nietzsche)에 의해 시작된

고전철학에 대한 반론은 생철학(Lebensphilosophie)을 거쳐 실존주의로 이어지는데, 실존주의자들은 인간이 '실존'한 '후'에 각자 자신의 '본질'을 만들어 가는 존재라고 간주한다. 이들 가운데 특별히 키르케고르(Kierkegaard)는 각 개인이 삶의 여러 길 가운데 하나를 완전히 의식적으로 선택하고 그에 따르는 책임을 질 수밖에 없다고 믿었는데, '신 앞에 선 단독자'로서의 개인을 중시한다. 그리고 사르트르(Sartre)는 인간이 하나의 실존임을 밝히고 도구와 달리 실존은 본질에 앞선다고 주창했다. 신을 거부하며 인간은 자신의 뿌리까지도 뽑아 버릴 수 있는, 즉 자신을 무(無)화시킬 수 있는 자유로운 존재라고 파악한다.

아울러 현대 시대를 사는 우리는 앞의 철학자들 덕분에 '인간이란 무엇인가?'라는 질문에 매우 다양한 답을 고려해 볼 수 있다. 어떤 답을 하는가는 각자의 몫이다. 이처럼 인간을 규명하기 위해 소크라테스 이후 수많은 철학자가 사유(思維)해 왔고, 생물학적, 철학적, 심리학적, 인류학적, 다방면에 걸쳐 인간 존재의 규명과 정의를 시도해 보았지만, 그 어느 것도 인간 존재 규명에 대한 명쾌한 답변을 제공하지 못했다.

2. 인간의 삶, 행동과 마음

1) 인간의 삶

삶의 의미는 무엇일까? 어떻게 삶의 목적, 성취, 만족을 찾아낼 수 있을까? 과연 영원히 중요한 것을 이루어 낼 수 있을까? 수많은 사람이 끊임없이 이러한 질문들을 해 왔다. 그들은 나중에 자신의 삶을 돌아보면서 성취하려고 한 모든 것을 이루었지만 왜 인간관계에는 금이 가고 삶이 허무하게 느껴지는지 의아해한다. 한 운동선수가 최고 정점에 오르게 되었을 때 한 사람이 물었다. 처음 선수 생활을 시작했을 때 누군가가 해 주었으면 좋았을 말은 무엇이었냐고 말이다. 그는 이렇게 대답했다. "정상에 오르면 거기엔 아무것도 없다는 것을 말해 줬다면 좋았을 거예요." 이처럼 목표를 이루고 나면 시간이 지난 후에는 공허한 결과를 가져오곤 한다.

인본주의 문화에서는 사람들이 자신이 추구하는 것들로 삶의 의미를 찾을 수 있다고 생각한다. 그들이 추구하는 것은 사업의 성공, 부, 좋은 인간관계, 성관계, 오락, 그리고 선행 등이다. 그런데 사람들은 그들이 추구하는 것들, 즉 부(富), 인간관계, 그리고 쾌락을 얻고 나서도 그들 깊은 내면에는 채워지지 않는 허무함을 말한다.

인생의 의미(life meaning)는 행복한 삶의 토대를 이룬다. 하루하루의 경험에 따라 달라지는 행·불행의 감정과 달리, 인생의 의미는 우리 삶의 방향을 인도할 뿐 아니라 존재의 가치와 보람을 느끼게 해 주는 행복의 토대이다. 인간은 쾌락을 원하지만, 의미를 추구하는 존재이기도 하다. 인생의 의미는 자신을 다른 존재와 연결할 때 발견할 수 있다. 자신보다 더 큰 어떤 것과의 연결 속에서 그것을 위해 공헌하면서 존재한다는 믿음이 바로 인생의 의미이다.

종합해 보면, 삶의 의미는 다음과 같이 구분할 수 있다([그림 1-2] 참조). '삶'을 어떻게 정의하느냐에 따라 '전반적 삶의 의미'와 '상황 특정적 의미'로 구분될 수 있고, 이러한 두 유형 각각에 대해서 '초월적 의미'와 '개인적 의미'가 부여될 수 있다. 즉, 전반적인 삶의 의미에 대해서도 초월적 의미와 개인적 의미가 있을 수 있고, 특정한 상황이나 사건에 대해서도 초월적 의미와 개인적 의미가 있을 수 있다는 것이다. 가령, 자신의 삶 전체에 대해 '신의 뜻에 따르며 이를 전하는 삶이 중요하다.'라고 의미를 부여하는 것은 '전반적 삶의 의미'에 대한 '초월적 의미'에 해당하며, '내가 원하는 직업을 갖고 가족들과 행복하게 사는 삶이 중요하다.'라고 의미를 부여한다면 이는 '전반적 삶의 의미'에 대한 '개인적 의미'에 해당한다. 또한 불행한 사건에 직면했을 때, '나를 더욱 성숙하게 하려는 신의 뜻이다.'라고 해석하는 것은 '상황 특정적 의미'에 대한 '초월적 의미'이고, '이 사건을 통해 나는 가족의 소중함을 깨달았다.'라고 해석하는 것은 '상황 특정적 의미'에 대한 '개인적 의미'에 해당할 것이다.

따라서 삶의 의미는, 첫째, 다른 사람들과의 친밀한 관계, 즉 가족과 연인을 비롯한 타

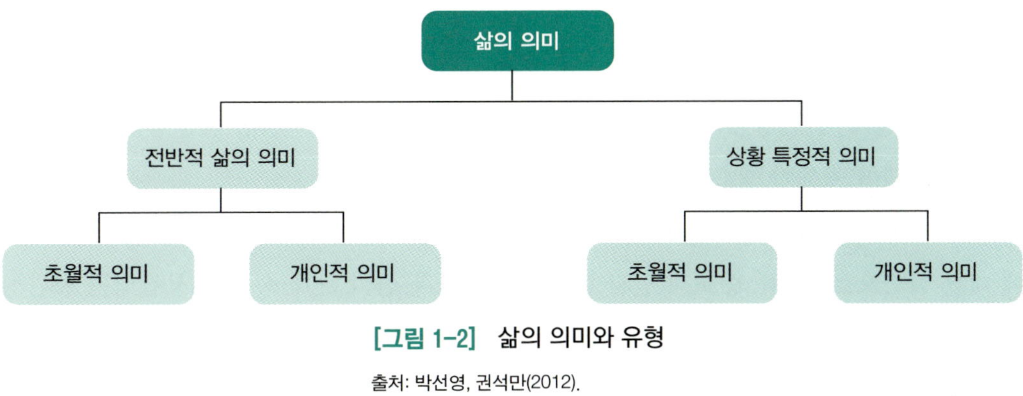

[그림 1-2] 삶의 의미와 유형

출처: 박선영, 권석만(2012).

인과의 친밀한 관계 속에서 나눈 사랑과 유대감을 인생의 중요한 의미로 여겼다. 둘째, 자신이 이룬 성취와 업적으로 자신의 삶에서 인생의 중요한 의미로 여겼다. 셋째, 후속세대를 위한 기여와 공헌으로 자녀를 비롯한 후속세대를 양성하고 그들을 위해 후원하는 일을 인생의 중요한 의미로 여겼다. 넷째, 종교적 또는 영적인 추구로 인생의 궁극적인 목적과 의미를 탐구하며 추구하는 일, 자신의 유한성을 초월하기 위한 영적인 노력으로 보았다.

2) 인간의 행동

'인간은 어떤 행동을 하고 왜 그러한 행동을 하는가? 행동은 어떤 환경의 지배를 받으며, 어떻게 하면 인간이 환경에 잘 적응하고 살 수 있는가? 인간행동의 본질과 인간의 정신은 어떤 역할을 하는가?'에 대한 문제에 답하기 위해 학자들은 부단한 노력을 하고 있다. 인간행동은 사적인 생활 및 집단 내 생활에서 인간이 표현하고 반응하는 말과 행동의 일체를 말한다. 아울러 인간행동은 쌍방향적으로 교환되며, 원만한 사회생활을 위해서는 타인의 행동을 적절하게 이해하고 그에 효과적으로 반응하는 능력이 필요하다. 따라서 인간행동은 문화, 태도, 정서, 가치, 윤리, 유전 등에 영향을 받은 인간에 의해 표출된 행위이고 그 행위는 본능, 욕구, 충동, 분노, 기쁨, 절망 등 내적 상태를 포함한다.

인간은 부모로부터 전해진 유전적 특성의 영향을 받아 장애를 위시한 타고난 특정 건강상태를 가질 수 있고 이것과 연관된 행동특성을 보일 수 있다(Berger & Federico, 1982). 생물학적 원인으로 인간행동은 인지 · 심리 · 정서적 특성에 따라 다르게 나타날 수 있다. 또한 사회구조적 원인에 따라서도 행동특성이 다르게 나타날 수 있으며, 오랫동안 축적되어 온 문화적 가치나 생활 양식은 인간행동과 사고를 제한할 수 있다고 주장하였다.

인간행동을 정확하게 이해하기 위해서는, 첫째, 생물학적, 심리적, 사회적 존재(bio-psycho-social)인 인간의 수정에서부터 사망에 이르기까지의 변화와 안정성, 즉 인간발달의 이해와, 둘째, 인간행동의 주된 결정 요인인 성격의 이해와, 셋째, 이상행동 또는 부적응 행동에 대한 이해가 필요하다.

인간행동을 이해하기 위해 우선 인간의 본질에 대하여 살펴보기로 한다. 인간의 본질에 대한 접근으로, 첫째, 종교적 인간학에서는 인간과 신의 관계 속에서 정립되는 인간상이다. 둘째, 이성적 인간학에서는 인간의 죄악성으로 인하여 모든 지식은 온전할 수 없는 것이었다. 셋째, 생물학적 인간학에서는 이성적 인간학은 다소 이원론을 극복해 보고자 하였으나 결국은 정신과 물질(다른 개체)을 구별하는 이원론이었다. 따라서 인간을 '만물의 영장'이라고 하는데, 그 이유를 통상 인간은 다른 존재와 달리 정신을 가졌기 때문이라고 보기도 한다.

다음으로 인간의 신경계에 대한 이해이다. 신경계는 몸 안팎의 각종 변화에 대처하여 몸의 각 부분의 기능을 종합 통제하는 기관으로 내부 환경이나 외부 환경에 대한 정보를 수용기로부터 받아서 중추로 보낸다. 중추는 정보를 통합하여 근육, 분비선 등의 효과기에 정보를 전달하여 작용을 조절하는 신호를 보낸다.

그리고 인간행동의 이해에 대한 심리학적 관점이다. '심리학은 행동과 정신과정을 체계적이고 과학적인 탐구를 하는 학문'이다. 이 정의에서 중요한 것은 각각의 용어들이 광범위한 의미를 지니고 있다는 것이다. 인간과 동물 모두에게서 관찰될 수 있는 행위나 반응의 행동(behavior)과 직접 관찰될 수 없는 정신과정(mental process) 등 광범위하고 복잡한 것들이 포함된다. 심리학자들의 관심 주제는 신경체계, 감각과 지각, 학습, 발달, 건강, 성적 행동, 집단이나 조직 같은 사회적 상황에 처한 사람들의 행동이다. 심리학의 연구범위는 단지 사람들이 행하는 것뿐 아니라 그들의 사고, 감정, 지각, 추리과정, 기억 및 신체 기능을 유지시키는 생물학적 활동까지도 포함된다.

3) 인간의 마음

마음은 사람이 다른 사람이나 사물에 대하여 생각, 인지, 기억, 감정, 의지, 그리고 상상력의 복합체로 드러나는 지능과 의식의 단면을 가리킨다. 이것은 모든 뇌의 인지 과정을 포함한다. '마음'은 가끔 이유를 생각하는 과정을 일컫기도 한다. 보통은 어떠한 실체의 생각과 의식의 능력으로 정의된다. 조직 내의 인간사에서 발생하는 대부분의 문제는 결국 마음으로 귀결된다는 것이다. 그래서 마음의 작용원리를 이해하는 것이 중요하다. 우리 일상에서의 선택은 무한히 열려 있다. 어떤 선택을 하느냐에 따라서 고통과 불행으로 나가기도 하고, 성공과 행복으로 나가기도 한다. 그 선택의 메커니즘, 즉 마음의 작용원리를 간단히 이해할 필요가 있다.

▲ 인간의 마음

인간의 마음을 이해하는 하나의 관점으로 정신(psyche)의 사전적 의미는 사람과 영혼, 지성 그리고 마음은 주관적으로 인식되며, 기능적인 특성을 가지고 궁극적으로 물리적인 과정에 기초하나 환경과 상호작용하면서 전체적인 자신의 유기체를 지배하려는 복잡한 과정이다.

심리학적으로 보면, 인간의 마음은 의식적인 마음(conscious mind)과 무의식적 마음(unconscious mind)으로 구분된다. 우리의 일상생활은 의식적인 마음보다 무의식적인 마음의 작용에 더욱 영향을 받고 있지만, 무의식에 대한 이해의 깊이가 깊지 않다.

프로이트(Freud)에 의하면 마음은 빙산과 같은데 눈으로 볼 수 있는 작은 부분이 의식의 영역이며 눈에 보이지 않는 큰 부분이 무의식의 영역이다. 그는 무의식이 강한 충동, 일시적인 충동, 열정과 숨겨진 기억들, 억압된 개념, 우리의 행동과 의식적인 생각에 영향을 미치는 감정들로 차 있다고 믿는다. 그는 우리가 마음을 이해하려면 무의식의 본질과 영향을 더 많이 알아야 한다고 생각했다. 자신의 평소 하던 방식에 변화를 주어, 뇌에 새로운 자극을 주는 것이다. 이것이 머리를 자주 사용한다는 방법이다.

히포크라테스(Hippocrates)는 우리에게 뇌라는 것이 있기 때문에 사물을 생각할 수 있으며, 기분이 좋거나 나쁜 것을 분별해 낼 수 있다고 하며 마음이 머무는 곳을 뇌로 추정했다. 인간의 마음을 이론적으로 추구하기 시작한 아리스토텔레스(Aristoteles)는 마음은 심장에 머물러 있다고 생각했다. 데카르트(Descartes) 이전 사람들은 마음이 몸에 머물러 있기 때문에 사람들이 움직일 수 있으며, 웃거나 울기도 한다고 생각해서 혼이 떠나면 육신은 죽고 만다고 생각했다. 데카르트는 운동을 정지했기 때문에 몸이 죽고, 그 결과 마음이 육체에서 떠난다고 생각했던 것이다. 그는 인간은 태어날 때부터 관념을 가지고 태어난다고 생각했다.

인간의 마음에 대한 탐구는 철학자들이 도맡아 하여서 마음은 형태가 없는 것, 눈에 보이지 않는 세계의 깊숙한 곳에 자리 잡고 있는 것으로 생각하였다. 그런데 분트(Wundt)는 인간의 마음을 과학적으로 파악하려고 했기 때문에 심리학의 첫 장을 열 수 있었다. 아울러 사람의 밝은 행동과 어두운 행동은 기분이나 감정의 변화 때문이며, 정열적일 때와 냉담할 때는 욕구의 유무나 강약, 하나의 목표에 대해 집념이 있느냐 없느냐 등 그의 의지와 관련이 있다.

인간이란 존재는 자신의 머릿속에 떠오른 것을 알고 있는 것은 별 필요가 없다 하더라도 다른 사람에게 말하고 싶어지는 경향이 있다. 인간 마음의 기본원칙으로 마음은 에너지와 정보의 흐름을 조절하는, 몸과 통합된(embodied), 그리고 관계적인(relational) 과정이다. 이러한 마음의 정의에 기반하여 삶 가운데 건강한 마음을 유지할 수 있는 실제적인 기본원칙을 설정하였다. 첫째, 인간의 마음의 핵심적인 면은 에너지와 정보의 흐름을 조절하는, 몸과 통합된 그리고 관계적인 과정이다. 둘째, 몸과 관계의 발생적 특성(emergent property), 전체는 부분보다 우위에 있다는 개념으로 마음은 내적인 신경생리학적 과정과 관계적인 경험을 통해 만들어지는 것이다. 셋째, 발달하는 뇌 구조와 기능은 인간의 경험, 특히 대인관계를 통한 경험과 유전적으로 프로그램화된 신경계의 성숙화 과정을 통해 결정된다.

아울러 마음의 구성은 다음과 같다.

첫째, 마음은 비물질이다. 마음에 대한 분석은 우리의 잘못된 견해를 바로잡는 데 목적을 두고 있다. 다시 말하면 마음에 대한 분석은 학문적 성취를 위해서 하는 것이 아니고, 실재하는 진실을 알아 지혜를 얻고자 하는 것이다. 마음이 무엇인지를 아는 지혜를 얻어야 모든 번뇌를 해결할 수 있다. 인간의 삶은 마음이 이끌고 있기 때문에 마음에 대한 바른 이해가 있을 때 비로소 현상을 바르게 보는 지혜가 생겨 모든 괴로움에서 벗어날 수 있다.

둘째, 마음은 대상을 아는 기능을 한다. 마음은 행위를 하는 자의 입장에서 보면 '대상을 안다고 해서 마음이라고 한다.'라고 하며, 도구의 측면에서 보는 마음은 '이것으로 인해 안다고 해서 마음이라고 한다.'라고 하고, 행위 그 자체 입장에서 보는 마음은 '단지 알고 있는 그 자체가 마음이다.'라고 말할 수 있다. 따라서 마음들의 공통점은 모두 안다는 것이다. 그래서 마음은 대상을 아는 것이라고 알아야 바르게 이해하는 것이다.

셋째, 마음은 매 순간 변한다. 존재하는 모든 것은 변한다. 변한다는 것은 항상(恒常)하지 않은 것으로 무상(無常)이다. 이 세상에 변하지 않는 것은 하나도 없다. 물질도 매 순간 변하고 마음도 매 순간 변한다. 조건에 의해 일어난 것은 반드시 조건에 의해 사라진다.

넷째, 마음은 대상이 없으면 일어나지 않는다. 마음은 반드시 대상이 있어야 일어난다. 한순간의 마음은 조건에 의해 일어나고 조건에 의해 사라진다. 이때의 조건이란 눈이 빛에 의해서 형상이라는 대상과 접촉했을 때 아는 마음이 일어나는 것을 말한다. 따라서 마음은 조건에 의해 일어나며, 이러한 조건은 바로 대상과 접촉을 통해 일어난다.

3. 인간관계의 기초

인간관계(人間關係, interpersonal relationship) 또는 대인관계(對人關係)는 둘 이상의 사람

이 빚어내는 개인적이고 정서적인 관계를 가리킨다. 인간관계는 사람과 사람 사이의 모든 관계를 포괄한다. 사회생활이 군대, 직장생활 등 조직 생활을 말하는 것이므로 그것보다 더 넓은 단어이다. 이러한 관계는 추론, 사랑, 연대, 일상적인 사업 관계 등의 사회적 약속에 기반을 둔다. 인간은 사회적 존재로 태어날 때부터 타인의 도움과 보호를 필요로 하는 의존적 존재이기도 하다. 따라서 인간은 가족, 연인, 동료 등 사회를 구성하여 상호작용하면서 살아간다. 인간은 사회적 존재이기 때문에 다양한 인간과 상호작용을 맺으며 살아갈 수밖에 없다. 현대사회에 이르면서 그 중요성과 인간관계의 도구와 기술, 관리 방법에 대한 관심이 높아지면서 인간관계론이 등장하기도 했다. 인간관계는 명확한 정답이란 있을 수 없고, 기본적으로 쌍방의 노력을 요구하는 것이라 자기 혼자서만 노력하는 것에는 어느 정도 한계가 있다.

또한 인간관계는 나이가 들면서 점점 사람을 사귀기가 힘들어지는 특징이 있는데, 일차적으로는 인간이 보편적으로 나이가 들면서 자신의 방식과 세상에 익숙해지게 되어 변화를 잘 받아들이려고 하지 않기 때문이다. 익숙해진 환경에서만 지내다 보니 새로운 사람을 만나기가 점점 힘들어지고, 어쩌다 만나게 되더라도 그러한 사람을 받아들이기가 어려워진다. '사람이 나이가 들면 보수적이 된다.'라는 말이 이런 곳에서도 통용되는 것이다. 또한 자기 일이 생기면서 인간관계 자체에 소홀해지는 경향이 있는 것도 큰 영향을 미친다. 흔한 말로 '먹고 살기 바빠서 못 만나더라.' 같은 상황이다.

인간관계는 대체로 수직적 인간관계와 수평적 인간관계 두 가지 형태로 나타난다. 한국어의 존비어(尊卑語) 문화 때문에, 한국에서는 어떤 형태의 인간관계인지 파악하기가 매우 쉽다. 몇 마디만 들어도 쉽게 갑을관계 파악이 가능하다. 반면에 다른 언어는 대화의 상당히 많은 분량을 들어 봐야 관계 파악이 가능하다. 수직적 인간관계의 경우, 대개 그 관계를 맺어야 하는 상황이 해소되면, 거의 소멸되고 연속성이 별로 없기 때문에 진정한 인간관계라고 보기 힘들다. 그냥 비즈니스 관계라고 보아야 한다.

표면상 평등한 사회라도, 실제로 사회에서 맺어지는 각종 관계 속에서 나타나는 상하관계는 얼마든지 존재할 수 있으며, 이것이 수직적 인간관계이다. 일부 우물 안 개구리 같은 사람들은 이를 한국만의 특징으로 여기지만, 미국과 같은 자유주의 첨단을 달리는 사회에서도 흔히 찾아볼 수 있는 관계이며, 경우에 따라서는 한국보다 더 심한 경우도 심심찮게 찾아볼 수 있다. 대부분의 성인은 어떠한 관계로든 갑과 을 관계를 맺게 되며, 이러한 사회에서 살아남으려면 적당한 눈치와 처세술로 상급자가 주는 불이익이 자신에게 오지 않게 하는 것이 중요하다. 이것이 흔히 말하는 사회생활이다.

수평적 인간관계는 흔히 말하는 친구나 파트너, 동료, 동기 등이다. 이 경우는 그 관계를 맺어야 하는 상황이 해소된다고 해도, 연속성을 가지고 계속 관계가 이어지는 경우가 꽤 많다. 동창회 등이 대표적인 수평적 인간관계의 예시이다.

수평적 인간관계는 말 그대로 서로 같은 위치에 있는 동등한 인간관계를 일컫는 말로, 주로 학교, 직장 동료, 동기, 동아리, 동호회 회원 등 어떤 임의의 모임에서 많이 생겨난다. 다만, 가끔 관계가 나쁜 쪽으로 틀어지면 수직적 인간관계로 쉽게 변질되며, 이는 한 사람의 일방적인 정신적 피해로 이어질 수 있다.

대인관계에 있어서 대인관계능력(對人關係能力)은 심리학에서 다른 사람의 생각이나 감정을 잘 이해하며 조화롭게 관계를 유지하고, 갈등이 생겼을 때 이를 원만하게 해결할 수 있는 능력을 말한다. 한편, 대인관계매력(對人關係魅力)은 다른 사람의 어떤 성향이나 행위에 대해서 지니고 있는 긍정적 태도의 정도이다. 대인관계에 있어서 주요하게 거론되는 요소는 자신과 타인의 관계 형성에서 갈등의 긍정적인 해결을 위한 선행적인 자신에 대한 이해와 타인에 대한 감정의 공감 그리고 공감 형성의 자산적 가치에 대한 인식이다. 대화나 행동하는 용기와 칭찬하는 공감능력 그리고 사회적 지지를 다른 사람에게 해줄 수 있다는 자신의 인적 자원으로서의 가치에 대한 인식 등이 중요한 요소로 작용하는 것으로 알려져 있다.

이러한 인간관계를 자산으로 인식하는 인적 네트워크뿐만 아니라 사회관계라는 사회생활을 영위하는 데 필요한 인간관계를 포함하는 사람과 사람 사이에 사회적 행동과 교섭이 거듭됨으로써 생기는 관계로까지 확대하여 볼 수도 있는데 이는 주로 사회생활의 정적(靜的) · 구조적 측면을 가리킨다. 예를 들면, 사회의 법이 개정을 통해서 변화하는 사회에 동질감을 유지한다든지 국어 언어의 표준이 계속해서 변화에 발맞춘다든지 하는 제도적 · 문화적 현상도 넓은 의미에서의 인간관계에 포함해 볼 수 있다. 따라서 대인관계는 사람과 사람 사이의 사회적 · 심리적 관계라고 말할 수 있다.

4. 인간관의 형성

인간관계는 부모–자녀 관계나 형제관계처럼 자신의 선택이 아니라 운명적으로 주어지는 경우도 있고, 친구관계나 연인관계처럼 서로가 원해서 이루어지는 경우도 있다. 이처럼 우리는 인생을 살면서 다양한 관계를 맺게 되는데 관계양상은 때로는 긍정적이고 때로는 부정적일 수 있다. 따라서 어떤 사람과 어떤 관계를 형성하느냐는 개인의 삶의 질과도 직결되는 중요한 문제이다. 여기서는 인간관계의 형성을 위한 인상 형성, 긍정적 인간관계 형성 측면의 호감, 부정적인 측면의 편견, 사회적 범주화 및 고정관념에 관해 살펴보겠다.

1) 인상 형성

사회 속에서 살아가면서 사람과 사람 간의 관계를 형성하는 데 중요한 역할을 하는 것 중 하나가 첫인상이다. 어떤 사람이나 대상에 대한 첫인상은 그 사람이나 대상에 대한 전반적인 신념이나 지식 또는 기대를 형성하는 데 결정적인 영향을 미친다. 사람들은 단 몇 분간의 만남 속에서도 상대방의 다양한 특징(예: 지능, 연령, 성격, 취미, 습관 등)을 평가하려고 한다. 그런데 대부분의 사람은 타인이 가지고 있는 특징을 모두 고려해서 공정하게 인상을 형성하기보다는 매우 한정된 정보에 기초하여 타인에 대한 광범위한 인상을 형성한다. 사람들이 타인에 대한 인상을 형성할 때 생기는 편향(bias)은 매우 다양하다. 대체로 첫 만남에서는 외모나 외적인 분위기가 첫인상 형성에 영향을 미치는데 이를 초두효과(primacy effect)라고 한다. 첫 만남에서 형성된 인상이나 개인이 어떤 대상에 대해 지닌 고정관념은 상대방에 대한 전반적인 인상을 형성하는 데 영향을 미치게 된다. 이를 후광효과(halo effect)라고 한다. 그러나 장기간 사귀다 보면 처음에 형성된 인상은 차츰 사라지고 개인이 가지고 있는 다양한 특성이 전반적인 인상 형성에 영향을 미치게 되는데 이를 최신효과(recency effect)라고 한다(김애순, 윤진, 1997).

2) 호감

우리는 나에게 물리적인 불이익이나 이익을 가져다준 경험이 없이도 어떤 사람은 좋아하고 어떤 사람에 대해서는 부정적 평가를 가진다. 이성 간에는 두 남녀가 만나 사랑하는 관계로 발전하거나 또는 취직을 하고 직장사회에서 상사나 동료들과 유대관계를 확장해 간다. 이처럼 어떤 사람은 실제적인 인간관계에 있어 점점 더 마음이 다가가는 데 비해 또 어떤 사람과는 점점 더 멀어지는 경우도 있다. 사회심리학자들은 이와 같이 호감과 대인매력을 느끼게 되는 요인에 대해 연구해 왔다. 다음은 서로에게 호감을 느끼게 되는 요인에 대해 요약하여 설명한 것이다.

(1) 신체적 매력

우리는 처음 다른 사람을 만났을 경우 그의 외모나 분위기에 따라 호감을 느끼게 된다. 그리고 신체적으로 매력이 없는 사람보다는 신체적 매력이 있는 사람에게 더 호감을 갖는다. 신체적 매력에 관한 서구사회 선행연구들을 살펴보면 신체적 매력 고정관념이 사회적 능력에 대한 사람의 판단에 가장 큰 영향을 끼치는 것으로 나타났다. 즉, 사람들은 매력이 있는 사람이 덜 매력적인 사람보다 사회적이고 능력이 뛰어날 가능성이 있다고 믿는 것으로 나타났다(Eagly et al., 1991). 신체적 매력은 다른 문화에서도 호감을 예측하는 것으로 보인다. 예를 들어, 10학년에서 12학년 사이의 중국 학생들은 신체적으로 매력 있는 학우들을 더 따랐다(Dong et al., 1996). 그러나 문화 또는 개인적 취향에 따라 매력의 기준은 다르다. 예를 들면, 아프리카계 미국인은 백인보다 비만인 사람에 대하여 부정적인 성격특성과 연관하는 비율이 낮았다(Hebel & Heatherton, 1998; Jackson & McGill, 1996). 다행스럽게도 우리는 오랜 기간 동안 인간관계를 맺다 보면 신체적 특성보다는 성격이나 능력 등이 호감도에 더 큰 영향을 미치게 된다.

그 밖에 개인적인 특성들로서 성격, 능력 등도 호감에 영향을 미친다. 다른 조건이 같다면 누구나 능력이 있는 유능한 사람을 더 좋아한다. 그러나 보통 사람들은 너무 완벽한 사람보다는 유능하면서도 어딘가 허점이 있는 사람들을 더 좋아하는 경향이 있다(Aronson et al., 1996).

(2) 근접성

사람들은 가까이에 있는 사람에게 끌리는 경향이 있다. 'out of sight, out of mind'라는 말은 인간관계에서 근접성이 친숙함을 이끌어 낸다는 속성을 잘 표현하고 있다. 따라서 우리는 한동네에 살거나 같은 대학에 다니는 등 물리적으로 가까이 있는 사람을 좋아하게 될 가능성이 크다. 근접성이 매력을 증가시키는 이유는 우선 자주 만날 수 있어서 친숙성이 증가하기 때문이다. 낯선 자극을 반복해서 접하면 호감이 증가하는 경향이 있으며 이를 단순접촉효과(mere exposure effect)라고 한다. 무엇이나 누구나 더 자주 접촉하면 더 좋아하게 된다(Zajonc, 1968). 일상에서 우리가 흔히 사용하는 '이웃사촌'이라는 표현이나 '열 번 찍어 안 넘어가는 나무 없다'는 속담은 이와 같이 자주 접촉하는 것의 영향력을 설명하는 것이다. 그런데 매일 가깝게 접촉하는데도 좋은 감정이 형성되지 않는 경우는 무엇 때문일까? 그것은 근접성이 호감을 촉진시키기 위해서는 최소한 첫인상이 중간 수준 이상으로 형성되어야 한다는 전제조건이 있다. 최초의 만남에서 첫인상이 부정적으로 형성된 경우에는 아무리 가까이 접근해도 호감이 일어나지 않을 수도 있다는 것이다. 따라서 적어도 최초의 만남에서 부정적인 인상을 주지 않는 것이 호감 형성을 위해 무엇보다 중요하다.

(3) 유사성

유유상종이라는 말처럼 사람들은 태도, 가치관, 기호, 성격 또는 배경 등이 자신과 비슷하다고 지각되는 사람을 좋아한다. 유사성-매력 효과는 앞에서 말한 신체적 매력 효과보다 더 우세하다. 즉, 사람들은 일반적으로 잘생긴 사람이나 유능한 사람을 좋아하지만 궁극적으로 자신과 유사한 수준의 외모나 능력을 지닌 사람에게 끌린다. 왜 그럴까? 우리와 유사한 사람은 개인적 타당성을 느끼게 해 준다. 유사한 사람은 우리가 가지고 있는 태도가 실제로 옳은 것이라고 느끼게 해 주는 한편, 유사하지 않은 것은 반감을 불러일으키기 때문이다(Rosenbaum, 1986). 특히 부부나 연인 사이처럼 장기간 지속되는 인간관계에서는 유사성이 두 사람의 관계에 중요한 영향을 미친다. 이와 같이 외모나 기타 특성이 유사해서 자신과 걸맞은 상대를 선택하는 경향을 걸맞추기 현상(matching phenomenon)이라고 한다.

(4) 상호성

사람들은 자신을 좋아한다고 생각하는 사람을 좋아하는 경향을 보인다. 사람은 자신의 욕구를 충족시켜 주거나 보상을 주는 사람을 좋아한다. 아마도 인간에게 가장 좋은 보상은 누군가가 자신을 좋아한다는 사실일 것이다. 사람들은 자신을 좋아한다고 믿는 사람들에게 호감을 되돌려준다(Backman & Secord, 1959). 자신에게 호의를 보이는 상대를 좋아하는 이유는 상대에게 동일한 정서로 보답하는 일종의 의무감을 느끼기 때문이라는 해석도 있다.

그런데 늘 칭찬하거나 관심을 보이는 사람보다는 애초에는 무관심하다가 점차 호의를 보이는 사람을 더 좋아하게 된다. 반대로 일관되게 비난하는 사람보다는 좋아하다가 태도가 돌변하여 비난하는 사람을 더 싫어하게 된다. 이와 같이 상대의 예상하지 못한 칭찬이나 비난이 호감에 더 큰 영향을 미치는 현상을 득실효과(gain-loss effect)라고 한다. 자신이 부정적으로 몰린 상황에서 자신을 긍정적으로 인정해 주는 사람이 있다면 그를 더

욱 좋아하게 된다. 그러나 아부나 이익을 위한 칭찬은 호감을 절감시킬 수 있다.

3) 편견

편견(prejudice)은 주요 대상을 향한 학습된 태도로서, 부정적 감정(혐오, 공포), 부정적 태도를 정당화하려는 부정적 신념(고정관념), 거부를 위한 행동적 의도, 통제, 대상집단의 사람들을 몰아내거나 지배하는 것 등을 포함한다. 따라서 편견은 어떤 집단이나 집단 구성원에 대한 비합리적인 부정적 평가로서 객관적 사실보다는 집단 소속에 근거하여 발생한다. 예를 들면, 열심히 일하고 있는 아프리카계 미국인 동료에 대해, 그들은 모두 게으르다고 주장한다면 이는 편견이 나타난 것이다. 편견적인 태도는 개인을 특정 집단의 구성원으로 범주화하거나 취급하는 데 영향을 미치는 편향된 여과기 구실을 한다.

우리가 어떤 대상에 대해 편견을 가지면 그 대상에 대한 판단, 귀인 및 행동 전반에 영향을 미치게 된다. 미국인을 대상으로 한 연구에 의하면(Duncan, 1976), 히스패닉계 미국인이 아프리카계 미국인을 뒤에서 밀치는 장면을 보여 주었을 때 히스패닉계 미국인 대부분은 장난치고 있다고 보고한 반면, 아프리카계 미국인이 히스패닉계 미국인을 밀치는 장면에 대해서는 폭력을 가하고 있다고 지각하였다.

4) 사회적 범주화

사람들은 자신이 속하지 않은 집단 구성원들을 향해 부정적인 태도를 쉽게 가진다. 사회적 범주화(social categorization)는 자신과 다른 사람이 속한 집단범주를 통해 사회적 환경을 조직화해 가는 과정이다. 범주화의 가장 단순하고 일상적인 형태는 타인을 좋아하는지 여부에 관한 개인적인 결정으로 구성된다. 이는 '우리와 그들'이라는 범주화를 만든다. 이러한 인지적 구별은 자신이 속한 집단이 다른 집단보다 낫다고 평가하는 등의 내집단 편향(in-group bias)을 야기한다(Jones, 1997). 이와 같은 편견을 가질 때 극히 사소한 차이를 보이는 단서도 외집단을 향한 차별과 편향을 일으키기에 충분한 계기가 된다.

우리는 때때로 이러한 사회적 범주화에 부응하여, '우리' 집단에 편향하기 위하여 노력하는 경우도 있다. 이를 사회적인 적응이라 할 수 있을까? 다시 생각해 보면, 때로는 '우리' 집단에 소속되었을 때 나는 후광효과로 덕을 볼 수도 있을 것이다. 한편, 자신이 그들의 외집단으로 분류되었다면 나는 나의 본질과는 달리 잘못된 판단으로 피해를 보게 될 것이다. 우리도 일상생활을 해 나가면서 주변에서 우리 지역 사람, 우리 학교 출신 사람이라는 내집단 편향 현상을 종종 접하게 된다. 사회심리학에서 말하는 이와 같은 '사회적 범주화'는 일종의 인지적 게으름에서 시작된 것이라 볼 수 있다. 결국 현재의 이익이 이후 나의 불이익 조건이 될 수도 있는 것이다. 만일 인위적으로 구성된 모든 집단에 이러한 영향력이 적용된다면 실제로 이러한 압력이 얼마나 심각하게 작용하는지 이해할 수 있을 것이다.

5) 고정관념

일반적으로 편견은 고정관념(stereotypes)에서 비롯되는데, 고정관념이 어떤 집단이나 구성원의 특징에 관한 인지적 신념이라면, 편견은 평가적 감정을 의미한다. 예를 들면, 미국 사회에서 아프리카계 미국인은 게으르다는 생각은 고정관념이며, 그래서 아프리카계 미국인이 싫다는 감정은 편견이다. '인종차별(racism), 성차별(sexism)'이라는 말을 들으면 어떠한가? 단순하게 판단한다면 이는 '나쁜 것이다.'라고 대답할 수 있다. 그러나 우리가 사회에서 인위적으로 구성된 모든 집단에 이러한 영향력이 적용된다면 이는 어렵지 않게 발생하는 현상이다.

'나는 차별행위를 하지 않는다.'고 누구도 장담할 수 없다. 왜냐하면 범법행위로 간주되는 차별행위는 고정관념에서 시작되고, 고정관념은 같은 집단의 모든 구성원에게 적용되는 특성을 특정 집단 구성원에게 일반화하는 것이다. 우리는 우리에게 익숙한 일반적인 관념에 대해서는 의심의 여지없이 받아들인다. 남성과 여성에 대한 신념은 어떠한가? 아프리카계 미국인과 백인에 대해서는 어떤 생각을 가지는가? 그렇다면 이러한 신념이 각 집단에 속한 구성원들과의 일상생활 상호작용에 어떻게 영향을 미치는가?

우리는 어떤 대상 또는 집단에 대해 고정관념을 가지면, 이와 같은 관념에 일관성을 유지하기 위해서 자신의 고정관념과 일치하지 않는 정보를 무시하게 된다. 그리고 자신의 고정관념과 일치하지 않는 정보의 가치를 평가절하하는 경향이 있다. 이와 같은 과정에서 판단된 근거에 대해 깊이 생각해 보면 '그냥'이라는 대답밖에는 할 수 없다. 우리는 매우 객관적이고 과학적인 방법으로 사고할 것 같지만, 우리 일상에는 암암리에 많은 고정관념이 있으며, 이는 자연스럽게 평가의 잣대를 만들고 행동적 결과는 차별을 정당화하게 하는 것이다. 따라서 어떤 대상이나 집단에 대해 우리가 가지는 지각에 '왜'라는 질문을 해 볼 필요가 있다. 지금 우리가 혹시 '우리' 집단과 사회가 적용하는 긍정적인 고정관념의 이득을 보고 있더라도 이는 객관적 사실이 아니기 때문에 이후에 '우리' 대 '그들'이라는 임의적 구분이 나에 대한 불합리하고 부정적인 고정관념으로 작용하여 큰 적대감으로 변할 수 있기 때문이다.

우리는 자신에 대해 '나는 차별적인 사람이 아니야, 편견을 가지지 않아.'라고 믿고 있을지 모르지만, 동시대 사회에 존재하는 고정관념을 알고 있다면, 고정관념에 대한 지식이 자신이 깨닫지도 못하는 사이에 어떤 방법으로든 그것을 이용하도록 우리 자신을 자극할 것이다(Devine & Monteith, 1999). 따라서 사회에서 다양한 사람과 건강한 인간관계를 형성하기 위해서는 먼저 다른 사람을 대면할 때 우리가 가지는 지각이나 판단이 고정관념에 의한 것은 아닌지 끊임없는 인지적 자극을 가질 필요가 있다.

6) 인간관계의 유형

드러커(Drucker, 2016)는 "최고 경영층이 경영을 하려면 주위에 적어도 네 가지 유형의 사람이 필요하다."고 하였다. 이 네 가지 유형이란 바로 생각하는 분석형, 행동하는 추진형, 인간적인 친절형, 그리고 대변하는 표현형을 말한다. 사람들은 크게 이 네 가지 유형으로 구분되며, 평생 자신의 스타일로 살아가게 마련이다. 네 가지 인간관계 유형에 대하여 구체적으로 살펴보면 다음과 같다.

첫째, 분석형이다. 이 유형은 완벽주의자로 다른 사람의 꼼꼼하지 못한 일처리를 마음에 들어 하지 않는다. 다른 사람들과 어울리기보다 혼자 일하는 것을 편안해하며 마음도 안정이 된다. 팀으로 운영하는 업무 형태보다 혼자 독립해서 일하는 것이 업무성과를 올리는 데에도 좋다. 기본적으로 사람보다 일을 더 중요하게 생각한다. 따라서 사람들과 어울리는 것을 좋아하고 자기 의견을 강요하는 상사와는 잘 맞지 않는다.

둘째, 친절형이다. 이 유형은 잘 협력하고 다른 사람을 위해 자기 의견을 아끼지 않는 사교계의 대부라고 할 수 있다. 사람들과 쉽게 친해질 뿐 아니라, 친절형에게는 개인적인 이야기도 솔직하게 털어놓기 때문에 회사 사람들의 개인정보도 많이 알고 있다. 안정되고 체계가 잡힌 상황에서 성과를 최대한 발휘한다. 기본적으로 일보다 사람을 더 중요하게 여기기 때문에 성과지향적이며 인간미 없는 상사와는 잘 맞지 않는다.

셋째, 표현형이다. 이 유형은 매사에 적극적이며 밝은 색, 대담한 표현, 눈길을 끄는 프로젝트를 좋아하고, 에너지가 넘치며 다른 사람과 함께 일하는 것을 좋아한다. 몽상가 기질이 있어서 대담하고 상상력이 풍부한 미래상을 그린다. 자신의 감정에 크게 좌우되기 때문에 회사에서의 성과가 좋을 때는 기분이 좋지만 그렇지 않을 때는 급격히 위축된다. 기본적으로 일보다 사람을 더 중요하게 여기기 때문에 일에 대한 성과를 지나치게 강조하거나 항상 일정한 속도를 요구하는 상사와는 잘 맞지 않는다.

넷째, 추진형이다. 이 유형은 결과를 중요하게 생각하고 목표지향성이 강하며 어떤 어려움이 닥쳐도 반드시 일을 완수해 내려고 한다. 단, 문제가 된다고 생각하면 망설이지 않고 자신이 결정한 방법을 바꾼다. 이론이나 원리 또는 감정보다 현실에 더 중요성을 두기 때문에 당장 결과가 나오는 일을 하기 좋아한다. 사람보다 일을 더 중요하게 생각하므로 사람들과 어울리는 것을 좋아하고 유흥을 즐기며 시간을 낭비하는 상사와는 잘 맞지 않는다.

해리스(Harris, 1967)는 인간관계에서 나 자신을 다른 사람에게 내보이는 일이 매우 중요하다고 하였다. 이를 자기공개, 자기개방(self-disclosure)이라고 하며 인간관계를 심화시키는 중요한 요인으로 알려져 있다. 또, 인간관계에서 다른 사람들이 나에 대해 어떻게 느끼고 있는지를 잘 아는 일 역시 중요하다. 타인은 나를 비춰 주는 사회적 거울(social mirror)이라는 말이 있듯이, 다른 사람의 반응 속에서 나의 모습을 비춰 주는 일이 중요하다. 이렇게 다른 사람을 통해 나에 대한 피드백(feedback)을 얻음으로써 자기이해가 깊어지고 자신의 행동에 대한 조절능력이 커진다.

이처럼 자기공개와 피드백의 측면에서 우리의 인간관계를 진단해 볼 수 있는 방법이 조하리의 '마음의 창(Johari's window of mind)'이다. 루프트와 잉햄(Luft & Ingham, 1955)

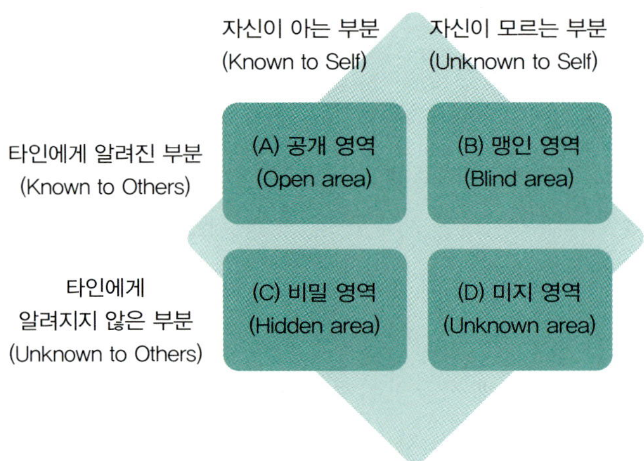

[그림 1-3] 조하리의 마음의 창

은 그들이 개발한 네 가지 인간관계의 상호작용에서 나타나는 영역을 '조하리 창문(Johari Window)'이라고 명명하였다. 그들은 기본적으로 모든 사람이 이러한 네 가지 마음의 창을 가지고 있다고 보았다.

조하리의 마음의 창에서는 사람마다 마음의 창 모양이 다르다. 개인이 인간관계에서 나타내는 자기공개와 피드백의 정도에 따라 마음의 창을 구성하는 네 영역의 넓이가 달라진다. 이렇게 다양하게 나타나는 창 모양은 어떤 영역이 가장 넓은가에 따라 크게 네 가지 유형으로 구분할 수 있다.

첫째, 공개 영역(open area)은 나도 알고 있고 다른 사람에게도 알려져 있는 나에 관한 정보를 의미한다. 공개 영역은 개방형이라고도 하며, 공개적 영역이 가장 넓은 사람이다. 이 유형은 대체로 인간관계가 원만한 사람들이다. 이들은 적절하게 자기표현을 잘할 뿐만 아니라 다른 사람의 말도 잘 경청할 줄 아는 사람들로서 다른 사람에게 호감과 친밀감을 주게 되어 인기가 있다. 그러나 지나치게 공개적 영역이 넓은 사람은 말이 많고 경박한 사람으로 비춰질 수도 있다.

둘째, 맹인 영역(blind area)은 나는 모르지만 다른 사람은 알고 있는 나의 정보를 뜻한다. 맹인 영역은 맹목 영역이라고도 하며, 이 유형은 가장 넓은 자기주장형이다. 이들은 자신의 기분이나 의견을 잘 표현하며 나름대로의 자신감을 지닌 솔직하고 시원시원한 사람일 수 있다. 그러나 이들은 다른 사람의 반응에 무관심하거나 둔감하여 때로는 독단적이고 독선적인 모습으로 비칠 수 있다. 자기주장형은 다른 사람의 말에 좀 더 진지하게 귀를 기울이는 노력이 필요하다.

셋째, 비밀 영역(hidden area)은 나는 알고 있지만 다른 사람에게는 알려지지 않은 정보를 의미한다. 비밀 영역은 감춰진 영역 또는 은폐 영역이라고도 하며, 이 유형은 신중형으로 은폐 영역이 가장 넓은 사람이다. 이들은 다른 사람에 대해서 수용적이며 속이 깊고 신중한 사람들이다. 다른 사람의 이야기는 잘 경청하지만 자신의 이야기는 잘 안 하는 사람들이다. 이러한 신중형은 잘 적응하지만 내면적으로 고독감을 느끼는 경우가 많으며 현대인에게 가장 많은 유형으로 알려져 있다. 신중형은 자기개방을 통해 다른 사람과 좀 더 넓고 깊이 있는 교류가 필요하다.

넷째, 미지 영역(unknown area)은 나도 모르고 다른 사람도 알지 못하는 나의 부분을 의미한다. 미지의 영역은 알려지지 않은 영역이라고도 하며, 이 유형이 넓은 사람은 고립형이다. 이들은 인간관계에 소극적이며 혼자 있는 것을 좋아하는 사람들이다. 다른 사람과 접촉하는 것을 불편해하거나 무관심하여 고립된 생활을 하는 경우가 많다. 이런 유형 중에는 고집이 세고 주관이 지나치게 강한 사람도 있으나 대체로 심리적인 고민이 많으며 부적응적인 삶을 살아가는 사람들도 많다. 고립형은 인간관계에 좀 더 적극적이고 긍정적인 태도를 가질 필요가 있다. 인간관계의 개선을 위해서는 일반적으로 미지의 영역을 줄이고 공개적 영역을 넓히는 것이 바람직하다.

7) 인간관계와 삶의 과제

어떻게 하면 성공적인 삶을 살아갈 수 있을까? 알프레트 아들러(Alfred Adler)는 인간이 삶에서 직면하게 되는 기본적인 인생 과제가 있다고 말한다. 이 삶의 과제를 성공적으로 해결할 때 인간은 행복하게 살아갈 수 있다고 보았다. 아들러는 인간의 공통적 삶의 과제를 일(work), 정(friendship), 사랑(love)으로 보았다. 아들러의 사상을 계승한 후계 학자들은 이것에 자기(self), 영성(spirituality)을 추가하여 인생의 다섯 가지 과제를 제시하였다.

다른 많은 심리학자가 부적응 행동의 치료에 중점을 두고 심리학 이론을 전개한 데 비해 아들러 심리학은 성공적인 삶을 어떻게 살아갈 것인가에 초점을 맞추고 있다. 아들러 심리치료, 상담, 코칭은 사회생활에 적합한 자아정체성을 확립하여 다섯 가지 인생과제를 성공적으로 해결해 가도록 돕는 데 중점을 둔다. 다섯 가지 삶의 과제에 대하여 살펴보기로 하자.

첫째, 일(work)이다. 일은 삶에서 가장 주요한 과제라 할 수 있다. 우리의 삶은 작은 단위의 일들로 구성되어 있다고 해도 과언이 아니다. 자신이 하고 있는 일에서 의미를 찾지 못하고 자립과 성취를 이루지 못하는 삶은 성공적이라고 할 수 없다.

둘째, 정(friendship)이다. 정은 조화롭고 즐거운 삶을 살아가는 데 필수적인 인생과제이다. 상대방 입장에서 이해하고 공감, 소통과 배려의 원만한 인간관계는 정을 바탕으로 한다. 아들러가 성숙한 인성의 척도로서 공동체감을 강조한 것은 우정이란 인생과제를 잘 해결하는 것이 사회적 관심과 공동체 의식, 소속감 형성의 기초가 되기 때문일 것이다.

셋째, 사랑(love)이다. 사랑은 가정공동체의 핵심요인이다. 인간은 사랑하고 결혼하여 가정을 이루고 자녀를 양육하며 살아가는 인생과제를 가지고 있다.

넷째, 자기(self)이다. 자기를 수용하고 성장해 나가는 것은 삶의 중요한 과제이다. 자신이 무언가 부족하다는 열등의식에서 벗어나 자아존중감을 가지고 자신에게 주어진 재능을 온전히 발휘하면서 살아가는 것은 행복한 삶의 기본이 된다.

다섯째, 영성(spirituality)이다. 영성은 육체적인 자기를 초월하여 참 나를 회복하는 중요한 요소이다. 열등의식을 극복하고 사회와 조화를 이루는 자아실현적 인간으로의 성장이 일차적 목적이라면 영속 지혜나 종교에서 말하는 영성 개발을 통한 높은 차원의 자아정체성 확립은 궁극적 목적이라 할 수 있다.

5. 인간관계와 발달

1) 인간관계의 이해 관점

사회가 점차 다양화 · 전문화 · 세분화 · 기계화되어 감에 따라 사회 구성원인 개인들이 사회의 모든 분야를 이해하고 다른 구성원들과 접촉하는 기회를 갖는 것이 점점 더 어려워지고 있다. 현대사회에서는 모든 것이 다양화된 반면에 세분화되어 있어서 각 분야마다 나름대로의 특수한 전문성을 요구하고 있다. 따라서 이에 대한 준비과정이 어느 때보다도 더 요구된다.

또한 현대사회는 대량화를 요구하고 있어 모든 것을 대량으로 생산한다. 이러한 대량화는 규격화를 요구하고 규격화는 획일화를 초래하여, 결국 개성 상실의 결과를 초래한다. 따라서 사회 구성원의 존재 의의는 대량 생산을 하는 거대한 사회라는 기계의 규격화된 부품에 지나지 않게 되었다. 한 개인이 일생을 살아가는 데 필요한 요소들을 준비하는 것은 생의 많은 부분을 차지한다. 반면에 현대인들이 타인과의 교류를 보다 안정적이고 풍요롭게 경험할 수 있는 장은 축소되고 있다. 이는 물질의 풍요로움이 인간에게 가져다주는 하나의 부적절한 결과라고 할 수 있다. 실제로 살아가기 위한 제반 조건을 준비하는 데에는 많은 시간과 노력 등의 양적인 투자가 요구되는 반면에, 인간관계를 위해서는 보다 질적인 측면이 요구된다.

이처럼 인간은 기본적으로 타인들과의 관계를 통해서 사랑과 소속의 욕구, 인정에 대한 욕구를 충족시키고자 한다. 즉, 인간은 타인과의 교류를 통해서 충족시켜야만 하는 욕구가 있다. 그래서 우리는 이러한 욕구 충족의 필요성으로 인해 인간관계를 맺고 상호교류를 통해서 행복하고 복된 삶을 살기를 바란다.

2) 인간관계 대상의 선택

사람들의 만남은 대부분 감정적인 상호 교류를 통해 이루어지며, 대인관계에서 생기는 갈등 또한 감정적인 긴장(스트레스, 노여움, 질투, 욕구 불만 등)에서 초래된다. 사람들은 누구나 이해받고 싶고 사랑받고 싶은 마음을 가지고 있으며, 이러한 마음들이 채워지지 않으면 소외감을 느끼게 된다. 하지만 '다른 사람이 이해해 줄지 몰라서' 혹은 '내 감정을 표현했다가, 오히려 나에게 불리한 일이 생기지 않을까' 하는 마음 때문에, 자신의 감정을 표현하기 두려워한다. 이와 같이 사람들과의 만남 속에서 자신의 감정을 어떻게 처리하느냐에 따라서 성숙한 관계인지 아니면 부적응적 관계인지를 알 수 있다.

대학생의 대인관계 특징을 예로 들어 살펴보기로 한다. 인생에서 발달단계에 따라 인간관계의 독특한 양상이 드러나는데, 대학생의 인간관계에서는 어떠한 특징이 나타나는가? 이것을 이해하는 것은 대학생으로서의 인간관계를 해 나가는 데 기초가 될 것이다.

첫째, 인간관계의 폭이 넓어진다. 일반적으로 청소년기가 인간관계가 가장 활발한 시기인데, 우리나라에서 청소년기에 해당하는 중·고등학교 시기는 학생들의 시간과 노력이 입시준비에 집중되기 때문에 제한된 인간관계를 나타내는 데 비해 대학에서는 학과, 동아리, 동문회, 동향회 등에서 만나게 되는 다양한 많은 사람과 교유관계가 이루어진다.

둘째, 인간관계가 이루어지는 상황에 큰 변화가 일어난다. 중·고등학교에서는 같은 반의 지정된 좌석에서 정해진 과목을 들어야 하기 때문에 반 친구, 분단 친구, 짝 등과 같이 노력하지 않아도 주어지는 인간관계의 틀이 있다. 대학에서는 부모나 교사의 규제와 제약이 사라지고 학생 개인에게 많은 자유와 자율이 주어지기 때문에 인간관계의 틀이 거의 없다. 물론 같은 학과 또는 학부라는 소속의식이 있지만 그 집단의 응집력이나 구속력이 매우 약하다. 학생 개인이 스스로 적극적으로 인간관계를 구축하지 않으면 인간관계의 형성이 어렵다. 이렇듯 상황의 급격한 변화 때문에 대학 초기에 인간관계를 형성하지 못하고 어려움을 겪는 학생들이 많다.

셋째, 인간관계의 질도 변화한다. 친밀한 인간관계의 대상을 선택할 수 있는 폭이 넓어질 뿐만 아니라 선택의 기준도 변화한다. 중·고등학교에서처럼 같은 학교나 같은 반의 소속의식에 근거했던 교유관계보다는 성격, 가치나 이념, 취미나 취향, 관심사, 졸업 후 진로 등 다양한 기준에 근거한 교우관계가 이루어진다. 많은 선택 대상이 있기 때문에 인간관계의 형성과 와해도 빈번하다.

넷째, 대학에서는 이성교제가 활발해진다. 이성관계에 대해서 자유롭고 허용적인 분위기를 제공하는 대학에서는 미팅, 소개팅 등을 통해 이성과의 만남이 빈번해진다. 성인으로서 진지하고 깊이 있는 이성관계를 형성하고 이성 간 낭만적 사랑(romantic love)을 경험하는 시기이기도 하다. 이러한 이성관계를 통해 강렬한 감정이 개입되는 새로운 인간관계를 경험하게 된다. 만남과 이별을 통해 여러 이성을 탐색하기도 하고 때로는 이 시기에 만난 이성과 좋은 관계를 맺어 훗날 결혼배우자가 되는 경우도 있다.

6. 인간관계 속의 자기이해

1) 인간관계와 자기지각

인간관계에서 자기인식 이론(self-perception theory: SPT)은 심리학자 다릴 뱀(Daryl Bem)이 개발한 태도 형성에 대한 설명이다. 이것은 사람들이 자신의 행동을 관찰하고 어떤 태도가 그 원인이 되었는지 결론을 내림으로써 사람들이 자신의 태도(경험 부족 등으로 이전의 태도가 없었고 감정적 반응이 모호한 경우)를 개발한다고 주장한다. 태도가 행동을 결정한다는 계획행동 이론 같은 통념적인 개념 및 이론이 있기 때문에 이 이론은 본질적으로 상충될 수 있다. 게다가 이 이론은 사람들이 내부인지 및 기분 상태에 접근하지 않고 태도를 유도한다고 제안한다. 그 사람은 다른 사람의 행동을 설명하려는 것과 같은 방식으로 자신의 명백한 행동을 합리적으로 해석하려 한다는 것이다.

2) 인간관계와 대인지각

인간관계에서 대인지각은 사람에 대한 인식활동을 뜻하며 물체에 대한 인식활동인 대물지각에 대별되는 용어이다. 대인지각은 물체의 크기나 무게 등 객관적 기준을 가지고 판단하는 대물지각과는 달리, 성격, 능력, 의도와 같이 주관적이고 자신을 잘 보이게 하기 위하는 등 판단이 되는 근거를 조작하는 것과 같이 판단 근거가 다르다는 점에서 구별된다. 대인지각에 있어 사람이 만나면 가장 먼저 일어나는 일은 인상 형성이다. 만나자마자 즉시 혹은 몇 마디 말을 나누면서 인상이 형성되며 이 첫인상은 지속적인 상호작용을 통해 재확인되거나 수정되기도 한다.

7. 인간관계의 다양성

인간은 환경과의 상호작용을 통해 적응해 가는 존재이다. 인간관계는 늘 친밀하고 안정된 상태로 유지되는 정적인 관계가 아니라 형성, 유지, 심화, 갈등 및 해체를 통해 끊임없이 변화하는 동적인 관계이다. 적응(adaptation)은 변화하는 주변 환경 속에서 살아남기 위한 개인의 노력을 의미한다. 적응은 일반적으로 두 가지 종류의 과정, 즉 주어진 환경에 자신을 맞추는 순응과정(accommodation process)과 자신의 욕구를 충족시키기 위해 환경을 변화시키는 동화과정(assimilation process)으로 구성된다. 이러한 순응과정과 동화과정을 통해 개인은 생존하고 발전하며 성숙해 간다. 성숙한 사람의 인간관계는 어떠한가? 그들은 어떤 인간관계를 나타내는가? 성숙한 인간관계를 갖기 위해서는 어떤 심리적 특성이 필요한가?

첫째, 성숙한 사람은 인간관계에 대한 현실적인 욕구와 동기를 지닌다. 인간은 다양한 대인동기를 가지고 있는데, 성숙한 사람은 대인동기와 현실적 환경을 잘 조화시키는 사람이다. 대인동기를 조절하는 능력은 자신의 내면적 욕구에 대한 깊은 자각과 이해로부터 생겨난다. 이를 위해서 성숙한 사람은 자신의 내면적 욕구를 유심히 관찰하고 이를 자제하는 노력을 게을리하지 않는다.

둘째, 성숙한 사람은 인간관계에 대해 현실적이고 유연한 신념을 지닌다. 성숙한 사람은 인간과 인간관계에 대한 깊은 관심을 지니는 동시에 인간의 본성에 대한 깊은 이해를 지니고 있다. 인간은 무한히 착하고 헌신적인 측면을 지니는 동시에 무한히 사악하고 이기적인 측면을 지닌 존재라는 사실을 깊이 인식한다. 뿐만 아니라 인간관계의 다양성과 가변성에 대해 현실적인 이해를 지니고 있다.

셋째, 성숙한 사람은 효과적이고 원활한 대인기술을 지니고 있다. 상대방의 말을 진지하게 경청할 줄 알고, 자신의 감정과 의사를 적절하게 표현할 수 있는 효과적인 대인기술을 가진다. 뿐만 아니라 이들은 상대방의 인격과 입장을 충분히 존중하면서 동시에 자신의 목적과 소망을 실현하는 효율적인 타협과 절충 기술을 지니고 있다.

넷째, 성숙한 사람은 인간관계에서 객관적이고 정확한 지각능력과 판단능력을 지닌다. 이들은 타인의 의도나 감정을 섣불리 판단하지 않으며 왜곡하여 오해하지 않는다. 타인에 대한 오해와 왜곡은 흔히 자신의 편향된 기대와 욕구에 기인한다. 또한 경직된 신념과 욕구를 지닌 사람은 그것을 타인에게 투사하기 때문에 현실을 객관적으로 볼 수 없게 된다.

다섯째, 성숙한 사람은 인간관계 속에서 안정된 감정상태를 유지한다. 물론 대인관계에서 부정감정을 경험하지 않을 수 없지만, 그러한 감정의 강도가 강하지 않으며 따라서 커다란 감정의 동요를 나타내지 않는다. 타인의 부당한 행동에 대해서 불필요한 감정적 반응을 나타내지 않으며 이런 경우에 대한 효과적인 대인기술을 지니고 있어서 지혜로운 대인행동으로 잘 대처한다.

윤호균(1994)은 성숙한 사람의 인간관계 특징을 '자신도 편안하고 다른 사람도 편안하게 해 주는 사람'이라고 간결하게 규정한 바 있다. 이렇듯 성숙한 사람은 타인과 조화로운 관계 속에서 함께 공존하고 함께 발전하는 인간관계의 지혜를 지닌 사람이다.

인간관계의 부적응은 여러 가지 기준으로 정의될 수 있다.

첫째, 인간관계에서 느끼는 불쾌감정의 강도가 지나치게 강한 경우이다. 예를 들어, 낯선 이성을 만나는 미팅 상황이나 여러 사람 앞에서 발표를 해야 하는 상황에서는 누구나 약간의 긴장과 불안을 경험하게 되지만 그 정도가 심하여 얼굴이 굳고 말을 제대로 하지 못하는 경우가 이에 해당된다.

둘째, 불쾌감정의 지속기간이 지나치게 장기간 지속되는 경우이다. 이성과의 실연으로 인한 우울감정이나 배신한 친구에 대한 분노감정이 수개월 동안 지속되어 고통받는 경우가 그 예라고 할 수 있다.

셋째, 불쾌감정을 느끼지 않을 상황에서 부적절하게 그러한 감정을 느끼는 경우이다. 예를 들어, 사람이 많은 전철 안에서 남들이 자신을 쳐다본다는 생각 때문에 불안해하거나 자신의 눈빛이 너무 강해서 남들을 불쾌하게 만든다고 생각하여 다른 사람의 눈을 쳐다보지 못하고 위축감을 느끼는 경우이다.

넷째, 불쾌감정으로 인해 학업, 직업 그리고 사회생활에 현저한 지장을 받게 되는 경우이다. 예를 들어, 수업 시간에 발표하는 것이 두려워서 발표 시간에 무단결석을 하는 경우, 수강하고 싶지만 발표를 시키는 과목을 피하는 경우, 낯선 사람과 접촉하는 것이 불편하여 판매직 직장인이 업무를 제대로 수행하지 못하는 경우가 이에 해당한다. 또한 인간관계의 대상과 상황에 따라 지켜야 할 행동 규범과 행동 양식에 대해서 무지하거나 부적절한 행동을 하는 사람은 주변 사람들에게 좋은 인상을 줄 수 없다. 예를 들어, 연장자에게 한 손으로 물건을 건네거나 상사의 심각한 지시를 받으면서 정면으로 입을 크게 벌려 하품을 하는 것은 예의에 벗어난 행동이다.

1) 인간관계의 분류

인간은 누구나 한평생 동안 다양한 인간관계를 경험한다. 인생의 각 시기마다 새로운 인간관계 속으로 들어가게 되고 그때마다 새로운 위치에서 새로운 역할을 담당하게 된다. 우리의 인생은 여러 가지 인연으로 다양한 사람을 만나 인간관계를 맺고 그 관계 속에서 희로애락을 경험하며 펼쳐진다. 우리가 경험하는 다양한 인간관계를 그 특성에 따라 여러 가지 유형으로 나누어 볼 수 있다.

우선, 일차적 인간관계와 이차적 인간관계이다. 인간관계는 그 형성 요인에 따라 일차적 인간관계와 이차적 인간관계로 나누어 볼 수 있다. 일차적 인간관계는 혈연, 지연, 학연 등에 의해 형성되는 인간관계를 말한다. 부모, 형제자매, 친척, 동문, 동향 사람들과의 관계가 이에 속한다. 일차적 인간관계는 다음과 같은 몇 가지 특성을 지닌다.

첫째, 일차적 인간관계는 본인의 선택이나 의사와 상관없이 부여되는 인간관계이다. 즉, 운명적으로 부여된 인간관계이다.

둘째, 일차적 인간관계에서는 가입과 탈퇴가 자유롭지 못한다. 대부분의 사람은 한 번 일차적 인간관계 속에 들어가면 평생 그 관계 속에서 지내게 된다.

셋째, 일차적 인간관계는 흔히 공식적이고 집단적인 관계이다. 일가족, 친인척, 종친회, 동문회 등과 같이 다수로 구성된 집단의 소속원으로 관계를 맺게 된다.

반면에 이차적 인간관계는 개인적인 매력, 직업적 이해관계, 가치의 공유에 의해 형성되는 인간관계이다. 직장동료, 애인, 친구, 친목 단체의 구성원 등이 이에 해당한다. 이차적 인간관계의 대상은 본인의 의사에 따라 자유롭게 선택될 수 있다. 또한 이차적 인간관계에서는 가입과 탈퇴가 비교적 자유로우며 일차적 인간관계에 비해 관계가 일시적일 수 있다.

다음은 수직적 인간관계와 수평적 인간관계이다. 인간관계는 구성원의 나이, 촌수, 학번, 계급, 지위, 권한 등의 동등성 여부에 따라 수직적 인간관계와 수평적 인간관계로 나눌 수 있다. 수직적 인간관계는 상급자와 하급자 간의 불평등 관계를 말하며 가정에서의 부모-자녀관계, 학교에서의 스승-제자관계 또는 선배-후배관계, 직장에서의 상사-부하관계가 이에 속한다. 이러한 관계에서 상위자에게는 하급자에 대한 지휘, 통솔, 명령, 책임, 보살핌 등의 역할이 기대되는 반면, 하급자에게는 상급자에 대한 복종, 순응, 지지 등의 역할이 기대된다. 특히 동양문화권에는 수직적 인간관계가 잘 발달되어 있으며 상급자와 하급자의 행동 규범인 예의가 잘 체계화되어 있다. 반면, 수평적 인간관계는 서로 동등한 위치에 있는 사람들 간의 평등한 관계로서 교우관계, 연인관계, 부부관계가 이에 속한다.

한편, 우호적 인간관계와 적대적 인간관계로 나눌 수도 있다. 인간관계는 다른 사람과의 상호작용을 의미한다. 대인관계가 대물관계와 다른 점은 상호작용을 한다는 점이다. 즉, 내가 다른 사람에게 영향을 미치고 또 그가 나에게 영향을 미치는 관계라는 점이다. 인간관계는 이러한 상호작용적 관계로서 상호작용의 내용과 질에 따라 여러 가지의 구분이 가능하다. 인간관계에서 상대방에 대해 느끼는 감정과 태도의 우호성 여부에 따라 우호적/협동적 인간관계와 적대적/경쟁적 인간관계로 나눌 수 있다. 전자의 인간관계에서는 서로에 대해서 우호적인 호감을 지니고 서로를 도우며 공동의 목표를 향해 함께 일하는 협동적인 상호작용이 일어난다. 반면에 후자의 인간관계에서는 서로를 적이나 경쟁 상대로 인식하여 적대감정을 갖고 상대가 하는 일을 방해하거나 비협조적인 태도를 나타낸다.

2) 인간관계와 인생의 분류

인간은 태어나면서부터 인간관계 속에 던져진다. 그리고 인간의 삶은 인간관계 속에서 펼쳐진다. 그러나 인간관계, 즉 사람과 사람 사이는 매우 복잡하고 오묘하다. 인간의 심리적 갈등과 고통의 대부분은 이러한 인간관계 문제에서 기인한다.

한편, 인간관계는 만족과 행복의 원천이기도 하다. 즉, 다른 사람과 서로 신뢰하고 사랑을 주고받을 때 행복감을 느낀다. 부모, 교사, 친구, 이성으로부터 사랑과 인정을 받을 때 자신이 가치 있는 존재로 느껴지고 인생이 살 만한 것으로 느껴져 우리는 행복감을 얻는다. 이처럼 인간관계는 개인에게 행복과 불행의 원천이 된다.

슈미트와 서매트(Schmidt & Sermat, 1983)는 생활 속에서 이루어지는 인간관계의 영역을 크게 네 가지 영역으로 나누었다. 이 네 가지 영역 중 어느 한 영역의 인간관계가 결핍되어 있거나 불만족스러울 때, 인간은 고독을 느끼게 된다. 인간관계와 인생의 분류 네 가지를 살펴보자.

첫째, 가족 동반자이다. 우리의 삶에 필요한 동반자 중 첫째는 가족 동반자(familial partner)이다. 가족 동반자는 부모, 형제자매, 가까운 친척과 같이 가족애를 나눌 수 있는 혈연적 동반자를 뜻한다. 가정은 인생에 있어서 베이스캠프와 같은 역할을 하는 곳이다. 사회생활 속에서 지치고 피곤해진 몸과 마음을 편안하게 쉬고 힘을 비축하는 곳이다. 가족이 없거나 가족 구성원 간의 관계가 화목하지 않을 경우에는 고독감을 느끼게 된다.

둘째, 낭만적 동반자이다. 낭만적 동반자(romantic partner)는 사랑을 나눌 수 있는 연인을 말한다. 인간은 누구나 낭만적 사랑에 대한 욕구와 성적인 욕구를 지니고 있다. 낭만적 동반자는 이러한 인간관계 욕구를 충족할 수 있는 애정상대를 의미한다. 낭만적 동반자는 연인관계에 있는 애인을 말하며 결혼을 통해 부부관계를 형성한 경우에는 배우자가 이에 해당한다.

셋째, 사교적 동반자이다. 사교적 동반자(social partner)는 교우관계를 통해 우정을 느낄 수 있는 친구를 뜻한다. 이러한 동반자는 혈연관계나 직업적 이해관계보다는 개인적 친근감과 신뢰에 바탕을 두고 긍정적 · 정서적 교류를 하는 친구를 말한다. 친구는 서로에 대한 호감과 공통적 관심사에서 출발하여 서로의 개인적 정보를 공개하고 서로를 잘 이해하게 됨으로써 친밀감을 느끼는 편한 사람이다. 우리 사회에서는 같은 또래의 동성 간에 사교적 동반자 관계가 형성되는 경우가 많다.

넷째, 작업적 동반자이다. 직장에서 함께 일을 하는 직장동료는 우리의 인생에서 매우 중요한 인간관계의 대상이다. 작업적 동반자(working partner)는 이처럼 직업 활동을 함께 하는 동료를 뜻한다. 인간은 추구하는 공통적인 목표를 실현하기 위한 목표지향적인 공동체에 속하게 된다.

인간관계의 이해

Section 01 학습활동

인간관계의 이해 (1)

(V) 토론 ( ) 퀴즈 ( ) 과제 (V) 검사 ( ) 조사 ( ) 팀티칭 ( ) 활동

주제	Rosenberg's 자아존중감 척도
학습성과	자신이 어떤 사람인지 이해할 수 있다.

진행과정

문항	거의 그렇지 않다(1점)	가끔 그렇다 (2점)	자주 그렇다 (3점)	항상 그렇다 (4점)
1. 나는 남들만큼 가치 있는 사람이라고 생각한다.				
2. 나에게는 좋은 점이 많다고 생각한다.				
3. 대체로 나는 실패한 사람이라는 생각이 든다.				
4. 나는 다른 사람들과 같이 일을 잘할 수 있다.				
5. 나는 자립할 것이 별로 없다.				
6. 나는 나 자신에 대해 긍정적으로 생각한다.				
7. 나는 나 자신에 대해 대체로 만족스럽게 생각한다.				
8. 나는 나 자신을 좀 더 존중할 수 있으면 좋겠다.				
9. 나는 가끔 나 자신이 쓸모없는 사람이라는 느낌이 든다.				
10. 나는 때때로 내가 좋지 않은 사람이라고 생각한다.				

* 3, 5, 8, 9, 10번은 역산 문항임.
* 이 척도는 자신에 대한 긍정적인 감정과 부정적인 감정을 모두 측정함으로써 세계적인 자기가치를 측정함.
* 이 점수는 0~40의 점수를 사용하는데, 20보다 작은 점수는 낮은 자존감 문제를 나타낼 수 있음 (점수가 높을수록 자아존중감이 높은 것을 의미함).

출처: 원호택, 이훈진(1995)이 번안한 한국판 척도.

토론과정

1. 자신의 긍정적인 측면과 부정적인 측면에 대하여 토론해 보자.
2. 내가 보는 나, 타인이 보는 나, 그리고 앞으로 내가 되고 싶어 하는 나는 어떤 차이점이 있는지 이야기해 보자.

Section 01 학습활동

인간관계의 이해 (2)

(V) 토론 ( ) 퀴즈 (V) 과제 ( ) 검사 ( ) 조사 ( ) 팀티칭 ( ) 활동

주제	자기이해 SWOT 분석
학습성과	자신의 강점, 약점, 기회, 위협의 특성을 알 수 있다.
진행과정	S: 강점(Strength) / W: 약점(Weakness) / O: 기회(Opportunity) / T: 위협(Threat) 1. 나의 강점은? 2. 나의 약점은? 3. 나의 기회는? 4. 나의 위협은?
토론과정	1. 나의 SO전략(강점으로 기회를 살리는 전략)은? 2. 나의 WO전략(약점 보완으로 기회를 살리는 전략)은? 3. 나의 ST전략(강점으로 위협을 피하기 전략)은? 4. 나의 WT전략(약점은 보완하고 위협은 피하기 전략)은?

S: 강점(Strength)	W: 약점(Weakness)
O: 기회(Opportunity)	T: 위협(Threat)

Section 01 학습활동

인간관계의 이해 (3)

(V) 토론 ( ) 퀴즈 (V) 과제 ( ) 검사 ( ) 조사 ( ) 팀티칭 ( ) 활동

주제	인생곡선을 통한 생애설계
학습성과	자신의 인생시계에 대하여 알 수 있다.

진행과정

행복도	인생곡선								행복도
+5									+5
+4									+4
+3									+3
+2									+2
+1									+1
0									0
	10	20	30	40	50	60	70	90	
−1									−1
−2									−2
−3									−3
−4									−4
−5									−5

* 위의 도표에 나의 희망, 소망을 연령대에 따라 구체적인 점을 찍는다.
인생이라는 수평선 위에 내가 하고 싶은 일들, 내가 이루고 싶은 일들을 기록하는 것이 가장 기본이라고 할 수 있다.

토론과정

1. 현재까지 나의 긍정적 경험과 기억에 남는 일은?
2. 대학 졸업 시까지 내가 해야 할 일은?
3. 대학 졸업 후 은퇴 시까지 내가 하고 싶은 일은?
4. 은퇴 후 할 일은?

제2장

갈등, 적응 및 부적응과 인간관계

1. 갈등과 인간관계

1) 갈등의 이해

갈등(葛藤)은 개인이나 집단 사이에 목표나 이해관계가 달라 서로 적대시하거나 불화를 일으키는 상태 또는 마음속에 두 가지 이상의 욕구 등이 동시에 일어나 갈피를 못 잡고 괴로워하는 상태를 의미한다. 갈등은 의지를 지닌 두 성격의 대립 현상이며, 그 성질에 따라 크게 외적 갈등과 내적 갈등으로 나뉜다. 외적 갈등은 사람과 사람, 또는 사람과 환경 사이의 갈등이며, 내적 갈등은 한 인물의 심리적 갈등(문학에서 자주 사용하며, 사건 전개에 긴박감을 더해 준다)이다.

우리의 인간관계에서 갈등은 자연스러운 것이며 잠재되어 있던 문제들을 드러나게 하여 문제해결을 촉진하고, 상대방을 새롭게 바라보게 하는 계기가 된다. 이러한 인간관계의 몇 가지 갈등에 대하여 살펴보고자 한다.

첫째, 의사소통 갈등(communication conflict)이다. 인간관계에 대해 서로 다른 관점을 가지고 있는 경우에 갈등이 생길 수 있다. 예를 들어, 개인의 동기나 욕구에 근거하여 개인 대 개인의 관점에서 대화하는 경우와 나이나 성 또는 신분 같은 지위에 근거하여 역할 대 역할의 관점에서 대화하는 경우가 있다. 아울러 문화적 차이도 의사소통에 어려움을 일으킬 수 있는데, 집단주의 문화에서는 대화 내용을 맥락에 맞추어 해석하는 높은 수준의 맥락에서 의사소통이 이루어지는 데 비해 개인주의 문화권에서는 자신의 의도를 정확하게 전달하는 낮은 수준의 맥락에서 의사소통을 한다. 우리나라가 서구화되면서 이러한 의사소통 방식의 차이로 인해 갈등이 생기고 있다.

둘째, 역할갈등(role conflict)이다. 사회에서 사람은 다양한 역할을 수행하며 주변 사람들은 그에게 역할기대를 하게 되는데 그것을 충족하지 못할 때 갈등이 생길 수 있다. 예를 들어, 부부 사이에 남편과 아내의 역할에서 서로에게 부여된 역할에 대해 합의하지 못할 때도 갈등이 생길 수 있다. 또한 남녀가 애인 역할과 친구 역할을 서로에게 부여할 때, 한 사람이 수행하는 여러 역할 사이에 충돌이 일어날 수 있다.

셋째, 불공정 갈등(inequity conflict)이다. 인간관계에서는 누구나 상대방에게 투자한 만큼 상대방도 자신에게 되돌려 주기를 원한다. 예를 들어, 시험 기간에 같이 술을 마셔 준 친구는 자기도 그렇게 하기를 기대한다. 또한 사회생활을 하다 보면 형평성이 깨졌는데도 참을 수밖에 없는 경우가 있다. 회사에서 열심히 일하는데도 다른 동료보다 더 적은 보수를 받는 경우 자신이 누리는 혜택을 과대평가하거나 상대방이 얻게 될 이익을 과소평가하여 형평성을 유지한다.

넷째, 이질감 갈등(heterogeneity conflict)이다. 사람들은 서로 다른 성장환경으로 인해 가치관의 차이를 보이며 이것이 갈등의 원인이 될 수 있다. 가치관은 마음의 핵심적 요소로 여가, 경제활동, 가족관계 등 다양한 생활에 영향을 미치기 때문에 갈등에서 중요한 역할을 한다. 가치관은 편의상 이론형, 심미형, 사회형, 종교형, 경제형, 정치형으로 구분할 수 있다. 여기에서 인간관계를 지배-복종의 관계로 보는 정치형과 사랑과 신뢰의 관계로 보는 사회형, 미를 추구하는 심미형과 손익계산을 중시하는 경제형 간에 갈등이 발생할 가능성이 높다.

2) 갈등의 의미와 유형

갈등(conflict)이란 두 개 이상의 행동 목표나 대상을 선택하게 될 때 비슷한 유인가(valence)를 띠고 장의 힘(field forces)이 대립된 상태를 말한다. 장(場, field)의 힘이 비슷할 때는 쉽게 갈등이 해소되지 못하고, 이와 같은 갈등이 계속되면서 해소되지 않을 경우에는 부적응 행동이 일어나게 된다. 갈등이란 정신역학적 개념에서 보면, 방향이 상반되는 같은 양의 힘이 있을 때, 즉 정신활동이 정체되고 내부 압력이 높아져 정신적인 긴장이 해소되지 않고 불안 정도가 높아질 때 발생하는 것이라고 본다. 레빈(Lewin, 1996)은 갈등의 유형을 다음과 같이 구분하였다.

첫째, 접근-접근 갈등(approach-approach conflict)이다. 이는 정적(positive) 유인가를 띠고 있는 두 개의 상호 배타적인 행동 목표가 동시에 일어날 때 일어나는 갈등을 말한다. 매력적인 두 개의 긍정적 목표물에 끌려 긍정적인 욕구가 동시에 나타나서 어떻게 행동해야 좋을지 모를 때 나타나는 갈등이다. 즉, 두 개의 매력적인 선택 간의 갈등이다. 예컨대, 입사시험에서 조건이 좋은 회사 두 군데에 동시에 합격했는데, 어느 회사를 선택해야 할지 망설이는 경우를 말한다. 이런 경우 어느 한쪽을 선택하면 괴로운 갈등상태나 심각한 행동의 혼란을 일으키지 않고 효과적으로 적응해 나갈 수 있을 것이다. 그러나 한쪽 목표를 획득하여 욕구를 만족시키면 나머지 반대쪽에 대한 미련이 강해져서 강한 유의성을 가지게 되기도 한다. 즉, 포기했던 회사가 더 매력적으로 보여 후회하는 마음을 갖는다든지 이 갈등에서 한쪽을 선택하는 것이 다른 중요한 것의 상실을 의미할 때는 문제가 심각해진다.

둘째, 접근-회피 갈등(approach-avoidance conflict)이다. 이는 동일한 행동 목표가 한편으로는 정적(positive) 유인가를 띠고 다른 한편으로는 부적(negative) 유인가를 띠는 경우에 경험하는 갈등이다. 즉, 두 가지 끌리는 목표와 싫은 목표가 동시에 존재하는 경우이다. 예를 들면, 어느 학생이 학교 성적에서 나쁜 성적도 받고 싶어 하지 않고, 공부하기도 싫은 경우에 해당된다. 물론 열심히 공부해서 시험 성적이 좋으면 해결되는 경우이다. 접근-회피 갈등 장면에서는 회피함으로써 문제가 해결되지 않는다. 갈등에 대한 긴장 상태가 비교적 오래 계속되며 불안을 느낀다. 특히 증오감이나 적대감을 표출할 수 없을 때에는 부적응 행동이 일어난다.

셋째, 회피-회피 갈등(avoidance-avoidance conflict)이다. 이는 두 가지 부정적 목표물이 모두 바람직하지 못하지만 둘 중에 하나를 선택해야 하는 경우로서, 부정적인 갈등이 동시에 나타나 이럴 수도 없고 저럴 수도 없는 상태에서 나타나는 갈등이다. 즉, 부적 유인가를 띠고 있는 두 개의 상호 배타적인 행동 목표가 동시에 일어날 때의 갈등이다. 예컨대, 어느 학생이 학교에 가기 싫고, 시험도 보기 싫을 때 부정적 특성 중 하나를 선택해야 할 때의 갈등이다. 이 갈등 유형은 갈등 기간이 매우 길고 가능하면 선택과 결정을 피하려고 한다.

넷째, 이중 접근-회피 갈등(double approach-avoidance conflict)이다. 이는 두 가지 행동목표가 각각 정적 및 부적 유인가를 띠고 있을 때 일어나는 갈등이다. 예를 들어, 직장을 선택하는 데 겪는 갈등에서 A 회사는 지위가 높으나 승진 기회, 상여금이 적고 주말까지도 일해야 하며, B 회사는 좋은 주택을 제공하고 급여 수준이 높으나, 직장에서 몇 년이 지나면 무더기 해고나 경영주의 정책이 자주 바뀌는 등 평판이 나쁜 경우이다.

이러한 이중 접근-회피 갈등을 해결하기 위하여 재니스와 맨(Janis & Mann, 1977)은 다음과 같은 다섯 가지 유형을 제안하였다. ① 비갈등적 고수(unconflicted adherence)로 의사결정자는 손해의 위험이 있을 것이라는 정보를 무시하고 그가 하고 있는 일을 계속하기로 결정한다. ② 새로운 행동으로의 비갈등적 변화로 의사결정자는 가장 분명하고 강력하게 지지받은 새로운 행동을 무비판적으로 채택한다. ③ 방어적 회피(defence avoidance)로 의사결정자는 지연시키거나 타인에게 책임을 전가시키는 등 정확한 정보에 선택적으로 주의를 기울이지 않음으로써 갈등을 피한다. ④ 과경계(hypervigilance)로 의사결정자는 광적으로 궁지에서 빠져나가는 방법을 탐색하고 일시적으로 안심시켜 줄 것 같이 보이는 해결책을 충동적으로 채택한다. ⑤ 경계(vigilance)로 의사결정자는 적절한 정보를 찾고 이를 공정하게 처리하고 선택을 결정하기 전에 다른 방안들을 조심스럽게 평가한다.

2. 적응과 인간관계

1) 적응의 이해

적응(adaptation)이란 하나의 순응개념으로 사람이 살아가는 과정에서 만나게 되는 다양한 상황에 맞추어 가는 동시에 살아남는 것을 말한다. 즉, 생물체가 환경의 변화에 맞게 자신의 상태나 구조를 끊임없이 변화시키는 과정이다. 적응은 변화하는 환경에서 만족스럽게 생존하기 위한 개인의 노력으로 조절(accommodation)과 동화(assimilation)의 과정을 거쳐 이루어진다. 조절이란 주어진 환경에 맞추어 자신을 변화시키는 과정이며, 동화는 자신의 욕구에 맞추어 환경을 변화시키는 과정을 뜻한다. 따라서 적응은 개인의 내적 욕구와 환경적 욕구가 조화를 이루는 관계를 맺고 유지되는 과정을 말한다.

인간이 적응해 나가지 않으면 안 되는 욕구로는, 첫째, 신체적 적응으로 내적 욕구로서 신체 조직의 활동에서 기인하는 생리적 욕구이다. 이러한 욕구는 생득적인 것으로 생명과 안락의 확보 유지를 위해서 필요하며, 체온 조절, 수면 같은 욕구는 적당한 옷을 입거나 잠을 자는 의도적인 행동을 통해 충족될 수 있다. 둘째, 심리적 적응으로 사회화 과정을 통해 내적 욕구가 된 것을 들 수 있다. 아동은 부모와의 상호작용을 갖는 동안 사회 가치를 수용하게 되고, 그것을 차차 내면화하여 자기의 성격으로 통합시켜 나간다. 셋째, 사회적 적응으로 이는 사회환경에서 비롯되는 것이다. 즉, 다른 사람들에게 서로 의존하며 살아가는 사회생활에서 비롯된다. 인간은 그가 태어난 문화권의 사회제도가 개인에게 강요하는 일정한 사회 가치와 그 문화의 행동 양식 등에 동조해야 한다. 넷째, 도덕적 적응으로 이는 사회화 과정에서 내적인 욕구가 된 것이다. 부모와의 상호작용을 통해서 사회 가치를 수용하고 그것을 내면화하며 옳고 그름에 대한 도덕 · 윤리적 가치 판단을 학습하게 된다.

적응에 대한 개념은 개인이 환경에 순응하는 소극적 관점과 개인이 자신의 목적을 달성하기 위하여 환경을 변화시키는 적극적 관점으로 구분할 수 있다. 즉, 적응은 단순히 표현형만 변하는 것과 유전자형까지 변하는 경우가 있다. 적응의 예로는 사막에서 자라는 선인장의 잎이 점차 가시 모양으로 변하여 수분의 손실을 최소화하도록 된 것과 비좁은 숲에서 위로만 자라던 나무를 넓은 들에 옮겨 심자 옆으로 넓게 퍼져 자라게 된 것 등이 있다. 또 다른 예로 북극여우의 경우 열 손실을 줄이기 위해 귀가 작고, 열 발생을 늘리기 위해 몸집이 크며, 사막여우의 경우 열 발산을 늘리기 위해 귀가 크고, 열 발생을 줄이기 위해 몸집이 작은 경우이다.

한편, 적응(adjustment)이란 환경의 요청에 부응하여 스스로의 욕망을 조절함으로써 균형을 이루어 나가는 것, 즉 욕구와 가능성 간에 균형을 이루려는 노력이다. 유기체가 환경에 대해 만족한 관계를 갖는 것으로 생물학적으로는 실제의 요구에 대한 순응(adaptation)과 살아남는 것(survival)이 있다. 따라서 적응이란 심리학적으로는 개체 요구의 해소과정이며, 요구를 만족시키기 위해 장애를 극복하려고 하는 노력을 포함시키는 과정이라고 할 수 있다.

적응은 한편으로는 개인의 욕구가, 다른 한편으로는 환경의 주장이 충분히 만족된 상태로 대상 혹은 사회환경과의 조화를 말한다. 이 조화로운 관계가 획득될 수 있는 과정이다(Eysenck & Wurzburg, 1972). 건강한 적응의 특성으로는 융통성, 자발성, 창의성을 들 수 있으며, 효과적인 적응은 충동이나 목표를 통제하면서 사회적 규범(norms)에 맞추어 살아가는 것이다. 한편으로는 사회가 항상 옳지만은 않기 때문에, 때로는 적응을 거부하는 것이 건강한 성격이라고 볼 수 있다. 건강하게 적응하는 사람의 특성은 동조와 비동조, 그리고 자기통제와 자발성 간의 균형을 유지하는 사람이라 할 수 있다. 또한 자신의 장점과 단점을 잘 알고, 욕구와 적절히 조화되는 사회적 역할을 선택하며, 지나친 불안이나 좌절감 없이 위협적 상황에 잘 적응해 가는 사람이다.

적응은 두 가지 과정이 있는데, 첫째, 소극적 과정으로 주어진 환경이나 여건에 자기 자신을 맞추어 가는 과정이다. 둘째, 적극적 과정으로 자기의 욕구를 충족시키기 위해서 주변의 환경적 요인을 변화시키는 과정이다. 또한 어려운 상황에 대처하는 세 가지 방법이 있는데, 문제해결(problem-solving)의 방법, 주어진 상황을 그대로 받아들이는 수용의 방법 및 적응기제(또는 방어기제: defense mechanism)를 사용하는 방법이다. 따라서 적응이란 인간이 자기 자신의 욕구와 환경 사이에서 조화를 이루어 그 욕구를 충족시키는 과정이며 항상성(homeostasis) 유지를 위해 노력하는 일련의 과정이다. 반면, 부적응이란 개인이 주위 환경이나 사회의 요구를 적절히 수용하지 못하고 타인과의 관계에서 조화를 이루지 못함으로써 불만이나 불안에 처하는 것을 의미한다.

정신건강은 적응과 밀접한 관련이 있다. 적응을 잘한다는 것은 환경과의 상호작용에서 개인의 욕구를 잘 충족시킬 수 있다는 것이며, 또한 환경에 순응하는 것으로서의 적응과 자신의 욕구를 실현하는 것으로서의 적응을 동시에 추구할 수 있다는 것을 의미한다. 따라서 개인적 행복을 추구함과 동시에 자신이 당면한 문제 상황에 효과적으로 대처하여 문제를 해결할 수 있을 때 정신건강의 유지가 가능하다.

2) 적응의 이론

(1) 정신역동 접근

정신역동(psychodynamic) 이론은 프로이트(Freud)의 정신분석 이론에서 출발한다. 무의식적 과정이 인간의 행동을 결정한다는 가정을 근간으로 하는 프로이트의 정신분석 이론에 뿌리를 둔 정신역동 접근(psychodynamic approach)은 최근 단기 정신역동치료적 접근이라고도 불리는데, 인간의 행동을 '정신 내의 운동과 그 상호작용'에 초점을 두고 이해한다. 다시 말해, 정신이 행동을 어떻게 자극하는지 그리고 정신과 행동이 개인의 사회환경과 어떻게 영향을 주고받는지를 강조한다. 인간 본성에 관한 프로이트의 관점은 기본적으로 결정론이다. 프로이트에 따르면, 인간의 행동은 비합리적인 힘, 무의식적 동기, 생물학적 그리고 생의 초기 6년 동안의 주요한 정신성적 사상에 의해 전개된 본능적 충동에 의해 결정된다(Gerald Corey, 조현춘 외 역, 2003). 본능은 프로이트적 접근의 핵심으로 초기에는 성적 에너지를 리비도(Libido)라고 불렀지만, 후에는 모든 삶의 본능적 에너지를 리비도라고 부름으로써 성장, 발달, 창조성을 추구한다.

이 접근에 따르면, 정신적 문제는 다음의 네 가지 형태 중 하나로 표출된다(김규수, 1999). 첫째, 특정 상황에서 적응의 어려움은 개인 내적인 갈등의 산물로, 갈등을 외부세계로 대치시키는 성격장애를 발달시킨다. 둘째, 개인이 과다한 자아방어기제(ego defense mechanism)를 작동시킴으로써 나타나는 신경증(neurosis)이 된다. 셋째, 심리와 신체 내의 과도한 긴장은 긴장의 방출과 해결을 필요로 하고 이것이 신체적 아픔을 통해 나타나는 정신신체적(psychosomatic) 장애를 유발한다. 넷째, 자아가 더 이상 현실에 대응할 수 있는 능력을 상실하였을 때 개인은 정신병적(psychotic) 반응을 보인다.

(2) 심리사회 접근

심리사회 모델의 주요 이론적 배경은 정신역동이며, '상황 속의 인간'의 시각을 강조하지만 개입의 초점은 클라이언트 개인의 심리적 상태, 개인을 둘러싼 사회환경, 그리고 개인과 환경과의 상호작용 양상이다(윤현숙 외, 2001).

우즈와 홀리스(Woods & Hollis, 1990)는 심리사회 모델의 이론적 배경으로 생태체계 이론, 정신역동 이론, 역할 이론, 의사소통 이론 등을 제시하였다. 심리사회 모델의 가장 주요한 이론은 정신역동이며, 이 가운데 정신분석 이론과 대상관계 이론은 심리사회적 이론에 큰 영향을 미치고 있다.

심리사회 접근에서는 클라이언트가 자신의 행동과 감정에 대해 이해하고 통찰함으로써 자신의 문제를 해결하기 위한 능력을 고취하도록 원조하는 것을 강조한다. 한편, 상황 속의 인간에서 의미하는 인간은 변화하고 발전 가능성을 가진 존엄한 존재를 정의하며, 상황은 의식주와 같은 물질적인 자원뿐만 아니라 대인관계를 통해 얻게 되는 개인의 사회적인 관계도 포함한다. 따라서 심리사회적 이론은 인간의 수용과 자기결정권의 가치를 존중하며, 사회적 자원의 결핍이 개인의 문제에 미치는 영향력을 중시한다.

3) 적응의 대처양식

어떤 행동이 적응적이라는 것은 그 행동이 그 사람으로 하여금 특정한 목적을 성취하는 것을 얼마나 가능하도록 해 주는가에 관련된 것으로 부적응 이상행동을 정의하는 근본적인 요소이다. 구체적으로 적응적 행동은 다음 세 가지 측면, 첫째, 그 행동이 그 사람의 생존을 증진시키는가, 둘째, 그 행동이 사람의 만족과 행복을 증진시키는가, 셋째, 그 행동이 사회의 안녕을 증진시키는가라고 할 수 있다.

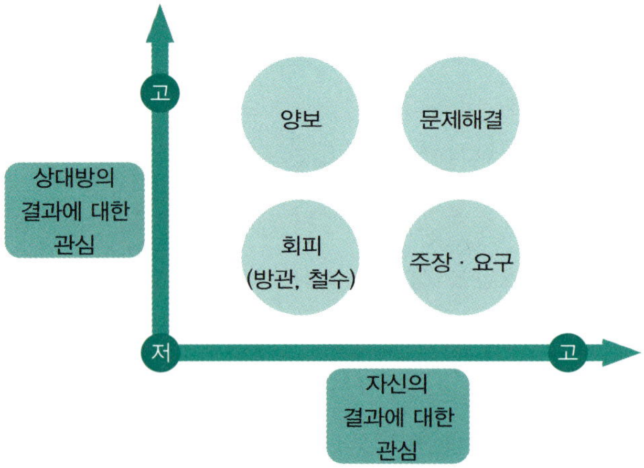

[그림 2-1] 적응의 대처양식

적응의 대처방법은 문제중심적 대처, 정서중심적 대처 및 문제-정서 혼합 대처의 세 가지 방법이 있다.

(1) 문제중심적 대처

문제중심적 대처(problem-focused coping) 방법은 스트레스를 유발하는 문제행동이나 환경적인 조건을 변화시켜 스트레스를 해소하고자 하는 노력이다. 문제중심적 대처의 목표는 위협이나 문제 자체를 직접적으로 관리하는 것이다. 문제중심적 대처전략은 환경지향적 대처와 내부지향적 대처로 구분할 수 있다. 환경지향적 대처는 문제를 규정하고 대안적 해결책을 제시하며, 이익과 부담의 관점에서 대안책을 비교·검토해 보고, 대안책 중에서 선택한 대안을 실행에 옮기는 행동으로 이루어진다. 내부지향적 대처는 자신에 관한 어떤 것(포부수준, 행동기준 등)을 변화시킴으로써 대처하는 방법이다. 문제중심적 대처전략과 기술은, 첫째, 능동적 대처로 스트레스를 능동적으로 제거하거나 다루려고 시도하며, 그 영향을 제거하고자 함이다. 둘째, 계획하기로 스트레스원(stressor)을 어떻게 처리할 것인가에 관해 생각한다. 셋째, 도구적 지지 추구로 조언, 조력 및 정보를 구함이다. 넷째, 경쟁활동의 억압으로 스트레스원을 극복하기 위하여 다른 행위는 중지한다. 다섯째, 대처 억제로 적당한 시기까지 대처 행위를 잠시 미뤄 둔다.

일반적으로 제시되는 문제해결과 의사결정에서의 창의적 해결단계는 다음과 같다(이근후, 박영숙 공역, 1990).

첫째, 문제의 정의이다. 해결하여야 할 문제가 무엇인가? 대부분의 사람은 스트레스를 유발하는 상황의 근본적 문제점을 파악하지 못하고 겉으로 드러나는 부수적 결과나 지엽적 문제에만 연연해하는 경우가 많다. 중요한 것은 문제의 출처를 파악한 후 이에 대한 해결책을 강구할 수 있도록 간단명료하게 진술해야 하며, 문제에 대한 정의를 분명하게 내린 후에 해결에 필요한 여러 측면의 분석이 필요하다.

둘째, 대안설정이다. 이는 문제상황에 대한 해결책을 모색하는 데 있어 생각할 수 있는 가능한 한 많은 대안을 검토해 보는 것이다. 개인적 문제를 해결하기 위해서도 그렇지만 집단이나 조직에서의 문제를 해결하는 경우, 여러 사람의 의견을 수렴하는 합리적 해결책을 찾는 방법은 매우 효과적이다.

셋째, 결과의 예견이다. 이는 여러 가지 아이디어에 대한 평가과정이다. 각 방법이나 아이디어의 결과는 무엇인가? 각 아이디어가 문제상황에 어떻게 작용할 것인지를 생각해 본다.

넷째, 해결책의 선택이다. 이는 문제를 가장 잘 해결하고 관련자의 욕구를 잘 충족시켜 줄 수 있는 방법을 선택하는 것이다. 효과적인 의사소통은 기술을 활용하며 자신의 메시지가 중요한 것임을 상대에게 설득시켜야 한다.

다섯째, 재평가이다. 모든 결과를 예측할 수 없으므로 자신이 선택한 결정에 대해 재평가할 준비가 되어 있어야 한다. 자신이 선택한 방법이 효과가 없다면 그 이유를 생각해 보고 이를 재정리한 후 다시 시도해 보아야 한다.

(2) 정서중심적 대처

정서중심적 대처(emotion-focused coping) 방법은 스트레스에 의해 유발된 정서적 반응, 즉 불안이나 초조 등의 정서적 고통을 감소시키는 데 초점을 두는 방법이다. 스트레스의 원인을 회피하거나 스트레스 상황을 인지적으로 재구성하는 대처방식으로 정서중심적 대처의 목표는 정서적 균형을 이루는 것이다. 정서중심적 대처전략으로는, 첫째, 정서적 지지 추구로 사기 진작, 공감 및 타인의 이해를 구한다. 둘째, 정서 분출하기로 괴로운 감정에 중점을 두어 그에 관해서 이야기한다. 셋째, 긍정적인 재해석으로 긍정적인 방법으로 상황을 재해석한다. 넷째, 행동적 철회로 스트레스원을 줄이기 위해 노력한다. 다섯째, 정신적 철회로 스트레스원에 대한 생각을 분산시키기 위하여 다른 활동에 주의를 돌린다.

정서중심적 대처기술을 살펴보면 다음과 같다. 첫째, 소망적 사고(wishful thinking)로 스트레스는 기왕에 일어난 일이니 나의 행동이나 생각을 바꾸도록 노력한다. 둘째, 거리두기(distancing)로 스트레스를 유발하는 곤란하고 어려운 상황에 대해 모든 것을 잊어버리려고 노력한다. 셋째, 긴장해소로 스트레스로 인해 발생한 불안이나 갈등 등을 없애기 위해 운동이나 예술 등의 다른 일에 몰두하려 든다. 넷째, 사회적 지지 추구(seeking social support)이다. 이는 다른 사람의 동정과 이해, 지지를 얻으려고 노력한다. 다섯째, 책임수용(accepting responsibility)이다. 이는 스트레스를 유발한 문제를 일으킨 사람이 자신이라는 사실을 깨닫고 자신의 책임이었음을 받아들이려 노력한다.

따라서 적응은 개인의 내적 · 외적 욕구를 인지하고 환경 혹은 자기 자신을 맞추어 가는 것이라고 할 수 있다. 이처럼 적응은 몸과 마음의 건강을 유지하는 데 중요한 과정이며, 인간은 이러한 과정을 통하여 성장해 간다(홍숙기, 1998).

적응을 위해서는 내적인 욕구와 환경의 조화로운 관계 수립과 유지가 중요하며, 개인적인 욕구와 환경은 상호작용하는 것임을 이해하는 것이 중요하다. 적응의 방법으로 문제를 해결하는 방법, 주어진 문제를 그대로 수용하는 방법 및 방어기제와 같은 적응기제를 사용하는 방법이 있다.

(3) 문제-정서 혼합 대처

문제-정서 혼합 대처(problem-emotion mixed coping) 방법은 스트레스 사건과 관련이 없는 구체적 활동에 참여함으로써 스트레스로 인한 정서적 고통을 줄이려고 하는 대처노력으로 목욕을 하거나 음악을 듣거나 하는 등의 행동을 포함한다. 일반적으로 사람들은 스트레스 상황에서 문제중심적 대처와 정서중심적 대처를 혼합하여 사용하는 경향이 있다. 대부분의 피험자가 문제중심적 대처와 정서중심적 대처를 함께 사용하는 것으로 나타났다(Folkman & Lazarus, 1985).

문제-정서 혼합 대처기술에는 성장 지향과 직면하기가 있다. 성장 지향(growth oriented)은 스트레스를 받은 일로부터 자신의 성장에 도움이 되는 효과를 찾으려고 애쓰는 것이다. 직면하기(confront)는 스트레스를 일으키고 있는 상황을 바꾸기 위해 어려움에 맞서 공격적으로 행동하는 것이다.

3. 적응기제와 인간관계

1) 적응기제란

인간이 행동적응 과정에서 목표에 도달하지 못하고 문제사태에 부딪혔을 때 갈등이나 욕구불만 상태에 있게 된다. 이런 부적응 상태에서 목표를 수정하거나 문제사태를 우회내지 대리적 목표를 설정하고 긴장이나 불안을 해소하려고 하는 방법이나 반응 혹은 행동 양식을 적응기제(adjustment mechanism)라고 한다. 적응기제는 어려운 현실에 당면하여 문제의 직접적 해결을 시도하지 않고 현실을 왜곡시켜 체면을 유지하고 심리적 평형을 되찾아 자기를 보존하려고 하는 방어기제, 욕구불만에 의하여 발생된 정서적 긴장이나 불안감을 해소하기 위하여 비합리적인 행동으로 당면하고 있는 현장이나 또는 비현실적 세계로 벗어나 정서적 안정을 추구하려고 하는 도피기제, 그리고 욕구충족의 과정이 방해되었을 때 방해요인에 대해 공격함으로써 정서적 긴장을 해소하려고 하는 공격기제로 분류한다. 이 기제들은 감정적 색채가 강하고 또한 무의식적 · 자동적 움직임이 많다.

인간은 성장과정에서 자신을 보호하기 위해 무의식적으로 다양한 심리적 기법을 발달시킨다. 이런 기법을 통해서 자신을 방어하고 갈등적인 충동들 사이의 타협을 통해 내적 긴장을 감소시켜 환경에 적응해 나가는데, 이것을 적응기제라고 한다(장연집, 2007). 적응기제란 인간 심리 내부의 형평(equilibrium)이 깨졌을 때 개체보존을 위해서 다시 형평을 찾으려는 항상성(homeostasis)의 작용이라 할 수 있다. 대개의 경우, 마음의 평정을 깨트리는 것이 의식의 영역으로 올라오게 되면 불안을 야기하며, 주로 사회적 · 도덕적으로 용납되지 못하는 원초아의 욕구나 욕망, 충동, 초자아의 압력, 과거의 기억이나 현실의 요구, 욕구불만, 내적 갈등, 죄책감 등 무의식 속에 억압되어 있던 받아들이기 어려운 충동들이 주로 작용한다. 이때 자아는 불안을 처리하여 마음의 평정을 회복시키려는 노력을 하는데 이것이 바로 적응기제이다. 따라서 욕구 충족이 어려울 때나 체면 유지가 곤란하여 불안한 상태에 놓여 있을 때에 문제의 직접적인 해결을 시도하지 않고, 현실을 왜곡시켜 자기를 보호함으로써 심리적 균형을 유지하려는 행동기제라고 할 수 있다.

2) 적응기제의 유형

인간은 해부학적 · 생물학적으로 적응이 유지되어 왔고, 안정유지, 욕구충족, 불안에 견디는 능력을 가지고 있다. 또한 인간은 신체적으로나 심리적으로 평정을 원하며 이 평정이 깨어졌을 때는 다시 평정을 되찾으려는 본능을 가지고 있다. 심리적으로도 인간은 평정을 유지하기 위한 심리적 작용, 즉 심리기제로서 평온함을 되찾으려는 작용이 있다. 나비가 보호색을 띠는 이유는 주위 환경에 적응하고 자신의 생명을 보호하기 위함이다. 무엇이 위협적인지 분명치 않은 상황이나 자아개념을 위협하는 심미적 갈등이 있을 때 일어나며, 이성적이고 직접적인 방법으로 불안을 통제할 수 없을 때, 자아를 붕괴의 위험에서 보호하기 위해 무의식적으로 사용하는 사고 및 행동 수단이다. 따라서 적응기제란 인간 심리 내부의 형평이 깨졌을 때 개체보존을 위해서 다시 형평을 찾으려는 항상성의 작용이라 할 수 있다.

적응기제의 유형은 다음과 같다.

(1) 저항

저항(resistance)은 억압된 재료들이 의식화되는 것을 방해하는 것을 말하는데, 그 이유는 억압된 감정이 의식화되면 너무 고통스럽기 때문이다. 이럴 경우 대개가 기억이 없다는 답변을 하는 경우가 많다. 프로이트가 억압에 대한 개념을 체계화할 수 있었던 것은 자유연상 과정에서 억압된 내용을 상기시킬 때 흔히 부딪히게 되는 연상의 단절, 당혹, 침묵, 불안 등의 관찰을 통해서이다. 즉, 무의식의 내용을 의식화할 때 심층 수준에서 의식화를 방해하는 방어기제가 바로 저항이다.

(2) 금욕주의

금욕주의(asceticism)는 경험을 통해 얻을 수 있는 직접적인 쾌감의 뿌리를 뽑는 것을 말한다. 이때 갖가지 쾌락에 대한 가치판단을 내리는 데는 도덕적인 요소가 그 속에 개입한다. 금욕주의란 의식에서 지각되는 모든 기본적 즐거움에 반대하면서 그 참된 즐거움과 만족을 금욕에서 얻는 것이다.

(3) 투사적 동일시

투사적 동일시(projection identification)는 원시적 방어기제로서 네 가지 조건을 구비한 경우를 말한다(Kernberg, 1985). 첫째, 자기 속에 있는 위험한 충동과 공격적인 충동을 상대방에게 투사한다. 둘째, 그 상대방에 대해 공감을 가진다. 셋째, 그 상대방을 계속 조정하려 든다. 넷째, 그 상대방과 아주 가까운 관계를 계속 유지한다.

(4) 원상복귀

원상복귀(undoing)는 의식에서 어떤 대상을 향해 품고 있는 자기의 성적인 또는 적대적인 욕구로 인해 상대방이 당할 것이라고 생각되는 피해를 원래 상태로 되돌려 놓는 것을 의미한다. 이러한 원상복귀의 기제는 굿과 같은 의식(ritual)에서 주로 활용된다.

(5) 역전

역전(reversion)은 감정, 태도, 관계를 반대로 변경하는 것을 말한다. 역전은 반동형성과 구별되는데, 엄밀한 의미로 말하면 반동형성은 감정의 역전에 해당되는 개념이다. 역전의 예로는, 극도로 수동적이며 무기력한 어머니에게 무의식적으로 반항하면서 유능한 여성으로 성장한 사람이 자신의 성공에 대해 죄책감과 불안을 경험하는 경우를 들 수 있다.

(6) 반복강박

반복강박(repetition compulsion)은 정신질환에서 흔히 보이는 양상으로 경험으로부터 배우지 못하고, 계속 일정한 병적 행동 양상을 반복하는 것이다. 이는 무의식이 주로 행동을 결정하기 때문이다. 미숙한 자아는 실패를 거듭함에도 불구하고 같은 행동 양상을 되풀이하기 쉽다. 예를 들어, 결혼에 계속 실패함에도 불구하고 전과 같이 알코올중독자와 결혼을 또 하는 경우이다.

(7) 지성화

지성화(intellectualization) 또는 주지화란 고통스러운 감정과 충동을 누르기 위해 그것들을 직접 경험하는 대신 그것들에 대해 생각을 많이 하는 것을 말한다. 이는 여러모로 체계적인 생각을 많이 하고 그 생각에 붙어 있는 정서를 제거하여 용납 못할 충동에서 유발되는 불안을 막는다는 심리적 책략이다.

4. 부적응적 인간관계

1) 부적응의 이해

부적응(不適應, maladjustment)은 일정한 환경이나 조건에 맞추어 응하지 못하는 것으로, 즉 주어진 상황에 적응하지 못하는 비정상적인 상태를 뜻한다. 인간은 욕구를 충족시키려 하는 존재이며 욕구로 인해 야기된 긴장을 해소시키려는 목표를 설정하고 행동한다. 결국 인간행동의 동인(動因)은 욕구이다. 욕구는 충족되기도 하고 지연되기도 하며, 여러 가지 장애에 부딪쳐 전혀 충족되지 않는 경우도 있다. 아울러 충족되지 못하는 감정을 맛보게 되는 경험을 욕구저지 또는 욕구불만(frustration)이라 한다.

로렌츠바이크(Rosenzweig, 2004)는 욕구불만의 원천을 신체적 요인, 지적 요인, 사회·경제적 요인, 타인의 간섭이나 방해 및 문화적 요인으로 구분하였다. 그는 이와 같은 원천에서 발생하는 욕구불만의 상태를 견뎌 내는 힘을 '욕구불만내성'이라 하였는데, 개인에 따라 그 정도와 반응양식이 각각 다르다. 이 반응양식이 비정상적일 경우가 부적응이다.

일반적으로 나타나는 부적응 행동의 신호나 증상은 다음 네 가지를 들 수 있다. 첫째,

근심걱정이 많아지는데 이는 적응상에 곤란이 있다는 가장 중요한 신호의 하나로서 더 나아가서는 불안 · 공포 · 우울 · 죄책감 등의 증상을 보이는 경우도 흔히 있다. 이런 상태에서는 개인의 생활이 위축되고, 문제에 성공적으로 대처하기가 힘들어진다. 둘째, 신체적인 질병으로 나타나는데, 특히 궤양 · 고혈압 · 신경증 · 식욕부진 · 기관지천식 등이 적응상의 곤란으로 인해 발병될 수 있다. 셋째, 사회적인 준거에서 유리된 행동을 보이는 것이다. 인간은 사회적으로 정해진 규정에 따라 행동하지 못할 때 그가 생활하는 사회나 타인과의 성공적인 접촉이 불가능해져서 사회적으로 고립당하게 된다. 넷째, 기능상의 비효율성이 나타나는데 이는 인격이 붕괴되고, 사회적 적응이 거의 불가능한 정신상태로서 흔히 망상과 환각증세를 보이며, 기괴한 언행과 사고를 하고, 자기통제력을 상실하여 현실을 거의 감지하지 못한다. 이러한 부적응증의 일반적인 증상은 부적응행동의 형을 판별하는 데 많은 도움이 되며, 이에 근거하여 부적응 행동의 형을 분류하는 것이 상례이다.

이러한 부적응 행동은 사회적 행동문제로 사회적 고립, 분리불안, 등교 거부 등이 있고, 정서 및 성격과 관련된 행동문제로 공격적 행동, 반사회적 행동, 언어장애, 자기비하와 자기기행(self-display)적 행동이 있으며, 학업과 관련된 행동문제로 학습지진, 학업부진을 들 수 있다. 부적응 행동의 원인으로는 생물학적인 것, 충동과 욕구의 좌절과 같은 심리적인 것, 불건전한 정서적 경험이나 성격에 기인된 것, 가정의 환경적 조건 등에 기인된 것 등을 들 수 있다.

또한 불건전한 정서적 경험으로는 불안이나 공포, 적대감이나 죄책감, 가족원으로부터의 심리적인 긴장, 열등감과 차별 등이 있을 수 있으며 이에 대한 도피 · 투쟁 · 왜곡 등의 부적응 행동이 나타나는 경우도 많다. 이 밖에 가족의 불화, 부모의 편애, 과잉보호, 가정의 결손, 가정의 경제적 빈곤이 원인이 되기도 한다.

부적응은 인간관계에서도 나타나는데 친밀한 관계를 맺지 못하거나 반목하면 인간관계가 심리적 고통을 경험하는 불행의 가장 주요한 원천이 된다. 이러한 인간관계의 부적응 기준은, 첫째, 주관적 불편감(subjective discomfort)이다. 이러한 불편감은 다양한 부정적인 불쾌감정을 뜻하며 인간관계 속에서 느끼는 불안, 분노 및 좌절감 등을 포함한다. 이러한 불쾌감정이 참기 어려울 정도로 과도한 상태를 부적응 상태라 할 수 있다. 둘째, 역기능(dysfunction)이다. 인간관계의 역기능은 개인의 사회적 적응에 결과적으로 부정적인 영향을 미치는 인간관계를 의미한다. 개인이 자신의 능력을 발휘하고 추구하는 목표를 달성하는 데 결과적으로 손해와 지장을 초래하는 인간관계는 역기능적이며 부적응적이라 할 수 있다. 셋째, 사회문화적 규범의 일탈(deviation from sociocultural norm)이다. 모든 사회와 집단에는 구성원의 행동 규범이 외현적으로 또는 암묵적으로 정해져 있는 것이 일반적이다. 어느 사회이든 남녀노소를 막론하고 상황에 따라서 상대방에게 지켜야 할 여러 가지 행동 규범이 있다. 인간관계의 대상과 상황에 따라 지켜야 할 행동 규범과 행동 양식에 대해서 무지하거나 부적절한 행동을 하는 사람은 주변의 사람들에게 좋은 인상을 줄 수 없다.

2) 부적응 행동의 모델

부적응 행동이란 목적으로 하는 행동이 저지되거나 적응 행동이 좌절되어 사회적 규범을 무시하고 욕구충족을 위해 일반적인 기준에서 일탈된 행동을 보이는 것이다. 부적응 행동의 모델에는 의학적, 정신분석학적, 행동주의적, 인본주의적 및 사회문화적 모델이 있다. 이러한 모델들은 부적응 행동의 본질과 원인을 이해하기 위한 서로 다른 방법을 제공해 줄 뿐만 아니라 행동에 대한 서로 다른 치료방법을 제시하고 있다는 점에서 의의가 있다. 부적응 행동의 모델에 대하여 살펴보기로 하자.

첫째, 의학적 모델로 이는 부적응 행동의 원인이 생리적 기능의 이상, 즉 호르몬 분비의 불균형, 생화학 물질의 결핍, 그리고 신체 일부의 손상 등에 의하여 나타난 결과라고 믿는 것이다. 둘째, 정신분석학적 모델로 이는 부적응의 원인을 어린 시절의 억압된 욕구, 특히 성이나 공격성과 같은 기본적 충동의 갈등에서 그 뿌리를 찾고 있다. 이 모델에 따르면, 인간은 아동기에 성적, 공격적 충동이 다른 형태로 나타나는 일련의 단계를 거친다. 만약 우리가 이러한 충동을 적절히 충족시키지 못하면 이들은 무의식 속에 해결되지 않은 채 남아 있게 되며 결국은 성인기 동안 부적응 행동을 통하여 나타나는 것이다. 셋째, 행동주의적 모델로 이는 부적응 행동의 원인이나 내면세계가 아닌 행동 그 자체에 초점을 맞추려는 것이다. 이 모델은 부적응 행동의 원인이 되는 내면세계를 들여다볼 필요는 없고 단지 무엇이 그 행동을 유발하고 옹호하는가를 보기 위해 환경을 주시해야 한다고 주장한다. 넷째, 인본주의적 모델로 이는 인간이란 무엇인가의 본질적 문제와 인간이 자신을 지각하는 방법에 대하여 초점을 맞추고 있다. 이 모델에서는 부적응 행동을 우리 일상생활의 도전에 대한 자연적인 반응으로 간주한다. 다섯째, 사회문화적 모델로 이는 한 인간을 부적응 행동의 주체로 보기보다는 개인이 속한 사회문화 속의 어떤 요인을 하나의 원인으로 보려고 하는 것이다. 이 모델은 인종적 편견, 가난, 경제적 결핍 등에 초점을 맞추어 부적응 행동을 사회 속에서 개인이 기능하는 한 측면의 반영으로 보려고 한다. 여섯째, 절충적 모델로 건강한 심리학자들은 절충적 모델을 택하고 있다. 그들은 하나 이상의 모델을 사용한다. 예를 들어, 어떤 사람의 부적응 행동을 성과 공격적 욕구 사이에서 일어난 갈등(정신분석학적 접근)으로 간주하고 동시에 약물로 치료하며(의학적 접근), 그 개인에게 새로운 행동을 가르친다(행동적 접근). 그러면서도 이들은 치유될 수 있다는 자신감을 갖도록 격려해 주기도 한다(인본주의적 모델). 따라서 각각의 이론적 모델들은 서로 대치되기보다는 보완적이라고 할 수 있다.

3) 부적응적 인간관계 유형

인간관계 문제는 주변 상황에 의해 발생하는 경우도 있고, 그 사람의 개인적인 특성 때문에 발생하는 경우도 있다. 인간관계에서 고통을 주고받고 부적응을 경험하는 사람들의 문제는 매우 다양하다. 인간관계 부적응은 원인, 발생 양상, 내용, 심리적 결과 등에 따라 다양하게 분류될 수 있다. 이러한 인간관계 문제는 일시적으로 특정 시기에 발생하기도 하고 지속적으로 장시간에 걸쳐 만성적으로 겪기도 한다.

권석만(2008)은 인간관계 부적응의 유형에 대하여 회피형, 피상형, 미숙형, 탐닉형으로 분류하여 설명하였다. 그러면 인간관계 부적응의 유형에 대하여 살펴보기로 하자.

첫째, 인간관계 회피형은 인간관계를 회피하고 고립된 생활을 하는 사람들이다. 회피형은 인간관계에 매우 소극적이어서 거의 친구가 없거나 인간관계의 폭이 매우 제한되어 있는 사람들이다. 그중 인간관계 경시형은 인간관계 삶에 있어서 중요하지 않으며 실상 무의미하다고 생각하는 사람들이다. 그리고 인간관계 불안형은 사람들을 만나는 것이 불안하고 두려워서 인간관계를 피하는 사람들이다.

둘째, 인간관계 피상형은 깊이 있고 의미 있는 인간관계를 맺지 못하고 피상적인 인간

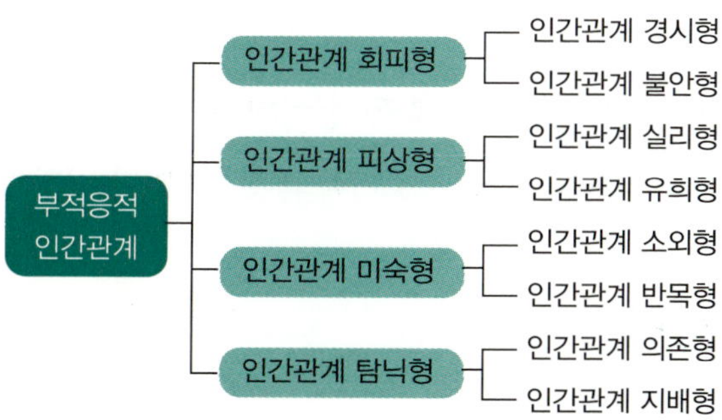

[그림 2-2] 부적응적 인간관계 유형

관계를 맺는 사람들이다. 이러한 인간관계 피상형 중 인간관계 실리형은 인간관계의 주된 의미를 실리적인 목적에 두는 사람들이다. 그리고 인간관계 유희형은 쾌락과 즐거움을 인간관계에서 얻는 최고의 가치로 생각하는 사람들이다.

셋째, 인간관계 미숙형은 대인기술 또는 사회적 기술이 부족하여 인간관계가 원활하지 못한 사람들이다. 이러한 인간관계 미숙형 중 인간관계 소외형은 미숙한 대인기술로 인해 다른 사람들로부터 따돌림을 당하고 소외당하는 사람들이다. 그리고 인간관계 반목형은 여러 인간관계에서 다툼과 대립을 반복적으로 경험하는 사람들이다.

넷째, 인간관계 탐닉형은 다른 사람과의 친밀한 관계를 강박적으로 추구하는 사람들이다. 이러한 인간관계 탐닉형 중 인간관계 의존형은 자신이 매우 외롭고 나약한 존재라는 생각이 내면에 깔려 있는 사람들이다. 그리고 인간관계 지배형은 혼자서는 허전함과 불안감을 느끼는 사람들이다.

이처럼 인간은 누구나 완벽하지 않기 때문에 불완전한 인간관계의 모습이 있다. 따라서 긍정적이고 원만한 인간관계는 행복한 삶뿐만 아니라 정신건강을 유지하는 필수 조건이라 할 수 있다.

5. 방어기제와 인간관계

1) 방어기제란

방어기제란 마음의 평정을 깨뜨리는 것들이 의식의 영역으로 올라오게 되면 불안을 야기하는 것이다. 주로 사회적 · 도덕적으로 용납되지 못하는 원초아의 욕구나 욕망, 충동, 초자아의 압력, 과거의 기억이나 현실의 요구, 욕구불만, 내적 갈등, 죄책감 등 무의식 속에 억압되어 있던 받아들이기 어려운 충동 등이며 이때 자아는 불안을 처리하여 마음의 평정을 회복시키려는 노력을 동원하는 것이라고 할 수 있다(이형영, 1992).

2) 방어기제의 유형

방어기제의 유형은 다음과 같다.

(1) 억압

억압(repression)은 있었던 일을 없었던 것으로 여기는 심리태도이다. 불안에 대한 일차적 방어기제이며, 갈등을 해결하기 위해 가장 흔히 사용되는 무의식적 정신기제이다. 억압을 통해 자아는 위협적인 충동, 감정, 소원, 환상, 기억 등이 의식화되는 것을 막는다. 바람직하지 못한 충동이 의식으로 나오려는 것을 막을 때, 자아는 정신적 에너지를 사용하게 된다. 특히 죄책감이나 수치심 또는 자존심을 상하게 하는 경험일수록 억압되기 쉽다. 억압에 실패할 경우 자아는 더욱 복잡한 방어를 작동시키게 된다. 따라서 억압은 역동정신의학의 기본이 된다. 귀찮은 과제를 잘 잊는 경우 또는 지나친 수줍음이나 소심, 복종은 어린 시절의 공포나 미움 또는 분노가 의식화되려는 것에 대한 방어일 수 있다.

(2) 억제

억제(suppression)란 의식 혹은 반의식적으로 잊으려고 노력하는 것이다. 예컨대, 실연당한 젊은이가 옛 기억들을 잊으려 하는 경우이다. 방어기제 중 유일하게 의식에서 이루어진다. 화장실에 가고 싶어도 참는다거나 안 좋은 생각을 애써 회피하려고 하는 것이 그 예이다.

(3) 합리화

합리화(rationalization)는 그 행동 속에 숨어 있는 실제 원인 대신에 자아가 의식에서 용납할 수 있는 '그럴 듯한 이유', 즉 가장 경우에 맞고 합리적이고 의식에 부합하며 도덕 윤리관에 어긋나지 않는 이유를 대는 기제이다. 어느 정도 가벼운 합리화는 체면유지 등에 도움을 주지만 심한 합리화는 망상을 형성하는 데 기여한다. 이는 무의식적인 과정으로서 본인은 합리화의 의도를 인식하지 못한다. 거짓말은 그 이유가 의식적인 허구에서 나온다는 사실을 알고 있다는 점에서 합리화와는 다르다. 예를 들어, 선무당이 장구 탓하는 경우나 지각한 이유를 묻자 "차가 막혀서"라고 답하는 경우이다.

(4) 동일시

동일시(identification)란 불안을 없애기 위해 불안의 원인이 되는 그 대상이나 사람과 같이 되려는 수단이다. 동일시는 충동이 용납되기 어려운 경우, 충동 그 자체는 부정되지만 그 충동을 갖고 있는 어떤 사람(그의 일면을 묶음으로써)과 동일시함으로써 받아들이는 과정을 말한다. 동일시란 부모, 형, 윗사람 등 주위의 중요 인물들의 태도와 행동을 닮는 것을 말하는데, 이는 단순한 흉내(imitation)와는 다르다. 동일시는 자아와 초자아의 건강한 성장을 결정하는 데 가장 중요한 정신기제이다.

(5) 승화

승화(sublimation)는 성적, 공격적 에너지를 사회적, 개인적으로 유용하게 돌려쓰는 기제이다. 승화는 용납되지 않는 충동을 억압으로 충분히 해결하지 못했을 때 사회적으로 용납되는 형태로 둔갑시켜 의식세계로 나가게 하는 것을 말한다. 따라서 가장 건강한 형태의 방어기제이다. 승화는 각종 예술, 문화, 종교, 과학 및 직업을 통해 나타난다.

(6) 전이

어떤 사람에 대한 심상(image)이 무의식적으로 다른 사람에 대한 심상과 동일시될 때를 말한다. 즉, 어릴 때 중요했던 인물에 대한 감정을 현재 대상에 동일하게 묶는 경우가 있는데, 그 때문에 까닭 없이 누군가를 좋아하거나 싫어하는 감정의 전이(transference)가 생긴다. 과거가 현재 사람에게로 옮겨 와 반복되고 있는 현상이다. 따라서 개인은 과거의 대인 경험으로부터 해방되어 대상 이미지를 형성할 수 없다. 현재 거래하는 개인에 대한 대상 이미지는 과거 대상과의 경험으로부터 별개로 존재하지 않는다. 즉, 개인이 현재 어떤 인물에 대해 가지는 것이며, 개인의 현재는 과거 산물의 총합으로 이해할 수 있다. 예를 들어, 무서운 아버지 밑에서 성장한 사람이 남편에게 쉽게 말을 걸지 못한다.

(7) 투사

투사(projection)는 자아가 받아들일 수 없는 이드의 충동을 자기 것으로 인정하지 않고 다른 사람 때문이라고 남에게 전가하는 것이다. 투사는 용납할 수 없는 자기 자신 내부의 문제나 결점이 자기 외부에 있는 것으로 생각하는 기제이다. 즉, 자신이 무의식 속에서 품고 있는 공격적 계획과 충동을 남의 것이라고 하는 경우로 자신이 누구를 미워할 때 그가 자기를 몹시 미워하기 때문에 자신도 그를 미워한다고 생각하는 경우이다. 남을 탓하는 경우가 흔한 예이다.

(8) 저항

저항(resistance)이란 불안을 피하는 것이다. 저항은 억압된 자료들이 의식으로 나오는 것으로서 원치 않는 억압된 내용들이 의식화되는 것을 막고 싶은 욕구에 의해 생기는데 그것들이 의식화되면 너무 고통스럽기 때문이다. 이런 상황에서 그 사람은 대개 기억이 없다는 말을 한다.

(9) 합일화

합일화(incorporation)는 원하는 대상, 인물을 상징적으로 삼키는 것으로 자기 몸과 일체가 되는 것이다. 합일화는 보다 원시적 형태로 '자기'와 '자기가 아닌 것'을 전혀 분별하지 못하는 영아기에 일어나는 동일시를 뜻한다. 즉, 외계에 있는 대상을 상징적으로 삼켜 동화(assimilate)함으로써 자아의 형태를 변형 없이 그대로 자기 자아의 구조 속으로 들어오게 하는 원시적 방법의 동일시이다.

(10) 반동형성

반동형성(reaction formation)은 무의식의 밑바닥에 흐르는 생각, 소원, 충동이 너무 받아들일 수 없는 것일 때 정반대 방향을 강조하는 것이다. 반동형성은 자기를 학대하는 대상인데도 그 대상을 좋아하는 것처럼 보이는 행동이나, '미운 아이 떡 하나 더 준다'는 속담이 예가 된다. 어떤 사람에 대해 공격적 증오심이라든지 죽게 되기를 원하는 그런 무의식적 욕구가 있을 때 반대로 매우 예의 바르게 행동하고 걱정해 주고 관심을 주는 태도로 나타날 수 있다.

(11) 상징화

상징화(symbolization)는 중립적인 대상으로 금지된 것을 대신하는 과정이다. 상징화는 어떤 사람이나 사물에 부착된 감정적 가치를 상징적 표현으로 전치시키는 것이다. 개인의 고통스러운 갈등적 욕구는 의식상의 인격에 고통을 주기 때문에 억제된다. 억제된 욕구는 거의 위장된 채 상징적 형태로 의식에 나타난다. 따라서 개인은 상징의 의미에 대해서는 알지 못하고 이를 현실로 인식하고 상징에 부여된 정서적 가치에 따라 행동한다.

(12) 상환

상환(restitution)이란 잃어버린(사별, 이별) 대상을 다른 대상으로 대치시키는 것이다. 상환이란 무의식에 있는 죄책감을 씻기 위해서 사서 고생하는 것 같은 행동을 하는 것이다. 즉, 상환행위는 죄책감으로부터 벗어나려는 기제이다.

(13) 자신으로 향함

자신으로 향함(turning against the self)이란 존경하는 사람에게 공격적 행동은 있을 수 없는 일이므로 자기 스스로 해치는 것이다. 자신으로 향함은 어떤 대상에게 용납될 수 없는 공격적 충동이 생길 때 이를 자신에게 돌려 자신을 해치는 것을 말한다. 공격 대상을 내면화하고 이를 처벌하는 것이다.

(14) 분단

분단(splitting)이란 자신과 타인에 관한 심상과 태도에서 '전적으로 좋은 것'과 '전적으로 나쁜 것'이라는 두 개의 상반된 정서를 자아가 가지는 것을 말한다. 이는 경계선 장애에 많다. 유아가 생후 24개월 정도에서 분리 기간을 거쳐 재부착하고 싶은 욕망에서 다시 양육자에게로 돌아갔을 때 양육자가 유아를 철회할 경우 전에는 좋게만 보이던 양육자가 완전히 안 좋게 보이게 되는 것에 기인한다. 좋게 느껴지던 사람이 갑자기 원수로 느껴지는 경우가 그 예이다.

(15) 부정

부정(부인, denial)은 의식적으로 참을 수 없는 생각이나 욕구 또는 현실의 존재가 무의식적으로 부정되는 과정이다. 의식화된다면 도저히 감당하지 못할 어떤 생각, 욕구, 현실적 존재를 무의식적으로 부정하는 것으로서, 즉 엄연히 존재하는 위험이나 불쾌한 현실을 부정함으로써 그로 인한 불안을 회피해서 편안한 상태를 유지하려는 방어기제이다. 부정은 현실에서의 왜곡을 초래하기 때문에 부적응을 낳는 원인이 된다.

(16) 해리

감정적인 고통을 주는 인격의 한 부분이 해리(dissociation)에 의해 제거되면 마음을 편치 않게 하는 근원인 성격의 일부가 그 사람의 의식적 지배를 벗어나 마치 하나의 다른 독립된 성격인 것처럼 행동하는 경우를 말한다. 이때 평소 가졌던 인격을 일차적 인격이라고 하고 해리에 의해 새로이 형성된 인격을 이차적 인격이라고 한다. 이차적 인격은 일상의 일차적 인격에 대해 기억하지 못한 채 독립적으로 행동하는 자기 고유의 의식을 가지고 있다. 해리의 예로는 이중인격 또는 다중인격(dual or multiple personality), 문학작품 속의 '지킬 박사와 하이드', 믿고 의지하던 부모님이 사망하자 갑자기 부모님의 목소리를 내면서 마치 부모님처럼 행동하고 입원 후 자신이 한 이상행동을 기억하지 못하는 경우이다.

다음은 방어기제를 자기애적(정신병적) 방어, 미성숙 방어, 신경증적 방어 및 성숙한 방어로 분류한 것이다.

〈표 2-1〉 자기애적(정신병적) 방어

방어기제	내용	예
부정	의식적으로 참을 수 없는 생각이나 욕구 또는 현실의 존재가 무의식적으로 부정하여 불안 회피	말기 암환자의 병식 상실 죽은 아이의 시신을 업고 다님
분리	이분법적 사고	A 집단은 모두 훌륭하고 B 집단은 모두 나쁘다.
투사	용납할 수 없는 자신 내부의 문제나 결점이 자기 외부에 있다고 생각	상대방을 미워하면서 상대방이 자신을 미워하기 때문이라고 생각(의처증, 의부증)

〈표 2-2〉 미성숙 방어

방어기제	내용	예
수동 공격	타인에 대한 공격을 자학으로 행함	수행 실패, 미적거림
행동화	욕구를 즉각 행동으로 표현	반사회성 성격장애 환자의 폭력
퇴행	발달 이전의 단계로 되돌아감	동생이 태어나면 유뇨증이 생김
동일시	남의 속성을 자신의 것으로 받아들임	짝사랑하는 선생님과 같은 전공을 공부하여 그 과목 선생님이 됨
신체화	심리적 불편을 신체현상으로 대신 표현	학교 가기 싫은 학생이 두통을 호소
전환	의식에서 거부된 정신 내용이 상징적 의미를 가진 신체현상으로 변화	상사한테 혼난 사원이 상사 앞에서 말문이 막힘

〈표 2-3〉 신경증적 방어

방어기제	내용	예
억압	있었던 일을 없었던 것으로 여기는 심리태도	선택적 기억상실증
반동형성	용납할 수 없는 충동과 정반대로 행동함	부모에 대한 적개심이 부모에 대한 지나친 관심으로 나타남
고립	가슴 아픈 사건이나 생각은 기억하나 수반된 정서만 망각	화나는 일도 차분하게 말함
합리화	행동 속에 숨어 있는 실제 원인 대신에 자아가 의식에서 용납할 수 있는 그럴듯한 이유를 대는 기제	이솝 우화의 '신포도' 이야기-저 포도는 시어서 먹을 수 없다고 하지만 사실은 높아서 못 따먹는 것임
주지화	지적 활동에 몰두함으로써 감정적 불편을 회피	상담시간에 괴로움을 이야기하는 대신 인간의 본질 등의 철학적 주제에 대해 토론
원상복귀	대상에 대한 욕구로 인해 상대가 입을 피해를 상징적으로 만회	죄의식을 느낄 때 손 씻기 행위
대치	욕구, 감정, 충동을 보다 덜 위협적인 대상에게 표현하고 충족	종로에서 빰 맞고 한강에서 화풀이
해리	자아가 받아들일 수 없는 성격이 자아의 통제를 벗어나 독립적으로 행동함	소설 '지킬 박사와 하이드'-낮에는 박사 지킬 행세를 하고 밤에는 도둑 하이드로 생활

〈표 2-4〉 성숙한 방어

방어기제	내용	예
억제	자아가 받아들이고 싶지 않은 욕구나 기억을 떠올리는 것을 의식적으로 미루는 것	욕을 듣고 화가 나지만 맞서서 욕하지 않고 차분하게 대처하는 것
승화	공격적인 충동을 건설적인 행동으로 표현	공격적 에너지를 운동선수가 되어 발산함
유머	느낌이나 생각을 자신과 타인에게 불쾌하지 않은 방법으로 표현	트집 잡는 민원인에게 농담으로 분위기를 누그러뜨리는 공무원

부록-워크북 SECTION 2

갈등, 적응 및 부적응과 인간관계

Section 02 학습활동

갈등, 적응 및 부적응과 인간관계 (1)

(V) 토론 ( ) 퀴즈 (V) 과제 ( ) 검사 ( ) 조사 ( ) 팀티칭 ( ) 활동

구분	내용
주제	갈등의 대처유형 알아보기
학습성과	자신의 갈등을 이해하고 대처유형을 알 수 있다.

진행과정

구분	내용
회피형	갈등 상황 자체를 피하고 갈등 해결을 위해 적극적으로 나서지 않음
	① 사소한 문제이거나 사안에 대한 정보가 충분하지 않은 경우, ② 그대로 두는 것이 더 유리한 경우, ③ 상대방의 흥분을 가라앉힐 필요가 있는 경우
호의형	상대방과 좋은 관계를 유지하고자 나의 것을 포기함
	① 상대방의 말을 따르는 것이 손해가 적은 경우, ② 관계가 단기적인 이익보다 중요한 경우, ③ 상대가 잘못을 알게 해서 발전시킬 필요가 있을 때 사용
타협형	서로 양보하여 부분적인 만족을 얻는 가장 보편적으로 사용
	① 제한 시간 내에 결정해야 할 때, 서로 힘이 비슷할 때, ② 복잡한 문제를 임시로 해결할 때 사용
경쟁형	내 주장만 밀어붙이는 독불장군 유형
	① 양보할 수 없는 중요한 문제일 때, ② 신속 단호한 결정을 내려야 하는 비상시, ③ 내가 옳다는 확실한 정보가 있을 때 사용
협력형	서로의 입장을 이해하고 양자가 만족할 만한 해결책을 찾는 경우
	① 갈등 당사자가 모두 참여해야 관계자들의 협력을 얻을 수 있을 때, ② 양자의 관심사가 모두 고려되어야 할 정도로 중요할 문제일 때, ③ 시간이 충분할 때 사용할 수 있는 이상적인 해결책

* 토머스(Thomas)와 킬만(Kilmann)의 갈등 대처유형
* 상대에 대한 협력(cooperativeness)과 내 목표 달성 의지(assertiveness)가 기준임

토론과정

1. 대인관계에서 갈등 해결을 위한 이해와 공감, 의사소통, 관찰과 분석, 타협과 협력 그리고 자기 성장 기회에 대하여 알아보기
2. 자신이 경험한 갈등을 이야기하고, 이때 어떠한 방법으로 해결하였는지 이야기하기. 그 당시 해결하지 못했다면 지금은 어떤 방법으로 해결하면 좋은가?

Section 02 학습활동

갈등, 적응 및 부적응과 인간관계 (2)

(V) 토론 ( ) 퀴즈 (V) 과제 ( ) 검사 ( ) 조사 ( ) 팀티칭 ( ) 활동

주제 적응의 대처유형 알아보기

학습성과 적응의 대처유형을 알 수 있다.

진행과정

적응의 대처양식

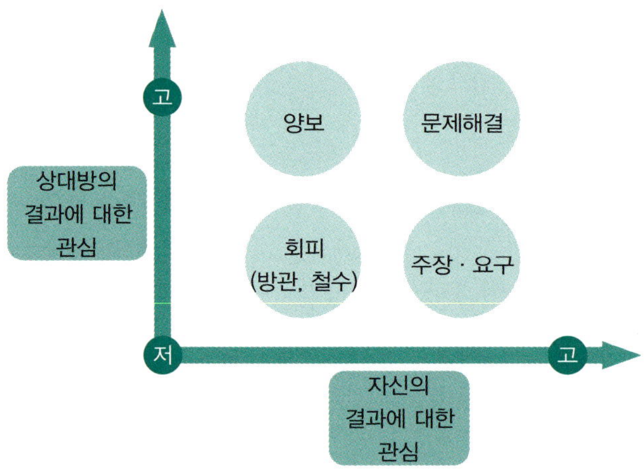

구분	대처양식
문제중심적 대처	환경지향적(environment-oriented), 내부지향적(inner-directed), 창의적 문제해결 과정(creative problem solving)
정서중심적 대처	소망적 사고(wishful thinking), 거리두기(distancing), 긴장해소(tension release), 고립(isolation), 사회적 지지 추구(seeking social support), 책임 수용(accepting responsibility)
문제-정서 혼합 대처	성장지향(growth oriented), 직면하기(confronting)

토론과정

1. 대인관계에서 갈등 해결을 위한 이해와 공감, 의사소통, 관찰과 분석, 타협과 협력 그리고 자기 성장 기회에 대하여 알아보기
2. 자신이 경험한 갈등을 이야기하고, 이때 어떠한 방법으로 해결하였는지 이야기하기. 그 당시 해결하지 못했다면 지금은 어떤 방법으로 해결하면 좋은가?

Section 02 학습활동

갈등, 적응 및 부적응과 인간관계 (3)

(V) 토론 ( ) 퀴즈 (V) 과제 ( ) 검사 ( ) 조사 ( ) 팀티칭 ( ) 활동

주제	부적응 유형과 방어기제 알아보기
학습성과	인간관계의 부적응 유형과 방어기제를 이해하고 대처유형을 알 수 있다.
진행과정	▣ **방어기제의 실례**-일요일 오후 조용한 마음으로 혼자 공원을 산책하고 있었다. 그때 저 앞에서 너무나 멋진 여자(남자)가 나타나 내 방향으로 걸어오고 있다. 1) 갑자기 가슴이 뛰기 시작한다. 왜 그런가?(불안-Id의 성적 욕구가 나타난 뒤 Superego의 제지가 이어져 Ego의 갈등이 자아의 불안으로 나타남). 2) 이 갈등을 해결해야 불안으로부터 나를 방어할 수 있다. 어떤 방어기제를 쓸 것인가? 사람마다 다르다. ① 거기 있었던 것조차 생각하지 않는다면 갈등도 없을 것이고 마음 편할 거야. 여자(남자) 생각은 까맣게 잊는다(억압). ② 혼잣말로 자신에게 타이른다. "이놈아, 몸이 몹시 피곤한데 무슨 여자(남자) 생각을?" 물론 피곤하지 않다(합리화). ③ 혼잣말로 "잘나지도 못했네." 사실은 예쁜데……(약한 반동형성). ④ "무슨 여자(남자)가 저렇게 못생겼어?" 잘나지도 못했다는 '부정'만으로 충분하지 못할 때보다 강한 기제를 써야 한다(강한 반동형성). ⑤ 기침을 몇 번 하고, 머리를 쓰다듬은 후 다가가 "커피 한 잔 할까요?" 하고는 말을 건다(의식화). ⑥ 여자(남자)에게 다가가서 "나를 불렀습니까?"라고 묻는다. 마치 여자(남자)가 오라는 눈짓이라도 한 것으로 오해한다(투사). ⑦ 용기 내어 수작을 부리려는데 말문이 막힌다(전환). ▣ 만약 이 친구가 너무 소심한 나머지 말 한마디 못 해 보고 그냥 지나쳐 버렸다든지, 아니면 여자(남자)한테 거절당한 경우를 가상했을 때이다. ① 길가에 나뒹구는 빈 깡통을 발로 걷어찬다(치환). ② 소심하여 그냥 지나쳐 길가에 나뒹구는 깡통을 발로 찬다(자신으로 향함). ③ 거절당했다면 그 여자(남자)를 미워할 것이다(전위). ④ "몸이 근질근질해.", "운동이나 열심히 하자." 혹은 "그림이나 그리자."(승화) ⑤ "나도 좀 멋을 내야겠어. 옷도 좀 잘 입고.", "나도 좀 멋을 내서 알랭 들롱처럼 옷을 입고 다니면 여자(남자)들이 줄줄 따라 올 거야."(동일시) ⑥ 거절당하고 보니 너무나 충격적이어서 멍하니 정신 나간 사람처럼 서 있다(해리). ⑦ 생각할수록 자존심이 상해서 그 사건을 까맣게 잊어버린다(격리). ⑧ 친구를 찾아가 밤새도록 "사랑이 무어냐? 인생이 무어냐?"고 토론한다(주지화). ⑨ 그날 이후 배낭여행 등 힘든 일을 찾아 한다(고행화). ⑩ 그날 이후 갑자기 어린애처럼 된다(퇴행). 출처: 배경숙(2001). **학급활동으로 이어가는 집단상담**. 우리교육.
토론과정	1. 부적응적 인간관계 유형에 대하여 설명해 보자. 2. 방어기제의 예를 들고 실제 생활에 어떻게 적용되는지 설명해 보자.

제3장

친구와 인간관계

1. 친구의 의미

1) 친구관계의 특성

인생에서 좋은 친구만큼 소중한 것도 없으며 우리는 일생 동안 수많은 사람을 만나지만, 만나는 대부분의 사람과는 친밀한 관계를 맺지 못하고 그저 스쳐 보내는 것이 일반적이다. 한평생을 살아가면서 의미 있는 관계를 맺는 사람은 많지 않다. 친애 동기, 즉 친구를 찾고 우정을 느끼려는 동기는 인간의 기본적인 대인동기 중 하나이다.

친구(親舊, friend)란 가깝게 오래 사귀어 정이 두터운 사람을 뜻한다. 비슷한 말로 벗, 동무가 있다. 피가 한 방울도 섞이지 않았지만 함께 생활하면서 친해져 사실상 반쯤 가족인 인간관계를 친구라고 한다. 친구는 원래는 친고(親故)와 같은 말로 '친척과 벗'을 뜻하는 한자어였다. 친(親)은 친척, 구(舊)는 '오랜 벗'을 뜻한다. 그러던 것이 한국에서는 친척의 의미가 빠지고 '벗'의 의미로 한정되었다. 아울러 친구(親舊, 문화어: 동무) 또는 벗은 보통 친하게 어울리는 사람을 가리키는 말이다. 서로 마음이 통하는 벗은 지음(知音)이라고 한다. 지인과는 구분된다. 한국전쟁 이전까지만 해도 중장년층 이상에서만 쓰이는 단어였다.

한국의 '친구' 개념과 영어권의 'friend'는 의미가 다소 다르다. 영어권에서는 동년배이든 나이차가 열 살 이상이든 가족, 친인척을 제외하고 친한 사람을 friend라고 부른다. 이는 중국도 마찬가지라 친구(朋友: 붕우)라고 하면 나이차는 그다지 중요하지 않고, 친하게 지내는 외간 사람 정도라는 뜻이다.

친구관계는 다른 대인관계에 비해 자발적으로 생성되는 관계이다. 이처럼 친구는 우리의 인간관계에서 그 어떠한 것보다도 삶의 활력소 역할을 한다. 우리는 평생 동안 약 100명 정도의 사람들과 친밀한 인간관계를 맺으며 살아간다고 한다. 인생의 동반자는 네 가지 유형이 있는데, 사교적 동반자(친구), 가족적 동반자(가족), 낭만적 동반자(이성) 및 작업적 동반자(직장 동료)이다(Schmidt & Sermat, 1983). 그중에서 인간관계 대부분을 차지하는 것은 사교적 동반자인 친구관계이다. 친구관계의 특성에 대해서 살펴보면 다음과 같다.

친구와 만남

친구 사이의 만남에는 서로의 메아리를 주고받을 수 있어야 한다.
너무 자주 만나게 되면 상호 간의 그 무게를 축적할 시간적인 여유가 없다.
멀리 떨어져 있으면서도 그 마음의 그림자처럼 함께할 수 있는 그런 사이가 좋은 친구일 것이다.

만남에는 그리움이 따라야 한다.
그리움이 따르지 않는 만남은 이내 시들해지기 마련이다.
진정한 만남은 상호 간의 눈뜸이다.
영혼의 진동이 없으면 그건 만남이 아니라 한때의 마주침이다.
그런 만남을 위해서는 자기 자신을 끝없이 가꾸고 다스려야 한다.

좋은 친구를 만나려면 나 자신이 좋은 친구감이 되어야 한다.
왜냐하면 친구란 내 부름에 대한 응답이기 때문이다.
끼리끼리 어울린다는 말도 여기에 근거를 두고 있다.

- 법정 스님-

기본적으로 친구관계는 두 사람이 상호 호혜적 관계로 관여하는 것이며, 기쁨, 수용, 믿음, 존중, 상호지원, 신뢰, 이해 및 자발성의 여덟 가지 요소를 포함한다(Davis & Todd, 1985). 또한 친구관계는 가족관계, 이성관계, 직장의 동료관계와 구분되는데, 친구관계가 지니는 몇 가지 일반적인 특징은 다음과 같다(권석만, 2004).

첫째, 친구관계는 대등한 위치의 인간관계이다. 친구관계는 흔히 나이나 출신지역, 출신학교나 학력 그리고 사회경제적 지위 등에서 비슷한 사람과 맺는 친밀한 관계이다.

둘째, 친구관계는 가장 순수한 인간지향적인 대인관계이다. 친구관계는 함께 추구해야 할 목표나 과업을 지니고 있는 업무지향적 관계와 구분된다. 실리적 목적보다는 상대방에 대한 호감과 우정이 친구관계를 유지하는 주요한 요인이 된다.

셋째, 친구관계는 인간관계 중 가장 자유롭고 편안한 관계이다. 친구관계는 대등한 위치에서 맺는 인간관계이기 때문에 위계적 관계에서 지켜야 하는 심리적 부담과 제약이 적다. 친구는 가장 자유롭고 편안한 관계로서, 관계를 맺고 끝내는 것은 전적으로 개인의 자유이다.

넷째, 친구관계는 서로 공유할 삶의 영역이 넓다. 친구관계는 나이, 학력, 지식 수준, 사회적 신분 등에 있어서 유사한 사람들과 맺어지는 경향이 있으며, 삶의 체험이 유사하기 때문에 서로를 이해하고 공감할 수 있는 공유영역이 가장 넓은 관계이기도 하다.

다섯째, 친구관계는 구속력이 적어 해체되기 쉽다. 친구관계는 가입과 탈퇴가 다른 인간관계에 비해 자유롭다. 친구관계는 유지해야 할 강제 요인이 없기 때문에 다른 인간관계보다 해체가 용이하다.

이처럼 친구는 가깝게 오래 사귄 사람으로 나이가 비슷하거나 아래인 사람을 낮추거나 친근하게 이르는 말이다. 따라서 친구는 수용, 신뢰, 존중의 바탕 위에서 인생의 즐거움을 공유하고 도움을 교환하는 동반자라고 할 수 있다.

2) 친구관계의 기능

친구관계도 다른 인간관계와 같이 여러 가지 사회적·정서적 지지와 도구적 지원을 얻을 수 있는 사회적 자원이다. 친구관계는 가족관계나 직장에서의 인간관계와는 달리 자발적으로 형성되며 친밀한 상호작용을 통해 유지되는 관계이다.

친구관계의 기능에 대하여 살펴보면 다음과 같다(권석만, 2004). 첫째, 친구는 주요한 정서적 공감자이자 지지자가 된다. 둘째, 친구는 자신과 자신의 삶을 평가하는 주요한 비교 준거가 된다. 셋째, 친구는 즐거운 체험과 활동을 공유하는 사람이다. 넷째, 친구는 안정된 소속감을 제공한다. 다섯째, 친구는 삶에 현실적인 도움을 준다.

한편, 친구관계의 기능을 자기개방, 친사회적 행동, 자아존중감, 지지, 놀이, 활동, 친밀, 갈등과 경쟁, 상호작용으로 분류할 수도 있다(Berndt & Perry, 1986). 이를 정리하면 친구관계의 네 가지 기능은 다음과 같다(Berndt, 2004). 첫째, 정보적 지지로 같은 또래로서 문제해결을 위해 서로 조언하고 지도한다. 둘째, 도구적 지지로 과제, 집안일 등 사소한 도움부터 경제적인 도움까지 다양한 물리적 도움을 준다. 셋째, 동료적 지지로 사회활동 동료로서 서로 의지하는 친구관계, 식사, 영화 등 일상을 공유한다. 넷째, 존중적 지지로 축하, 위로, 격려를 통해 친구의 자존감 향상과 유지에 도움을 주는 것이다.

친구관계의 기능을 보는 관점은 대체로 다음 세 가지로 나눌 수 있다(이은혜, 1999). 첫째, 친구관계의 기능은 긍정적 지원 기능뿐만 아니라 갈등, 경쟁, 배신 등 부정적 속성도 있다. 둘째, 친구관계는 상대방이 어떻게 지각하느냐에 따라 달라질 수 있다. 셋째, 친구관계는 친밀감, 신뢰, 정서적 안정, 사회적 상호작용, 도움, 자기인정, 갈등, 경쟁 등 긍정적 · 부정적 측면도 포함한다.

또한 멘델슨과 어보드(Mendelson & Aboud, 1999)는 동성 친구의 중요한 기능을 여섯 가지로 분류하였다. 첫째, 교제의 즐거움으로 이는 친구와 함께 시간을 보내면서 나눌 수 있는 재미와 즐거움을 제공하는 기능이다. 둘째, 도움으로 목적하는 것에 도달할 수 있도록 필요한 정보를 주거나 도와주는 기능이다. 셋째, 친밀감으로 속마음을 털어놓을 수 있는 수용적인 분위기를 제공해 주고, 친구의 욕구나 기분을 민감하게 알아채는 기능이다. 넷째, 관계에 대한 신뢰로 친구와의 안정된 관계를 포함하여 믿음을 갖게 하는 기능이다. 다섯째, 인정으로 칭찬과 존중 등 자신의 가치에 대해 확신을 주는 기능이다. 여섯째, 정서적 안정으로 어려운 상황에서 격려와 위로 등으로 마음의 안정감을 제공해 주는 기능이다. 이러한 친구의 여섯 가지 기능은 사회 · 정서적 지원 및 도구적 지원의 제공을 뜻하며, 친구에 대한 긍정적 감정과 밀접하게 관련되어 있다.

한편, 레이스맨(Reisman, 1981)은 친구관계를 기능에 따라 세 가지로 분류하였다. 첫째, 연합적 친구관계는 공간적 근접성, 유사성, 업무의 공유 등에 의해 맺어지는 친구관계로서 정서적 유대나 깊은 관여가 부족한 관계이다. 둘째, 수혜적 친구관계는 한 사람이 상대방에게 주로 베푸는 역할을 하는 친구관계이다. 셋째, 상호적 친구관계는 동등한 위치에서 서로에 대한 상호적 이해와 신뢰에 근거한 친구관계이다.

3) 친구관계의 유형

친구관계의 유형에 대하여 살펴보면 다음과 같다.

첫째, 친구관계 유형의 형성요인에 따라 일차적 친구와 이차적 친구로 나눌 수 있다. 일차적 친구란 상당 기간 반복적인 만남이 상황적으로 주어진 상태에서 맺어진 친구로 어린 시절부터 지속되는 경향이 많다. 이차적 친구란 관심사, 취미, 가치관 등의 공유로 인해 형성된 친구이다. 상황적 요인보다는 개인적 특성에 근거한 친구관계이다.

아리스토텔레스는 친구관계의 유형을 다음과 같이 분류하였다(박문재 역, 2022).

첫째, 쾌락적 친구로 즐거움과 쾌락을 위해 맺어진 친구관계이다. 즐거움을 추구하는 우정으로 무언가를 같이 즐기고 공유하는 사람들 사이에서 볼 수 있다. 주로 함께 운동을 하거나 쇼핑을 하는 사람들이 이런 관계로 맺어져 있다. 이 우정은 즐거움을 추구하는 감정에 기반을 둔 것이기에 함께 공유하던 즐거움이 오래 지속되지 못하고 짧게 끝나는 경향이 있다. 또한 서로 공통으로 좋아하는 일을 함께하면서 즐거움을 느낀다면 관계가 지속되겠지만 어느 한 명이라도 취미나 관심사가 바뀌면 관계가 끝나 버리기 쉽다. 세월이 지나면서 즐기는 것 또한 달라지기에 관심사가 같은 주변 사람들 역시 쉽게 바뀔 수 있다. 그래서 즐거움을 느끼는 관심사가 같으면 같을수록 상대적으로 더 빨리 친해질 수 있고 그렇지 않으면 깊은 관계로 이어지지 못한다.

둘째, 효용적 친구관계로 실리적 필요와 현실적인 도움의 기대에 의해 맺어진다. 효용성을 추구하는 우정으로 두 사람이 함께 있을 때 즐거움보다는 함께 무언가를 했을 때 나타나는 결과를 중요시한다. 서로 도움이 되고 실리적으로 얻을 것이 있기에 형성되는 것이다. 대표적으로 사업이나 일로 맺어진 관계를 들 수 있다. 같은 장소에서 일하는 사람들이라면 친밀감이 생기기 쉬우며 정서적 공감대가 형성되기 쉽다. 하지만 친밀감의 깊이를 본다면 다른 우정에 비해 깊게 이어지기 힘들다. 상대방과 함께 보내는 시간을 즐길 수는 있으나, 다니던 직장을 그만두거나 다른 부서로 옮기는 등 상황이 변하면 언제든 관계도 변할 수 있기 때문이다. 이러한 우정은 서로에게 더 얻을 게 없어지는 순간 관계도 끝나 버리는데 아리스토텔레스는 이러한 유형의 우정이 흔히 나이 든 사람들 사이에서 나타난다고 말했다.

셋째, 인격적 친구로 상대방의 덕성에 의해 맺어진다. 서로 존중하는 '선(善)'을 추구하는 우정이다. 아리스토텔레스가 세 가지 유형 중 가장 가치 있게 여겼던 친구 유형이다. 상대방이 소중하게 여기는 가치에 대한 상호존중을 바탕으로 다른 어떤 것에도 휘둘리지 않는 우정을 의미한다. 순수하게 좋은 사람이나 곁에 두고 싶은 사람으로 생각하기 때문에 무엇보다 사람의 내적인 자질이나 인간성이 중요하다. 친구가 사랑받고 존중받을 수 있는 사람이라면 그것으로 충분하기 때문에 이런 관계는 짧게 끝나지 않고 오래가는 경우가 많다. 신뢰를 바탕으로 이루어져 서로에 대해 더 많이 알고 싶다는 욕구와 더 가까이 지내고 싶다는 의지로 인해 발전할 수 있다. 특히 함께 힘든 일을 극복한 경험이 있는 사람들이 이런 우정을 나누는 경우가 많으며 쉽게 말해 진심으로 마음이 통하는 우정으로 해석된다.

우리의 더 나은 삶을 위해 아리스토텔레스는 세 가지 우정을 제시했다. 예부터 친구가 인생에 미치는 영향에 대한 다양한 격언이 존재할 만큼, 삶에 있어 우정은 중요하다. 친구는 나에게 어떤 우정인지, 반대로 나는 친구에게 어떤 우정을 전하고 있는지, 아리스토텔레스의 세 가지 우정을 바탕으로 내 '우정'을 한번 되돌아보는 것은 어떨까?

4) 친구관계와 우정

우리는 여러 사람과 다양한 친구관계를 맺는다. 친구관계는 그 관계의 강도, 내용, 형성요인 등에 따라 다양하게 분류될 수 있다. 친구관계는 우정의 강도에 따라 분류될 수 있다. 우정의 강도와 친밀도에 따라 우리는 친구를 다양한 용어로 표현하고 기술한다. 지기(知己), 친구, 절친한 친구, 단짝친구, 죽마고우, 생명도 나눌 수 있는 친구 등의 표현이 있다. 우정의 강도를 평가하는 것은 어렵다. 그러나 우정의 강도는 몇 가지 기준에 비추어 평가될 수 있다.

우정(friendship)이란 친구와의 친밀하고 지속적인 애정적 유대감, 충실성(신의, 믿음)을 바탕으로 정을 나누는 관계를 의미한다. 우정의 중요한 특성은 친밀감이다. 친밀감은 우정의 가장 중요한 측면이다(Sesma, 2000). 우정에서의 친밀감이란 자기개방을 하거나 아주 개인적인 생각을 공유하는 것이다. 가장 친한 친구는 문젯거리를 함께 공유하며 자기를 이해해 주고, 자기 생각이나 감정을 이야기할 때 잘 들어 주는 친구를 말한다. 우정관계에서는 친밀감 이외에도 충실성(신의, 믿음)을 매우 중요시한다. 사람들은 친구가 기꺼이 자기 편이 되어 줄 사람이라고 믿고 싶어 한다.

우정관계의 본질을 여섯 가지 기본요소로 구분하면 다음과 같다(Lowenthal, Thurnher, & Chiriboga, 1975). 첫째, 유사성(similarity) 차원이다. 유사성은 친구 간의 흥미나 행동, 태도, 성취 지향성 등에 있어서 어떤 공통성을 말하는데 유사성은 우정관계의 형성에 중요한 근거가 된다. 둘째, 상호성(reciprocity)의 차원이다. 상호성은 서로 도와주거나 지지해 주는 행동을 말하는 것으로, 의견이나 행동을 이해하고 격려하거나 너그럽게 받아들이는 자세를 말한다. 셋째, 양립가능성(compatibility) 차원이다. 양립가능성은 친구 간에 별다른 다툼이나 갈등 없이 잘 어울려 지낼 수 있는 측면을 말한다. 넷째, 구조성(structure) 차원이다. 구조성은 우정관계의 질적인 문제와는 상관없이 살고 있는 지역의 근접성, 서로 교류해 온 기간의 길이, 우정관계로 인하여 유리하게 편리한 점 등을 말한다. 다섯째, 역할 모델(role model) 차원이다. 역할 모델은 친구를 자기 자신의 행동 모델로 삼는 측면이다. 그래서 친구가 보여 주는 이상적인 행동과 태도, 욕구나 특성, 그리고 친구에 대한 본보기나 존경심 등을 내면화시키는 것을 말한다. 여섯째, 기타 차원이다. 여기에는 친구가 가진 신체적 특징이나 매력, 사회경제적 지위, 성격특성 등이 포함된다.

청소년기 우정의 중요성을 강조한 설리번(Sullivan)의 설명을 예로 들어 우정의 이론에 대하여 살펴보기로 한다. 그는 아동기와 성인기 사이의 청소년기를 전청소년기

(preadolescence), 청소년 초기(early adolescence), 청소년 후기(late adolescence)로 구분하고 우정관계의 형성과정을 설명했다(Sullivan, 1953). 전청소년기에는 또래집단(peer group)의 필요성을 강하게 느끼며 친밀감의 욕구가 높게 나타난다. 이 시기에는 친밀감을 주고받으며 단짝친구(chum)를 형성한다. 이런 단짝친구는 치유의 기능이 있으며, 지지적 관계나 자신감과 가치관을 느끼는 데에도 결정적인 영향을 미친다. 청소년 초기는 신체적 · 생리적 발달이 급격해지면서 성적 욕구가 나타난다. 이 시기에는 정상적인 발달과 성숙을 이끌도록 도와준다. 아울러 이 시기에는 소속감과 대인관계에 안정적인 초석 역할을 해 준다. 청소년 후기는 성적 성숙이 완성되는 시기이며 주요 관심사가 이성 간의 사귐(교제)이다. 동성 간의 친밀감보다는 이성 간의 성적 관계가 중요한 문제로 등장한다. 따라서 이 시기에는 성적 욕구의 조절과 함께 자아형성의 문제에도 직면하게 된다.

청소년기의 우정은 다음과 같은 여섯 가지 기능이 있다(Gottman & Parker, 1987). 첫째, 동료애의 기능이다. 우정은 청소년기에 단짝임을 의미하고, 함께 시간을 보내고 활동을 함께하는 깊은 관계를 뜻한다. 둘째, 자극의 기능이다. 우정은 청소년에게 흥미로운 정보, 흥분감, 재미를 준다. 셋째, 물리적 지지의 기능이다. 우정은 청소년에게 시간과 자원과 도움을 제공한다. 넷째, 자아 지지의 기능이다. 우정은 청소년에게 자신이 능력 있고 매력 있고 가치 있는 사람이라는 인상을 유지하도록 돕는다. 다섯째, 사회적 비교의 기능이다. 우정은 다른 사람과 비교하여 자기의 위치와 자기가 제대로 하고 있는지를 알아챌 수 있도록 정보를 제공한다. 여섯째, 친밀감과 애정의 기능이다. 우정은 청소년에게 다른 사람과의 따뜻하고 친밀하며 자기개방이 포함되는 신뢰로운 관계를 만들어 준다.

이처럼 우정은 친구관계에서 경험하는 정서적 만족도에 비례한다. 정서적 만족도는 친구관계에서 경험하는 긍정적 감정과 부정적 감정의 비율 및 강도에 의해서 평가될 수 있다. 유쾌하고 즐거우며 편안한 친구는 부담스럽고 불편한 친구보다 우정의 강도가 높다고 할 수 있다. 아울러 미래에 정서적 만족도가 높아질 것이라고 예상되는 친구관계는 그렇지 못한 친구보다 강한 우정을 느끼게 된다.

5) 친교대상자의 선택

친교(親交, friendship)란 지내는 사이가 아주 가깝고 친하게 지내는 사귐 또는 그런 교분(交分)의 뜻으로 풀이된다. 친구를 사귐에 있어 친교대상자의 선택에 대하여 살펴보면 다음과 같다.

첫째, 근접성(proximity)이다. 친구는 만날 기회가 많고, 커다란 노력 없이 쉽게 접촉할 수 있고, 서로 유사한 경우가 많고, 가까이 사는 사람과 친밀한 관계를 형성해야 한다는 인지적 압력들로 인해 친해지게 된다.

둘째, 친숙성(familiarity)이다. 무엇이든지 자주 접하는 것을 좋아하는 경향, 단순한 접촉의 증가에 의해서 호감이 증가하는 현상을 단순접촉효과라고 한다. 하지만 접촉의 빈도가 어느 수준을 넘어서면 오히려 호감도가 감소하는 과잉노출효과가 나타나기도 한다.

셋째, 유사성(similarity)이다. 친구는 자신과 비슷한 사람을 좋아하는 경향이 있다. 서로 유사하면 상대방의 속성을 이해하기 쉽고 두 사람 사이에 일어날 접촉의 성격을 예상하기 쉬우며, 유사한 상대에 대해서는 그가 나를 좋아할 것이라고 기대하는 경향이 있다. 또한 유사한 관계는 서로에게 보상을 가져다주므로 친교관계가 촉진될 수 있다.

넷째, 보상성(compensatory)이다. 우리는 나를 좋아하고 나에게 즐거운 체험을 제공하며 도움을 주는 보상적인 사람을 좋아한다. 인간관계에서 주고받는 보상은 매우 다양하다. 호감과 애정, 즐거운 체험, 정신적 또는 물질적 도움이 인간관계를 촉진하는 주요한 보상적 요인이 될 수 있다.

다섯째, 보완성(complementarity)이다. 친구는 내가 지니지 못한 속성을 지니고 있는 보완적인 상대방으로부터 많은 보상을 받을 수 있기도 하고, 내가 지니지 못해 부러워하는 속성을 지닌 사람은 더욱 높이 평가되어 호감이 증가하는 경향이 있다.

친교대상자를 선택하는 또 다른 특징으로 개인적 특징을 들 수 있다. 개인적 특징으로는 성격특성이 있는데, 우리는 바람직하고 긍정적인 성격특성을 지닌 사람을 좋아한다. 호감을 느끼는 성격특성은 문화와 시대에 따라 변화하며 개인에 따라 달라질 수 있고, 능력으로 유능한 사람을 좋아하는 경향이 있다. 그러나 지나치게 유능하고 완벽한 사람은 오히려 위협적으로 느껴져서 호감을 얻지 못하는 경우도 있다. 그리고 신체적 매력으로 우리는 잘생기고 아름다운 사람을 좋아한다. 외모나 신체적 매력은 호감을 결정하는 매우 중요한 요인이다.

2. 친구관계의 발전과 심화

1) 친구관계의 발전단계

허스턴과 레빈거(Huston & Levinger, 1978)는 인간관계의 친밀성이 두 사람 사이의 상호의존성 정도에 따라 결정된다고 주장한다. 이들에 따르면 친교관계는 면식, 접촉, 상호의존의 세 가지 단계를 통해 발전한다.

첫째, 면식 단계는 관심과 호기심, 관찰, 직접적인 접촉이 없는 단계이다. 둘째, 접촉 단계는 서로 가볍게 접촉하며 서로에 대한 관심이 오고 가는 단계이다. 이때 교류의 공정성과 호혜성이 관계 유지의 요인이다. 셋째, 상호의존 단계는 상대방의 성격, 가치관, 고민 등을 공유하며 영역이 넓어지는 단계이다.

2) 친구관계의 발전 및 심화 요인

친구관계의 발전 및 심화 요인에 대하여 살펴보면 다음과 같다.

첫째, 자기공개이다. 자기공개는 인간관계에서 자신에 관한 정보를 타인에게 알리는 것을 말하며, 이는 인간관계가 심화되는 중요한 요인으로 알려져 있다.

둘째, 정서적 지지와 공감이다. 이는 상대방에 대한 칭찬, 격려, 공감, 위안 등을 통해서 정서적으로 도움을 주는 행동을 말한다. 특히 공감은 상대방이 느끼고 있을 감정을 함께 느끼고 전달해 주는 것으로 상대방에 대한 깊은 이해를 반영한다.

셋째, 현실적 도움의 교환이다. 이는 재정적 또는 물질적 도움뿐만 아니라 정보의 제공과 교환을 포함한다.

넷째, 즐거운 체험의 공유이다. 즐거움이 반드시 향락적 쾌락만을 의미하는 것은 아니다. 가치관, 인생관, 종교관 등이 같은 사람들은 대화를 통해서 서로의 생각에 대한 공감과 지지를 받기 때문에 자신의 사고방식과 신념에 대한 확인을 받으면서 만남이 즐거울 수 있다는 것을 이야기한다.

다음은 친구관계 심화의 필수적 요건에 대하여 살펴보고자 한다.

첫째, 보상성이다. 인간관계에서 얻게 되는 긍정적이고 보상적인 효과를 의미한다. 정서적 지지와 공감, 즐거운 체험, 현실적 도움을 포함하여 따뜻한 보살핌, 친밀감, 신체적 접촉, 선물 등이 될 수 있다.

둘째, 상호성이다. 인간관계에서 보상적 효과가 서로 균형 있게 교류됨을 의미한다. 긍정적인 보상을 더 자주 주고받으며, 긍정적인 보상의 교류가 보다 균형적이고, 서로 주고받는 보상의 영역이 넓고 깊을수록 인간관계는 더 깊이 있게 발전한다.

셋째, 규칙성이다. 인간관계에서 서로의 역할과 행동을 수행하는 일관성을 의미한다. 일관성 있는 교류 규칙을 지님으로써 상대방의 행동에 대한 예측가능성을 증대시킨다. 또한 자신에게 기대되는 행동을 분명하게 자각하고 그에 적절한 행동을 하게 됨으로써 인간관계가 더욱 원활해지고 심화된다.

3. 친구관계의 약화와 해체

친구관계의 약화와 해체 요인에 대하여 살펴보면 다음과 같다.

첫째, 접촉과 관심의 감소이다. 이는 일반적으로 직장을 갖고 가족을 형성하게 되면 친구에 대한 관심이 감소한다. 이사, 전학, 전근과 같이 물리적 거리가 멀어지거나 바쁜 일이나 업무로 인해 시간적 여유를 갖지 못하여 서로에 대한 관심과 만남의 횟수가 감소하기도 한다. 시간적, 물질적, 심리적 투자에 제한이 있기 때문에 친밀한 인간관계가 소원해진다. 또한 사회생활을 하면서 각기 직업분야나 사회적 지위에 차이가 생기게 된다.

둘째, 갈등 해결의 실패이다. 원활한 교류가 이루어지는 친구 사이에는 크고 작은 갈등이 있기 마련이다. 이러한 갈등을 효과적으로 해결하지 못하여 갈등과 불만이 증폭되면 친구관계는 와해된다. 갈등 그 자체라기보다는 갈등을 해결하려는 노력이 실패하는 경우이다.

셋째, 친구에 대한 실망이다. 친구에 대한 기대와 믿음이 깨지면 친구관계에 위기가 발생한다. 친구에 대한 기대와 신뢰가 깨졌을 때 느끼는 실망과 배신감은 매우 고통스러운 것이다.

넷째, 투자와 보상의 불균형이다. 친구관계를 유지하기 위해서는 여러 가지 측면의 투자가 필요하다. 즉, 시간적, 심리적, 물질적 투자가 필요하다. 투자에 비해서 친구로부터 돌아오는 보상이 적을 경우 친구관계가 약화된다.

다섯째, 이해관계의 대립이다. 친구 사이에 이해관계가 개입되면 친구관계에 갈등이 초래되기 쉽다.

친구와 인간관계

Section 03 학습활동

친구와 인간관계 (1)

(V) 토론 ( ) 퀴즈 ( ) 과제 (V) 검사 ( ) 조사 ( ) 팀티칭 ( ) 활동

주제	나의 우정지수 알아보기
학습성과	자신의 삶에 영향을 준 친구의 특성을 알 수 있다.

진행과정

● **나의 우정지수**

점수로 보는 나의 우정	늘 그렇다	가끔 그렇다	거의 그렇지 않다
1. 공통의 취미 또는 생각을 가지고 무엇인가를 하면서 지낸다.			
2. 좋은 것, 맛있는 것이 있으면 꼭 서로 나누어 쓰거나 먹는다.			
3. 서로의 생각, 느낌이나 의견을 솔직히 이야기한다.			
4. 지금의 우정이 계속 유지될 것을 굳게 믿는다.			
5. 잘못한 일이 있으면 솔직히 말하고 용서를 구한다.			
6. 어떤 경우에도 친구를 무시하지 않는다.			
7. 친구의 이야기를 듣고 그에 대한 답변, 충고를 성심껏 해 준다.			
8. 친구의 이야기를 잘 들어 준다.			
9. 친구의 좋은 점, 본받을 점을 이야기해 준다.			
10. 친구와의 비밀 또는 약속을 잘 지킨다.			

● **채점방법:** 늘 그렇다: 5점, 가끔 그렇다: 3점, 거의 그렇지 않다: 1점

● **채점 및 평가**

- 45점 이상: 우정을 지키려는 태도가 매우 좋고 대화와 타협으로 친구와의 갈등을 해결하려는 타입
- 35~44점: 마음으로 우정을 지키고 싶지만 행동이 따라 주지 않는다. 가끔 싸우기도 하지만 곧 친구의 마음을 풀어 주려고 노력하는 타입
- 34점 이하: 친구와의 우정을 지키기보다는 자신의 이익을 생각하고, 친구를 이해하려 하지 않고 자신의 의견과 생각만을 주장하는 타입

출처: 안선모(2005). **변함없는 친구 사귀기 비법**. 토마토 친구.

토론과정

1. 지금까지 나의 삶에 의미 있는 영향을 준 친구들을 떠올려 보고, 그 친구는 나에게 어떤 의미인지 말해 본다.
2. 자신의 삶에 힘이 되었거나 또는 힘들게 했던 친구들이 자신의 삶에 어떤 영향을 미쳤는지 말해 본다.
3. 인생에서 중요하게 생각하는 친구의 성격적 특징과 그 이유를 말해 본다.

Section 03 학습활동

친구와 인간관계 (2)

(V) 토론 ( ) 퀴즈 ( ) 과제 (V) 검사 ( ) 조사 ( ) 팀티칭 ( ) 활동

주제 좋은 친구로서의 '나' 점검해 보기

학습성과 나 자신의 삶에 있어서 좋은 친구, 친구의 기능 및 역할에 대하여 알 수 있다.

진행과정

나는 친한 친구에게	전혀 그렇지 않다	그렇지 않은 편이다	보통이다	그런 편이다	매우 그렇다
1. 나는 나만의 특이한 습관을 가진다.					
2. 내가 한 일들 중에서 죄책감을 느끼는 일들을 말한다.					
3. 여러 사람 앞에서 하고 싶지 않은 일들을 말한다.					
4. 나의 가장 깊은 감정들을 표현한다.					
5. 나 자신에 대해 내가 좋아하는 것과 싫어하는 것을 말한다.					
6. 인생에서 나한테 가장 중요한 것을 말한다.					
7. 나 자신에 대해서 말한다.					
8. 나의 가장 큰 걱정거리를 말한다.					
9. 내가 한 일들 중에서 자랑스러운 일들을 말한다.					
10. 다른 사람들과의 가까운 관계에 대해서 말한다.					

- **채점방법:** 전혀 그렇지 않다: 1점, 그렇지 않은 편이다: 2점, 보통이다: 3점, 그런 편이다: 4점, 매우 그렇다: 5점
- **채점 및 평가**

- 31점 이상: 가장 친한 친구와 나는 비밀이 없는 사이. 서로 어려운 점을 나눌 수 있는 좋은 친구
- 11~30점: 조금만 솔직해진다면 좋은 친구
- 10점 이하: 나를 다른 사람에게 개방하자. 내가 나를 꺼내어 놓지 않으면 나를 이해하고 나에게 다가오는 사람은 없다.

출처: 김혜숙 외 4인 공저(2018). **인간관계론**. 학지사.

토론과정

1. 친구와 나 사이에서 가장 잊히지 않는 인상적인 사건은 무엇인가?
2. 친구가 나에게 어떻게 해 주었을 때, 참 좋은 친구라는 생각이 들었는지, 그 이유를 적어 본다.
3. 과거에는 친했으나 지금은 멀어진 친구를 떠올려 보고 그 이유를 적어 본다.

Section 03 학습활동

친구와 인간관계 (3)

(V) 토론 ( ) 퀴즈 ( ) 과제 ( ) 검사 ( ) 조사 ( ) 팀티칭 ( ) 활동

주제	친구관계에서의 '나' 탐색
학습성과	나의 친구 유형 및 친구의 특성에 대하여 알 수 있다.
진행과정	잠깐 눈을 감고 내가 태어나서 지금까지 만났던 수많은 사람에 대해 떠올려 보자. 그중에서 특히 내가 좋아하고 편안한 관계를 맺을 수 있었던 사람들을 떠올려 보자. 다음으로 공연히 부담스럽고 못마땅해 불편한 관계를 맺었던 사람 혹은 관계를 맺으려는 시도조차 하지 않았던 사람들을 떠올려 보자. • 다음의 질문에 대하여 잠시 눈을 감고 생각해 본다. 생각을 한 후, 질문에 답하고 이를 다른 사람들과 나눈다. • 다음 질문에 대하여 나는 어느 유형에 가깝다고 생각하는가? ① 말이 많은 사람 ② 고집이 센 사람 ③ 잘 나서는 사람 ④ 계획성이 없는 사람 ⑤ 자기중심적인 사람 ⑥ 교만한 사람 ⑦ 수줍음이 많은 사람 ⑧ 직설적으로 표현하는 사람 • 나는 이러한 유형이기 때문에 어떤 득과 실이 있는지 생각해 보자. 출처: 정진선, 문미란(2008). **인간관계의 심리: 이론과 실제**. 시그마프레스.
토론과정	1. 내가 싫어하는 유형은 어떤 사람인가? 2. 다른 시각에서 보면 내가 싫어하는 유형의 사람에게서 어떠한 장점을 찾을 수 있는가? 3. 다른 사람에게 호감을 줄 수 있는 사람이 갖추어야 할 다섯 가지 조건은 무엇이라고 생각하는가? 4. 내가 다른 사람에게 좀 더 호감을 줄 수 있기 위해 앞으로 개선하고 싶은 점은 무엇인가?

제4장

연애와 인간관계

1. 연애의 의미

연애(戀愛)란 사전적으로 서로 좋아해서 사랑을 나누는 관계 및 이에 수반되는 각종 행위를 말한다. 일반적으로는 애정을 기반으로 시작하며 성공적인 연애는 결혼의 전초단계로 볼 수 있다. 다만, 결혼을 사회 계약의 측면에서 받아들이는 사람들은, 연애와 결혼을 반드시 결부시키지 않으려는 입장인 경우도 있다. 때문에 연애라고 할 만한 과정이 거의 없이 곧바로 결혼을 하거나, 반대로 연애는 하지만 결혼을 하지 않는 비혼주의자들도 있다. 연애를 하는 사람들에게는 사랑이라는 감정만큼 사랑의 행위, 즉 연애 자체가 자기 정체성을 전시하는 한 양식이 되고 있다(태희원, 권문영, 2018).

사람들은 연애를 통해 다양한 성향을 가진 사람을 경험하고 상대방에 대한 관심을 표현하는 방법을 배우게 되며, 나아가 자신의 특성과 성격을 알고 감정과 대화가 일치하는 특정한 사람에게 범위를 좁혀 나가면서 서로를 알아 가는 과정을 경험하게 된다.

2. 연애의 형태

캐나다 토론토 대학교의 존리(John Lee)는 사랑에 대해서 보다 포괄적인 유형을 완성했다. 인간관계의 다양한 측면, 즉 시작하는 방법, 친밀하게 되는 데 소요되는 시간, 심한 질투를 느끼는가의 문제, 논쟁의 종류와 횟수, 결렬과 화해 등을 망라한 긴 설문을 분석하여 서로 거의 관계가 없는 세 가지의 일차적인 유형을 밝힌 것이다.

그는 이 세 가지가 에로스(eros), 루두스(ludus) 및 스토르게(Storge)라고 주장하였다.

첫째, 에로스는 그리스 신화에 나오는 사랑의 신이다. 아프로디테의 아들로, 활과 화살을 가진 나체의 어린이로 나타나는데, 그가 쏜 금화살을 맞으면 사랑에 빠지고 납 화살을 맞으면 증오하게 된다. 로마 신화의 큐피드와 아모르에 해당한다. 에로스는 직접적인 육체의 매력, 관능성, 자신, 매혹적인 아름다움, 파트너와의 지극히 친밀하고 밀착된 관계 등을 특징으로 한다. 즉, 열정적이고, 육체적인 사랑을 의미한다.

둘째, 루두스는 라틴어로 장난, 경기, 대단치 않은 일을 의미한다. 연인보다는 친구 같은 사랑으로 표현되기도 하지만, 가벼운 관계를 뜻하는 의미도 가지고 있다. 루두스는 장난의 요소가 많고 쾌락적이며 상대를 구속하지 않는다.

셋째, 스토르게는 형제자매 사이나 친구 간에 시간이 흐르면서 서서히 무르익는 사랑의 감정을 뜻한다. 가족 간의 사랑을 뜻하기도 하며 우정이나 연민이 생활 가운데에서 자연스럽게 사랑의 감정으로 발전한 경우이다. 또한 뜨겁게 타오르는 열정의 사랑은 아니지만 서서히 진행되고 깊고 오래가는 사랑을 표현한다. 즉, 정이 넘치고 우애적이며, 뜨거운 열정은 부족하지만, 친구에서 연인으로 발전하는 사람들이 이런 사랑을 하고 있다고 본다.

이 세 가지 일차형이 서로 뒤섞인 또 다른 세 가지 유형은 아가페(agape), 마니아(mania) 및 프라그마(pragma)이다.

첫째, 아가페는 신약성경에서 사랑을 가리키는 두 단어 중 대표적인 말로 절대적인 사랑을 뜻하며 애타적이고 참을성 있게 순종한다는 뜻을 내포하고 있다.

둘째, 마니아는 사전적 의미로 열광을 뜻하며 사랑하는 대상에 대한 강한 집착 및 소유욕을 가진 사랑이다. 즉, 열광적이고 강압적이며 질투심이 많다고 볼 수 있다.

셋째, 프라그마의 사전적인 의미는 실제적인, 실용적인 등을 뜻한다. 사랑을 하게 되면서 마음도 중요하지만 현실을 직시하기도 한다. 즉, 실제적이고 현실적인 관계를 의미한다고 볼 수 있다.

존 리는 이러한 여러 형태의 사랑이 어떻게 관계하는가를 [그림 4-1]과 같이 기하학적으로 나타냈다. 두 가지 유형의 사랑의 거리는 모두 그 사이의 차이, 또는 불일치의 정도를 나타내고 있다. 즉, 도표에서 멀어질수록 사랑에 대한 접근이 그만큼 일치하지 않는다.

[그림 4-1] 연애의 유형

출처: 안권순(2023).

이 그림에서 관계가 있는 두 사람이 사랑에 대해서 전혀 다른 접근을 한다면 갈등을 피할 수 없다. 예를 들면, 루두스형의 남성은 스토르게형의 여성이 현상 유지만 하려는 것에 화를 낼 수 있고, 루두스형의 여성은 자기의 육체를 소유하기 위한 장난을 하는 것에 불과하다고 남성을 비난할지도 모른다.

또한 에로스형은 당장 친밀한 관계를 갖고 싶어 하고, 스토르게형의 사랑은 성 교제를 뒤로 미룸으로써 그 가치를 높이려 한다. 여기서 연인이 둘 다 스토르게형이면 관계가 가장 오래 갈 것으로 생각한다. 물론 루두스형의 연인은 관계가 지속되고 있는 동안은 가장 즐거울 것이다. 즐거움이야말로 그들이 추구하는 것이기 때문이다.

3. 연애의 심리

에리히 프롬(Erich Fromm)에 따르면, 미숙한 사랑은 말한다. "당신을 사랑해요. 왜냐하면 당신이 필요하기 때문에." 성숙한 사랑은 말한다. "당신이 필요해요. 왜냐하면 당신을 사랑하기 때문에." 앞서 언급했듯이 연애는 서로 좋아해서 사랑을 나누는 관계 및 이에 수반되는 각종 행위를 말한다. 일반적으로는 애정을 기반으로 시작하며 성공적인 연애는 결혼의 전초단계로 볼 수 있다. 그러면 사람들이 사랑에 빠지는 과정과 사랑의 체험을 살펴보고 그것이 연애심리와 어떻게 연결되는지를 살펴보자.

첫째, 자신을 알고 사랑하라. 인간관계의 시작은 자기 자신과의 관계에서 출발하는 것이다. 자신의 가치관, 내적인 욕구나 욕망, 자신의 강점과 약점을 알아차리고 있는 그대로 자신을 수용할 수 있어야 한다. 사랑은 자기 자신과의 관계에서 출발하는 것임을 명심해야 한다.

둘째, 신뢰성과 배려하는 마음을 가지라. 사랑하는 대상에게 애정을 키워 나가는 가장 중요한 두 가지 요소는 신뢰성과 상대방에 대한 배려이다. 상대방에게 자신을 공개하고 개방했을 때 우리는 상대방을 신임하고 신뢰할 수 있다. 또한 상대방에 대한 신뢰와 믿음은 상대방이 자신에 대해서 진지한 자세를 가지고 어려운 상황에서 책임감을 보여 줄 때 더 신뢰감을 갖게 된다(Wieselquist et al., 1999).

셋째, 솔직성과 정직성을 가지라. 상대방에게 애정관계를 유지하기 위해서는 상대방에게 정직하고 솔직해야 한다. 상대방을 속이거나 거짓된 관계를 유지하면 진정한 애정관계를 성숙시켜 나가기 어렵다. 친밀감을 형성하려면 내적인 깊은 삶을 나눌 수 있어야 하는데, 솔직한 대화가 아닌 거짓된 삶을 나누면 친밀하고 애정적인 관계를 형성할 수 없다.

넷째, 상대방을 헌신적으로 책임지려는 마음을 가지라. 어떤 인간이든 관계를 유지하기 위해서는 에너지와 시간이 필요하다. 또한 서로가 긍정적인 상태뿐만 아니라 부정적인 상태에서도 관계를 유지하겠다는 결단과 행동이 필요하다. 애정관계가 건강하고 확고하게 발전하기 위해서는 남녀 모두가 상호적으로 노력할 때 가능하다.

다섯째, 연인이라는 팀을 유지하라. 사랑하는 사람이 결혼을 원하는 것은 둘이서 한 팀이 되어서 서로가 서로를 의지하면서 삶을 같이 헤쳐 나가고 싶은 욕구가 있기 때문이다.

여섯째, 상대방의 성장과 상대방의 입장에 관심을 가지라. 상대방의 입장에서 상대방이 원하는 것이 무엇인가를 알아서 배려하는 것이 진정한 관계의 출발이다. 상대방이 나로 하여금 더 성장하고 성숙해질 수 있는 기회와 상황이 되어야 한다.

4. 연애와 외로움

1) 외로움이란

외로움(loneliness)이란 사전적인 뜻으로는 '홀로 되어 쓸쓸한 마음이나 느낌'을 말한다. 고독(solitude)이란 타인과의 접촉 없이 홀로 있는 상태만을 말하며, 외로움은 홀로 있는 것같이 쓸쓸한 감정을 뜻하기 때문에 차이가 있다. 즉, 외로움은 혼자 있는 상태가 아닌 감정의 문제이기 때문에 고독하면 외롭고, 고독하지 않으면 외롭지 않을 것이라는 생각은 편견 및 고정관념이다. 고독하더라도 외로움을 느끼지 않을 수 있고, 주변에 사람이 많더라도 외로움을 느낄 수 있다는 것을 인지해야 한다. 일반적으로 외로움은 그 사람의 친구가 몇 명인지 혹은 그 사람의 사회성이 좋은지와는 큰 상관이 없고, 주변 지인과 얼마나 친밀한 관계를 맺고 있느냐와 관련이 있다.

인간은 관계 안에 있으면 행복을 느끼지만 관계 밖에 있으면 외로움을 느낀다. 외로움과 고독이 동의어는 아니다. 혼자 있어도 즐길 수 있는 사람은 고독하지만 외롭지는 않다. 사회적 동물인 인간이 타인과 소통하지 못하고 격리되었을 때 외로움을 느끼게 된다. 예를 들면, 낯선 환경에서 혼자서 적응할 때, 사랑하는 사람과 이별하였을 때 등 혼자가 되었다고 생각할 때 외로움을 느낀다.

2) 외로움의 원인

외로움의 원인을 살펴보면 다음과 같다.

첫째, 존재론적 관점이다. 외로움은 모든 인간이 어느 정도 느끼는 보편조건(universal condition)이라고 여겨져 왔다. 이런 관점에서 어느 수준의 외로움은, 인간 삶의 유한함이 타인과의 연결이라는 내재적 욕구를 계속해서 만족시켜 나가는 것은 불가능함을 의미한다는 점에서 불가피하다. 토머스 울프(Thomas Wolfe)의 1930년대 에세이 〈신이 사랑하는 남자(God's Lonely Man)〉의 존재론적 관점에서 언급된다. 그에 따르면 모두가 자신에 대하여 특별한 방식으로 자신이 외롭다고 생각하지만, 실제로 모두가 때때로 외로움을 느낀다. 외로움의 경감은 좋은 것일 수 있다고 동의하면서도, 존재론적 관점을 취하는 사람들은 이러한 노력이 완전히 성공하는 것에 의구심을 가지며, 외로움을 피할 수 없고 이로운 것이라고 보는데 이는 삶의 기쁨을 느끼게 해 주기 때문이다.

둘째, 문화적 관점이다. 문화는 두 가지 의미에서 외로움의 원인으로 논의된다. 이민자는 고향 문화를 잃었기에 외로움을 탈 수 있다. 즉, 이러한 영향이 집단문화 성격의 아시아 국가 출신 학생들이 훨씬 개인주의적인 영어권 국가 대학에 들어갈 때 특히 강할 수 있다.

셋째, 의미 있는 관계의 결여 관점이다. 많은 사람에게 원가족(family of origin)은 평생 가지고 갈 신념체계나 사랑하는 이의 사망 후 추억할 거리를 만드는 데 필요한 관계를 형성하는 신뢰를 제공하지 않았다. 이는 양육 스타일, 전통, 성격장애(personality disorders)와 학대적 가족 환경 등의 정신건강 문제 때문일 수 있다. 때론 종교적 기피 때문이기도 하다. 이는 자신을 알고, 자신을 평가하며, 타인과 관계 맺는 능력에 나쁜 영향을 주거나, 그렇게 하는 것을 어렵게 한다.

넷째, 관계 상실 관점이다. 외로움은 일시적이긴 하지만 매우 흔한 이별이나 사별의 결과물이기도 하다. 삶에서 중요한 사람을 잃는 것은 슬픔을 자아낸다. 이런 경우 다른 사람과 함께 있어도 외로움을 느끼기 마련이다. 외로움은 소속된 사회 집단이 파괴될 때 발생하기도 하며, 때론 유학이나 취직으로 인하여 고향을 떠났을 때 발생하는 향수병과 함께 오기도 한다.

다섯째, 상황적 외로움의 관점이다. 모든 상황과 사건은 외로움을 일으킬 수 있으며, 특히 민감한 사람들의 특정 성격적 특성(personality traits)에서 더욱 그러하다. 예를 들어,

매우 사교성이 좋은 외향적 성향의 사람은 사귈 사람이 적은 인구밀도가 낮은 곳에서 살면 외로움을 느낀다. 또한 외로움을 줄여 준다고 알려진 사건들이 외로움을 유발하기도 한다. 예를 들어, 출산의 경우 산후우울증(postpartum depression)을 유발할 수 있고, 결혼 후 결혼생활이 불안정해지고 이전 관계를 파괴하거나 정서적으로 냉담해진다. 외부 사건으로 영향받는 경우, 외로움은 종전에 가지고 있던 만성우울증(chronic depression)이나 불안(anxiety)과 같은 정신건강 문제로 악화되기도 한다.

여섯째, 장기영속적 외로움의 관점이다. 장기적인 외로움은 과각성(hypervigilance)이나 사회적 어색함(social awkwardness)과 같은 부적응적 사회인지(maladaptive social cognition)를 유발한다. 이는 기존 관계를 유지하거나 새로운 관계를 형성하는 것을 힘들게 한다.

일곱째, 사회적 전염 관점이다. 외로움은 질병처럼 사회집단으로 확산되기도 한다. 이러한 확산의 기제는 임상적 외로움에서 오는 부적응적 인지를 수반한다. 어떤 이유에서 친구를 잃은 사람은 외로움이 증가하여서 다른 친구를 지나치게 필요로 하거나 의심하는 부적응적 인지를 일으킨다. 만약 남은 친구들마저 계속 끊어지면, 사람과의 연결이 끊어진다. 다른 친구들도 외로워지게 되고, 외로움이 물결처럼 번진다.

여덟째, 인터넷의 사용 관점이다. 인터넷 사용이 확산되기 전의 1990년대부터 데이터를 이용한 연구들에서, 과도한 인터넷 사용과 외로움 간의 연관성을 찾아왔다. 그러나 인터넷 사용과 외로움 간의 연관성은 단순히 외로운 사람들이 인터넷에 더 끌리게 된 것의 결과인지, 혹은 인터넷이 실제로 외로움을 일으키는지에 관하여 시행한 연구들에서 정반대 결과가 도출되었다. 전위가설(displacement hypothesis)은 일부 사람들이 현실의 대인관계에서 자신을 벗어나는 길을 택하여 인터넷에 더 많은 시간을 할애한다는 것이다. 과도한 인터넷 사용은 불안과 우울을 직접적으로 일으키는데 불안과 우울은 외로움을 일으키는 증상이다. 그러나 이러한 것들은 대인관계를 쉽게 하고 사람에게 힘을 불어넣는 인터넷의 효능에 의해 상쇄될 수 있다. 일부 연구에서는 인터넷 사용이 최소한 몇몇 유형의 사람들에게 있어 외로움의 원인이라고 하였다.

이처럼 외로운 사람들은 주위에 사람들이 없어서 외로움을 느끼는 것이 아니라, 주위에 있는 사람들과 서로 친밀한 관계를 맺을 수 있는 사회적인 인간관계 기술이 없거나 발달되지 못했기 때문이다. 외로움을 느끼는 사람들은 대체로 다음과 같은 특징을 지닌다.

- 이성이나 다른 사람에 대한 관심이 부족하다.

- 친구를 사귀는 기술이 부족하다.
- 공감하는 능력이 부족하다.
- 거절에 대한 두려움을 갖는다.
- 자신을 개방하거나 삶을 나누는 기술이 부족하다.

3) 외로움의 유형

외로움의 두 유형은 사회적 외로움(social loneliness)과 감정적 외로움(emotional loneliness)으로 구분할 수 있다. 이는 웨이스(Weiss)가 1973년 자신의 저서 『외로움: 감정적 사회적 고립의 경험(Loneliness: The Experience of Emotional and Social Isolation)』에서 정의한 것이다. 그는 감정적 외로움을 충족시키는 것은 사회적 외로움을 위한 균형추가 될 수 없으며, 그 반대도 그러하기에 두 유형의 외로움은 각자 측정되어야 한다고 하였다.

여기서 사회적 외로움이란 사회 네트워크(social network)가 넓지 못하여 겪는 외로움이다. 자신이 어느 한 공동체에 속하였다든지, 힘들 때 기댈 수 있는 친구나 동지가 있다든지 하는 감정을 느끼지 못한다. 또한 감정적 외로움은 타인과 깊고 서로 성장하는 관계가 없을 때 발생한다. 감정적 외로움은 애착이론(attachment theory)에 연결시킬 수 있다. 누구나 깊은 애착에 대한 욕구가 있으며, 이는 가까운 친구를 통해 충족되지만, 부모나 연인, 부부와 같은 가까운 가족 구성원을 통하여서 더 충족된다.

이 밖에 외로움으로 가족적 외로움과 로맨틱 외로움을 들 수 있다. 가족적 외로움은 가족 구성원 간의 가까운 연대가 부족하다고 느낄 때 발생하며, 로맨틱 외로움은 연인이나 부부와의 연결이 부족한 청소년과 성인들이 경험한다.

이러한 외로움을 극복하는 방법은 다음과 같다.

- 완벽주의를 버리라.
- 인간에 대한 부정적인 편견을 버리라.
- 조그만 만남을 시도하라.
- 적극적인 인간이 되라.
- 다른 사람의 눈치에서 벗어나라.
- 자신을 책임질 수 있는 만큼 개방하라.

5. 연애와 인간관계

많은 사람은 연애의 감정이 들면서 데이트를 시작한다. 먼저, 데이트의 의의와 기능에 대하여 살펴보고자 한다.

1) 데이트의 의의

데이트(date)는 연인 혹은 서로 애정이 있는 이들이 함께 만나서 둘만의 시간을 보내는 것이다. 그 외에도 다른 애정의 행동도 포함한다. 이처럼 데이트는 평생을 함께 살아야 하는 배우자 선택을 위한 기초과정으로 데이트를 통해 상대 파트너에 대한 관심을 보다 구체화시킬 수 있으며, 서로가 사랑의 경험과 기쁨을 느끼고 서로의 인격을 존중하고 나아가 삶의 의미를 찾게 한다.

데이트를 통하여 다양한 파트너와 사귀면서 자신의 특성과 성향을 서로 맞추어 보는 과정은 중요하다. 하지만 데이트가 반드시 결혼을 전제로 하는 것은 아니므로 결혼에 대한 언질을 내포하지 않는다(정현숙 외, 2003). 데이트는 자신과 다른 유형의 인성을 관찰할 수 있는 기회를 제공하며, 어떤 사람이 자기 자신에게 가장 어울리는지를 확인하는 기회가 된다.

따라서 데이트를 통해 사람들은 자신과 어울리는 파트너를 탐색할 수 있고, 배우자 선택의 기회를 제공함으로써 자연스럽게 결혼으로 이어지는 경험을 통해 궁극적인 데이트의 의의를 가진다.

2) 데이트의 기능

데이트는 사랑의 본질을 경험하며 서로의 개성과 인격을 존중하고 협동할 수 있는 미래의 결혼생활을 학습해 보는 기회를 제공한다. 데이트가 배우자 선택과 무관하게 시작한다 할지라도 배우자 선택의 중요한 기초과정이므로 데이트의 기능은 다음과 같다(이성희, 한희선, 2020).

첫째, 즐거움의 기능이다. 이는 데이트 그 자체로 생활의 흥미를 주고 즐거운 경험을 제공한다. 데이트가 즐겁지 않으면 연인관계를 지속하기 어렵다.

둘째, 파트너에 대한 적응의 기능이다. 데이트를 하기 전에는 피상적인 연인관계로 생각되지만 데이트를 통해 파트너가 가지고 있는 특성에 대해 이해하고 소통할 수 있는 방법을 경험한다.

셋째, 사회화 기능이다. 데이트를 하는 동안 서로에 대한 이해를 통하여 유사성과 차이점을 배운다. 데이트 과정에서 어떻게 대화를 풀어 나가야 할지, 어떻게 상대를 배려하면서 반응해야 할지를 배운다.

넷째, 인성발달의 기능이다. 데이트를 하면서 사회가 기대하는 건강한 인격을 길러 주는 데 중요한 역할을 한다.

다섯째, 배우자 선택의 기능이다. 데이트의 중요한 기능은 배우자 선택에 있다. 데이트를 하면서 친밀감을 느끼고 잠정적인 결혼 파트너를 고르는 기본 과정을 경험한다. 결혼생활의 행복은 자기가 선택한 사람에 의해 영향을 받으므로, 많은 데이트를 통해 인격적으로 어울리며 사랑할 수 있는 배우자를 선택한다는 것은 매우 중요하다.

3) 데이트 기법

우리는 어떤 형태로든 인간관계를 떠나서는 존재할 수 없다. 특히 이성관계를 통해서 가족을 이루어야 고독이나 외로움에서 벗어날 수 있다.

데이트 관계는 먼저 서로에게 매력을 느끼고, 사랑에 빠져 서로에 몰입하면서 상대방에게 자신의 부정적인 측면은 감추고 긍정적인 측면만 보여 주려 하며, 상대방의 긍정적인 측면만 보려 한다. 자신의 친한 이성에게 다음 질문을 함으로써 적용해 보자.

- **기대**: 내가 그 이성에게 원하는 것은 무엇인가?
- **인내력**: 어떠한 상황이든 그 이성을 참아 낼 수 있는가?
- **유용성**: 이성을 위해 내 자신을 내 줄 수 있는가?
- **정직성**: 그 이성과 있을 때 진정한 내 자신을 보여 줄 수 있는가?
- **개방성**: 유익한 감정을 그 이성과 나눌 수 있는가?
- **의존성**: 그 이성에게 내 자신을 온전히 기댈 수 있는가?
- **공감 능력**: 어떠한 갈등 상황에서도 그 이성의 입장에서 생각할 수 있는가?
- **관점**: 그 이성이 나를 좋아한다는 사실과 관계없이 내가 그 이성을 진심으로 좋아하는가?

다음으로 데이트 기법과 관련된 낭만적인 관계의 ABCDE이론에 대하여 살펴보기로 한다(Levinger, 1980). 즉, ABCDE는 다음을 의미한다.

- A: Attraction(매력)
- B: Building(발전)
- C: Continuation(지속)
- D: Deterioration(망가짐)
- E: Ending(청산)

첫째, 상대방에게 호감이나 매력을 느끼기(Attraction)이다. 이는 두 남녀가 서로 만나면서 상대방에게 끌리는 마음이 있을 때 매력을 느낀다. 또한 남녀가 만날 때 부정적인 분위기보다는 긍정적인 분위기에서 상대방에게 매력을 느낀다.

둘째, 연인관계로 발전하기(Building)이다. 연인관계로 발전하기 위해 초기에 중요한 점은 쉽게 접촉할 수 있는 근접성이다. 즉, 쉽게 만날 수 있어야 서로에 대한 호감이나 애정이 싹트는 것이다. 가까운 곳에 있는 사람들 사이에서부터 연인을 탐색하는 것이 중요하다.

셋째, 애정관계 지속하기(Continuation)이다. 두 사람 사이에서 애정이 싹트고 연인으로 발전해서 관계가 깊어지게 되면 남녀는 연인관계를 지속하고 싶어 한다. 연인관계를 지속하기 위해서는 상대방에 대한 지속적인 관심, 애정의 표현, 공통의 관심사 나누기 등 긍정적인 행동이 필요하다.

넷째, 연인관계의 망가짐(Deterioration)이다. 사랑하는 관계가 영원히 지속되리라는 것은 환상이다. 초기에는 기대와 호기심과 즐거움 등이 있지만 시간이 흐르면서 성격이나 가치관의 차이 등이 표면화되면서 서로의 욕구 충족에 실망이나 갈등을 경험한다.

다섯째, 관계의 청산(Ending)이다. 두 남녀의 관계가 망가지고 힘들어진다고 해도 서로가 끝까지 노력하면 관계는 다시 회복될 수 있다. 그러나 자신들이 유지해 온 관계를 부정하고, 서로 간에 상처로 얼룩졌다면 관계를 유지하기 어렵다.

4) 데이트 관련 문제

데이트는 연인들에게 성공적인 결혼을 위해 필요한 과정이기도 하지만, 어떤 연인들은 데이트 과정에서 문제가 발생한다. 많은 연인은 데이트를 하면서 긍정적인 면만 보여 주려고 애쓴다. 물론 좋은 면만 보여 주려는 것이 잘못된 것은 아니지만 서로를 있는 그대로 이해하는 데 걸림돌이 될 수 있으며, 시간이 지나면 심각한 갈등을 초래할 수도 있다.

사회심리학자인 덕(S. Duck)은 연인관계가 끝나는 과정인 '관계 해소 모델'을 다음과 같이 설명한다.

첫째, 제1단계인 개인 내 단계이다. 이 단계에서는 처음에는 좋기만 하던 사람이지만 계속 지내다 보면 흠도 보이고 불만이 생기며, 이것이 계속 쌓이다 보면 연인관계는 악화되기 쉽다. 이러한 불만들을 바로 해소하지 않으면 어느 순간 더 이상 참을 수 없다고 생각하는 단계에 이른다. 바로 이 단계가 '개인 내 단계'이다.

둘째, 제2단계인 관계적 단계이다. 이 단계에서는 언어를 통해 관계의 해소가 본격적으로 시작되는 단계이다. 이 단계에서는 상대에게 직접 불만을 이야기한다. 즉, 서로의 관계를 점검하면서 그동안 내재된 불만을 표출하고 갈등이나 싸움으로 나타나는 경우가 많다.

셋째, 제3단계인 사회적 단계이다. 이 단계에서는 두 사람이 헤어졌다는 것을 주변에 알리고 이에 대해 해명이나 이유를 말하기도 한다. 이러한 해명은 자신의 자존심을 지키기 위한 모습이기도 하며, 새로운 연인을 만날 수 있다는 준비와 기대를 위한 자기방어이다.

넷째, 제4단계인 추억의 매장 단계이다. 이 단계에서는 제3단계인 사회적 단계를 거친 후 좋았던 시절의 기억과 감정을 정리할 필요가 있다. 따라서 상대방의 기억을 완전히 지우는 방법으로 서로 주고받았던 사진이나 글, 선물 등을 정리하는 것이 필요하다. 그러나 이 단계에서 실연의 극복이나 관계 정의가 되지 않으면 새로운 사람과 연애를 시작해도 관계에 도움이 되지 않는다는 것을 명심해야 한다.

5) 애정과 인간관계

애정이란 넓게는 사물이나 사람을 사랑하는 마음이며, 좁게는 남녀 사이에 사랑하는 마음이라 할 수 있다. 또한 애정표현이란 사랑하는 마음을 언어나 몸짓 따위로 드러내어 나타냄을 뜻한다. 즉, 애정은 상대방에게서 받고 싶어 하는 자신의 욕구를 표현하는 것이며, 애정표현은 상대방을 즐겁게 한다. 남녀는 자기들이 받고 싶은 것을 상대방에게 주는 것이 보통이다. 애정표현의 중요성에 대하여 살펴보면 다음과 같다.

우선, 남자는 신뢰하고 인정받는 사랑을 원한다. 여성에게 받는 신뢰와 인정이야말로 남성이 변화하고 성장하기 위해 꼭 필요한 일이다. 남자는 여자가 자신을 꼭 필요로 한다는 느낌을 가질 때 힘을 얻는다. 남자는 사랑하는 사람을 위해서 최고가 되기를 원하고, 그 사람에게서 인정받고 신뢰를 받았을 때 자신의 잠재능력을 실현시키고 자신의 뛰어난 모습을 맘껏 보여 줄 수 있다.

다음으로 여자는 관심과 이해를 통한 사랑을 원한다. 여자는 관심을 기울여 주고 감정을 이해해 주며 존중해 주는 사랑을 원한다. 여자는 남성에게서 자신이 관심을 받고 또한 이해와 지지를 받는다고 느낄 때 삶의 의욕이 커진다. 여성이 남성에게서 원하는 애정의 본질은 남성이 자신에게 관심을 가지고 있고 절대로 자신을 떠나지 않으며 아껴 주고 보호해 주고, 자신과 삶을 공유해 주기를 바라면서 그러한 상태를 계속 확인받는 것이다.

다음으로 애정표현 방법에 대하여 살펴보기로 한다.

첫째, 애정은 표현해야 상대방에게 전달된다. 즉, 표현하지 않는 애정은 상대방에게 전달되지 않는다. 따라서 남녀 간의 애정표현은 절대적으로 중요하고, 상대방이 이해할 수 있게 하는 것이 중요하다. 표현되지 않은 애정은 머리로 짐작될 수 있지만 마음속으로 느껴지지 않는다.

둘째, 남녀 간의 애정은 화초와 같아서 물을 주고 가꾸어야 한다. 애정을 화초에 비하면, 물을 주듯이 매일 조금씩이라도 표현을 해야 한다. 그렇다고 너무 많이 주면 뿌리가 썩듯이 부작용이 있을 수 있다. 적당한 정도의 애정은 서로의 사랑을 지탱해 주는 필수적인 요소이다.

셋째, 애정은 여성만이 원하는 것이 아니고 남성도 아주 많이 원한다. 애정이란 마치 여성의 전유물처럼 여기는 경우가 많으나, 남성도 여성에게서 애정표현을 원한다. 남성도 여성 못지않게 여성이 애정을 표현해 주기를 바란다.

넷째, 상대방에게 애정표현을 하는 것도 중요하지만, 상대방이 애정표현을 했을 때 그것을 잘 받아 주는 것도 중요하다. 남성이 표현하는 작은 애정이라도 그 마음을 받아 주고 격려해 주면 남성은 더 큰 애정으로 표현해 주고 싶어 한다. 남성의 작은 긍정적인 행동을 인정하고 칭찬해 주면 남성은 신이 나서 그런 행동을 반복하고 싶어진다.

다섯째, 애정표현은 남녀가 서로 창조적으로 실행해 나갈 수 있다. 남녀가 같은 방식으로만 애정을 표현하면 받는 사람의 입장에서는 지루해지고 그 효과도 떨어진다. 가능한 한 다양한 방법으로 애정을 표현하는 것이 중요하다. 또한 즉흥적인 애정표현보다는 좀 더 계획적으로 신경을 써서 애정을 표현하는 것이 중요하다.

다음은 남녀가 원하는 애정표현에 대하여 살펴보기로 한다. 먼저, 남성이 원하는 애정표현 방법은 다음과 같다.

- 존중해 주고 자존심을 북돋아 주라.
- 인정해 주고 칭찬해 주라.
- 명령식의 대화보다는 제안하는 식의 대화를 시도하라.
- 과거의 잘못을 반복해서 들추어내지 말고 현재 문제에 초점을 맞추라.
- 자신이 원하는 것을 솔직히 말해 주라.
- 수년간 노력해도 안 되는 사소한 단점들은 덮어 주라.

여성이 원하는 애정표현 방법은 다음과 같다.

- 잠정적인 지지와 이해에 힘써 주라.
- 여성의 이야기를 듣고 기분을 이해해 주라.
- 칭찬을 통해서 관심을 보여 주라.
- 성관계가 목적이 아닌 스킨십을 많이 하라.
- 여성을 존중해 주고 예의를 지키며 명령하지 말라.
- 다른 여자에게 잘하는 것의 반만큼 애인에게 해 주라.
- 가족 및 아내와 함께 시간을 보내라.
- 화나는 감정을 폭력적으로 표현하지 말라.
- 집안일을 자신의 일로 여기면서 분담해 주라.

또한 애정표현 행동이란 관계에 대한 애정과 관심 등의 메시지를 언어적 또는 비언어적으로 표현하는 방법이다. 빌라드와 위플(Villard & Whipple, 1976)에 따르면, 인간관계에서 애정과 관심에 대한 의사소통 행동은 관계표현의 수단이며 모든 관계는, 첫째, 시간 혹은 금전의 투자, 둘째, 표현수단의 교환, 셋째, 어느 정도의 위험부담이라는 3요소를 포함하고 있다. 교환되는 수단은 애정적인 것이나 경제적인 것일 수 있다. 애정표현수단으로 직접적인 말이나 행동은 표현하는 사람의 의도를 명백하게 보여 주지만, 경제적인 표현수단은 미소나 포옹, 애정 어린 이야기 등보다는 덜 직접적이다.

전반적으로 애정표현이 많을수록 관계만족도가 높음을 보여 준다. 예를 들면, 상대방과 함께 다양한 활동을 통한 시간의 공유는 애정표현의 중요한 수단인데, 이러한 공유가 부부만족도와 정적 상관이 있었고(Orthner, 1975), 배우자와 함께한 시간의 질과 양은 전체적인 부부만족도를 예측하는 요인이었다(Hill, 1998; Snyder, 1979). 우리의 신체는 사랑을 표현하는 데 가장 중요한 도구 중의 하나로, 손을 잡거나 어깨에 손을 얹는 것, 포옹, 키스 및 성관계 등과 같은 신체접촉은 상대방에게 사랑을 전달하는 주요 수단이다. 기혼자들에 대한 연구에 따르면, 성생활 만족이 결혼생활의 만족과 직결되고(Morokqff & Gilliland, 1997), 전반적으로 성교의 빈도가 높을수록 부부만족도가 더 높았다(Zhou, 1993).

애정표현 행동이 관계의 만족도를 높이는 중요한 요인이지만, 유일한 요인은 아닐 수 있다. 가령, 결혼을 통해 새로운 관계를 형성하는 신혼기에는 매력은 높지만 애착은 낮은 편이고 시간이 지나면서 매력은 낮아지는 반면 애착은 증가하기 때문에, 결혼만족을 신체적 매력으로 측정할 경우 낮아지지만 애착이나 안정감, 충실도 등으로 측정하면 증가한다(윤가현, 1998). 또한 성인 초기까지는 열정이나 성적 매력이 사랑의 중요 요인이지만, 인생의 후반기에는 충실성이나 부드러움이 사랑의 관계를 평가하는 데 더 중요하다(Allgeier & Allgeier, 1991).

이러한 결과는 애정표현이 적다고 해서 반드시 관계만족도가 낮은 것은 아닐 수 있음을 시사한다. 말하자면, 애정표현과 관계만족의 관련성은 발달적 시기에 따라 다를 수 있다.

6) 이성 간의 교제

남녀가 교제하는 모습이나 태도는 사회마다 문화적인 배경이 다르기 때문에 일정하지 않다. 이성교제는 일반적으로 청소년기에 우정 또는 애정을 가지고 이성을 사귀는 것을 말한다. 아울러 평생을 함께할 배우자를 선택하는 기초과정이다. 이성에 대한 관심을 구체화하고 사랑의 기쁨을 느끼며 서로의 인격을 존중하고 나아가 삶의 의미를 찾게 해 주는 과정이라고 할 수 있다. 이성교제는 즐거운 일이며 데이트를 기다리는 마음은 그들의 생활에 흥미와 새로운 의미를 부여해 주기 때문에 이성교제를 통해 이성 간에 보다 성숙한 태도를 만드는 기회를 제공한다.

한편, 서로 사랑하는 사람이 사귀려고 만나는 일, 또는 그렇게 하기로 한 약속인 데이트(date)나 연애의 일환으로 단둘이 만나는 행위인 데이팅(dating)은 흔히 구혼과정(courtship)과 함께 혼용해서 많이 쓰이나 이는 엄밀히 말하면 다소의 차이가 있다. 데이트는 교제 자체를 즐기고, 구혼과정은 상대가 한 명으로 한정되어 결혼을 목적으로 하는 교제를 말한다. 따라서 데이트의 과정을 통해서 다양한 성격의 이성을 경험하고 복수의 이성(異性)에게 자신을 투영함으로써 자기 자신의 특성이나 능력을 확인할 기회를 가지면서 대화나 감정이 일치하는 특정한 한 사람에게로 범위를 좁혀 구혼과정을 이루어 나가는 것이 이상적이라고 할 수 있다.

이성교제를 통한 배우자 선택은 사람들로 하여금 자신과 다른 유형의 이성을 관찰할 수 있는 기회를 제공함으로써 올바르고 적합한 배우자의 선택을 가능하게 해 준다. 그러면 이성교제가 갖는 중요한 의미에 대하여 살펴보기로 한다(Stinnett & Walters, 1997). 첫째, 이성교제는 가능성 있는 많은 결혼상대자들과 인간관계를 형성하고 발전시킬 수 있는 기회를 제공해 준다. 둘째, 자아의식과 자기이해를 증진한다. 셋째, 인간관계의 기술을 발전시킨다. 넷째, 이성과의 사귐을 통하여 만족을 증진한다. 다섯째, 조화를 경험할 수 있는 기회를 제공한다.

다음은 이성교제의 기능에 대하여 살펴보기로 한다. 첫째, 이성교제는 사회화의 기능이 있다. 성격이 다른 여러 이성친구와의 만남을 통해 사회가 기대하는 성인 남녀의 역할을 배움으로써 사랑, 이성, 사고방식 등을 보다 현실적으로 구체화함으로써 자신의 행동을 통제하고 조절할 수 있는 기회를 갖게 된다. 둘째, 인격도야(人格陶冶)의 기능이다. 이성과의 상호관계를 통해 자신에 대한 평가와 자아의식을 상대방의 반응을 기초로 더욱 성숙시킬 수 있다. 셋째, 오락적 기능이다. 생활의 즐거움을 주고 자기 생활에 흥미와 의미를 찾는 기능을 하게 된다. 넷째, 이성에 대한 적응 기능이다. 이성과 직접 만나 친해지는 과정을 겪음으로써 이성에 대한 적응력이 생김과 동시에 성숙한 대인관계의 기술을 습득한다. 다섯째, 배우자 선택의 기능이다. 이성교제를 통해 인격적으로 서로 수용하고 사랑할 수 있는 배우자를 선택할 수 있다.

이성교제의 유형에 대해 살펴보면 다음과 같다. 사랑하고 사랑받을 수 있는 건강한 능력은 어린 시절의 안정애착과 밀접한 관련이 있는 것으로 여겨진다. 이를 사랑의 애착이론이라고 한다(Simpson, 1990). 애착사(attachment history)는 어렸을 때 부모(특히 어머니)와의 애착의 질(양육과 애정)에 따른 관계 형성에서 비롯된 것이다. 이 관계 형성을 통해 애착은 안정애착, 불안애착, 회피애착, 혼란애착으로 구분된다([그림 4-2] 참조). 동시에 이 네 가지의 애착유형에 따라 개인은 자기표상과 타인표상이 달라진다. 그리고 자기표상과 타인표상은 대인관계의 내적 작동 모델(internal working model)이 되어 개인이 대인관계(대인행동)를 어떻게 맺을 것인가에 영향을 미친다(Bowlby, 1973). 표상(representation)은 눈에 보이지 않더라도 어떤 것을 머릿속으로 떠올릴 수 있는 내적 관념 또는 심상(image)을 뜻한다.

애착유형과 이성교제의 방식에서 안정애착은 '나는 자랑스럽다, 주위 사람들은 믿을

		자기표상	
		긍정	부정
타인 표상	긍정	안정애착	불안애착
	부정	회피애착	혼란애착

[그림 4-2] 애착유형과 이성교제의 방식

출처: Staffer(1999)에서 발췌 · 인용.

만하고 의지할 수 있다.'와 같이 자신과 타인에 대해 긍정적인 표상을 발달시킨다. 즉, 자신과 상대를 긍정적으로 보는 사람들이다. 불안애착은 쉽게 열등감에 빠져서 자신을 아프게 만들고, 상대에게 집착하려는 이성관계를 나타낸다. 즉, 자신은 부정적으로, 상대는 긍정적으로 보는 사람들이다. 회피애착은 자신만을 생각하고, 상대를 무시하기 때문에 방어적인 이성관계를 맺는다. 즉, 자신은 긍정적으로, 상대는 부정적으로 보는 사람들이다. 혼란애착은 자신도 다른 사람도 신뢰하지 않기 때문에 서로 상처받는 이성관계를 맺는다. 즉, 자신과 상대를 모두 부정적으로 보는 사람들이다.

이성교제의 시작은 제1단계에서 동성끼리만 상호작용할 뿐 이성 간의 접촉은 거의 없다. 제2단계에서는 남녀 간 상호작용이 이루어지기 시작하나 개별적인 접촉은 아직 없다. 제3단계에서는 남녀 집단의 리더 사이에 커플이 형성되면서 집단의 붕괴가 일어난다. 제4단계에서는 집단 구성원들도 커플을 형성하고 적극적으로 데이트에 참여한다.

다음으로 이성교제의 진행 단계에 대하여 살펴보고자 한다. 첫째, 그룹 데이트(group date) 단계이다. 이 단계는 남녀 교제가 익숙하지 않은 사람들이 갖는 형태로 주로 청소년층에서 나타난다. 데이트의 경험이 없어서 주저하는 사람 여러 명이 함께 만남으로써 개인적 부담이 적다. 둘째, 임의의 데이트(casual or random date) 단계이다. 이 단계에서는 여러 사람과 교제를 하면서 자신에게 적합한 이성을 선택할 기회를 가질 수 있다. 셋째, 지속적인 데이트(steady date) 단계이다. 이 단계에서는 친밀한 단계로 발전하면서 두 사람과의 교제가 고정화되며 주위 사람들이 그들의 관계를 인정하게 된다. 넷째, 인증 데이트(pinning date) 단계이다. 지속적인 데이트가 상호 동등한 관심과 참여 속에서 만족스럽게 진행되면 구혼을 하게 되고 장차 결혼이라는 약속을 한다.

이처럼 이성관계는 만남의 횟수가 증가하면서 점차 발전하여 두 남녀는 친밀감과 애정을 느끼고 서로 사랑하게 된다. 그러면 이성교제의 단계에 대하여 살펴보기로 한다. 첫째, 첫인상 단계(first impression stage)이다. 이 단계에서는 상대방을 만나 서로 외모나 행동을 관찰하면서 인상을 형성한다. 둘째, 지향 단계(orientation stage)이다. 이 단계에서는 서로 자신에 대한 피상적인 정보를 교환하고 상대방을 탐색한다. 셋째, 탐색적 애정 교환 단계(exploratory affective exchange stage)이다. 이 단계에서는 좀 더 친근한 태도를 취하고 대화의 내용이 보다 풍부해지며 자발성도 증가한다. 넷째, 애정 교환 단계(affective exchange stage)이다. 이 단계에서는 편안하게 상대를 칭찬하고 때로는 비판도 한다. 마지막으로 안정적 교환 단계(stable exchange stage)이다. 이 단계에서는 서로 마음을 터놓고 대화하며 서로의 소유물에도 접근한다.

아울러 이성교제의 과정 중 자신의 파트너와 적합하지 않다고 판단될 때 정리하는 과정인 이성교제의 해소에 대하여 살펴보기로 한다. 첫째, 관계를 맺는 것이 자신이 원하는 것이라고 결정해야 한다. 둘째, 자신이 관계를 끝낼 때 상대방이 상처받을 것임을 인정하고 받아들여야 한다. 셋째, 관계를 끝내기로 결정하였다면 파트너에게 상처 주는 것은 피할 수 없는 것이므로 명확한 이유를 말해 준다. 넷째, 만약 관계를 끝내고자 하는 마음을 먹었다면 파트너와의 관계에 덜 몰입했을 것이기 때문에 완전히 끊어야 더 빨리 치유될 수 있다. 다섯째, 새로운 관계를 시도하는 것도 좋다. 시간은 헤어진 후의 관계를 정리하고 상처를 치유하는 데 중요한 역할을 한다.

또한 상대방과의 헤어짐을 선택하는 경우에는 다음과 같이 대처하는 것이 바람직하다. 첫째, 고통은 일시적인 것이라고 인식한다. 둘째, 파트너의 부정적인 점에 집중하는 것이 좋다. 셋째, 그 사람을 생각나게 하는 기념물과 인연을 끊어야 한다. 넷째, 여행 등을 떠나는 것이 좋다. 다섯째, 새로운 관계를 시도해 보도록 한다.

건강한 이성관계를 맺고 사랑을 유지하기 위한 방법을 찾아보기로 한다. 건강한 이성관계란 서로가 사랑을 주고받는 관계를 의미한다. 즉, 일방적인 사랑을 강요하거나 한쪽만 헌신하는 관계가 아닌 상호작용하는 관계를 말한다. 사랑을 유지하기 위한 방법을 알아보면 다음과 같다.

첫째, 사랑과 집착을 구분한다. 집착을 사랑이라 여기고 있는 사람은 상대방을 완전히 소유하고자 하고 또한 상대방에게 자신이 소유당하고자 한다. 건강한 사랑을 위해서는 자신과 상대방을 옭아매는 집착을 버리고 순수한 애정과 관심을 가져야 한다.

둘째, 동정과 사랑을 혼동하지 않는다. 실패자나 약자에게 느껴지는 연민의 정을 사랑이라 착각하는 것이다. 진정한 사랑은 대등한 입장에서 일대일의 관계가 성립할 때 가능하다.

셋째, 낭만적인 사랑을 너무 기대하지 않는다. 처음에는 상대방의 장점만 보이고 단점까지도 장점으로 보이지만, 시간이 지나 열정이 사라져 버리면 상대방의 단점들이 눈에 띄기 시작하면서 실망이 커진다. 따라서 너무 낭만적인 사랑만 기대해서는 진실한 사랑을 하기 어렵다.

넷째, 어떤 관계도 완전할 수 없음을 명심한다. 우리의 관계만 문제가 있는 것이 아니라 다른 사람들도 관계 속에서 그와 비슷한 문제를 경험하고 있다. 어떠한 관계도 완전할 수는 없기 때문이다.

다섯째, 현재의 문제 상황에 대해 분석해 본다. 현재의 문제 상황에 대해 정확하게 이해하게 되면 그 실마리도 쉽게 찾을 수 있다.

여섯째, 문제해결을 위해 도움을 청한다. 둘이서 문제를 해결할 수 없다는 판단이 들면, 제3자가 상황을 객관적으로 보고 판단할 수 있기에 현명한 해결책을 제시해 줄 수 있다.

일곱째, 끝은 새로운 시작일 수도 있다는 사실을 받아들인다. 끝은 완전한 끝을 의미하지 않고 언제나 새로운 시작의 의미를 포함한다.

이처럼 자신의 사랑을 유지하는 방법을 알고 노력해 봄으로써 건강한 이성관계를 맺을 수 있다.

7) 성공적인 연애

성공적인 연애 관계 형성을 위한 일곱 가지 요소에 대하여 살펴보면 다음과 같다.

첫째, 믿음이 있어야 한다. 커플이 공유할 수 있는 가장 훌륭한 보물은 바로 믿음이다. 믿음은 나와 상대방이 함께 행복할 수 있는 비결이다. 서로를 믿으면 관계는 평화롭고, 서로 떨어져 있을 때도 걱정할 필요가 없어진다. 즉, 상대방이 나를 속이고 있을 것 같은 걱정이 계속 생긴다면, 연애에 긴장감만 유발할 뿐이다. 그리고 함께하는 시간을 진정으로 즐길 수 없다.

둘째, 상대를 수용할 줄 알아야 한다. 상대를 바꾸려고 하는 대신 수용하자. 많은 경우 사람들은 상대방의 흠을 받아들인다고는 하지만, 속으로는 상대가 바뀌기만을 기다린다. 상대방의 장단점을 받아들이는 방법을 배우는 것이 중요하다. 완벽한 사람은 없다. 어떨 땐 그런 성향이 그 사람의 성격을 만드는 요소일 수도 있다. 하지만 서로에게 건설적인 변화를 꾀하고자 한다면, 변화하자. 상대방이 하기 싫어하는 행동을 한다거나, 상대방을 억압하는 방향의 변화는 피하도록 하자.

셋째, 소통이 필요하다. 성공적인 연애의 가장 큰 기둥 중 하나는 좋은 의사소통을 유지하는 것이다. 내가 느끼는 감정, 내가 꾸는 꿈, 연애에 대해 걱정이 되는 점들을 언제나 허심탄회하게 말할 수 있어야 한다. 또한 서로 간의 소통이 꼭 필요하다. 서로에 대해 편안함을 느껴야 일어날 수 있는 일이기 때문이다.

넷째, 헌신이 필요하다. "좋을 때나 나쁠 때나 언제나 함께하겠습니다." 이는 삶을 함께하는 상대방에게 헌신하는 모습이다. 연애 안팎으로 좋은 일이 일어날 때나, 나쁜 일이 일어날 때나 함께 극복할 것이라는 굳은 약속을 해야 한다.

다섯째, 서로 존중하는 마음이 있어야 한다. 오래 가는 연애는 존중을 통해 더욱 탄탄해진다. 존중은 함께 건강한 삶을 살아가는 원동력이 된다. 존중이 없다면 사랑은 자라날 수가 없다. 부정적인 감정만이 연애를 감쌀 뿐이다. 내가 화나거나 짜증 나는 상황을 어떻게 조절하는지를 아는 것이 중요하다. 이럴 때 서로에게 아픈 말이 가장 쉽게 나갈 수 있으니 조심하자! 차분해지자.

여섯째, 용서하는 법을 배워야 한다. 완벽한 연애는 없다. 상대방의 실수 때문에 연애가 시험에 드는 순간이 언제든지 찾아올 수 있다. 용서해도 괜찮은 걸까? 모든 사람이 용서를 쉽게 하는 것은 아니며, 진심으로 용서하는 것은 힘든 일이다. 연애하면서 용서하는 법을 배우는 것은 서로가 성장할 수 있는 경험이 된다. 도저히 용서할 수 없는 일이 있다면, 이는 관계를 더는 지속할 수 없다는 뜻일 수 있다. 이럴 때는 그냥 당분간만 모든 것을 놓고 내가 받은 상처를 치유하자. 혼자 남겨질까 봐 걱정되어서 내 감정을 억제한 채 상대방을 용서한 척하는 것은 그다지 좋은 생각이 아니다. 필요할 땐 작별하는 법도 배워야 한다. 무엇보다도 내가 행복한 게 우선이니까.

일곱째, 충실함이 필요하다. 충실함은 믿음과 비슷하다. 하지만 서로에 대한 충실함은 믿음을 유지하는 바탕이 된다.

연애와 인간관계

Section 04 학습활동

연애와 인간관계 (1)

(V) 토론 ( ) 퀴즈 ( ) 과제 (V) 검사 ( ) 조사 ( ) 팀티칭 ( ) 활동

주제	대학생의 연인관계 유형 알아보기
학습성과	자신의 애정관과 연인관계의 유형 및 특성을 알 수 있다.

진행과정

연인관계 유형 문항	전혀 그렇지 않다	그렇지 않은 편이다	보통이다	그런 편이다	매우 그렇다
1. 진짜 내 속마음을 아는 사람은 잘 나타나지 않는다.					
2. 아무리 연인이라고 해도, 정말로 깊이 가까워졌다고 느끼는 때가 많지 않다.					
3. 너무 깊은 관계를 맺는 것은 귀찮고 힘들게 느껴지기도 한다.					
4. 마음을 안 열어서 섭섭하다는 얘기를 자주 듣는다.					
5. 누군가가 좋아하는 감정을 표현하거나, 나에게 다가오면, 어색해진다.					
6. 연인과의 관계에서 나를 희생하는 것이 가장 편하고 좋다.					
7. 상대방이 원하는 것을 파악해서 잘 맞춰 주려고 항상 노력한다.					
8. 정말 사랑하는 사람이라면 내 성격, 취미생활 등은 상관없이 그 사람에게 맞춰 줄 수 있다.					
9. 내가 보호해 줄 수 있고, 많은 것을 채워 줄 수 있는 상대를 찾는 편이다.					
10. 연애를 하다 보면, 내가 잘해 주는 것을 상대가 당연하게 생각해 버릴 때가 많다.					
11. 연인관계에서 서로 맞지 않는 부분을 발견하면 내가 희생할 때가 많아 억울하다.					
12. 연인에게 맞춰 줄 때가 많은데도, 갈등이 생기고 싸움이 생길 때가 많다.					
13. 맨날 나만 희생하는 것 같아 억울하고 속상해지기도 한다.					
14. 상대방에게 내가 항상 져 주고 있는 것 같은데, 상대방은 날 너무 배려하지 않을 때가 많다.					
15. 연애를 하게 되면, 내 시간을 잘 쓰지 못하고, 공부나 일상생활에 방해를 받을 때가 많다.					
16. 한 명과 연애를 하면 심심하고 답답할 때가 있다.					

문항					
17. 연애를 하지 않으면 허전해서 연애를 시작한 적이 있다.					
18. 누군가와 헤어지면 금방 다른 사람을 사귀기도 한다.					
19. 누군가와 헤어지면 많은 일거리를 찾아서 그 빈자리를 메우기도 한다.					
20. 양다리나 세 다리 이상을 걸쳐 본 적이 있으며, 크게 마음의 갈등이 없었다.					
21. 연인관계에서 내가 리드할 때가 많으며, 그게 더 편하다.					
22. 내 연인은 나랑 사귀다 보면 나랑 성격이나 생각하는 방식이 비슷해질 때가 많다.					
23. 연인에게 내 주장을 많이 하는 편이다.					
24. 나와 비슷하게 강한 사람과 사귀면 굉장히 자주 싸운다.					
25. 내 연인이 내 마음을 알아주지 않으면 화가 난다.					

- **채점방법:** 전혀 그렇지 않다-1점, 어느 정도 그렇다-2점, 보통이다-3점, 어느 정도 그렇다-4점, 매우 그렇다-5점
- 1~5: 껍질형, 6~10: 안개형, 11~15: 난쟁이형, 16~20: 산만형, 21~25: 군림형
- 각각의 유형에서 점수가 높은 유형이 자신의 연애 유형임.

출처: 정여주 외(2011). 대학생 연인관계 유형 검사 개발 연구. **상담학연구**, 12(1), 219-241 발췌 인용.

진행과정

[껍질형]

당신은 연애할 때 자신을 보여 주기보다는 단단한 경계를 가진 채 껍질에 싸여 있는 유형입니다. 자신의 솔직한 생각이나 마음을 연애 상대방에게 잘 드러내지 않으려고 하죠. 껍질형의 당신은 상대방과 적당히 안전한 거리를 두는 것을 선호합니다. 관계에서 상처받는 것이 두려워 자신이 연애 상대방에게 일정 거리 이상으로 다가가는 것도, 상대방이 자신에게 너무 가까이 다가오는 것도 원하지 않습니다.

[안개형]

당신은 연애를 하면서 자신의 특성을 희미하게 만들어 가는 특성이 있습니다. 누군가와 하나가 되고자 하는 욕구가 아주 강하거나, 자신의 특성을 버리고 상대방과 하나가 되는 것이 사랑이라고 생각할 수 있습니다. 그렇기 때문에 당신은 자신을 희생하면서라도 연인에게 무조건 맞춰 주려고 하는 편입니다.

[난쟁이형]

당신은 난쟁이처럼 자신을 작게 만들어 연인관계를 유지하려는 모습을 보입니다. 상대방과 하나가 되고 싶은 욕구가 큰 당신은 자신을 어느 정도 희생해서라도 상대방에게 맞춰 가려고 하는 편이죠. 그런데 연인과 다툼이나 갈등이 생길 때마다 자신의 욕구를 계속 누르다 보니, 연애를 지속할수록 에너지가 소모되고 힘들어질 수 있습니다.

진행과정	**[산만형]** 당신은 연애 상대방 한 사람만으로 자신의 허전함이나 외로움이 채워질 수 없다고 생각하는 유형입니다. 그렇기 때문에 가족, 친구, 또는 여러 명의 연인을 만나면서 자신의 일부분을 채워 나가고, 자신의 주변에 여러 사람이 있다는 것에 만족감을 느낍니다. 간혹 사람과의 관계가 아니라 사물이나 일을 통해서 허전함을 채우려고 할 수도 있습니다. 산만형의 당신은 연인과 갈등이 생겼을 때 이를 둘 사이의 진정한 대화로 해결하려고 하지 않으며, 다른 사람과의 관계를 통해서 갈등으로 인한 허전함을 채워 나가려고 합니다. **[군림형]** 연애할 때 당신은 자신이 변화하기보다는 상대방을 변화시키려고 하는 고집 센 유형처럼 보입니다. 연애 상대방의 스타일이나 감정을 잘 인정하지 않고 자기 생각만 주장하는 경우가 많습니다. 자신의 감정에 대해서는 잘 표현하고 민감하지만, 상대방의 감정은 잘 이해하지 못합니다. 평등한 연인관계보다 상하관계가 성립되기 쉽고, 자신에게 잘 맞춰 주는 상대를 만나 연인관계를 맺는 경우가 많습니다. 그러나 자기주장이 강한 연인을 만나는 경우에는 각자 자기표현을 강하게 하느라 갈등이 자주 발생할 수 있습니다.
토론과정	1. 당신은 다섯 가지 연애 유형 중 어느 유형인가? 2. 자신의 연애관은 무엇이고, 연애할 때 가장 중요한 요인은 무엇인가?

Section 04 학습활동

연애와 인간관계 (2)

(V) 토론 ( ) 퀴즈 ( ) 과제 (V) 검사 ( ) 조사 ( ) 팀티칭 ( ) 활동

주제	커플 의사소통 알아보기
학습성과	커플의 의사소통 특성을 알 수 있다.

진행과정

커플 의사소통 문항	해당 여부
1. 내 이성친구는 종종 내 생각을 이해하지 못한다.	
2. 우리는 서로의 차이점을 해결하는 방법을 개선해야 할 필요가 있다.	
3. 우리는 다툴 때 서로의 감정을 솔직히 이야기한다.	
4. 내 이성친구는 어려움 없이 비판을 받아들인다.	
5. 우리는 언쟁할 때마다 같은 문제를 반복하는 것 같다.	
6. 견해 차이가 있을 때 이성친구는 서로 수용할 수 있는 대안을 찾기 위해 노력한다.	
7. 내 이성친구는 어떤 문제에 대해서는 너무 민감해 내가 말조차 꺼낼 수 없는 경우가 있다.	
8. 우리 사이에는 같이 이야기할 수 없는 것들이 있다.	
9. 우리는 견해 차이가 있을 때 그 문제에 대해 의논한다.	
10. 이성친구와의 사소한 의견 차이가 종종 큰 언쟁으로 발전한다.	
11. 우리 사이에 해결되지 않은 문제가 있더라도 겉으로는 아무렇지 않게 지낼 때도 있다.	
12. 내 이성친구는 나에게 화가 나더라도 내 의견을 존중한다.	
13. 내 이성친구는 때때로 내 성격의 어떤 면을 의도적으로 변화시키려는 것처럼 보인다.	
14. 내 이성친구는 종종 내가 자신을 이해하지 못한다고 불평한다.	
15. 우리는 언쟁을 할 때 그 문제에 대해서만 이야기한다.	
16. 우리의 언쟁은 대부분 결론이 우울하게 끝나고 만다.	
17. 우리의 언쟁은 자주 둘 중 한 명이 감정이 상하거나 우는 것으로 끝난다.	
18. 우리는 의견 차이가 있을 때 이성을 잃고 화를 내곤 한다.	
19. 내 이성친구는 너무 쉽게 감정이 상한다.	

- **채점방법:** 1, 2, 5, 7, 8, 10, 11, 13, 14, 16, 17, 18, 19번은 ○가 1점
  3, 4, 6, 9, 12, 15번은 ×가 1점
- **결과 해석**
  - 1~8점: 커플관계에서 겉으로 드러난 불화가 거의 없는 경우이다.
  - 9~12점: 잦은 언쟁이 다소 장기화되어 있고, 이를 체념하거나 사소한 문제로 치부할 수 있다. 그러나 커플 관계에 대한 만족도를 떨어뜨릴 수 있는 중요한 이유가 될 수 있다.
  - 13점 이상: 장기간 해결되지 않은 갈등이 많고 언쟁을 할 가능성이 높다. 커플갈등을 해결하는 중요한 노하우를 배워야 할 것 같다.

출처: 신민주, 주용국(2022). **대인관계 의사소통**. 학지사.

토론과정

1. 연인 간에 원만하고 바람직한 의사소통을 저해하는 요인은 무엇인지에 대하여 말해 보자.
2. 연인과 의사소통을 할 때 어떤 자세로 하는가?
3. 연인관계가 발전되고 심화되는 과정에 대하여 말해 보자.

제5장

사랑과 인간관계

1. 사랑이란

1) 사랑의 본질

사랑이란 범문화적으로 인간의 삶에 있어 중요한 주제이다. 사랑의 출현이 생물학적인 것인지 문화적으로 창조된 것인지에 대한 논란이 많으나 이러한 논란은 타당하지 못하다. 왜냐하면 사랑은 둘 다를 포함하고 있기 때문이다. 사랑에 대하여 '사랑하는 것(loving)'과 '사랑을 하고 있는 것(being in love)' 간의 구분이 필요한데, 후자를 행동, 그리고 생각까지를 포함하는 관계라고 하면, 전자는 주관적인 경험이라 할 수 있다(Berscheid & Meyers, 1996).

사랑은 깊은 상호 인격적인 애정(deepest interpersonal affection)에서 단순한 즐거움까지를 아우르며, 강하며 긍정적으로 경험된 감정적 · 정신적 상태이다. 즉, 좋아하고 소중히 여기는 마음을 말한다. 사람이나 존재를 아끼고 위하여 정성과 힘을 다하는 마음의 대표적인 예로 모성애, 가족, 또는 연인에 대한 사랑을 들 수 있다. 넓은 의미에서는 사람 또는 동식물 이외의 대상, 즉 조국이나 사물에 대한 사랑도 포함된다. 한국어의 명사 '사랑'의 옛말은 '다솜'이며, 동사 '사랑하다'의 옛말은 '괴다'이다. '괴다', '고이다'의 원뜻은 '생각하다'인데, 이는 사랑한다는 것이란 곧 누군가를 끊임없이 생각하고 웃음이 난다는 뜻을 담고 있다. 인간의 감정 중 하나이기도 하다.

사랑의 사전적 의미는, 첫째, 어떤 사람이나 존재를 몹시 아끼고 귀중히 여기는 마음, 둘째, 어떤 사물이나 대상을 아끼고 소중히 여기거나 즐기는 마음, 셋째, 남을 이해하고 돕는 마음, 넷째, 남녀 간에 그리워하거나 좋아하는 마음, 다섯째, 성(性)적인 매력에 이끌리는 마음, 마지막으로 열렬히 좋아하는 대상이라 할 수 있다.

따라서 사랑으로 맺어지는 관계는 그들의 생활 속에 생명을 불러일으키는 다음과 같은 힘을 갖는다. 첫째, 사랑은 그들의 삶을 살아가는 데 필요한 인간관계의 기초가 된다. 둘째, 사랑은 인격이 발전되어 나가는 상호존중의 원산지이다. 셋째, 사랑은 가장 본원적인 인간의 본향(本鄕)이다.

이처럼 사랑에 대한 정의는 수도 없이 많다. 하지만 그중 누구도 사랑에 대해 한마디로 정의하기는 힘들다. 사랑이란 감정은 자신 이외에는 느낄 수 없는 것일 뿐만 아니라 개인마다 느끼는 정도에서 차이가 나타나고, 경험을 통해서만 알 수 있는 것이기 때문이다.

또한 사랑은 생활 속의 생명이다. 인간에게 있어 모든 사랑의 기초는 자기애로부터 출발한다. 우리는 생애를 통해 많은 인간관계를 맺으면서 살아간다.

그러면 사랑의 본질에 대하여 살펴보자. 사랑은 이타주의, 친밀감, 찬사, 존경, 공유, 신용, 수용, 타인에 대한 자부심, 합일감, 배타적 몰입 등과 같은 많은 특성을 내포한다(Ellis, 1950). 그러나 각각의 특성은 행동, 판단, 감정의 표현양식에 의해 분류될 수 있다. 사랑을 행동으로 간주하는 사람들에게 있어 핵심어는 반응이다. 사랑은 타인을 보살피는 것, 상대방의 욕구에 반응하는 것, 신체적 감각으로 애정을 표현하는 것, 오랫동안 연인을 바라보는 것이다. 사랑을 판단으로 생각하는 사람들은 자존감과 가치에 초점을 둔다(Hazo, 1967). 비록 태도라는 것이 행동이나 감정에 대한 평가에서 생기는 것이지만 태도로 측정된 사람은 판단이라는 범주에 속한다.

아울러 감정으로서의 사랑은 비록 쉽게 측정할 수는 없지만 몇 가지 생리적 상관을 전제로 한다. 자기가 사랑하는 사람이 곁에 있을 때, 땀이 나고, 떨리고 심장이 뛰고 호흡이 가빠지는 사람은 감정으로서의 사랑을 보여 주는 고전적인 예이다. 그러나 감각이란 연인에 대해 최면적이거나 혹은 꿈같은 환상에 빠지는 것과 같이 보다 미묘한 것일 수 있다. 사랑에 대한 정의가 이들 세 가지 가능성 중에 어느 하나에만 제한될 필요는 없고 다양한 상호작용 중 어느 둘 또는 세 가지를 포함할 수도 있다.

2) 사랑의 유형

존 앨런 리(John Alan Lee)는 사랑하는 관계에 대해서 그리스어로 사랑을 의미하는 단어 여섯 가지를 이용해 유형을 나누었다. 리는 낭만적, 우애적, 유희적 사랑을 일차적 사랑으로 분류하고 이 유형들을 사랑의 3원색으로 지칭하여 이 중 두 가지가 혼합된 것이 이차적 사랑으로서 실용적, 헌신적, 소유적 사랑이라고 하였다.

첫째, 낭만적 사랑으로 '에로스(Eros)'는 감각적인 욕구와 갈망을 가진 열정적인 사랑을 뜻한다. 현대 그리스어 'erotas'는 낭만적인 사랑을 뜻한다. 'erotic'은 'eros'에서 파생된 용어이다. 고전적 세계에 있어서, 사랑이라는 현상은 일반적으로 광기 또는 테이아 마니아(고대 그리스어: theia mania, 신들로부터의 광기)로 이해되었다. 이 사랑의 열정은 은유적이고 신화적인 '사랑의 화살', '사랑의 과녁'으로 묘사된다. 본래 에로스는 그리스 신화 속에 나오는 사랑의 신 이름이다. 플라톤에 있어서는 이데아로 가고 싶은 상태를 에로스라고 한다.

둘째, 우애적 사랑으로 '스토르게(Storge)'는 친밀한 친구에게서 느끼는 우정의 주 요소가 되는 사랑으로 서서히 발전하며 오래 지속되는 사랑이다. 오랜 기간 친구로 사귀다가 연인으로 발전하며 편안하고 정다우며 신뢰가 바탕을 이룬다. 갈등을 원만히 해결하고 서로 강한 상처를 주며 끝나는 형태는 드물다.

셋째, 유희적 사랑으로 '루두스(Ludus)'는 놀이를 하듯 재미와 쾌락을 중시하며 즐기는 형태의 사랑으로 상대에 대한 집착이나 관계의 지속을 위한 계획에 관심이 없다. 흔히 여러 명을 동시에 사귀며 고정된 연인상도 가지고 있지 않다. 돈후안이나 플레이보이를 이 유형의 예로 들 수 있다.

넷째, 실용적 사랑으로 '프라그마(Pragma)'는 이성에 근거한 현실적이고 합리적인 사랑으로 논리적 사랑이라고도 한다. 상대방을 선택할 때 성격, 가정배경, 교육수준, 종교, 취미 등 관계가 안정적이고 지속적일 수 있는 조건을 고려한다. 이렇게 고른 연인과는 후에 강렬한 애정 감정과 열정이 뒤따르기도 한다. 우애적 사랑과 유희적 사랑이 결합된 것으로 분류된다.

다섯째, 이타적 사랑으로 '아가페(Agape)'는 무조건적이고 헌신적으로 타인을 위하고 보살피는 사랑으로 사랑받을 자격을 가지고 있는지 여부나 그로부터 돌아오는 보상에 상관없이 주어지는 헌신적인 사랑이다. 진정한 사랑이란 받는 것이 아닌 주는 것이며, 자기 자신보다 상대방의 행복과 성취를 위해 희생하는 것이라 여긴다. 낭만적 사랑과 우애적 사랑이 혼합된 형태이다.

여섯째, 소유적 사랑으로 '마니아(Mania)'는 상대방에 대한 소유욕과 집착을 중요 요소로 하는 사랑이다. 상대방을 완전히 소유하고, 나 자신이 소유당하는 것이 사랑이라는 생각에 집착하기 때문에 강한 흥분과 깊은 절망의 극단을 오간다. 낭만적 사랑과 유희적 사랑이 혼합된 것으로 분류된다.

3) 사랑의 발전단계

이성관계는 시간의 흐름에 따라 발전한다. 처음에 낯설어하던 두 남녀는 만남의 횟수가 증가하면서 점차 친밀감과 애정을 느끼고 깊은 사랑으로 발전되기도 한다. 사회심리학자들은 서로를 깊이 사랑하는 연인관계처럼 인간관계가 심화되는 과정을 사회적 침투라고 부른다. 알트맨과 테일러(Altman & Taylor, 1973)는 이성관계의 발전과정을 정밀하게 분석하여 사회적 침투과정을 5단계로 나누어 설명하고 있다. 첫째, 첫인상 단계로 상대방을 만나 주로 외모나 행동의 관찰을 통해 인상을 형성한다. 이 단계에서 상대방에게 호감을 갖게 되면 그에 대한 관심이 높아져 더 알고 싶은 마음이 생겨난다. 둘째, 지향 단계로 서로 자신에 대한 피상적인 정보를 교환하고 상대방을 탐색한다. 또, 상대방에게 좋은 인상을 주려고 노력하며 상대방이 자신에게 호감을 갖고 있는지 탐색한다. 셋째, 탐색적 애정 교환단계로 조금 친근한 태도를 취하고 대화의 내용이 좀 더 풍부하고 깊어지며 자발성도 증가한다. 상대방에 대한 호감 이상의 초보적인 애정과 사랑의 감정을 느끼게 되며 자신의 좋아하는 감정을 상대방에게 알리려고 노력하고 상대가 자신을 사랑하는지 확인하려 한다. 넷째, 애정 교환단계로 마음 놓고 상대를 칭찬하고 비판도 한다. 서로 좋아한다는 것 또는 서로 연인 사이라는 것을 암묵적으로 인정하고 좀 더 확실한 방법으로 사랑을 표현하고 전달한다. 다섯째, 안정적 교환단계로 속마음을 터놓고 이야기하고 서로의 소유물에도 마음 놓고 접근한다. 또한 자신의 약점이나 단점을 두려움 없이 내보이게 된다. 이 단계에서는 사랑에 대한 확신을 갖게 되고 신뢰와 친밀감에 바탕을 두고 안정적인 애정 교환이 이루어진다. 흔히 이 시기에 결혼을 약속하게 되고 육체적 애정 교환이 이루어지기도 한다.

4) 사랑의 이론

(1) 사랑에 관한 동양사상

동양사상에서 사랑은 복합적이고 다층적인 감성적 층위를 지닌다. 사랑의 감정적 기반 위에 유학의 철학 개념이 결합하여 인(仁), 충(忠), 서(緖), 의(義) 등의 추상적 개념이 나타난다. 사랑을 통해 인간과 우주 자연이 궁극적으로 합일되는 지점을 지시한다. 하늘이라는 공간과 인간이 거주하는 지상의 분리는 통일적 기운, 생명이 순환하는 사랑의 기운을 통해 합일을 모색한다. 공자에게 사랑은 인(仁)으로 표현된다. 공자는 인간의 일상적 감정을 중시하였다. 거짓 없는 인간 감정의 발로이기 때문이다. 그러나 인간의 자연스러운 감정은 학(學)을 통해 조절되어야 하고 예(禮)를 통해 드러나야 한다. 예와 학은 감정적 층위에서 발생할 수 있는 오류를 막아 주고 개인의 사사로운 욕구를 극복하여 공동체 삶에 기여할 수 있도록 이끌어 주기 때문이다. 그러한 맥락에서 공자에게 사랑은 인이며, 인(仁)은 애인(愛人)을 뜻한다. 번지가 인에 대하여 묻자 공자가 말하길, 사람을 사랑하는 것이다(『논어』, 「안연편」). 여기서 공자가 말하는 사랑의 범주는 사랑(love)의 의미만이 아니라, 소중히 아끼고 보살핌(care)의 의미에 더 가깝다. 『논어』를 통해 공자가 제안하는 사랑의 범주는 낭만적 사랑인 사랑(love)의 의미뿐만 아니라, 한 차원 더 나아가 소중히 하고 아낀다(cherish)는 의미이다. 다른 사람을 보살피고 배려하며 걱정하는 뜻을 담은 염려(care), 가엾게 생각하거나 아쉬워하는 후회와 한탄의 정서(regret)를 담은 존경과 공경(respect)의 의미까지 광범위하게 포함된다(유가효, 2010).

이처럼 동양사상에서 사랑의 의미는 감성의 차원에만 머물러 있지 않고 도덕적 차원으로 나아간다. 사랑과 연관되는 돌봄이나 배려, 관심, 존경, 좋아함과 같은 개념들은 인간의 상황을 긍정적이고 좋은 것으로 만드는 데 기여한다. 따라서 사랑이라는 감정은 다른 사람이나 주변 환경을 긍정적이고 좋은 방향으로 만들어 나가는 의지적 차원과 연결된다.

(2) 사랑에 관한 서양사상

서양의 철학자들은 원초적 감정과 연결된 사랑을 합리적으로 체계화하는 데 어려움을 가졌던 것 같다. 철학 자체가 감정을 제어하고 다스려야 하는 이성적 작업이기에 모든 감정의 근원이라고 할 수 있는 사랑을 주제로 부각시키는 경우는 드물다(엄정식, 2011).

그러나 헤브라이즘(hebraism)의 흐름에 속하는 그리스도교 사상에서는 중심 테마가 '사랑'이다. 예수는 온몸과 온 마음과 온 힘을 다하여 "하느님을 사랑하고 이웃을 사랑하라."고 가르쳤다. 그리스도교의 중요한 덕목은 믿음, 소망, 사랑인데 그중에서도 '사랑'이 가장 중요하다고 일컬어진다. 적극적으로 선을 실천하는 것은 사랑을 실천하는 것과 동일시된다. 그리스도교 사상에서 '사랑'은 감정적 차원뿐만 아니라, 도덕적 차원을 넘어서서 종교적 실천과 연결된다. 궁극적으로 신은 사랑 그 자체로 표현된다. 사랑은 우주적 차원에서 완성의 경지에 이를 수 있는 길이다.

(3) 사랑의 수레바퀴 이론

리스(Reiss, 1971)에 따르면 사랑의 발달이란 바퀴처럼 하나의 순환과정으로서 다음과 같은 네 가지 단계를 거친다.

① 라포 형성 단계

두 사람이 서로 좋아하고 원하게 되는 단계이다. 이 단계를 통해 사람들은 서로 간에 마음을 열고 우호적 감정을 느끼는 라포(rapport)를 형성한다. 이러한 라포는 서로가 신뢰하고 존경하는 마음이 있을 때 형성되는데, 라포를 형성하는 능력은 사람에 따라서 다양하다. 다른 사람들에게 쉽게 접촉할 줄 아는 사람도 있지만, 다른 사람들과 친해지는 것

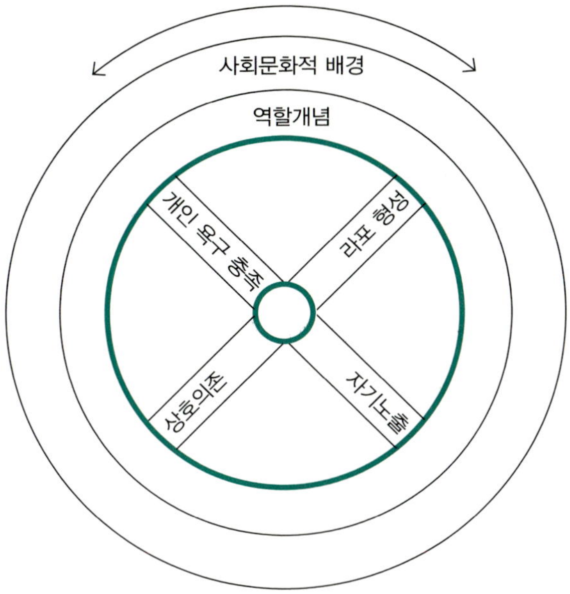

[그림 5-1] 사랑의 수레바퀴

을 어려워하는 사람들도 있다. 일반적으로 라포를 형성해 주는 것은 배경의 유사성이다.

② 자기노출 단계

두 사람이 자신에 대한 개인적인 정보를 주고받는 단계이다. 만약 한 사람이 자신의 정보나 느낌을 표출한다면, 다른 사람 역시 자기노출을 하게 된다. 상호 간의 자기노출이 계속될수록 친밀한 관계가 상호의존의 관계로 발전한다. 이 단계는 커뮤니케이션에서 가장 중요하며, 사람마다 개인차가 있다.

③ 상호의존 단계

두 사람은 좀 더 많은 시간을 함께 보내기를 원하면서 상호의존(interdependence) 관계로 발전한다. 서로에게 관심과 호의를 보이고, 상호작용하면서 상대방에게 의존하기 시작하며, 서로가 서로의 존재를 필요로 하게 된다. 상호의존 관계는 행동적 상호의존 관계에서 시작해서 감정적 상호의존 관계로 발전하며, 다음 네 번째 단계를 유도한다.

④ 개인 욕구 충족 단계

모든 사람은 사랑하고 사랑받고자 하며, 이해, 지지 그리고 격려받고자 하는 감정적 욕구를 지니고 있다. 서로의 관계가 발전함에 따라 두 사람은 각각 상대방의 감정적 욕구에 만족한다는 것을 알 수 있다. 이 관계는 좀 더 깊은 자기노출, 상호의존관계 심화 그리고 욕구만족 증대 등으로 진행된다. 리스는 이 단계가 직업상의 역할, 가족역할과 같은 성인의 주요 사회적 역할과 관련되어 있음을 강조한다. 그리고 이러한 개인 욕구가 만족됨에 따라 앞 단계에서 시작했던 라포 형성이 더 잘되면서 사랑의 단계는 수레바퀴가 돌아가듯이 계속적으로 진행되는 것이다.

(4) 스턴버그의 사랑의 삼각형 이론

스턴버그(Sternberg, 1986)는 사랑에 세 가지 주요한 요소가 있음을 가설적인 삼각모형으로 제시하였다. 그가 말하는 사랑의 삼각형 이론에 따르면 사랑은 하나의 삼각형을 구성하는 세 구성요소(이 요소들은 삼각형의 꼭짓점으로 볼 수 있다)의 측면에서 이해될 수 있다. 사랑의 세 가지 요소로 나타나는 삼각형의 변이 같을 때 완전한 사랑이 된다. 사랑의 크기는 세 요소의 크기로 결정될 뿐만 아니라, 사랑의 형태도 이 세 요소의 상대적 비율에 따라 여러 다른 형태로 나타난다.

스턴버그가 주장하는 사랑의 세 요소는 다음과 같다.

첫째, 친밀감(intimacy)은 사랑하는 관계에서 나타나는, 가깝고 연결되어 있으며 결합되어 있다는 느낌을 말한다. 흔히 사랑하는 사이에서 느끼는 따뜻한 감정 체험이다. 소위 사랑의 '정서적 요인'이라 할 수 있다.

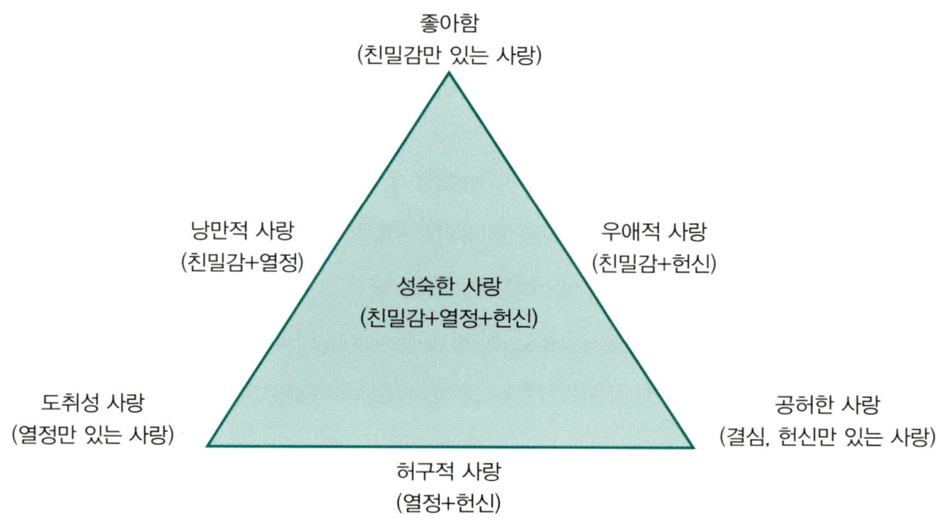

[그림 5-2] 스턴버그의 사랑의 삼각형

스턴버그와 그래젝(Sternberg & Grajek, 1984)은 가까운 관계에서 친밀감이 다음과 같이 나타난다고 하였다.

- 사랑하는 사람의 행복을 증진시키고자 하는 열망
- 사랑하는 사람과 함께 있을 때 행복을 느끼는 것
- 사랑하는 사람을 존중하는 마음
- 어려울 때 사랑하는 사람에게 기댈 수 있는 것
- 사랑하는 사람과 서로 이해하는 것
- 자신 및 자신의 소유물을 사랑하는 사람과 함께 나누어 갖고 싶은 것
- 사랑하는 사람으로부터 정서적 지지를 받는 것
- 사랑하는 사람과 친밀한 의사소통을 하는 것
- 자신의 생활에서 사랑하는 사람의 가치를 높이 평가하는 것

둘째, 열정(passion)은 사랑하는 관계에서 낭만적 감정이 일어나게 하거나, 신체적 매력을 느끼게 하거나, 성적 몰입 등 사랑하는 관계에서 있을 수 있는 일들을 생기게 하는 말하자면 뜨거운(hot) 느낌, 욕망이다. 이것은 행동을 유발하도록 강력한 힘을 발휘하기 때문에 소위 '동기적 요인'이라고 한다. 대부분의 관계에서 성적 욕구가 열정의 주요 부분을 차지하기도 하지만 다른 요구들, 즉 자기존중욕구, 다른 사람과의 친애욕구, 다른 사람들에 대한 지배욕구, 다른 사람에 대한 복종욕구, 자아실현욕구 등도 열정을 불러일으키는 데 기여한다.

셋째, 결심(혹은 책임, 헌신, 관여, commitment)은 차가운 느낌으로 묘사할 수 있는 사랑의 '인지적 요인'이다. 이 요소는 단기적인 것과 장기적인 것의 두 가지 측면으로 구성되어 있다. 단기적인 것은 어떤 사람을 사랑하기로 하는 결심을 말하며, 장기적인 것은 그 사랑을 지속시키겠다는 헌신을 말한다. 그러나 이 두 가지 측면이 꼭 함께하지는 않는다. 즉, 사랑하지만 관계를 지속하려 하지 않는 경우도 있고, 또는 관계를 지속하고 책임을 지는 것이 꼭 사랑한다는 결심을 의미하는 것은 아니다. 많은 사람이 상대를 사랑한다거나 혹은 그와 사랑에 빠졌다는 인정을 하지 않은 상태에서 그 사람과의 사랑에 헌신을 한다. 그러나 헌신 이전에 사랑에 대한 결심이 있는 경우가 더 빈번하다.

이처럼 사랑의 3요소는 서로 밀접한 상호작용이 있다. 즉, 친밀한 사이가 열정적 관계로 발전할 수도 있고, 열정적 관계에서 친밀감이, 그리고 결심/책임으로 인해 친밀감이나

열정이 생겨날 수도 있다. 그러나 어느 것이 선행하는지에 대한 일관된 증거는 없다. 대체로 친밀감과 열정이 형성된 후에 결심/책임이 뒤따르나, 결심/책임 후에 친밀감과 열정이 뒤따르는 수도 있다.

스턴버그는 사랑의 3요소의 배합에 따라서 사랑을 다음과 같이 여덟 가지로 분류하였다.

첫째, 좋아함(liking)은 친밀감 요소만 있는 경우로 사랑에서 열정과 결심/헌신 요소가 결여된 채 친밀감 요소만이 경험될 때 나타난다. 좋아함이란 진정한 친구들과의 관계에서 경험하는 종류의 감정을 말한다. 이 경우 강한 열정이나 장기적 헌신은 없지만 상대를 향해서 친밀감, 결합되어 있다는 느낌, 따뜻함 등을 느낄 수 있다.

둘째, 도취성 사랑(infatuated love)은 열정 요소만 있는 경우로 '첫눈에 빠진 사랑' 혹은 상대를 있는 그대로가 아니라 지나치게 이상화시켜 현실을 제대로 보지 못하는 사랑을 말한다. 도취성 사랑은 친밀감, 결심/헌신의 요소가 결여된 열정적 흥분만으로 이루어진 사랑이다. 그것은 거의 즉흥적으로 생겨났다가 상황이 바뀌면 갑자기 사라져 버릴 수 있다. 또, 정신적, 육체적인 흥분이 상당한 정도로 나타나는 특징이 있다.

셋째, 공허한 사랑(empty love)은 결심/헌신 요소만 있는 경우로 친밀감이나 열정이 전혀 없이 상대를 사랑하겠다고 결심함으로써 생긴다. 몇 년 동안씩 서로 간에 감정적 몰입이나 육체적 매력을 전혀 느끼지 못하는 정체된 관계에서 발견되는 그런 종류의 사랑이다. 공허한 사랑은 대체로 오래된 관계가 끝날 때쯤 나타나지만, 어떤 커플에게서는 장기적인 관계의 시작단계에서 나타날 수도 있다.

넷째, 낭만적 사랑(romantic love)은 친밀감과 열정 요소의 결합으로 육체적 매력이나 그 밖의 매력들이 첨가된 좋아하는 감정이다. 낭만적 사랑은 서로에게 육체적, 감정적으로 밀착되어 있는 것이다. 그런 커플들은 관계가 지속될 것에 대한 기대나 계획에 대해서는 특별한 주의나 노력을 기울이지 않는다.

다섯째, 우애적 사랑(companionate love)은 친밀감과 헌신 요소의 결합으로 열정의 주된 원천인 육체적 매력이 약해진 오래된 우정같은 결혼에서 자주 발견되는 사랑이다. 사실상 대부분의 낭만적 사랑은 차츰차츰 우애적 사랑으로 변하면서 남게 된다. 우애적인 사랑에 만족을 느끼는 정도는 개인마다 차이가 있지만, 어떤 사람은 더 이상의 사랑을 원하지 않고 그렇게 노력하지도 않을 것이다. 또 어떤 사람은 자기 인생에서 그런 낭만적 로맨스가 계속 유지되지 않으면 행복하지 않을 수도 있다.

여섯째, 허구적 사랑(fatuous love)은 열정과 헌신 요소의 결합으로 친밀감이 결여되어 있는 할리우드 영화나 급행구혼에서 접하게 되는 종류의 사랑이다. 즉, 한 남녀가 어느

날 만났다가 곧 서로 약혼하고 또 곧 결혼하는 방식과 같은 사랑이다. 서로 간의 관계가 발전해 가는 데 필요한 친밀감의 형성을 위한 시간 없이 열정에 근거해서 헌신이 이루어진다는 점에서 그것은 실체가 없어 보이기도 한다.

일곱째, 성숙한 사랑(consummate love)은 친밀감과 열정과 헌신 요소의 결합으로 우리 모두가, 특히 낭만적 관계에 있는 사람들이 도달하려고 노력하는 그런 종류의 사랑이다. 하지만 성숙한 사랑을 얻기는 어려우며 또 그것을 지키기는 더욱 어렵다.

여덟째, 모든 요소의 부재는 사랑이 아닌 것(nonlove)으로 이것은 우리가 경험하는 다수의 대인관계에서 나타난다. 이런 관계는 사랑도, 심지어는 우정조차도 단편적인 것이다.

2. 사랑의 시작

보편적인 사랑의 발달과정은 연속적으로 이루어진다. 사랑의 발달단계를 살펴보면 다음과 같다.

첫째, 자기 사랑의 단계로 기본적인 욕구가 충족되었을 때 달성된다. 어린아이는 배가 고플 때 먹여 주고, 목이 마를 때 물을 줌으로써 기본적인 욕구를 충족시킨다. 이러한 과정 속에서 사람은 자기를 온전히 사랑하는 법을 배운다. 어린 시절 이런 기본적인 욕구를 충족시키지 못한 사람은 사랑의 관계에서 주려고 하기보다는 받으려고 하기 때문에 사랑을 제대로 하지 못한다.

둘째, 양육자에 대한 사랑의 단계로 아이들은 자신의 욕구가 충족됨에 따라 그 욕구를 충족시켜 주는 사람과 자신을 동일시한다.

셋째, 즐겁게 해 주는 사람에 대한 사랑의 단계로 아이들은 즐겁게 해 주는 사람의 중요성을 깨닫기 시작한다. 즉, 즐거움을 주는 사람을 사랑하고 자신을 행복하게 해 주는 사람을 사랑하게 된다.

넷째, 또래 친구에 대한 사랑의 단계로 아이들은 같은 성의 또래 아이들과 함께 놀기를 좋아한다. 이 단계에서는 친한 친구가 없으면 아이들은 가상의 친구를 만들거나 아름다운 사랑이 이루어지는 상상의 모험을 한다.

다섯째, 동성에 대한 사랑의 단계로 아이들의 가장 친한 친구는 같은 성의 친구이다. 이 단계의 아이들은 서로에 대한 사랑과 존중을 표현한다.

여섯째, 연상의 동성에 대한 사랑의 단계로 아이들은 나이가 더 많은 같은 성의 사람을 사랑한다. 이 단계에서는 연상의 동성을 우상화하고, 일상생활에서 그 사람의 말이나 행동 등을 모방하면서 사랑과 존중을 표현한다.

일곱째, 연상의 이성에 대한 사랑의 단계로 자신과 반대 성의 사람들에게서 사랑을 느낀다. 어떤 아이들은 친구의 오빠나 누나에게서 사랑을 느끼거나 교사에게서 사랑을 느낀다.

여덟째, 이성에 대한 사랑의 단계로 아이들은 이성에 대해서 이야기하거나 몽상을 한다. 특히 이 단계에서는 이성의 사진을 모으거나 이성의 포스터를 붙이고 연예인의 우상화나 정신적인 역할 모델로 삼는다.

아홉째, 한 사람에 대한 사랑의 단계로 사랑하는 사람에 의해 자신이 받아들여진다는 기쁨과 즐거움으로 자신이 사랑에 빠진 것처럼 느끼게 해 준다. 이 단계에서는 상대방의 장점, 좋은 점만 보이고 단점은 거의 보지 못하는 일종의 핑크렌즈 효과(Pink Lens Effects)를 경험한다.

열째, 그 사람에 대한 사랑의 단계로 성숙한 사랑의 관계는 좀 더 현실적이 되어 상대방의 긍정적인 특성뿐 아니라 부정적인 특성도 같이 볼 수 있으며, '이 사람이 바로 그 사람이다.'라는 생각을 하면서 안정적인 두 사람만의 관계를 갖는다.

열한 번째, 다른 사람에 대한 사랑의 단계로 사람들은 두 사람의 사랑관계에 대해 더 이상 불안해하거나 마음 졸이거나 조급해하지 않는다. 자신이 만나는 모든 사람과 자연스럽고 편안하게 상호작용을 하면서 인류애를 갖게 되는 것도 사랑의 맨 꼭대기 발달단계이다.

이상의 결과를 바탕으로 사랑의 시작 단계에 대하여 살펴보기로 한다.

첫째, 사랑의 준비 단계(love readiness stage)이다. 이 단계에서 인간은 모두 성적인 본능을 충족하고 싶어 한다. 즉, 정서적 친밀감과 안정을 가져올 수 있는 이성관계를 추구한다. 하지만 혼자 생활하면 성적인 본능을 충족할 수 없기에 이성관계를 추구한다. 정상적인 이성관계란 자신에 대한 긍정적이고 안정적인 관계가 형성된 상태에서 타인과의 관계를 맺는 것이다.

둘째, 사랑에 빠지는 단계(falling love stage)이다. 이 단계에서는 서로가 알아 가는 과정에서 서로의 욕구를 충족시켜 줄 수 있고 공통적인 관심사가 있는 것 등 확신이 들어야 사랑의 관계가 이루어진다. 즉, 두 남녀가 사랑하기 위해서는 서로 접촉하고 만나야 한다.

셋째, 사랑 안에 존재하는 단계(being in love stage)이다. 이 단계는 남녀가 사랑하는 관계에서 서로 주고받는 것이 있어야 지속되기 쉽다. 즉, 열정적인 사랑이 지속되기 위해서는 상대방을 인격적인 존재로 수용하고 포용해 주어야 한다.

넷째, 사랑의 전환기 단계(love in transition stage)이다. 일정 시간이 지나면 이성적인 생각으로 상대방에 대해 초기의 흥분되었던 감정이 시들해져 권태기라는 것이 자리하기 시작한다. 즉, 두 남녀가 현실을 직시하고 사랑을 현실화할 가능성에 대해 타진하고 알아보는 시간이다.

다섯째, 사랑에서 빠져나오는 단계(falling out of love stage)이다. 사랑에서 빠져나오는 사람들은 상대방을 향해 이해타산적인 생각을 한다. 즉, 결혼 없는 수평선을 달리듯이 서로 초점이 맞지 않는 특성을 가지고 있다.

여섯째, 사랑에서 완전히 벗어나는 단계(being out of love stage)이다. 이 단계에서는 연인과의 사랑에서 완전히 벗어나며 상대방에 대한 감정과 관심이 무덤덤해진다. 즉, 이전의 사랑 경험으로 사랑의 준비 단계에 돌입하거나 실연 경험으로 인해 사랑과 담을 쌓거나 이성에 무관심 내지는 증오와 혼자만의 세계에 빠지는 경우도 있다.

사랑에 대한 상대방의 사랑 방식과 표현 스타일이 사람에 따라 다를 수 있다. 즉, 두 사람이 만나는 시간이나 관계만큼은 서로에게 상처가 되지 않도록 하고 서로에게 좋은 감정을 남길 수 있도록 하는 노력이 필요하다.

3. 사랑의 전개

1) 사랑과 모델

사랑은 매우 복잡한 현상이다. 사람마다 사랑하는 방식과 경험이 다르기 때문이다. 사랑이라는 복잡한 현상을 더 명료하게 이해하기 위해서는 사랑에 영향을 미치는 다양한 요인에 대한 통합적 접근이 필요하다. 사랑을 이해하기 위해 개인의 사랑 경험은 크게 세 수준의 요인에 의해 영향을 받는다는 '사랑의 삼 층 모델'에 대하여 살펴보기로 한다([그림 5-3] 참조).

[그림 5-3]에서 개인의 사랑은, 첫째, 생물학적 요인이 모든 인간이 공유하는 사랑 경험의 밑바탕을 이룬다. 이러한 요인은 유전자와 뇌의 생화학 물질에 의해서 사랑에 대한

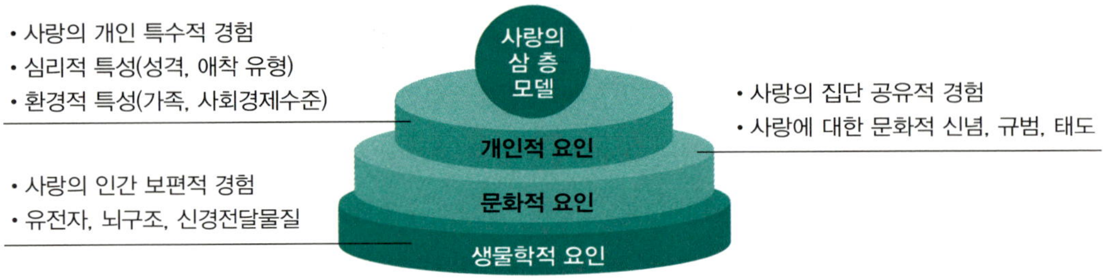

[그림 5-3] 사랑의 삼 층 모델

갈망, 선호, 감정, 행동 등에 영향을 미친다. 둘째, 문화적 요인으로 개인의 사랑 경험은 사랑에 대한 문화적 관습과 태도에 의해서 영향을 받는다. 개인은 그가 속한 문화에서 성장하며 사회화 과정을 통해 사랑에 대한 문화적 신념, 규범, 태도를 학습하게 된다. 셋째, 개인적 요인으로 개인의 사랑 경험은 그가 지닌 심리적 특성과 환경적 특성에 의해 영향을 받는다. 심리적 특성은 개인의 기질과 성격, 가치관, 애착 유형, 의사소통 기술, 행동 습관 등을 의미하며, 환경적 특성은 개인의 가족관계, 사회경제적 수준, 거주 지역 등이 포함된다.

이처럼 사랑의 삼 층 모델에 따르면, 개인의 사랑 경험은 세 수준의 사랑 경험, 즉 인간의 보편적 경험, 집단의 공유적 경험, 개인의 특수적 경험이 복합적으로 이루어진 것이다.

고든의 사랑의 다섯 층 피라미드 구조 모형에 따르면 개인이 펼치는 사랑의 경험은 피라미드처럼 다섯 층의 각 요인에 의하여 영향을 받는다([그림 5-4] 참조). [그림 5-4]에서 첫째 층인 가장 밑바닥에는 인간의 종 특성이 존재한다. 이는 인간행동에 가장 강한 영향

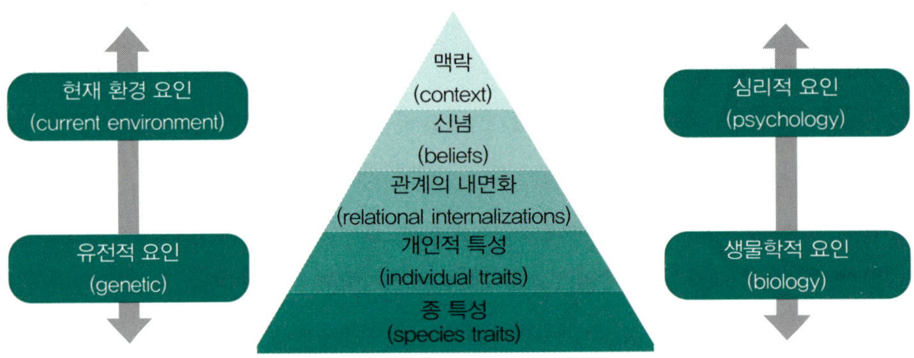

[그림 5-4] 고든의 사랑의 다섯 층 피라미드 구조 모형

출처: Gordon (2006).

을 미치는 종의 본능을 의미한다. 둘째 층은 개인적 특성으로 개인이 선천적으로 타고나는 성격특성이며, 내-외향성, 정서적 불안정성, 공격성, 충동성 등을 의미한다. 셋째 층은 관계의 내면화인 개인의 애착 경험이다. 어린 시절에 부모와의 관계에서 겪은 애착 경험은 자기와 타인에 대한 긍정적 또는 부정적 표상으로 내면화되어 이후의 대인관계를 결정하는 바탕으로 작용한다. 넷째 층은 문화적 신념으로서 개인이 속한 사회와 문화에서 학습한 문화적 규범과 개인적 경험에 의해 습득한 신념을 구성한다. 사랑에 대한 문화적 또는 개인적 신념은 연인을 선택하고 사랑의 관계를 발전시키는 과정에 깊은 영향을 미친다. 다섯째 층인 가장 높은 층은 개인이 처한 현재의 심리적 맥락을 의미한다. 개인적 상황은 개인의 인생에서 특정한 시기나 현재의 정서적 상태를 의미한다.

다음은 사랑관계의 모델에 대하여 살펴보기로 한다.

우리는 살아가면서 관계 내에서 있을 수 있는 만족이나 불만의 주요 영역을 명확히 하는 데 도움이 되는 사랑관계를 표현하는 방식을 개념화하였다. 사랑관계의 모델은 관계의 두 구성원의 전체 삶의 총합을 표현하는 사각형으로 구성된다([그림 5-5] 참조).

[그림 5-5]에서 사각형의 각각의 반은 한 구성원의 인생을 나타낸다. 이 사각형 내에서 중앙의 또 다른 작은 사각형은 관계의 내부 세계를 나타낸다. 이 세계는 공유하는 활동 혹은 두 파트너가 함께 참여하는 활동, 모든 감정과 사고로서 구성되어 있다. 즉, 실제로는 구분하기 모호하더라도 두 파트너 인생의 총합에 대한 내부 세계의 규모는 이 모델에서 우선적으로 다양하게 나타날 수 있는 영역이다. 안쪽의 관계 사각형은 더 클 수도 있고 작을 수도 있다.

이 모델에서 관계의 내부 세계 내에서의 파트너 간 관계, 파트너의 외부 세계 간 경계, 각자의 고유한 외부 세계와 관계의 내부 세계 간 경계 등 세 가지 유형의 경계가 정의된

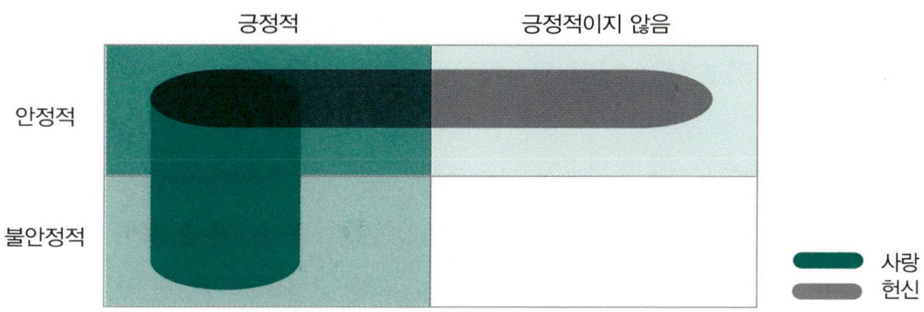

[그림 5-5] 사랑관계의 모델

출처: Kelly (1983).

다. 세 가지 유형의 관계의 본질은 관계에 따라서 달라질 수 있다. 경계가 변화를 허용하도록 불분명할 수도 있고 변화를 막아 내도록 굳게 확립된 것일 수도 있다. 이런 경계의 본질은 이 영역에서 두 번째로 다양하게 나타나는 영역을 보여 준다. 세 번째 다양성 영역은 관계의 두 구성원에 의해 나타나는 대칭성의 정도에 관한 것이다. 대칭성이 높다는 것은 관계 그림에서 각각의 반이 필연적으로 파트너 반의 거울 이미지가 된다는 것을 의미한다.

사랑관계는 두 사람이 포함되기 때문에 이 모델은 두 사람 간의 존재하는 두 경계 유형의 각각에 해당하는 이중의 경계로 나타난다. 이런 경계는 두 파트너의 외부 세계와 관계의 내부 세계에서 파트너 간의 경계이다. 결과적으로 내부 세계를 나누는 경계는 관계의 구성원이 각각 고유의 경계로 특성화되기 때문에 두 겹이 된다.

2) 사랑의 언어와 기술

인간은 언어를 사용하여 사회집단의 구성원으로서, 문화에 대한 참여자로서 의사전달을 한다. 사람은 사회집단을 이루어 생존하고, 자기가 속하는 사회 · 문화의 행동 양식을 학습하여 여기에 참가한다. 행동은 사람과 그 환경 사이의 상호작용으로 성립되며 언어도 환경에 포함된다. 상호작용은 개인 간의 정보전달과 관련이 있다.

사람들이 언어(상징의 체계적, 의미 배열)를 사용할 수 있다는 측면은 분명히 다른 사람과 의사소통을 하기 위해 필수 불가결하고 중요한 인지 능력을 나타낸다. 그러나 언어는 단지 의사소통을 위해 중요할 뿐만 아니라, 우리가 세계에 대해 생각하고 이해하는 측면과 밀접하게 관련이 있다.

언어의 진화를 재구성하는 것은 필연적으로 추측일 수밖에 없다. 가능성이 높은 한 가지는 언어가 제스처를 통한 의사소통에서 진화했다는 것이다(Corballis, 2012a). 인간을 비롯한 영장류는 제스처로 의사소통한다. 이처럼 언어의 중요한 기능 중의 하나는 의사소통이다. 그러나 언어를 의사소통을 위한 수단만으로 기술하는 것은 바람직하지 않다. 동물들도 의사소통을 위한 신호체계를 가지고 있기 때문이다.

언어를 사용하면 한 사람이 다른 사람과 지식을 주고받을 수 있다. 언어는 경험을 기록하기 위한 수단을 만든다. 진정한 언어는 의미성, 무한한 창의성과 초월성을 가지고 있다(Hoff, 2005). 의미성이란 언어의 소리는 의미가 있다는 것이다. 무한한 창의성이란 문장을 모방하기보다는 창조하는 능력이다. 그리고 초월성이란 다른 시간이나 장소에서 대상 및 객체에 대한 정보를 전달하는 기능이다.

3) 사랑의 측정

연구자들은 어떻게 사랑의 개념이나 이론으로부터 사랑의 척도를 구성하게 되는가? 여기서는 사랑의 이론에서 실무로 이행하는 과정에서 사랑의 이론에 특징지어진 사랑의 측정 과정을 다루어 보고자 한다.

사랑의 척도를 구성하는 이유는, 첫째, 사랑의 척도는 이론의 타당성을 검증하는 방법을 제공한다. 심리학은 경험적인 과학이다. 연구자가 사랑에 대한 이론을 가지고 있다면 연구자는 그 이론을 '작동할 수 있는 방법', 즉 이론을 근거로 측정도구를 구성하는 것이 필요하다. 둘째, 사랑 척도는 사람들이 어떻게, 그리고 얼마나 다른 사람을 사랑하는지 평가할 수 있게 해 준다. 사랑 척도는 최소한 다른 사람들과 비교했을 때 당신이 상대에 대해 얼마나 많은 사랑을 경험하고 있는지 알 수 있는 방법을 제공해 준다. 셋째, 사랑 척도는 커플들이 그들의 양립가능성 중 한 측면을 평가할 수 있게 해 준다. 예를 들어, 친밀감, 열정, 헌신의 세 요소 중 두 사람이 한 가지 요소를 공통적으로 더 중요하고 가치 있게 여길 때 두 커플이 더 잘 어울릴 수 있다. 넷째, 사랑 척도는 개인과 커플들이 그들의 사랑관계를 강화시킬 수 있는 기회를 제공한다. 개인이나 커플이 사랑 패턴을 진단한다면 관계를 증진시키기 위해 이러한 정보를 사용하는 것이 가능하다.

사랑 척도의 측정도구가 완벽하지 않다는 점에 주목해야 한다. 사랑 척도는 그 척도가 가지고 있는 특정 이론의 설명에 따라 커플들의 위치를 알 수 있는 감각을 제공할 수는 있지만 그 감각은 대략적이고 더 나아가 일시적이기 때문이다. 따라서 사랑은 고정된 개체가 아니고 기복이 있다. 주어진 측정도구가 얼마나 정확한지와는 상관없이 그것은 오직 주어진 시간과 장소에서 한 사람이 느끼는 것만을 측정할 수 있을 뿐이다. 따라서 사랑 척도는 근사치가 최상인 측정의 한계를 허용하면서 신중하게 해석하여야만 한다.

다음으로 사랑의 측정에 대하여 소개하고자 한다.

(1) 낭만적 사랑 유형에 대한 리와 핸드리크 이론

서로 다른 사랑의 종류를 조직화한 가장 초기 접근 중 하나는 존 앨런 리에 의해서 실시되었다(Lee, 1973, 1988). 리는 사랑 이야기 카드 분류라는 방법을 개발했는데, 데이터를 분석한 후, 그는 '순수한' 유형을 나타내는 세 가지 기본적인(기본 색깔에 비유한) 사랑의

〈표 5-1〉 여섯 가지 서로 다른 종류의 사랑을 측정하는 문항

다음 문항을 읽고, 각 문항에 1~5점(매우 동의하지 않음~매우 동의함)의 점수를 부여하시오.

1. 나의 파트너는 내가 보기에 정말 아름답다/잘생겼다.
2. 나의 파트너와 나 사이에는 많은 화학작용이 일어난다.
3. 나의 파트너는 나의 소울 메이트이다.
4. 그/그녀의 발견할 수 없는 한 파트너와 약간의 비밀을 가지고 있는 것은 괜찮다.
5. 나는 나의 현재 파트너가 있는 동안 다른 누군가와 관계를 가진 적이 종종 있다.
6. 다른 사람과의 관계에 대한 세부적인 사항을 나의 파트너가 모르는 것이 더 낫다.
7. 우리의 사랑은 긴 우정의 결과이다.
8. 우리의 관계가 대단한 것은 그것이 우정으로부터 천천히 발전되었기 때문이다.
9. 우리의 사랑은 동화 속 마법 같은 것이 아닌, 진정한 우정에 기초하고 있다.
10. 나의 파트너가 좋은 평판을 가지고 있는 것은 중요한데 왜냐하면 그 평판이 나에게도 영향을 미칠 것이기 때문이다.
11. 나의 경력에 대한 계획이 내가 파트너를 선택하는 데 영향을 주었다.
12. 나의 파트너와 오랜 기간의 관계를 맺기를 결정하기 전에 나는 그/그녀가 좋은 부모가 될 수 있을지 알아보고자 노력했다.
13. 나의 파트너가 나를 무시한다고 느낄 때 불안을 느낀다.
14. 나는 파트너를 제외하고 다른 것을 생각하는 것이 힘들다.
15. 나의 파트너가 바람을 피울까 봐 항상 두렵다.
16. 나의 파트너가 행복한 것이 내가 행복한 것보다 더 중요하다.
17. 나는 나의 파트너를 위해 무엇이든 할 수 있다.
18. 나는 나의 파트너가 그/그녀의 목표를 달성할 수 있도록 희생하는 것이 기쁘다.

● **채점방법**

각 하위 척도에서 높은 점수를 받으면 당신은 당신의 파트너에 대해 특정한 종류의 사랑을 더 많이 가지고 있는 것이다.

에로스: 문항 1~3, 루두스: 문항 4~6, 스토르게: 문항 7~9, 프라그마: 문항 10~12, 마니아: 문항 13~15, 아가페: 문항 16~18

출처: Hendrick, Hendrick, & Dicke (1998).

유형과 그 혼합물인 세 가지 이차적인 사랑 유형인 에로스(eros), 스토르게(storge), 루두스(ludus)를 제시하였다. 아울러 이차적인 사랑 유형의 세 가지 기본적인 사랑 유형의 혼합인 마니아(mania), 프라그마(pragma), 아가페(agape)의 구성을 제안하였다.

(2) 스턴버그의 사랑의 이중이론

스턴버그의 사랑의 이중이론(duplex theory)은 두 가지 다른 부분으로 구성되어 있다. 하나는 세 가지 요소(친밀감, 열정, 헌신)를 기초로 한 사랑의 유형에 대한 분류학을 제시

하고 있고, 다른 하나는 이야기(story)로 개념화한 것이다(Sternberg, 2006).

스턴버그는 사랑을 각 변이 다른 세 가지 요소(친밀감, 열정, 헌신)로 이루어진 삼각형으로 볼 수 있다고 제안하였다. 세 가지 요소인 친밀감(intimacy)은 가까움, 연결감과 관련되고, 열정(passion)은 신체적 매력 및 성적인 느낌과 관련이 있으며, 헌신(commitment)은 특정한 파트너를 사랑하겠다는 결정과 시간이 지나도 그 사랑을 유지하겠다는 결정이다.

〈표 5-2〉 스턴버그의 사랑의 삼각형 척도

다음의 각 문장에 대해 당신의 입장을 1점에서 9점으로 답하시오. 1(낮음)은 그 문장이 당신의 관계를 전혀 다르게 묘사하고 있음을 의미한다. 9(높음)는 그 문장이 당신의 관계를 가장 잘 묘사하고 있음을 의미한다. 중간 값은 그 문장이 당신의 관계에 대해 중간 정도로 묘사하고 있음을 의미한다.

1. 그(녀)와 함께 있으면 따뜻하고 편안하게 느껴진다.
2. 그(녀)와 함께 있을 때 가장 행복하다.
3. 우리의 관계는 영원할 것이다.
4. 그(녀)에게 모든 것을 고백할 수 있다.
5. 내게는 그(녀)와의 관계가 가장 중요하다.
6. 어떤 어려운 일이 있어도 우리 관계를 유지하겠다.
7. 그(녀)를 행복하게 해 주고 싶다.
8. 우리의 관계는 매우 낭만적이다.
9. 그(녀)에게는 원칙적으로 충실해야 한다.
10. 우리는 서로를 잘 이해하고 존중한다.
11. 지금의 그(녀)가 없는 나의 삶은 상상도 할 수 없다.
12. 그(녀)에 대한 나의 사랑을 확신한다.
13. 그(녀)는 나를 정서적으로 상당히 지지해 준다.
14. 그(녀)를 열렬히 사랑한다.
15. 그(녀)를 앞으로도 사랑하기로 마음먹었다.
16. 내가 도움이 필요할 때 연인이 도와줄 것이다.
17. 하루에도 여러 번 그(녀)를 생각한다.
18. 그(녀)와 관계를 계속 유지하기로 마음먹었다.
19. 그(녀)가 도움을 필요로 할 때면 나는 언제든지 돕겠다.
20. 연인을 보는 것만으로도 가슴이 설렌다.
21. 우리의 관계는 서로가 신중하게 결정한 것이다.
22. 지금의 그(녀)는 내 삶에서 매우 중요하다.
23. 그(녀)는 신체적으로 매우 매력적이다.
24. 어떤 일이 있어도 그(녀)를 책임질 것이다.
25. 내 삶과 그 모든 것을 그(녀)와 기꺼이 나누고 싶다.
26. 지금의 연인이 가장 이상적이다.
27. 우리의 관계가 안정되어 있다고 확신한다.

(계속)

28. 그(녀)와 함께 있으면 매우 행복하다.
29. 우리의 관계에는 이상한 힘 같은 것이 있다.
30. 앞으로도 늘 그(녀)에게 강한 책임감을 느낄 것이다.
31. 그(녀)와 정서적으로 가깝다고 느낀다.
32. 우리의 관계는 매우 활력이 넘친다.
33. 평생토록 그(녀)만을 사랑할 것이다.
34. 그(녀)를 정서적으로 상당히 지지해 준다.
35. 그(녀)에게 선물을 주는 것을 특히 좋아한다.
36. 그(녀)와 헤어지는 것은 상상할 수도 없다.

● 채점방법

각각의 하위척도의 값을 더하고 12로 나누면 점수가 산출된다. 일반적으로 그리고 대략적으로 말하면 8~9점은 매우 높음, 7~8점은 중간 정도로 높음, 6~7점은 중간, 5~6점은 중간보다 낮음, 그리고 5점 이하는 낮음으로 생각할 수 있다.

친밀감: 1+4+7+10+13+16+19+22+25+28+31+34
열정: 2+5+8+11+14+17+20+23+26+29+32+35
헌신: 3+6+9+12+15+18+21+24+27+30+33+36

출처: Sternberg (2014).

사랑과 인간관계

Section 05　학습활동 **사랑과 인간관계 (1)**	
(V) 토론　( ) 퀴즈　( ) 과제　(V) 검사　( ) 조사　( ) 팀티칭　( ) 활동	
주제	낭만적 사랑 유형 알아보기
학습성과	자신의 낭만적 사랑 유형과 특성을 알 수 있다.
진행과정	다음 문항을 읽고, 각 문항에 1~5점(매우 동의하지 않음~매우 동의함)의 점수를 부여하시오. 1. 나의 파트너는 내가 보기에 정말 아름답다/잘생겼다. 2. 나의 파트너와 나 사이에는 많은 화학작용이 일어난다. 3. 나의 파트너는 나의 소울 메이트이다. 4. 그/그녀의 발견할 수 없는 한 파트너와 약간의 비밀을 가지고 있는 것은 괜찮다. 5. 나는 나의 현재 파트너가 있는 동안 다른 누군가와 관계를 가진 적이 종종 있다. 6. 다른 사람과의 관계에 대한 세부적인 사항을 나의 파트너가 모르는 것이 더 낫다. 7. 우리의 사랑은 긴 우정의 결과이다. 8. 우리의 관계가 대단한 것은 그것이 우정으로부터 천천히 발전되었기 때문이다. 9. 우리의 사랑은 동화 속 마법 같은 것이 아닌, 진정한 우정에 기초하고 있다. 10. 나의 파트너가 좋은 평판을 가지고 있는 것은 중요한데 왜냐하면 그 평판이 나에게도 영향을 미칠 것이기 때문이다. 11. 나의 경력에 대한 계획이 내가 파트너를 선택하는 데 영향을 주었다. 12. 나의 파트너와 오랜 기간의 관계를 맺기를 결정하기 전에 나는 그/그녀가 좋은 부모가 될 수 있을지 알아보고자 노력했다. 13. 나의 파트너가 나를 무시한다고 느낄 때 불안을 느낀다. 14. 나는 파트너를 제외하고 다른 것을 생각하는 것이 힘들다. 15. 나의 파트너가 바람을 피울까 봐 항상 두렵다. 16. 나의 파트너가 행복한 것이 내가 행복한 것보다 더 중요하다. 17. 나는 나의 파트너를 위해 무엇이든 할 수 있다. 18. 나는 나의 파트너가 그/그녀의 목표를 달성할 수 있도록 희생하는 것이 기쁘다. ● **채점방법** 각 하위 척도에서 높은 점수를 받으면 당신은 당신의 파트너에 대해 특정한 종류의 사랑을 더 많이 가지고 있는 것이다. ● **평가방법** 에로스: 문항 1~3, 루두스: 문항 4~6, 스토르게: 문항 7~9, 프라그마: 문항 10~12, 마니아: 문항 13~15, 아가페: 문항 16~18 출처: Hendrick, C., Hendrick, S. S., & Dicke, A. (1998). The love attitudes scale: Short form. *Journal of Social and Personal Relationships, 15*(2), 147-159.
토론과정	1. 자신의 낭만적 사랑 유형에 대하여 말해 보자. 2. 인간의 삶에 있어서 사랑의 의미와 중요성에 대하여 말해 보자.

Section 05 학습활동

사랑과 인간관계 (2)

(V) 토론 ( ) 퀴즈 ( ) 과제 (V) 검사 ( ) 조사 ( ) 팀티칭 ( ) 활동

주제	대학생 연인관계 유형 알아보기
학습성과	사랑의 삼각형 이론에 대하여 알 수 있다.
진행과정	다음의 각 문장에 대해 당신의 입장을 1점에서 9점으로 답하시오. 1(낮음)은 그 문장이 당신의 관계를 전혀 다르게 묘사하고 있음을 의미한다. 9(높음)는 그 문장이 당신의 관계를 가장 잘 묘사하고 있음을 의미한다. 중간 값은 그 문장이 당신의 관계에 대해 중간 정도로 묘사하고 있음을 의미한다. 1. 그(녀)와 함께 있으면 따뜻하고 편안하게 느껴진다. 2. 그(녀)와 함께 있을 때 가장 행복하다. 3. 우리의 관계는 영원할 것이다. 4. 그(녀)에게 모든 것을 고백할 수 있다. 5. 내게는 그(녀)와의 관계가 가장 중요하다. 6. 어떤 어려운 일이 있어도 우리 관계를 유지하겠다. 7. 그(녀)를 행복하게 해 주고 싶다. 8. 우리의 관계는 매우 낭만적이다. 9. 그(녀)에게는 원칙적으로 충실해야 한다. 10. 우리는 서로를 잘 이해하고 존중한다. 11. 지금의 그(녀)가 없는 나의 삶은 상상도 할 수 없다. 12. 그(녀)에 대한 나의 사랑을 확신한다. 13. 그(녀)는 나를 정서적으로 상당히 지지해 준다. 14. 그(녀)를 열렬히 사랑한다. 15. 그(녀)를 앞으로도 사랑하기로 마음먹었다. 16. 내가 도움이 필요할 때 연인이 도와줄 것이다. 17. 하루에도 여러 번 그(녀)를 생각한다. 18. 그(녀)와 관계를 계속 유지하기로 마음먹었다. 19. 그(녀)가 도움을 필요로 할 때면 나는 언제든지 돕겠다. 20. 연인을 보는 것만으로도 가슴이 설렌다. 21. 우리의 관계는 서로가 신중하게 결정한 것이다. 22. 지금의 그(녀)는 내 삶에서 매우 중요하다. 23. 그(녀)는 신체적으로 매우 매력적이다. 24. 어떤 일이 있어도 그(녀)를 책임질 것이다. 25. 내 삶과 그 모든 것을 그(녀)와 기꺼이 나누고 싶다. 26. 지금의 연인이 가장 이상적이다. 27. 우리의 관계가 안정되어 있다고 확신한다. 28. 그(녀)와 함께 있으면 매우 행복하다. 29. 우리의 관계에는 이상한 힘 같은 것이 있다.

진행과정	30. 앞으로도 늘 그(녀)에게 강한 책임감을 느낄 것이다. 31. 그(녀)와 정서적으로 가깝다고 느낀다. 32. 우리의 관계는 매우 활력이 넘친다. 33. 평생토록 그(녀)만을 사랑할 것이다. 34. 그(녀)를 정서적으로 상당히 지지해 준다. 35. 그(녀)에게 선물을 주는 것을 특히 좋아한다. 36. 그(녀)와 헤어지는 것은 상상할 수도 없다. ● **채점방법** 각각의 하위척도의 값을 더하고 12로 나누면 점수가 산출된다. 일반적으로 그리고 대략적으로 말하면 8~9점은 매우 높음, 7~8점은 중간 정도로 높음, 6~7점은 중간, 5~6점은 중간보다 낮음, 그리고 5점 이하는 낮음으로 생각할 수 있다. 친밀감: 1+4+7+10+13+16+19+22+25+28+31+34 열정: 2+5+8+11+14+17+20+23+26+29+32+35 헌신: 3+6+9+12+15+18+21+24+27+30+33+36 출처: Sternberg, K. (2014). *Psychology of Love 101*. Springer Publishing Company.
토론과정	1. 자신의 사랑의 삼각형 이론에서 친밀감, 열정, 헌신에 대하여 말해 보자. 2. 자신의 사랑의 다양한 심리적 특성에 대하여 말해 보자. 3. 연인관계의 붕괴과정과 실연의 상처를 극복하는 방법에 대하여 말해 보자.

제6장

가족과 인간관계

1. 가족의 이해

1) 가족의 의미

가족(家族)은 대체로 혈연, 혼인, 입양 등으로 관계되어 같이 일상의 생활을 공유하는 사람들의 집단(공동체) 또는 그 구성원을 말한다. 집단을 말할 때는 가정이라고도 하며, 그 구성원을 말할 때는 가솔(家率) 또는 식솔(食率)이라고도 한다. 우리나라 국어사전에서는 가족이란 '부부를 기초로 하여 한 가정을 이루는 사람들'이라고 정의하고 있다.

또한 많은 사회는 가족의 범위를 법률이나 그 외의 규범으로 규정하고 있다. 세계인권선언의 제16조 제3항에 따르면, "가정은 사회의 자연적이고 기초적인 단위이며, 사회와 국가의 보호를 받을 권리가 있다."라고 한다.

혈연이나 혼인 이외 관계도 가족 구성권을 가질 수 있도록 하는 법안들이 마련되는 추세이다. 영국의 시민동반자법(civil partnerships), 미국의 시민결합제도(civil unions), 호주의 사실혼(de facto mateship), 프랑스의 시민연대협약(PACS) 등이 그것이다.

가족은 부모 · 자식 · 부부 등의 관계로 맺어져 한집에서 함께 생활하는 공동체이다. 인류의 발생과 거의 때를 같이하여 발생된 가장 오랜 집단이며, 어떤 사회 · 시대에나 존재하는 가장 기본적인 단위이다. 이 같은 보편성과 영구성에도 불구하고 가족은 그 형태나 기능 면에서 다양성을 보여 준다. 따라서 가족에 대한 정의는 학자마다 다른데, 그러한 여러 학설을 간추려 보면 다음과 같다. 성과 혈연의 공동체, 거주의 공동체, 운명의 공동체, 애정의 결합체, 가계의 공동체가 그것이다.

현재 지구상에는 많은 야생동물이 생식하고 자손을 번식하며 양육 보호하는 등 군거하고 있지만 아무도 이를 인간의 가족과 동일시하지는 않는다. 동물의 군거는 생물학적인데 반하여, 인간의 가족은 생물학적인 차원을 넘어서 문화적이고 복잡한 기능을 갖고 있다. 형태상으로 가족은 모든 인간사회에 공통된 현상이며, 지역 · 시대에 따라 각양각색의 구조적 형태를 띠고 있다.

2) 가정의 의미

'가정'이란 한 가족이 살림하고 있는 집의 의미, 또는 부부를 중심으로 부모, 자녀의 혈연관계자가 함께 삶을 영위해 가는 최초의 가장 작은 의미의 사회적 집단 또는 사회적 구성조직 단위이다. 이렇듯 가정이란 인간이 태어나서 최초로 삶을 영위하게 되고 최초의 사회 경험을 접하며, 최초로 인간관계를 맺기 시작하는 일차적이며 원초적인 생활공동체의 장(場)이다. 이와 같은 가족공동체로서의 가정은 가족 구성원의 기본적 욕구를 충족시키기 위해 많은 기능, 즉 종족 보존과 성적 기능, 교육적 기능, 경제적 기능, 정서적 안정의 기능, 그리고 보호적 기능과 종교적 기능, 오락적 기능 등을 수행하게 된다. 이때 무엇보다도 중시되어야 할 기능의 하나는 바로 가정의 사회화와 교육적 기능이다. 가정은 자녀를 출산 · 양육시켜 사회화시키고, 언어 · 도덕 · 습관 · 종교 등 일체의 문화적인 요소를 습득시켜 자녀를 사회 구성원으로 성장 · 발달시키는 교육의 장이다.

따라서 가정은 인간이 최초로 맞게 되는 사회적 환경으로서 '인간의 영원한 학교'로 불리기도 한다. 가정환경이 인성발달에 영향을 미친다는 것은 재삼 논의할 필요가 없을 것이다. 가족의 붕괴나 해체로 인한 가정의 결손은 결국 가족 구성원 모두에게 심리적 부적응과 정서 불안을 일으키게 된다.

3) 가족의 특성

가족이란 경제적으로 협력하며 친족집단이나 결혼한 집단으로서 자녀를 양육하고 공동거주를 특성으로 한다.

우선, 일반적인 가족의 특성은 다음과 같다.

- 가족은 성과 혈연의 공동체이다.
- 가족은 거주의 공동체이다.
- 가족은 가계의 공동체이다.
- 가족은 애정의 결합체이다.
- 가족은 운명의 공동체이다.

집단으로서 가족의 특성은 다음과 같다.

- 가족은 1차적 집단이다.
- 가족은 공동사회집단이다.

- 가족은 폐쇄적 집단이다.
- 가족은 형식적인 집단이나 가족관계는 비형식적이며, 비제도적인 집단이다.

4) 가족의 기능

가족은 개인의 성장 · 발달과 사회의 유지 · 발전을 위해 여러 가지 기능을 수행하고 있다. 이러한 가족의 기능은 산업의 발달과 도시화의 영향으로 많은 변화를 겪게 되었다. 가족 기능의 일부가 다른 사회 기관에 의해 수행됨으로써 그 기능이 축소 · 약화된 반면 자녀를 사회화시키는 기능이나 가족 구성원의 긴장과 피로를 회복시키기 위한 기능, 사회 발전에 기여할 수 있는 기능은 오히려 확대 · 강화되고 있다.

가족의 일반적인 기능은 다음과 같다.

- 사랑과 애정을 공급하는 정서의 충족과 성적 기능
- 자녀 출산의 기능, 자녀 양육과 사회화의 기능
- 새로운 가족원에게 사회적, 경제적 신분을 부여하는 기능
- 가족원에 대한 보호와 안전을 위한 기능
- 기본적인 생활 양식과 위생을 교육하는 기능

또한 앞에서 열거한 가족의 기능은 개인적 만족과 사회적 만족으로 나누어서 생각할 수 있다. 개인에 대해서는 의식주에 대한 기본적 욕구의 충족과 심적 안정 및 제2차적인 욕구를 충족시켜 준다. 또한 사회에 대해서는 새로운 성원을 보급하고 노동력을 재생산해 내는 경제적 생활 단위의 구실을 한다. 즉, 사회의 구성원인 개개인의 생활 장소이며 가장 원초적이고도 기본적인 단위이다. 과거에는 오늘날보다 천민들에게 가족의 기능이 제대로 작동하지 않아서 로마에서는 자식을 노예로 파는 평민들이 많았으며 영국에서는 아내 경매가 열리기도 했다. 우리나라 역시 주로 상민 이하인 출신들에게서 고아의 대량 수출이나 문맹인 가족들에 대한 가정교육 지원이 부족한 어두운 면을 볼 수 있었다. 현대에도 가족으로부터 기초적인 학습을 잘 받지 못하는 사람들은 생활이나 사회 적응에 어려움이 있으며 자연스럽게 건강에 해롭게 살거나 자살에 가까운 사망까지 발생할 수 있다.

가족은 형태 및 기능은 시대나 지역에 따라 다양하지만, 사회의 가장 기본적이고도 보편적인 단위임에는 틀림없다. 또한 사회제도의 변화 및 발전과 함께 개인의 욕구가 다양

〈표 6-1〉 가족기능의 유형과 상호관계

성격	대내적 기능(개별적 기능)	대외적 기능(사회적 기능)
고유기능	애정 · 성 생식 · 양육	성적인 통제 종족보호(자손의 재생산) 사회구성원 충족
기초기능	생산(고용충족 · 수입획득) 소비(기본적 · 문화적 욕구충족 · 부양)	노동력 제공 · 분업 참여 생활 보장 · 경제질서 유지
부차적 기능 (파생기능)	교육(개인의 사회화) 보호 휴식 오락 종교	문화발달 심리적 · 신체적 사회의 안정화 문화적 · 정신적

출처: 홍길회, 황정혜(2015).

해지면서 가족의 기능이 변화, 축소됨으로써 미래의 사회에는 가족이 존재하지 않을 것이라는 극단적인 논리를 펴는 사람도 있다. 오늘날 가족의 기능이 과거와는 많이 달라졌듯이 미래에도 변화할 것은 사실이지만, 가족이 사회의 기본단위로서 존재할 것도 틀림없는 사실이라고 하겠다.

가족의 기능이란 가족이 수행하는 역할, 행위를 말한다. 가족기능의 유형은 고유기능, 기초기능, 부차적 기능(파생기능)으로 나누고, 또 이들을 각각 대내적 기능(개별적 기능)과 대외적 기능(사회적 기능)으로 나누어 볼 수 있는데 구체적인 내용은 〈표 6-1〉과 같다.

5) 가족의 유형

가족의 유형은 가족을 구성하는 식구의 수나 혈연관계 · 거주형태, 그리고 가족 내에서의 가장권과 권위의 소재 및 부부의 결합형태 등에 의해서 분류된다.

가족의 크기나 범위를 기준으로 대가족 · 소가족 또는 미국의 인류학자 머독(G. P. Murdock, 1965)이 처음 사용한 핵가족 · 확대가족으로 나눌 수 있고, 핵가족은 개별 · 단순 · 부부가족, 확대가족은 총체 · 합성 · 복합 · 직계가족이라고도 한다. 소가족 및 핵가족의 전형적 형태는 부부와 그들의 미혼 직계 자녀들로 구성된다. 핵가족이 부부가 중심이 되는 가족인 데 반해 대가족 및 확대가족은 혈연관계가 중심이 되는 가족이다.

〈표 6-2〉 핵가족과 대가족(3세대 가족 포함)의 비교

핵가족	대가족
• 가족의 중심이 부부이며 애정을 바탕으로 결합된다. • 가족원 간의 관계가 비교적 평등하고 자유롭다. • 개인생활이 분명하고 독립심이 강해지며 가사를 분담한다. • 가족원의 수가 적고 생활이 단순하므로 편리에 따라 이사하기가 쉽다. • 부부간의 애정이 식으면 쉽게 이혼을 하고 이혼 후에 재혼하는 경우도 많다. • 이혼과 재혼에 의하여 자녀 문제가 생기고 복잡한 가족관계가 형성되어 가족 문제가 생길 수 있다. • 노인 문제가 발생할 수 있다.	• 이미 이루어진 부모의 가정에서 장남이 결혼하여 함께 생활한다. • 부부간의 이혼이나 한쪽의 사망이 가족의 존속을 위태롭게 하지는 않는다. • 가족원은 협력하여 노인을 모시고 가족 간의 문제를 해결하거나 자녀 돌보기를 함께하므로 심리적 안정을 얻는다. • 어린이도 원만한 성격과 적응 능력으로 사회성 발달이 순조롭다. • 3세대가 함께 생활하므로 예전의 생활 방식을 그대로 따르는 경향이 있어 생활 개선이 어렵다. • 고부간의 갈등이 생기기 쉽고 민주적인 가족관계가 어렵다.

6) 가족제도

가족제도(family institution)는 가족의 구성 또는 기능 등으로 나타나는 사회의 가장 중요한 단위인 사회제도로, 가족제도를 통해 인류가 형성되었다. 인간은 가족이란 지반을 떠나서는 살 수 없다. 경우에 따라서는 가족과 떨어져 살기도 하지만 이는 특별한 경우에 지나지 않으며 어디까지나 홀로 살 수는 없다. 인간이란 본래 사회적 · 혈연적 동물이기 때문이다. 가족의 생활은 일반 사회에 대하여 일정한 기준에 따라서 이루어지므로 여기에서 일정한 생활 양식이 생긴다. 이러한 행동 양식을 갖추게 한 것이 사회제도이며 가족에 관한 사회체제로서의 가족제도가 이루어진 것이다. 그러나 일반 사회제도와 마찬가지로 가족제도도 시대에 따라 변천한다.

2. 배우자 선택

배우자 선택은 인간이 살아가면서 하게 되는 의사결정 중 가장 중요한 선택이다. 행복한 결혼생활을 위하여 건강하고 성숙한 배우자를 선택하는 것이 개인의 책임이 되었고 자신에게 적합한 배우자를 선택하는 지식과 판단력이 더욱 필요한 시점이다. 배우자 선

택 시 가장 중요한 것은 상대방의 조건보다는 두 사람 사이의 관계의 질이며, 이상적 배우자는 특별한 여성 또는 남성이자 성적인 대상이면서 인생의 가치와 목표가 같고 상대방의 자아를 촉진시키고 확장시켜 줄 수 있는 사람이다(임은희, 2012).

배우자 선택은 시대적 · 사회적 상황에 따라 서로 다른 요인에 의해 영향을 받고, 인간의 주관적 감정이 작용하는 영역이므로 하나의 통합된 이론으로 설명하기 어렵다. 배우자 선택에 관한 이론들을 조합하여 두 사람이 결혼에 이르는 과정을 다음과 같이 설명할 수 있다.

첫 번째 단계는 만남이 이루어지는 단계이다. 결혼이 이루어지기 위해서는 이성과 접촉할 수 있는 기회가 있어야 한다. 만나는 사람들 중 어떤 사람은 눈길을 끌 것이고 어떤 사람은 그렇지 못할 것이다. 만남의 초기 단계에서는 다른 특별한 이유가 없는 한 신체적 매력이 가장 중요한 역할을 한다. 두 번째 단계는 매력과 관심을 느끼는 단계이다. 상대와의 만남 후, 자기를 알리고 어느 정도 관계가 정립되어 교제를 시작하는 단계이다. 이 단계에서는 서로 얼마나 매력을 느끼고 관심을 갖게 되는가가 교제의 지속 여부를 결정짓는 가장 중요한 요인이다. 세 번째 단계는 신뢰성, 역할 적합성과 공감대를 형성하는 단계이다. 이 단계에서는 두 사람 사이에 자기노출의 영역이 점차 확대되어 두 사람의 관계는 점점 더 신뢰가 깊어지는 상태가 된다. 즉, 적합성(role compatibility)과 공감대(empathy)가 형성되는 단계이다. 네 번째 단계는 함께 운명공동체가 되는 단계이다. 이 단계에서 두 사람 사이에 역할 적합성과 공감대가 원활하게 기능하여 서로가 만족과 쾌감을 느낄 수 있게 되면 이제 서로를 하나의 커플로 인식하는 단계로 진입할 수 있다. 이 단계에서는 두 사람의 관계가 깨지는 것을 방지하는 여러 요소가 작용하여, 관계가 더욱 공고해지도록 도와준다.

앞에서 말한 각각의 단계를 그림으로 나타내면 [그림 6-1]과 같다.

1) 배우자 선택이론

배우자는 개인적으로 일생의 동반자로서 인생의 희로애락을 함께하며 사회적 지위와 관계망까지 결정하는 반면에 가족과 사회에서는 양가의 가족 지위, 관계망 형성에 영향을 미친다. 배우자 선택과 관련된 이론을 살펴보기로 한다.

첫째, 사회교환이론(social exchange theory)이다. 이 이론에서 배우자 선택은 일종의 교환과정으로 설명할 수 있다. 배우자 선택 상황에서 비용(costs)보다는 더 많은 이득

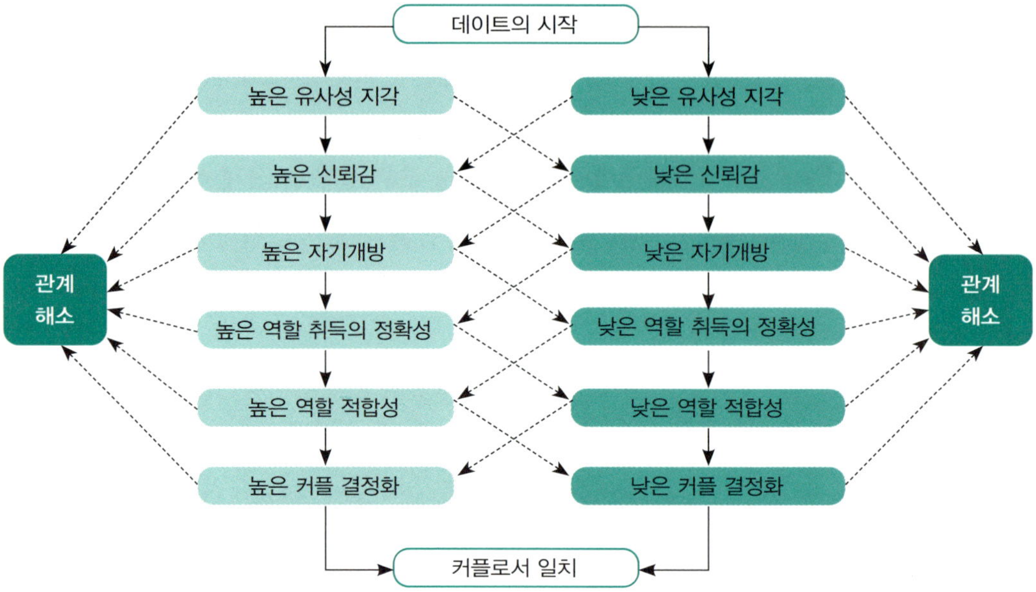

[그림 6-1] 혼전 관계 형성의 발전과정

출처: Lewis (1973).

(benefits)을 얻으려는 경향이 있다. 이때의 거래과정에서 보상과 비용이 균형을 이룰 때, 사람들은 그 교환이 공정하며 상호 만족스럽다고 여기게 된다(Homans, 1961; Thibaut & Kelley, 1959). 사랑은 심리적인 끌림이지만 배우자 선택은 상호거래를 근거로 이루어진다. 이 이론에 의하면 우리가 인정을 하든 안 하든 결혼 시장(marriage market)에서 남성과 여성이라는 상품을 중심으로 교환이 이루어지는 것이 배우자 선택이다. 교환과정에서 일반적으로 사회계층이나 신체적 매력, 직업, 학벌, 가문, 경제력 등이 중요한 기준이 된다. 사회적, 개인적으로 바람직하다고 생각되는 특성이 무엇이든, 누구나 그러한 특성, 즉 가능한 한 자원을 많이 지닌 상대방을 선택한다.

둘째, 공평이론(equity theory)이다. 이 이론은 교환이론에서 파생된 것으로 선택과정에서의 공정성을 강조하는 특징이 있다. 즉, 사람들은 이익이 되는 교환보다는 공정한 거래에 더 매력을 느낀다는 것으로, 서로가 각기 다른 자원을 교환하는 과정에서 제공되는 자원의 양과 질에 상호형평이 있는 동등한 결합(공정 교환)을 원한다는 것이다.

셋째, 보완욕구이론(complementary needs theory)이다. 이 이론에서는 사람들이 서로 비슷한 사람들보다 서로를 보완해 줄 수 있는 요인이 있을 때 매력을 느끼고 이러한 특성이 배우자 선택에서도 작용한다고 보았다(Winch, 1958). 따라서 자신과 비슷한 특성보다는 서로의 성격이나 욕구가 다르다는 것이 보완적 역할을 하여 서로에게 매력을 느끼고 배우자로 선택하게 된다.

넷째, 여과망 이론(filter theory)이다. 이 이론에서는 배우자 선택이 단순히 사회적 배경과 욕구에 의해 결정되는 것이 아니라 일련의 여과망을 거치면서 이루어지며, 이 여과망보다 사회적 배경이나 집단 성원 의식, 가치관과 흥미 등이 관계 진전에 영향을 미친다고 보았다. 따라서 배우자 선택의 과정을 시간의 흐름에 따라 여과망을 통해 걸러지는 것처럼 점차 배우자 선택의 폭이 줄어들고, 마침내 유일한 대상자에게 고정되는 과정으로 설명한다.

이러한 여과망 이론을 확대시켜 우드리(Udry, 1971)는 모형을 제시하였다.

이 모형에 의하면 배우자 선택 과정은 모든 가능한 데이트 상대로부터 관계를 맺기 시작하여 결혼에 이르기까지 다음의 여섯 개의 여과망을 거치면서 최종적으로 한 사람을 선택하는 것으로 구성되어 있다. ① 근접의 여과망으로 이 여과망을 통하여 가능한 모든 대상 가운데 지리적으로 가깝고, 만날 기회와 상호작용의 가능성이 많은 사람으로 그 대상이 제한된다. ② 매력의 여과망으로 이 여과망을 통하여 상호 간에 매력을 느끼고 끌리는 사람들로 그 대상은 다시 좁혀진다. ③ 사회적 배경의 여과망으로 이 여과망을 통하여 인종, 종교, 연령, 직업, 교육수준 등의 사회적 배경이 유사한 사람들로 더욱 범위가 축소

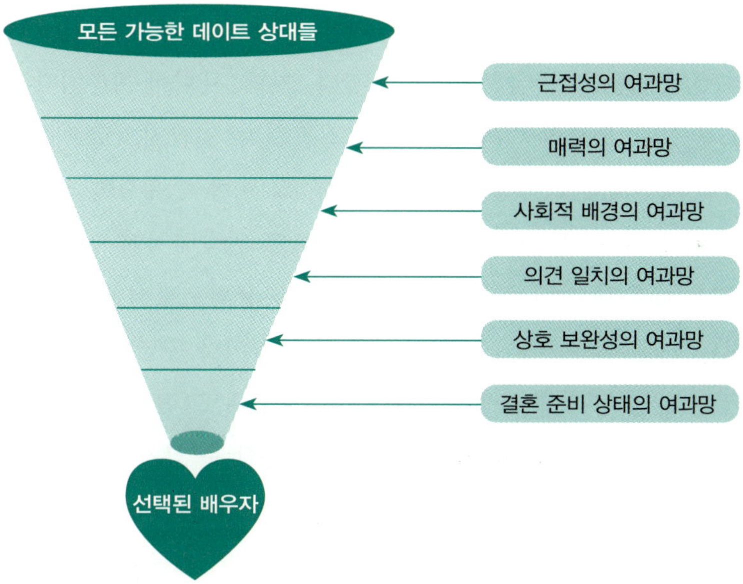

[그림 6-2] 여과망 이론

출처: Kerchoff & Davis (1962).

된다. ④ 의견 일치의 여과망으로 이 여과망을 통하여 인생관이나 결혼관 등 중요 문제에 대하여 동일한 가치관이나 견해, 태도를 가진 사람들만 남게 된다. ⑤ 상호 보완성의 여과망으로 이 여과망을 통하여 상호 간의 욕구와 필요를 서로 충족시켜 줄 수 있고, 단점을 보완해 줄 수 있을 때 결혼 가능성이 높아진다. ⑥ 결혼 준비 상태의 여과망으로 이 여과망을 통하여 비로소 결혼에 이르게 된다.

다섯째, 머스타인(Murstein, 1980)의 자극-가치-역할 이론이다. 배우자 선택이 자극, 가치, 역할의 3단계를 거치면서 진행된다고 보았다. ① 자극 단계는 최소한의 상호작용만 존재하는 단계이므로 사람들은 외적으로 나타나는 특성에 의해 상호 매력을 느낀다. ② 가치 단계에서는 인생관, 결혼생활, 자아실현 등에 대한 가치나 태도들이 서로 공존하고 양립할 수 있는지가 평가된다. ③ 역할 단계는 두 사람이 하나의 단위로 기능할 수 있는가에 관심을 가지는 단계이다.

2) 배우자 선택 기준

결혼이란 개인과 개인의 결합으로, 배우자 선택과정에서 몇 가지 개인의 기준을 내세워 상호작용 가능 한계를 설정해 놓는다. 이때 상대방의 성격과 건강, 경제력 등 여러 가지 조건이 따른다.

일반적인 배우자 선택 기준은 배경, 외모, 건강, 경제력, 공동의 관심, 행동 등이다. 구체적인 배우자 선택 기준을 제시하면 다음과 같다. 첫째, 사회적 계층이다. 이는 직업, 수입, 거주지, 교육 정도, 부모의 지위 등에 의해 결정되며, 일반적으로 사회계급의 수준이 유사한 계층끼리 배우자로 선택하는 경향이 있다. 그 이유는 유사한 사람들끼리 접촉의 기회가 많고 흥미나 취미, 생활태도도 비슷하여 서로 친숙해지기 쉽기 때문이다. 둘째, 연령이다. 연령은 배우자 선택에서 하나의 내면화된 규범으로서 작용한다. 일반적으로 남자가 여자보다 연상이어야 한다는 것이 사회적 규칙이자 통념이다. 이에 따라 대부분의 사람은 일정한 연령 범위 내에서 배우자를 선택하는데, 그런 경향성은 두 남녀의 연령이 비슷할 때 서로 공감대를 형성할 수 있고 쉽게 적응할 수 있기 때문이다. 셋째, 근접성이다. 지역적으로 가깝게 살고 있는 사람들끼리 결혼하는 경향이 강하다. 이는 서로 가까운 곳에 살고 있으면 만날 수 있는 기회가 자주 만들어지기 때문이다. 넷째, 종교이다. 배우자를 선택하는 데 종교를 믿는 대부분의 사람은 타 종교와의 결혼을 반대하고 가능하면 같은 종교를 가진 사람을 찾는다. 이는 부부가 서로 적응해 가고 가족생활을 영위하는 데 필요한 기본적인 가치관이나 생활태도에 종교가 영향을 미치기 때문이다.

3) 배우자 선택 시 고려해야 할 점

배우자 선택은 건강하고 평등한 생활을 위하여 무엇보다 중요하다. 일반적인 배우자 선택 시 고려해야 할 점에 대하여 살펴보면 다음과 같다. 첫째, 충분한 교제기간을 가져야 한다. 충분한 시간을 두고 다양한 경험을 해 보는 것이 상대방을 알 수 있는 방법이다. 둘째, 부모로부터 정서적·경제적 독립이 이루어져야 한다. 결혼하려는 당사자들은 자신의 원가족, 특히 부모로부터 분화가 이루어져야 한다. 셋째, 결혼에 대한 비현실적인 기대, 환상에서 벗어나야 한다. 결혼은 환상이 아니라 현실이며, 결혼이 무조건 행복하고 이상적인 관계만은 아니다. 넷째, 상대방을 있는 그대로 수용해야 한다. 상대방을 평생의 동반자로 선택하는 것은 용기가 필요하며 이는 결혼의 충분조건이다. 다섯째, 전통적인 성역할에서 벗어나야 한다. 우리 사회를 지배해 왔던 '남편은 밖에서 일하고 아내는 집에서 가사를 전담한다.'는 성 역할 고정관념에서 벗어나야 한다. 여섯째, 결혼의례에서 성평등이 이루어져야 한다. 결혼을 위한 혼수와 예단 비용, 주택 구입 등에서 남녀가 균등하게 부담해야 하며, 결혼에 대한 의식도 평등해야 한다.

이처럼 배우자 선택 시 사랑하기 때문에 결혼하기보다는 친밀하고 평등한 부부관계를 위하여 다양한 상황을 고려해야 한다. 그러면 배우자 선택 시 고려할 사항 중 신중하고 사려깊은 배우자를 위해 고려해야 할 10가지 원칙에 대해 살펴보자(Warren, 1992). 첫째, 배우자 선택에서 일어날 수 있는 가장 흔한 실수 일곱 가지를 확인하라. 예를 들면, 결혼 결정 시기, 연령, 결혼 동기, 기대감, 성격 등을 확인하라. 둘째, 당신이 이상적으로 생각하는 배우자상을 분명히 하라. 셋째, 당신 같은 사람을 아주 좋아하는 사람을 찾아내라. 넷째, 결혼하기 전에 건강한 사람이 되도록 노력하라. 다섯째, 당신 마음속 깊은 곳에서 사랑을 느끼는 사람을 찾아내고, 그것을 표현하라. 여섯째, 결혼을 결정하기 전에 열정적인 사랑이 무르익도록 하라. 일곱째, 친밀성의 예술에 숙달되도록 하라. 여덟째, 사랑의 부담으로부터 나오는 갈등을 처리하는 방법을 배우라. 아홉째, 평생에 걸친 관계를 순순히 서약할 수 있을 때까지는 관계가 진행되는 것을 거절하라. 열째, 가족과 친구들의 충분한 지지를 받으면서 결혼생활의 행복을 누리라.

3. 약혼의 의미

약혼이란 장래에 혼인을 성립시키겠다는 당사자 사이의 계약이다. 약혼은 당사자 사이에 실질적인 부부공동체가 형성되어 있는 사실혼과 구별되며, 당사자의 실질적인 의사의 합치가 있어야 하는 점에서 제3자에 의한 대리가 허용되지 않는다. 따라서 약혼은 결혼하려는 두 당사자의 합의로 성립되며, 남녀 모두 18세에 달하여야 한다(「민법」 제801조). 미성년자가 약혼할 때에는 부모의 동의를 얻어야 하며(「민법」 제801조), 성년에 달한 사람은 부모의 동의 없이 자유로이 약혼할 수 있다(「민법」 제800조).

이처럼 약혼이란 장차 결혼하고자 하는 두 남녀가 서로 결혼을 약속하는 것을 말한다. 두 사람이 서로 결혼한다는 것을 가족 및 친지 등에게 알림으로써 심리적인 안정감을 얻을 수 있으며, 결혼을 위한 정서적 · 경제적 준비를 하게 된다. 약혼은 반드시 약혼식이 수행되어야 하는 것은 아니다. 오히려 실질적으로 약혼 기간 동안 결혼의 실질적 준비를 물리적 · 정서적으로 진행하는 것이 일반적이다. 약혼 기간 동안에는 예비 부부가 서로를 충분히 파악하고, 양가 가족에게 적응하며, 결혼 생활에 대한 구체적인 준비가 다음과 같이 이루어져야 한다. 첫째, 예비부부는 깊이 있는 대화를 통해 서로를 알아 가고자 노력한다. 둘째, 예비부부가 서로의 장점과 성장 가능성에 대해 탐색한다. 셋째, 자기주장과 적극적 경청을 포함하는 의사소통 기술을 함양한다. 넷째, 갈등이 발생할 경우에는 건설적으로 해결한다. 다섯째, 결혼 상대자 원가족의 특성을 파악한다. 여섯째, 예비부부 간의 경제적 적응 가능성을 검토하기 위해 실행 가능한 예산과 재정 계획을 함께 수립한다. 일곱째, 개인, 예비부부, 가족의 목표를 함께 수립한다.

따라서 예비부부는 지금은 서로 사랑하고 이해하고 있더라도 앞으로 닥칠 모든 문제를 사랑만으로 극복할 수 있다는 안이한 생각에서 벗어나 현실적인 판단력을 가져야 한다. 아울러 결혼은 개인의 결합인 동시에 두 집안의 결합이므로 서로 상대방의 가족 문화에 적응하고자 노력해야 한다.

4. 결혼의 준비

결혼은 사랑의 결실이자 또 다른 삶의 시작이다. 우리는 남남에서 연인관계를 거쳐 부부관계로 발전한다. 결혼은 사랑의 완성이 아니라 사랑하는 두 사람이 끊임없이 대화와 노력을 통하여 행복한 삶을 만들고 가꾸어 나가기 위한 새로운 시작이다. 결혼은 사랑의 실현으로 사람들이 결혼하는 가장 강한 동기는 사랑하는 사람과 함께 있고 싶어서이다. 결혼은 진정한 독립이다. 우리는 누구나 혼자만의 삶, 독립을 꿈꾼다. 또한 결혼은 경제적 · 정서적 안정을 준다. 아울러 결혼은 자녀 출산과 가계 계승의 중요한 수단이다.

결혼이란 '적절한 연령에 도달한 남녀가 자유로운 이성교제를 통해 애정과 신뢰를 확인하고 자유의사에 의해 정신적 · 육체적으로 결합하는 것'이다(이정덕, 1999). 결혼은 '정서적 · 신체적 · 친밀감과 다양한 과업 및 경제적 자원을 서로 공유하는 두 사람의 정서적 · 법적 책임관계'이다. 결혼의 특성을 살펴보면 다음과 같다.

첫째, 결혼은 법률적 계약이다. 결혼은 사적인 일이지만 법률적으로 결혼이 성립하기 위해서는 일정한 조건을 충족해야 하며, 결혼 후에도 법률이 정한 권리와 의무를 갖는다. 둘째, 결혼은 경제적 측면을 공유하고 책임지는 일이다. 셋째, 결혼은 상호 간에 친밀한 관계를 발전시켜 나가는 기회이다. 넷째, 결혼은 삶의 여러 대안 가운데 가장 보편적인 방식이다. 다섯째, 결혼은 부부 상호 간에 성적 소유를 선언하는 것이다. 여섯째, 결혼을 통해 두 사람은 또 하나의 새로운 사회적 단위를 형성하며, 이를 통해 사회는 존속된다. 일곱째, 결혼은 두 사회 관계망의 결합이다.

한편, 결혼의 특징을 다음과 같이 제시하기도 한다(Broderick, 1992). 첫째, 결혼은 인구학적인 사건이며, 하나의 사회적 단위를 만든다. 둘째, 결혼은 두 가족과 사회적 관계망의 결합이다. 셋째, 결혼은 부부와 국가 간에 이루어지는 합법적인 계약이다. 넷째, 결혼은 경제적인 결합이며, 부부는 하나의 재정적 단위를 이룬다. 다섯째, 결혼은 가장 보편적인 성인의 동거 형태이다. 여섯째, 결혼은 대다수 인간의 성(性)적 활동이 이루어지는 맥락이다. 일곱째, 결혼은 노동력의 재생산 단위이다. 여덟째, 결혼은 자녀를 사회화시키는 단위이다. 마지막으로 결혼을 통해 친밀하고, 삶의 자원을 공유하는 관계를 형성하는 기회를 가진다.

5. 결혼의 동기

다음으로 결혼의 동기에 대하여 살펴보고자 한다. 결혼은 어떤 형태로든 인류의 역사 속에서 지금까지 이어져 내려온 사회적 제도이며, 이를 통해 많은 사람이 부모–자녀 관계를 맺으며 살아간다. 개인마다 결혼을 하게 되는 동기는 다양하다. 친밀한 관계를 유지하며 안정된 생활을 추구하기 위하여, 성(性)적 욕구를 합법적으로 충족하기 위하여, 경제적인 안정을 위하여 또는 자녀를 갖기 위하여 등 결혼을 하는 동기는 다양하다. 결혼의 동기는 개인적 측면에서 성적 만족과 심리적 안정을 추구하기 위함이고, 사회적 측면에서는 사회적 유대감을 증진시키고 가문을 계승하기 위해서 등이다.

아울러 결혼의 동기는 사랑의 실현, 합법적 성(性)의 부여, 경제적 안정 추구, 부모됨의 기회, 정서적 안정추구, 사회적 기대의 부합 및 성인으로서의 신분 획득으로 볼 수 있다.

따라서 결혼은 자신이 태어나서 성장한 출생 가족을 떠나 배우자와 함께 새로운 가족을 형성하는 법적 및 사회적 결합이며(김명자 외, 2009), 결혼은 정서적 · 육체적 친밀감과 함께 다양한 과업, 경제적 자원을 공유하는 두 사람의 정서적이고 법적인 공역이자 책임 관계이다(Olson et al., 2014). 즉, 결혼은 사회 질서뿐 아니라 윤리적으로 영향력 있는 사회적 제도이자 법적 결합이며, 남녀 간의 성(性)적 결합으로 이루어지는 개인적인 생활 관계인 동시에 일체의 친족적 생활의 기초를 이루는 사회적 및 법적 관계이다.

결혼은 어떤 형태로든 인류의 역사 속에서 지금까지 이어져 내려온 사회적 제도이며, 결혼을 통해 많은 사람이 가족을 이루며 살아간다. 결혼의 동기는 각 개인마다 다르다. 결혼의 동기로는 친밀관계 유지, 안정된 생활 축, 성적인 욕구의 합법적 추구, 경제적 안정 및 자녀를 갖기 위하여 등 다양하다. 일반적으로 결혼의 동기는 개인적 측면과 사회적 측면으로 나누어 볼 수 있다. 개인적 측면은 성적 만족과 심리적 안정 추구이며, 사회적 측면은 사회적 유대감이나 가문의 계승 등을 들 수 있다.

그렇다면 사람들이 무엇 때문에 결혼을 하도록 하며, 왜 결혼을 하려는지를 파악한 결혼의 동기에 대해 살펴보기로 한다(허혜경 외, 2017).

첫째, 사랑의 실현이다. 사람들이 결혼을 하는 가장 강한 동기는 사랑하는 사람과 함께 살고 싶어 하기 때문이다. 결혼생활을 통해 성숙한 사랑을 실현함으로써 서로가 인생의 동반자로 살아갈 수 있다.

둘째, 합법적 성(性)의 부여이다. 결혼은 사회가 합법적으로 부부임을 인정하고 성관계를 허용하는 제도이다. 결혼을 통해 두 성인 남녀가 사회적으로 안정적이고 합법적인 성적 욕구를 충족시킬 수 있다.

셋째, 경제적인 안정의 추구이다. 결혼을 함으로써 가족 구성원 간의 경제적 협력이 가능해진다. 결혼의 동기로 경제적 안정을 중요시하는 현대사회이다.

넷째, 부모됨의 기회이다. 결혼을 통해 자녀를 가짐으로써 부모가 된다는 것은 결혼의 중요한 동기가 된다. 최근 출산이라는 결혼의 동기가 약해졌지만, 여전히 결혼을 통해 자신의 자녀를 갖고 싶은 욕구, 즉 부모가 되고 싶은 욕구가 있다.

다섯째, 정서적 안정의 추구이다. 결혼은 개인에게 정서적 안정을 부여해 준다. 결혼을 통해 배우자와 신뢰롭고 친밀한 관계를 유지함으로써 자신을 가치 있는 존재로 인식하게 되어 정서적 안정감을 누릴 수 있다.

여섯째, 사회적 기대의 부합(符合)이다. 대부분의 사회에서는 성인이 되어 결혼하는 것을 당연하게 여긴다. 즉, 성인 남녀가 결혼하는 것을 바람직하게 여기는 사회적 기대가 존재하며, 일부 청년들은 이에 부합하기 위하여 결혼을 선택하기도 한다.

일곱째, 성인으로서의 신분 획득이다. 결혼을 통해 사회적 기준의 성인 신분을 획득할 수 있다. 즉, 결혼을 통해 사회적으로 성인으로 인정받을 수 있으며, 부모로부터 독립된 생활을 영위할 수 있다.

따라서 결혼을 통하여 책임감 있는 사랑으로 부부관계를 형성하고 긍정적인 동기로 결혼하는 것이 중요하다. 즉, 결혼의 동기가 순수하면 할수록 자신과 잘 맞는 배우자를 선택할 확률이 높으며, 결혼 실패의 가능성도 줄어든다.

6. 행복한 결혼

결혼이란 단순히 두 남녀가 신체적으로만 합하는 것이 아니고 서로 다른 두 가족문화가 만나서 상호작용하는 과정이라 할 수 있다. 즉, 남녀가 결혼하면 기존의 생활방식에 집착하지 말고 부부의 새로운 생활방식을 창출하고, 서로의 장점을 살려 나가는 방법을 택하여야 한다. 결혼에 대한 이해 몇 가지를 살펴보고자 한다.

첫째, 결혼은 이민자들이 만나서 상호적응하는 과정과 같다. 즉, 두 남녀의 서로 다른 가족문화가 만나서 적응하면서 절충하는 것이 필요하다.

둘째, 부부간의 갈등은 피할 수 없다. 부부간의 갈등이 있다는 것을 처음부터 예견하고 갈등을 지혜롭게 해결하는 사회 기술이 필요하다.

셋째, 부부간의 애정관계가 중요하다. 아내는 남편으로부터 따뜻한 애정과 배려를 받을 때 결혼생활에 만족하기 때문에 부부 사이의 애정적인 관계가 아주 중요하다.

넷째, 결혼생활의 지속 요인으로 대화 및 문제해결 기술이 필요하다. 부부가 행복한 결혼생활을 원한다면 자신의 의사와 감정을 효과적으로 표현할 수 있는 대화 훈련과 문제 및 갈등 해결 훈련이 필요하다.

다섯째, 결혼에도 자격증이 필요하다. 결혼 전에 예비 부부교육을 받고, 결혼에 대한 기대, 대화, 성생활 등의 모든 면에서 교육이 필요하다.

여섯째, 건전한 부부관계는 상호 의존적인 관계이다. 두 남녀가 자신의 고유한 삶의 영역이 있으면서 부부가 서로 공유할 수 있는 것이 건강한 결혼생활이다.

일곱째, 부부들은 사랑에 대해서 서로 다른 의미를 부여한다. 진정한 사랑이란 상대방이 원하는 것을 알고 상대방이 그것을 성취하도록 도와주기 위한 노력을 하는 것이다.

여덟째, 부부 사이에 중립적인 관계는 없다. 결혼했으면 행복하게 살아야 하고 행복한 결혼생활을 이루기 위해서는 구체적인 인간관계의 기술 습득과 투자가 필요하다.

아홉째, 행복한 부부들은 서로 칭찬을 많이 한다. 부부생활에서 서로 정서적인 지지와 칭찬이 중요하며, 상대방이 잘한 것은 칭찬해 주고 격려해 주어야 한다.

열째, 결혼생활에서 만족한 영역과 불만족한 영역은 서로 독립적이다. 부부간에는 불만스러운 사항은 줄이고 만족감을 일으키는 데에 신경을 써야 한다.

다음은 행복한 결혼생활의 요인에 대하여 살펴보기로 한다. 결혼생활을 유지하는 데 가장 중요한 것은 부부간의 결혼만족도이다. 결혼만족을 가져다주는 요인들은 다양하지만 기본적으로 상대방에 대한 자신의 기대가 충족될 때 만족한 결혼생활을 누리고 (Murstein, 1976), 부부가 서로에게 공평하게 기여한다고 느낄 때 결혼생활에 만족을 느낀다.

행복한 결혼생활의 조건 몇 가지를 살펴보고자 한다.

첫째, 자신의 원가족과 정서적인 면에서 분리할 수 있으면서 결혼한 가족과 새로운 관계를 형성할 수 있어야 한다.

둘째, 부부 사이에 정서적으로 친밀감과 애착 관계를 형성하면서도 서로의 독립성과 혼자만의 공간이 필요하다.

셋째, 자녀와 배우자와의 관계를 유지하는 데 조화로운 균형을 유지하여야 한다.

넷째, 재난, 질병, 사망, 직장에서의 해고 등 예상치 못한 문제에 대처하는 능력을 길러야 한다.

다섯째, 성적으로 만족스러운 생활을 영위하여야 한다.

여섯째, 위트나 유머가 있는 여유로운 삶이 필요하다.

일곱째, 인격적인 성장을 할 수 있도록 서로 격려하고 도와주어야 한다.

〈표 6-3〉은 행복하고 건강한 결혼의 집 모델의 내용이다(Gottman, 1999).

〈표 6-3〉 가트맨의 행복하고 건강한 결혼의 집 모델

모델	내용
사랑의 지도 업그레이드하기	• 상대방에 대하여 알고 있는 정보의 영역 • 배우자가 원하는 사항 등에 대하여 알고 있는 지식 • 상대방에 관해서 최신 정보 유지 • 배우자가 겪고 있는 문제 등을 알아차리고 배려해 주는 자세
상대방에 대한 호감과 존경심 갖기	• 부부간의 존경과 호감을 느끼는 감정 • 서로 떨어져 있어도 상대방을 생각하고 존경하기 • 결혼생활 유지를 위한 상대방에 대한 좋은 감정 갖기
서로에게 다가가거나 또는 멀리하기	• 기회가 있을 때마다 서로에게 가까이 다가가기 • 대화를 즐기고 상대방 인정하기 • 사소한 일이나 문제에 관해서도 서로 다가가는 자세
상대방에 대해 긍정적인 감정 더 많이 갖기	• 배우자를 지지해 주고 정서적으로 도움 주기 • 부부간에 애정과 친밀감 느끼기 • 상대방의 장점을 격려해 주고 긍정적 감정 표현하기
해결되기 어려운 문제에 대한 대화 갖기	• 자신들의 고질적인 문제에 대해 상대방을 자극하지 않고 대화하는 기술 필요 • 상대방의 의견 수용, 양보와 협상을 통해 잘되는 방법 추구 • 서로 간에 존경과 양보하기
상대방의 꿈을 실현해 주기	• 상대방의 꿈을 이룰 수 있도록 격려하고 도와주기 • 상대방의 꿈을 알아차리고 실현할 수 있도록 돕기 • 자신의 인생에 대한 꿈을 가지고 살아가기
공동의 삶을 창조하고 서로가 연결되는 일상생활 의식 갖기	• 과거의 삶에 매이지 않고, 현재와 미래에 성취와 의미 창조 • 정서적 · 신체적 · 창조적으로 자신의 삶을 가꾸어 나가기 • 서로의 삶에 대해 존경과 수용을 통한 연결된 감정 갖기

가족과 인간관계

Section 06 학습활동

가족과 인간관계 (1)

(V) 토론 ( ) 퀴즈 ( ) 과제 ( ) 검사 ( ) 조사 ( ) 팀티칭 (V) 활동

주제	사티어의 의사소통 유형 알아보기
학습성과	사티어의 의사소통 유형과 의사소통 과정을 탐색할 수 있다.

진행과정

<table>
<tr><th>유형</th><th>성향
(자신, 타인, 상황)</th><th>사례</th><th>반응</th></tr>
<tr><td>회유형
(Placating)</td><td>자신을 무시</td><td rowspan="5">팀 과제 약속 시간에 연락도 없이 20분 늦었고, 기다리고 있던 다른 팀원이 화를 내고 있는 상황</td><td>얘들아, 너무 미안해……. 진짜 미안해……. 나 때문에 모두 많이 기다렸으니 내가 팀 과제 발표 자료까지 정리해서 내가 제출할게…….</td></tr>
<tr><td>비난형
(Blaming)</td><td>타인을 무시</td><td>누가 약속 시간을 이렇게 잡았어? 수업이 늦게 마치면 어떻게 오라는 거야? 오늘 다른 수업에서 과제 제출이 있다는 건 생각도 안 했어?</td></tr>
<tr><td>초이성형
(Super
-reasonable)</td><td>자신과 타인을 무시</td><td>연락을 미리 한다고 내가 빨리 올 수 있는 것도 아니었어……. 이성적으로 생각해 보면 화 내면서 나를 기다리기보다 먼저 과제를 시작했으면 효율적이었을 거야…….</td></tr>
<tr><td>산만형
(Irrelevant)</td><td>자신, 타인, 상황 모두 무시</td><td>(다른 곳을 쳐다보며) 그래? 그런데 어제 교수님이 하라고 한 다른 과제 너무 어렵지 않아? 다른 친구들도 지금 어렵다고 하는데……. 큰일이야……. 그 과제는 다음 주 제출이었나?</td></tr>
<tr><td>일치형
(Congruent)</td><td>자신, 타인, 상황 모두 존중</td><td>얘들아……. 오늘 오전 수업이 늦게 끝났는데, 다른 과제 제출이 오늘까지여서 급하게 제출하느라 미처 연락을 못했어……. 미안해. 모두 바쁜데, 나 기다리느라고 과제 아직 시작도 못하고 있었지?</td></tr>
</table>

	연습: 의사소통과정 탐색 * 지난 일주일 동안 있었던 의미 있는 사람과의 불편했었던 대화 상황을 떠올려 보자. 그때 그 상대방과 어떠한 상호작용이 있었는지 〈토론과정〉의 질문에 따라 구체적으로 기술해 보자. 출처: 주혜주 외(2022). **인간관계와 의사소통**. 정문각.
토론과정	1. 상대방이 보낸 언어적, 비언어적 메시지는 무엇이었는가? 내가 본 것은 무엇인가? 내가 상상한 것은 무엇인가? 2. 상대방의 메시지를 듣고 나는 어떤 생각을 하고, 어떻게 해석하였는가? 3. 상대방의 메시지를 해석하고 의미를 부여하고 난 후 느낀 감정들은 무엇인가? 4. 지금 다시 그 상대방과 대화를 한다면, 나는 어떻게 정확하고 일치된 대화를 하고 싶은가? 5. 당신이 나타내는 대부분의 의사소통 유형이 가진 자원은 무엇이며, 어떻게 하면 일치적 의사소통으로 나아갈 수 있을지 말해 보자.

Section 06 학습활동

가족과 인간관계 (2)

(V) 토론 ( ) 퀴즈 ( ) 과제 ( ) 검사 ( ) 조사 ( ) 팀티칭 ( ) 활동

주제: 셀리그먼의 행복 공식(PERMA) 알아보기

학습성과: 셀리그먼의 행복 공식(PERMA)과 행복에 대하여 알 수 있다.

진행과정

셀리그먼의 행복 공식(PERMA)

1) 긍정적 정서(Positive emotion)=기쁨, 희열, 따뜻함, 자신감, 낙관성
2) 몰입(Engagement)=시간 가는 줄 모르는 것, 어떤 활동에 빠져든 동안 자각하지 못하는 것, 자발적으로 업무에 헌신하는 것
3) 관계(Relationship)=타인과 함께하는 것, 말할 수 없이 기뻤던 순간, 자신의 성취에 엄청난 자긍심을 느꼈을 때를 생각해 보면 거의 타인과 함께했을 때
4) 의미(Meaning)=자신보다 더 중요하다고 믿는 어떤 것에 소속되고 거기에 기여하는 것
5) 성취(Accomplishment)=남에게 이기기 위해서이거나 돈을 벌기 위해서가 아니라 성취 그 자체가 좋아서 추구하는 것

* 행복의 계산법은 다음과 같으며 여기서 P는 Personal: 개인적 특성(인생관, 적응력, 탄력성), E는 Existence: 생존조건(건강, 인간관계, 재정상태), H는 Higher order: 더 높은 수준의 조건(자존심, 기대, 야망)이다.

● **행복도 계산 방법**

구분	문항	점수
P(Personal): 개인적 특성(인생관, 적응력, 탄력성)	외향적이며 변화에 대해 유연한가?	각 항목에 1부터 10까지 점수를 매긴다.
	우울하거나 가라앉은 기분으로 회복이 빠르고 스스로를 잘 통제한다고 생각하는가?	
E(Existence): 생존조건(건강, 인간관계, 재정상태)	건강, 재정, 안전, 자유 등의 조건에 만족하는가?	
H(Higher order): 더 높은 수준의 조건(자존심, 기대, 야망)	자신의 일에 몰두하며, 스스로의 기대치에 부응하고 자신이 설정한 목표를 위해 행동하는가?	
P+(5×E)+(3×H)=( )점: 가장 행복하면 100점, 가장 불행하면 0점임		

토론과정

1. 자신의 행복지수는? 만점이 아니라면 그 이유는?
2. 행복한 삶의 조건들은 무엇이고, 행복은 어디에 있으며, 어떻게 얻어지는가?

제7장

직업과 인간관계

1. 직업의 이해

직업(職業)이란 말은 부여받은 관직 혹은 직분을 뜻하는 '직(職)'과, 스스로 만든 축적된 성과 혹은 생업을 뜻하는 '업(業)'의 결합어로서, 맡은 일을 지속해 나가는 활동을 의미한다. 서양에서 직업을 뜻하는 말로는 종교적 색채가 강한 'Vocation, Calling(Beruf)(신의 부름을 받음)' 등과 이 외에도 'Business, Job(맡은 일)', 'Profession(전문 분야)', 'Occupation(일자리를 잡음)', 'Gewerbe(벌어서 얻음)' 등이 각기 독특한 의미를 지닌다.

그러나 우리말의 경우 이들을 모두 포괄하는 매우 다양한 의미를 지니고 있기에 '직업'에 대한 정확한 정의가 필요하다. 직업이란 생계를 유지하기 위하여 자신의 적성과 능력에 따라 일정한 기간 동안 계속하여 종사하는 일이다. 「헌법」 제15조는 "모든 국민은 직업선택의 자유를 가진다."고 규정하여 직업의 자유를 국민의 기본권의 하나로 보장하고 있는바, 직업의 자유에 의한 보호의 대상이 되는 '직업'은 '생활의 기본적 수요를 충족시키기 위한 계속적 소득활동'을 의미하며 그러한 내용의 활동인 한 그 종류나 성질을 묻지 아니한다.

이러한 직업의 개념지표들은 개방적 성질을 지녀 엄격하게 해석할 필요는 없는바, '계속성'과 관련하여서는 주관적으로 활동의 주체가 어느 정도 계속적으로 해당 소득 활동을 영위할 의사가 있고, 객관적으로도 그러한 활동이 계속성을 띨 수 있으면 족하다고 해석되므로 휴가기간 중에 하는 일, 수습직으로서의 활동 따위도 이에 포함된다고 볼 수 있다. 또한 '생활수단성'과 관련하여서는 단순한 여가활동이나 취미활동은 직업의 개념에 포함되지 않으나 겸업이나 부업은 삶의 수요를 충족하기에 적합하므로 직업에 해당한다고 말할 수 있다.

우리 사회에서 흔히 사용하는 직업이라는 말은 다음과 같은 기준에 따른다. 직업에 대한 다음의 기준이 부합될 때에만 직업이라는 용어를 붙여 사용할 수 있다.

첫째, 직업은 성인(成人)이 하는 일이다. 우리나라는 「근로기준법」에 의하여 만 13세 미만의 미성년자는 직업을 갖는 것에 대해 제한하고 있다. 아역 탤런트나 소년 소녀 가장의 생계벌이를 직업 활동으로 여기지 않는 이유가 여기에 있다.

둘째, 직업은 경제적 보상을 받는 일이다. 사람들이 일을 가지고 있다 하더라도 경제적 보상을 받지 않는 일이라면 직업이라 하지 않는다. 자원봉사자의 활동을 직업으로 보지 않는 이유가 여기에 있다.

셋째, 직업은 계속적으로 수행하는 일상적인 활동이다. 그렇다고 해서 매일이거나 정기적일 필요는 없지만 일정 기간 영속성(永續性)을 가져야 한다는 것이다. 따라서 아르바이트하는 학생의 경우는 직업을 가졌다고 하지 않는다.

넷째, 직업은 사회적 효용성(效用性)이 있어야 한다. 사회적 윤리나 사회규범상 반사회적(反社會的)이라고 규정되는 일은 직업이라 말할 수 없다. 거지, 밀수, 사채업, 도박, 매춘, 폭력청부업 등을 직업이라 하지 않는 이유가 여기에 있다.

다섯째, 직업은 노력이 소요되는 일이어야 한다. 이자, 임대료, 주식배당, 사회보장 등에 의한 수입을 얻는 경우는 직업이라 하지 않는다.

여섯째, 직업은 자신의 의사에 따라 하는 일이다. 자신의 의사에 반하여 강제적으로 행해지는 일은 직업이 될 수 없다. 법률의 명령에 따라 행해지는 사회봉사활동은 수입이 있다고 하더라도 직업으로 보지 않는다.

사람은 누구나 직업을 갖고 살아가기 때문에 직업은 인간의 삶에 있어 중요한 의미를 가진다. 현대사회에서 직업이 갖는 의미는 여러 가지가 있는데 대표적으로 경제적, 사회적, 심리적 의미 및 종교적 의미가 있다.

첫째, 경제적 의미이다. 정부가 발간하는 직업사전에서는 직업을 '개인이 계속 수행하는 경제 및 사회활동의 종류를 의미'한다고 규정하고 있다. 직업은 인간 개개인에게 일할 기회를 제공하며, 일의 대가로 임금을 받아 본인과 가족의 경제생활을 영위케 해 준다. 인간이 직업을 구하려는 동기 중의 하나는 바로 노동의 대가, 즉 임금을 얻는 소득의 측면이라고 할 수 있다.

둘째, 사회적 의미이다. 현대사회에서 직업은 사회적 역할을 분담하고 있다. 과거의 사회에서는 사회적 신분에 따라 사회적 역할이 분담됐지만, 오늘날에는 직업에 따라서 사회적 역할이 분담되고 있다. 오늘날 직업을 갖는다는 것은 현대사회의 조직적이고 유기적인 분업 관계 속에서 분담된 기능의 어느 하나를 맡아 사회적 분업 단위의 지분을 수행하는 것이라고 할 수 있다. 사람은 누구나 직업을 통해 타인의 삶에 도움을 주기도 하고, 사회에 공헌하며 사회의 발전에 기여하게 된다. 따라서 직업은 사회적으로 유용한 것이어야 하며, 사회 발전 및 유지에 도움이 되어야 한다는 것이다. 직업의 원래 형태는 공동사회에서 개개인의 사회적 역할분담인 직분으로서 천직이 먼저 발생한 것이다. 그런데 오늘날 우리의 일반적인 상식으로는 직업은 무엇보다도 먼저 생계의 유지를 위해 종사하는 일이라 할 수 있다.

셋째, 심리적 의미이다. 인간은 직업을 통해 자신의 이상을 실현한다. 인간의 잠재적 능력, 타고난 소질과 적성 등이 직업을 통해 계발되고 발전한다. 즉, 직업은 인간 개개인의 자아실현 매개인 동시에 장이 되는 것이다. 자신이 갖고 있는 제반 욕구를 충족하고 자신의 이상이나 자아를 직업을 통해 실현함으로써 인간적인 인격의 완성을 기하는 것이다.

직업은 생 그 자체이자 삶의 내용이기도 하며, 삶의 중심과정이고 생의 목적 그 자체이다. 다시 말해 자연적 존재이면서 동시에 사회적 존재이기도 한 우리 인간은 직업을 통해서 자기의 기본적 욕구와 사회적 욕구를 충족시킬 수 있다. 즉, 인간은 직업을 매개체로 하여 자기의 삶을 완성해 간다.

직업이란 사람들이 자신이 가진 재능으로 서로에게 봉사하는 것이다. 기본적으로 자기 생활을 유지하기 위한 것이기도 하지만 넓게 보면 타인들에 대한 봉사를 위한 것이기도 하다. 직업이 돈을 벌기 위한 수단이라고 생각하는 사람들이 많지만, 그것은 본질에서 벗어난 것이다. 다양한 직업의 관계에서 사람들이 주고받는 것은 돈이지만, 물질은 부차적인 것이다. 근본적으로 우리가 주고받는 것은 마음이다. 관계를 통해 이어지는 것은 다양한 경험, 감정, 느낌이다. 모두가 그 경험, 감정, 느낌과 함께 영적으로 한 걸음씩 성장하는 것이다.

넷째, 종교적 의미이다. 직업이란 용어의 어원을 먼저 살펴보면, '직업'이란 원래 관직 내지 직분을 의미하는 천직으로서의 '직'과 생업을 의미하는 '업'이 합쳐서 이루어진 말이다. 직업이란 의미는 원래 천직의 의미에서 출발하여 생업의 의미로 점차 확산되어 왔다고 볼 수 있다. 영어의 vocation 혹은 독일어의 beruf는 '신으로부터 부름을 받았다'는 직업에 대한 소명의식을 나타내고 있는 가치 지향적인 용어이다. 프랑스에서처럼 profession이라고 할 경우는 전문적인 지식과 소양을 갖춘 전문적인 직업 활동이 강조되는 용어이다.

이상의 직업에 대해 분석해 볼 때 직업과 일은 동의어처럼 보이지만 그 의미에는 차이가 있다. 직업이란 인간 개체의 생존 발전과 그들의 공동체인 사회적 기능의 역할분담, 그리고 자아의 실현을 목표로 하는 지속적인 노동이나 일을 의미한다. 인간은 직업에 종사하면서 일을 통해 만족감과 성취감을 얻고 삶의 의미와 가치를 발견하면서 행복을 느낄 수 있다. 따라서 직업과 일은 인간에 대한 구속이나 고통의 원인이 아니라 보다 나은 삶으로 인도하는 행복의 원천이다. 인간은 자신이 선택한 직업과 일을 통해서 자아실현을 성취하며 행복을 추구하고자 하는 것이다(정석용 외, 2009).

2. 직업관 및 직업의식

1) 직업관

직업관의 종류로는, 첫째 생존수단(means of suvival)으로서의 직업관, 둘째, 물질적 행복의 수단(means of material well-being)으로서의 직업관, 셋째, 성공의 수단(means of success)으로서의 직업관, 넷째, 자기발전의 수단(means of self-development)으로서의 직업관, 다섯째, 소명(vocation, calling)으로서의 직업관이다.

직업관이 중요한 이유가 있다. 직업에 종사하는 모든 사람이 제각기 어떤 목적을 추구하고 있지만, 같은 직업에 종사한다고 해서 같은 목적을 가지고 있지는 않다. 사람들이 직업에서 추구하는 목적이 다양하고 다르다는 사실은 매우 중요한 의미를 갖는데, 이것이 직업관이다. 어떤 이들이 가지고 있는 만족감은 그들의 삶에 파국을 초래할 수도 있고, 어떤 이들에게는 지속적인 만족감을 주며, 어떤 이들에게는 고통과 죽음의 위협에도 불구하고 그 일을 지속하도록 한다.

(1) 생존수단으로서의 직업관

생존수단으로서의 직업관은 직업을 오직 의식주 문제를 해결하기 위한 수단으로만 생각하는 직업관을 의미하며, 이는 직업을 단지 호구지책으로 이해하는데, 이러한 인식 안에서 직업은 단지 고통스럽고 지겨운 고역과 노역밖에는 되지 못한다. 그러나 문제는 우리 사회가 산업사회로 발달하면서 이 직업관이 사람들의 의식을 지배해 가고 있으며, 이는 개인에게뿐만 아니라 사회 전체에도 해악을 주기 때문에 반드시 극복되어야 할 직업관이다.

(2) 물질적 행복의 수단으로서의 직업관

물질적 행복의 수단으로서의 직업관은 직업을 단지 더 많은 물질적 이익을 얻기 위한 도구로서 이해하는 것을 의미한다. 물질적 이익을 얻고자 하는 욕구는 나쁠 것이 없으나, 인간에게는 물질에 대한 욕구 이외에 지식과 사상에 대한 욕구 또한 있다는 것을 기억해야 하며, 물질만을 추구하는 직업관은 결국 지속적인 행복을 가져다줄 수 없다는 사실을 기억해야 한다.

(3) 성공의 수단으로서의 직업관

우리나라는 직업을 신분상승의 기회로 인식하는 경향이 매우 짙다. 그 예로 한국의 부모들은 자녀들이 좋은 학교를 졸업하고 궁극적으로는 좋은 직장을 갖게 되기를 바라는데, 이는 자녀들이 사회에서 더 나은 사회적 지위를 얻게 되기를 원하기 때문이다. 이뿐만 아니라 줄곧 사회적 문제로 떠오르기도 했던 결혼정보 업체들의 주선방식 또한 한국사회가 얼마나 그 사회적 지위를 유지하고 상승시키는 데 많은 관심을 가지고 있는지를 보여 준다고 할 수 있다. 경쟁을 통해 더 나은 삶을 얻고자 하는 인간의 욕구는 사회가 발전하는 데 있어 중요한 요소이지만, 이러한 인식을 가지고 직업을 이해할 때 '성공의 우상화'라는 문제가 생길 수밖에 없다. 결론적으로 성공을 우상화하게 될 때 인간은 그의 고유한 잠재적가능성을 파괴할 수밖에 없다.

(4) 자기발전의 수단으로서의 직업관

자기발전이란 '인간 각자가 간직하고 있는 기술과 기능 및 예술에 관계된 잠재적 능력을 발휘하고 발전시키고 또는 추구하는 이상이나 가치와 사랑을 실현하는 것'을 의미한다. 따라서 직업관을 자기발전의 수단으로 인식한다는 것은 개인이 가진 이상과 가치를 실현하고 가족과 이웃 그리고 인류를 위해 헌신하기 위한 수단으로서 직업을 인식하는 것을 의미한다고 할 수 있다. 자기발전으로서의 직업관은 곧 장인정신으로 이어진다. 직업이 단순히 물질과 사회적 지위를 위한 수단이 되어서는 안 되며, 이웃을 위한 봉사로 직업을 이해하고, 필요한 기술을 습득하고 발전시켜 보람과 긍지를 얻게 되는 것이다.

(5) 소명으로서의 직업관

소명으로서의 직업관은 직업의 의미를 종교적 신앙에서 이해하는 것이다. 이 직업관에서는 직업을 하늘이 부여한 책임과 사명이라고 생각한다. 대표적인 것은 루터의 소명 사상이라고 할 수 있다. 루터는 직업을 하늘로부터 온 천명으로 이해할 때 우리는 자신의 직업 활동에 대하여 헌신적으로 투신할 수 있게 되며 더 나아가서는 죽음까지도 초극할 수 있는 성스러운 의미와 사명감을 가질 수 있다고 말한다. 막스 베버(Marx Weber)는 직업을 천명으로서 이해한 프로테스탄트들의 직업활동이 지금의 자본주의를 발생시켰다고 밝힌 바 있다. 또한 직업을 소명으로서 이해할 때 우리는 모든 직업이 신성하다는 신념을 가지게 된다. 그렇게 자신이 맡은 소명이라는 생각으로 임하다 보면, 직업은 기본적으로 자기 자신을 위한 것일 뿐만 아니라 타인과 공동체를 섬기기 위한 것이 될 수 있다.

2) 직업의식

(1) 천직의식

천직의식(天職意識)이란 자신의 직업이나 하고 있는 일이 자신의 의지에 의해 선택된 것이 아니라 운명적인 어떤 것, 즉 하늘이나 자연, 하나님, 신, 운명, 국가, 민족, 조상 등에 의해 부여된 사명으로서 선택받은 것이라는 직업의식을 말한다.

직업이동이 어려웠던 전통사회의 직업관에서도 이러한 의식을 찾을 수 있으며 매우 소극적, 수동적인 직업관으로 흐를 수 있다는 단점이 있다. 즉, 농사나 목축을 주로 생업으로 삼고 있었던 전통사회에서는 직업을 평생 동안 바꿀 수 없었으며 심지어 대대로 부모의 직업을 세습받을 수밖에 없었으므로 직업에 대한 이러한 천직사상이 오히려 자연스러운 것이 될 수 있었다.

그러나 현대 산업사회에서는 자유의지에 따른 직업의 선택이 가능해졌으므로 오늘날의 천직사상은 자신의 일에 대해 적극적, 능동적으로 임하는 사명의식을 나타내어 매우 바람직한 직업의식이라고 할 수 있다. 천직의식을 현대적 해석으로서 정의를 내린다면, '자신의 직업이 적성에 맞는다고 생각하며 그 일에 열정을 가지고 임하는 성실한 직업의식이며, 따라서 자신의 직업을 소중히 여기고 자신의 직업적 활동에 최선을 다해 수행하고자 하는 직업의식'이라고 말할 수 있다.

(2) 소명의식

소명의식(召命意識, vocation)이란 근세 종교개혁자인 개신교의 루터, 캘빈주의자들에 의해 직업을 하나님의 소명으로 보고, 세상의 직업적 활동을 통하여 하나님의 부르심(소명, calling)을 받을 수 있으며 또한 구원을 받을 수 있다고 보는 직업의식을 말한다. 직업을 하나님의 소명이라고 보는 것은 모든 사람에게 부여된 직업은 하나님이 주신 것으로서, 그 직업을 통하여 하나님의 영광을 지상에 드러내는 것이라고 본다. 또한 하나님은 모든 사람에게 서로 다른 재능을 주시고 그 재능에 따라 여러 가지 직업을 정해 주셨으므로 자신의 직업에 최선을 다함으로써 하나님의 뜻을 이룰 수 있다고 믿는 것을 말한다.

이 소명의식은 돈, 권력, 명예 등과 같은 세속적 가치의 보상으로서의 직업의식이 아니다. 종교적 구원을 목적으로 한 직업의식으로서, ① 성실, 근면(Time is gold), 정직(Honesty is the best policy), 검소한 생활을 신조로 삼으며, ② 신용은 생명이라는 철저한 직업의식을 가짐으로써 서구의 신용사회와 상도의가 확립된 자본주의의 정신적 기초가 되었다.

(3) 직분의식

직분의식(職分意識)이란 직업적 활동을 통해서 사회(社會)의 여러 가지 기능을 분업적으로 나누어 참여하고 있다는 직업의식을 말한다. 예를 들면, 농부가 농업에 종사하면서 갖는 직분의식의 일종으로서 '농자천하지대본(農者天下之大本)'이라는 생각이 있다. 이것은 인간에게 가장 중요한 농산물을 생산하는 기능을 담당하는 직분을 갖고 있음을 긍지로 삼고 있다는 것을 의미한다.

상인은 여러 가지 물품을 중간에서 효율적으로 유통시키는 기능을 직분의식으로 삼으며, 공무원은 공공적인 책무를 수행하도록 위임받아 민원인에게 친절하게 봉사하는 일을 직분의식으로 삼을 수 있을 것이다. 이와 마찬가지로 사회에 필요한 대부분의 직업은 그 나름의 직분의식을 가질 수 있다고 본다.

직장 내에서의 직분의식으로서는, ① 자신의 업무를 최선을 다해 충실히 수행하는 것이며, ② 동료와 상사, 부하의 공식적 · 비공식적인 역할 관계가 협동적으로 이루어질 수 있도록 하고, ③ 서로의 경쟁은 어디까지나 공명정대한 페어플레이 정신에 의한다. ④ 부하는 상사의 권위를 존중하는 동시에 상사는 부하의 직책에 따르는 권한을 존중해야 하며, ⑤ 상사는 부하의 인격을 침해하지 않도록 조심해야 하고 공식적인 관계를 떠났을 때는 서로 평등한 인격체로서의 인간관계를 유지한다. ⑥ 상거래 시에는 고객에게 항상 친절하고 봉사하는 정신으로 직무수행을 하여야 한다.

(4) 가업의식

가업의식(家業意識)은 부모나 조상의 대(代)를 이어 직업을 물려받아서 자신이나 가문의 명예를 걸고 최선을 다해 제품을 만들며, 고객에게 최대의 봉사정신을 하는 직업의식을 말한다. 이러한 가업의식은 훌륭한 제품의 생산에 크게 기여할 수 있으며, 가업의 신용과 명예를 지키기 위해 성심을 다해 서비스하는 직업정신이다. 오늘날의 상도덕과 직업윤리 형성에 크게 기여한 직업의식이라고 하겠다.

가업에 의해 생산된 상품은 종종 그 가문의 이름을 상표로 사용하고 있는 경우가 많은데, 가령 피에르가르뎅, 카네기 강철공장, 소니 전자제품, 포드 자동차, 파커 만년필과 같은 것으로서 대부분 세계에서 가장 훌륭한 제품의 대명사처럼 사용되는 제품의 이름들이다. 자신의 이름을 상품명으로 삼는 이유는 자신의 제품이 천하의 제일이라는 높은 자신감과 긍지를 갖고 있기 때문이다. 이러한 제품들은 모두 수십 년, 수백 년에 걸친 노력의 산물이며 대대로 이어 온 연구와 정성의 소산임을 간과해서는 안 될 것이다.

(5) 장인정신

장인정신(匠人精神, craftsmanship)이란 자신의 일에 긍지를 가지고 정성을 다해 끊임없는 연구를 하며 창의적으로 일해 나가는 정신을 말한다. 이러한 정신을 갖고 한 가지 일에 일생을 바쳐 일을 한 결과 뛰어난 기술과 숙련도를 익힌 사람을 장인(匠人, craftsman)이라고 한다.

장인들은 일을 하나의 인간이 완성되어 가는 도(道)로 여겨 그의 밑에서 배우는 도제(徒弟)에게 일에 임하는 마음가짐과 직업정신, 성실한 인간성까지 철저히 배우도록 엄격한 수련을 시켰으며 그들은 온 정성을 다해 명품(名品)과 명기(名器)를 만드는 데 일생을 바쳤다. 그들은 항상 마음을 깨끗이 하고 자신의 혼을 불태우는 정성으로 심혈을 기울여 명품을 만드는 것을 가장 큰 보람으로 여겼다. 현대 산업사회는 규격화된 표준품을 대량생산 판매하는 사회가 됨으로써 장인정신이 현저히 퇴색하고 있으나 영화, 연극, 미술 등 예술분야에는 아직도 거장(巨匠)이 많이 나오고 있음은 다행스러운 일이라고 하겠다.

장인정신을 현대적 해석으로서 정의한다면, 부귀와 공명을 추구하려는 세속적인 야망보다는 자신의 참된 삶을 자신의 직업을 통해 완성해 나가는 고귀한 직업 정신이라고 할 수 있을 것이다.

(6) 기업가정신

기업가정신(企業家精神)이란 창의성과 사명감을 바탕으로 일생을 바쳐 기업적 활동을 하며, 기업을 자신의 재산이나 소유물로 여기기보다 기업을 통해 자아를 창조적으로 실현하고 사회의 공익을 위해 헌신하는 직업정신을 말한다.

이러한 기업가정신은 작게는 기업정신과도 맥을 같이하며 장인정신과도 상통하는 것으로서 넓게는 프로테스탄트교의 직업윤리 의식과도 밀접한 연관성을 갖고 있다. 서구의 자본주의가 발전된 원인도 건전한 기업가정신을 갖고 있던 기업인이 많았기 때문이었을 것이다.

오늘날 우리 사회에서 부의 축적과 이윤을 추구하는 것만을 목적으로 삼고 있는 기업인이 많은 것은 참으로 애석한 일이다. 기업이 보다 발전하고 사회에 공헌하고자 한다면 기업 본래의 도덕적 기초와 기업인의 직업정신이 보다 발전적이고 투철하여야만 한다.

작은 기업을 경영하는 사람이든 큰 기업을 경영하고 있는 사람이든 기업을 자신의 소유물이나 재산이라고 보는 것은 대단히 어리석고 짧은 사고이다. 단지 자신의 생존기간 동안 관리하고 경영하는 사회적 재산임을 명심할 필요가 있으며 따라서 모든 인류가 필요로 하고 아낄 수 있는 사회적 명품이 될 수 있도록 잘 육성하고 관리하는 경영인이 되어야 한다.

3. 직업 선택

직업은 개인이 사회에서 생활을 영위할 목적으로 한 가지 일에 종사하는 지속적인 사회 활동이라고 할 수 있는데, 무슨 직업을 선택하고 어떤 성취를 이루는가는 인생에 있어서 매우 중요한 일이다. 따라서 직업 선택을 위해서는 신중을 기해야 하며, 자신의 특성을 잘 알고 적합한 직업을 선택해야 한다. 직업 선택에 필요한 요소들에 대해서 살펴보면 다음과 같다.

첫째, 가치관(values)이다. 가치는 사람들로 하여금 어떤 방식으로 행동하게 하는 원리나 믿음 · 신념이다. 즉, 가치란 한 인간이 무엇을 믿고 있고, 무엇을 지지하며, 무엇을 중요하게 생각하느냐에 있어서 '무엇'에 해당하는 것으로서, 이러한 가치관은 알게 모르게 우리의 행동 양식과 사고, 일상생활의 모든 결정과 선택에 있어서 중요한 준거로 작용한다. 가치를 구분하는 기준은 여러 가지가 있지만, 가장 중요한 기준의 하나는 어떤 가치가 '안에 있는가', '밖에 있는가' 하는 것이다. 안에 있는 가치를 내재적 가치 혹은 목적적 가치라고 부르고 밖에 있는 가치를 외재적 가치 혹은 수단적 가치라고 부른다. 사람은 누구나 자신이 가치 있는 일을 할 때 만족하게 된다.

따라서 자신이 추구하고자 하는 가치관을 고려하여 그에 알맞은 직업을 탐색하고 선택하는 것이 중요하다. 이러한 가치관은 평소에는 지각되지 않아 잘 탐색해 보아야 한다. 가치관을 탐색하는 방법은 자신에게 여러 가지 질문을 던져 자신의 가치관을 의식화하는 것이다. 또한 표준화된 심리검사도구를 통해서 자신의 가치관을 평가해 보는 방법이나 가치 명료화 프로그램을 통해 자신의 가치관을 평가해 보는 것도 좋은 방법이다.

둘째, 흥미(interest)이다. 흥미(興味)는 물체, 사건, 과정 등에 이끌리는 정서나 감정으로, 어떤 것에 대하여 관심을 가지게 되는 것을 말한다. 흥미가 있는 것을 직업이나 취미로 가지게 된다면 삶의 만족도가 올라간다. 흥미가 인간행동의 방향과 강도를 결정하는 중요한 요인이라는 것은 공통적인 견해이다. 흔히 우리가 어떤 일을 하면서 '재미가 없다'거나, '재미가 있다'라고 말하게 되는데 재미가 있는 일에 대해서는 누가 시키지 않거나 어떤 보상을 해 주지 않더라도 그 일에 몰두하게 된다.

우리는 흥미 있는 일을 할 때 힘든 줄 모르고 몰두하게 되고 좋은 결과를 얻는다. 이처럼 흥미는 일에 대한 몰두와 성과에 영향을 미치는 중요한 요인이다. 한편, 직업흥미란 일반적 의미의 흥미와 달리 여러 가지 직종 중에서 어떠한 특정 직종에 호의적이고 수용적인 관심과 태도를 갖는 것을 말한다. 직업 선정과 적응, 성공을 결정하는 데 중요한 요인 중 하나이다.

셋째, 적성(aptitude)이다. 적성(適性)은 무엇에 알맞은 성질(性質)이다. 간단히 말하면, 무언가에 잘 맞는 것이 적성이다. 또는 무언가와 같은 소질이나 성격을 말하기도 한다. 적성이 없는 사람은 없으며, 모든 적성이 안 맞는 경우는 광범위한 분야에 조금씩 소질이 있기 때문이다. 사람은 누구나 나름대로 특정한 분야에 뛰어난 능력을 가지고 있는데 자신의 독특한 능력, 즉 적성을 고려하여 직업을 선택하는 것이 중요하다. 적성은 타고난 능력이나 소질이라고 할 만큼 유전적인 성향이 강하지만 학습 경험이나 훈련에 의해서 개발될 수 있다는 것이 일반적인 견해이다.

또한 적성은 특수한 분야에 대한 지적 능력을 의미하는 것으로 특정한 직업을 수행하는 데 필요한 지능 혹은 능력이다. 일반적으로 적성은 언어 영역, 수리/논리 영역, 공간/시각 영역, 음악 영역, 자연탐구 영역, 신체/운동 영역, 기계 영역, 자기조절 영역, 대인관계 영역, 창의성 영역 등을 포함하는 것으로 표준화된 적성 검사를 통해 평가할 수 있다.

넷째, 성격(personality)이다. 성격(性格)은 환경에 대하여 특정한 행동 형태를 나타내고, 그것을 유지하고 발전시킨 개인의 독특한 심리적 체계이다. 성격은 개인마다 갖고 있는 개성과 연관된 것으로서 간략히 정의하기는 쉽지 않다. 일반적으로 성격이란 환경에 대해 개인이 취하는 행동과 관련된 것으로서, 사람마다 서로 다른 독특함을 특징으로 하고, 일시적인 것이 아닌 항상성을 지니는 심리적 체계를 의미한다고 할 수 있다.

개인의 성격은 시간과 상황에 상관없이 지속적으로 일관된 특성으로, 그 사람의 정서적인 반응과 사회적 행동에 강력한 영향을 미친다. 많은 사람과 접촉하는 활동적인 일을 좋아하는 사람이 있는가 하면 어떤 사람은 사무실에서 자료를 정리하고 계획하는 것을 좋아하며 그런 일을 꼼꼼하게 잘 처리한다. 이러한 것은 서로 성격이 다르기 때문인데 작업의 만족도와 성과에 영향을 미치는 중요한 요인 중의 하나가 된다.

4. 직업사회와 직장의 인간관계

1) 직장의 이해

직장은 공통의 목표와 업무 수행을 위해 조직되어 있으며, 대부분은 위계질서라는 인적 구조 속에서 업무를 수행한다. 처음 입사해서는 말단직원으로 상사와 동료만 존재하지만 시간이 지남에 따라 상사와 동료, 부하직원이 생기는 상황으로 변한다. 따라서 직장에서는 매우 다양한 인간관계가 펼쳐지며 서로의 관계에 따라 직장생활의 만족도가 달라지고 삶의 만족도에도 영향을 준다.

직장인의 일반적 대인관계 유형에 대하여 살펴보기로 한다. 우선, 직장에 대한 소속감에 따른 분류로 직장 중심형과 직장 탈피형이 있다. 첫째, 직장 중심형은 직장 동료들과 관계를 중시하며 직장을 삶의 중요한 대인관계 영역으로 생각하는 직장인의 태도를 말한다. 이 유형의 사람은 조직 및 업무에 대한 소속감과 만족도가 높으며 직장 내에서 수행하는 업무에 중요한 의미를 부여하고 관심사나 취향이 일치하므로 업무에 대한 흥미도 높다. 둘째, 직장 탈피형으로 직장에 대한 소속감과 만족도가 떨어지는 경우에 나타나는 직장인의 대인관계로 직장 동료와의 친밀감이나 만족도가 낮아 직장 동료보다 직장 밖의 대인관계를 더 중시한다. 직장 동료와 친밀한 대인관계를 형성하지 못할 뿐만 아니라 자신의 적성이나 취미 관심사가 달라 업무에 대한 흥미가 적은 경우가 많다.

다음으로 직장 구성원 간의 응집력에 따른 분류로 화합 응집형, 대립 분리형, 화합 분산형, 대립 분산형이 있다. 첫째, 화합 응집형은 구성원들이 서로 긍정적 감정과 친밀감을 지니는 동시에 직장에 대한 소속감과 단결력이 높은 경우이다. 이런 유형은 구성원들의 정서적 유대관계를 중시하는 지도력이 있는 상사가 있는 경우가 업무 분담이 명료하여 구성원 간의 갈등이 적고 자유로운 직장 분위기를 갖고 있다. 둘째, 대립 분리형은 직장 구성원들이 서로 적대시하는 두 개 이상의 하위 집단으로 분리되어 있는 경우이며 하위 집단 간에 서로 대립을 보이지만 같은 하위 집단 내에서는 서로 친밀감을 지니며 응집력이 높다. 셋째, 화합 분산형은 직장 구성원 간에 비교적 호의적인 관계가 유지되나 직장에 대한 응집력은 약한 경우로 지도력 있는 상사가 없거나 개인주의적 성향이 강한 구성원들로 이루어져 있을 때 나타난다. 넷째, 대립 분산형은 직장 구성원 간 감정적 갈등이 심하며 직장의 대인관계에 구심점이 없는 경우이다. 직장에 대한 소속감이나 애착이 없으며 직장에서는 경제적 수입을 얻는 것 이외에는 자신에게 부여된 일만 할 뿐 구성원 간 협조나 협동이 잘 이루어지지 않는다.

2) 상사의 유형

직장생활 중에 가장 어려운 대인관계는 상사와의 관계이다. 수평적인 대인관계에 익숙한 사람들은 직장에 들어가서 상사를 예의 바르게 대하고 업무 지시를 받으며 때로는 업무 미숙으로 인한 질책을 받을 때 어려움을 겪는다. 또한 상사의 위치에 오르면 부하를 효과적으로 통솔하는 일에 어려움을 겪는다. 이러한 과정 속에 흔히 서로에게 불만을 느끼는 적대적인 관계를 맺게 되고 업무에도 부정적인 영향을 미친다.

상사의 유형에 대하여 살펴보면, 우선 상사의 역할에 따른 분류로 상사는 직원을 지휘하는 지도자로서 여러 역할을 하게 된다.

첫째, 업무 지휘자로서 부하직원들에게 업무를 분장(分掌)하고 수행 방식을 지시하며 목표 달성을 위해 부하직원들을 독려하는 역할이다.

둘째, 감독 평가자로서 지시자, 감독자, 혁신자, 중계자, 조정자, 촉진자 등이 되며 부하직원들이 업무를 제대로 수행하고 있는지 평가하고 감독하는 역할을 한다.

셋째, 선도 혁신자로서 새로운 기술과 지식을 전수할 뿐만 아니라 솔선수범하여 새로운 업무 수행 방식이나 문제해결 방식을 생각해 내고 실현하는 역할이다.

넷째, 중계 조정자로서 부하직원 간의 업무 협조 체계를 조정하고 부서의 대표로서 타부서나 경영층에 부서의 입장을 설명하고 필요한 자원을 얻어 내는 역할을 한다.

다섯째, 화합 촉진자로 부하직원들에게 관심과 애정을 보이고 부서 직원 간의 팀워크를 조성하여 의사결정에 부서원들을 참여시키는 역할을 한다.

다음은 상사의 행동 양식에 따른 분류이다.

첫째, 과업 중심형은 업무 지향적인 지도자로 주로 업무를 분담하고 지시하며 지휘하는 역할을 한다. 부하직원의 업무 능력과 성과에 주된 관심이 있으며 조직의 능률과 업적은 중시하나 부하직원의 개인적 생활이나 정서적 교류에는 별 관심이 없다.

둘째, 인간 중심형은 업무 수행뿐 아니라 인격적 교류에도 큰 가치를 부여하는 상사로 부하직원 개개인의 성격과 업무 스타일을 존중하며 그에 따른 업무를 배정하기도 한다.

또한 상사의 지휘 방식에 따른 분류에 대하여 살펴보기로 한다.

첫째, 권위형은 부하직원에 대해서 지배적이고 통제적인 역할을 하는 상사이다. 이런 사람은 상사와 부하직원의 관계를 지배와 종속의 관계로 파악하며 부하직원의 의견을 수렴하기보다는 자신의 판단에 따라 일방적으로 지시하고 명령하는 행동 패턴을 보인다.

둘째, 방임형은 부서업무에 대한 전문적 능력이나 지도력에 자신감이 없는 상사들로 부하직원의 업무활동에 무관심하거나 자신감이 없는 상사들이다. 이 유형은 부하직원에게 지나치게 자율적 권한을 부여하고 대신에 자신의 역할과 책임을 축소시키는 경향이 있다.

셋째, 민주형은 업무를 추진함에 있어서도 부하직원의 의견과 재량권을 존중해 주는 상사이다. 그들은 부하직원과의 관계를 인격적으로 평등하게 인식하며 부하직원과 자유롭고 솔직한 의사소통을 나눈다. 이 유형은 자유롭고 개방적인 분위기를 조성해 창조적인 활동이 이루어져 부하직원의 만족도가 가장 높은 반면, 업무수행의 효율성이나 구성원의 응집력은 떨어질 수 있다는 단점이 있다.

5. 직장에서의 스트레스와 인간관계

1) 스트레스의 개념

스트레스(stress)는 정신적 · 신체적 자극을 일으키는 심리적 · 신체적 반응으로서의 적응을 뜻한다. '스트레스'란 용어는 라틴어의 어려움, 곤란, 역경, 고생을 의미하다가 이후 힘, 압력, 압박, 강한 효과(effect) 등의 의미로 대체되었다. 원래 물리학에서 '물체에 가해지는 물리적 힘'을 의미하는 말로 사용되다가 의학에 응용된 것이다. 스트레스란 신체적 · 심리적 평형상태에 동요를 일으키는 모든 자극을 가리키는 말이다. 적당한 스트레스는 우리에게 적절한 긴장감을 주어 문제해결이나 업무수행능력을 증진시키지만, 스트레스가 너무 강하거나 만성화되면 오히려 수행능력을 저하시키고 정신건강뿐만 아니라 신체적으로도 유해한 결과를 초래한다. 이처럼 스트레스는 '외부 또는 내부에서 생리적으로 발생하는 자극 또는 마음속에서 일어나는 갈등으로, 일상생활을 해 나가는 데 불편이나 지장을 초래하는 모든 형태의 방해 현상'이다.

스트레스의 정의와 개념을 살펴보자. 첫째, 자극에 초점을 둔 정의로 스트레스는 높은 정도의 불쾌한 감정을 초래하고, 정상적 정보 흐름에 영향을 미치는 환경적인 변화로 정의한다(Janis & Mann, 1977). 이는 사람들이 스트레스 요인이라고 명명되는 환경적인 사건에 반응을 표시하는 육체적, 심리적 반응을 포함하는 것이다. 둘째, 반응(response) 혹은 결과에 초점을 둔 정의로 유기체(organism)에 있어 심리적인 긴장적 반작용(strain reactions)이며, 환경적 자극으로 명명되는 다양한 스트레스 요인이 발생할 때 표출하는 것이다(Levi, 1967). 이는 개인적 특성과 심리적 과정에 의한 적응적 반응이며 외부적인 활동, 상황, 사건과 공간적, 물리적 환경과 심리적인 요구에 영향을 받는다. 셋째, 자극-반응(stimulus-response) 및 환경적인 상황에 초점을 둔 정의로 개인의 능력과 자원을 초월하여 위협적인 요구로 지각하는 환경적인 사건에서 발생하는 것이다(McGrath, 1978). 이는 개인과 조직상황의 요구에 의해 기인하며, 이들 요구를 관리하기 위한 자원(지식, 기술, 능력, 사회적 지지, 개인적 특성 등)과 불일치하여 발생하는 긴장이다.

심리학 또는 생물학에서 스트레스는 스트레스 요인에 대해 경계하고 대항하려는 심신의 변화 과정을 의미한다. 이런 반응은 일반적으로 외부에서 위협당하거나 도전받을 때 신체를 보호하고자 일어난다. 외부에서 압력받으면 긴장, 흥분, 각성, 불안 같은 생리 반응이 일어나는데 이런 외부 압력을 스트레스 요인(stressor)이라고 칭하고 여기서 벗어나 원상 복귀하려는 반작용을 스트레스라고 칭한다. 엄밀한 의미에서 외부 압력인 스트레스 요인은 그 반작용인 스트레스와 뚜렷이 구별하여야 한다.

2) 스트레스의 원인

스트레스의 원인이 되는 인자를 스트레서(stressor)라고 부르는데, 여기에는 외적인 것과 내적인 것이 모두 포함된다. 외적 요인으로는 소음, 강력한 빛, 열, 한정된 공간과 같은 물리적 환경, 무례함, 명령, 타인과의 격돌과 같은 사회적 관계, 규칙, 규정, 형식과 같은 조직사회, 친인척의 죽음, 직업상실, 승진과 같은 생활의 큰 사건 등이 있다. 내적 요인으로는 카페인, 불충분한 잠, 과중한 스케줄과 같은 생활 양식의 선택, 비관적인 생각, 자신에 대한 혹평, 과도한 분석과 같은 부정적인 생각, 비현실적인 기대, 독선적인 소유, 과장되고 경직된 사고, 완벽주의자, 일벌레 등이 있다.

한편, 스트레스의 유발요인으로 좌절을 들 수 있다. 좌절이란 어떤 일이 자신의 뜻이나 기대대로 전개되지 않을 때 느끼는 감정이다. 또한 좌절감이란 원하는 목표가 지연되거나 차단될 때 경험하는 부정적인 정서상태이다.

스트레스 유발요인의 또 다른 근원으로 갈등(conflict)을 들 수 있다. 갈등이란 서로 상반된 동기로 인해 다른 방향으로 끌려가는 느낌으로 두 개 이상의 대립하는 경향이 거의 같은 세기로 동시에 존재하여 행동 결정이 곤란한 상태를 의미한다. 갈등의 네 가지 유형을 살펴보면 다음과 같다. 첫째, 접근–접근 갈등(approach–approach conflict)으로 두 가지의 정적 유인가를 갖는 대상 중 하나를 선택해야 할 때 경험하는 갈등을 말한다. 이 갈등은 가장 스트레스가 적은 유형의 갈등이다. 둘째, 접근–회피 갈등(approach–avoidance conflict)으로 한 가지 대상에게 두 가지 유인가가 동시에 존재할 때 경험하는 갈등이다. 셋째, 회피–회피 갈등(avoidance–avoidance conflict)으로 두 가지 부정적인 것 중 하나를 선택할 때 경험하는 갈등이다. 넷째, 다중접근–회피 갈등(multiple approach–avoidance conflict)으로 행동의 몇 가지 대안 과정 중 바람직하고 불쾌한 결과를 동시에 가진 두 가지 목표 사이에서 고민하게 될 때 일어난다. 가장 복잡한 갈등의 형태이다.

스트레스 유발요인으로 성격의 A유형 행동 패턴(A–type)을 들 수 있다. A유형 행동은 시간에 대한 긴박감 및 경쟁과 적대감이 특징적인 행동으로 서두르고 압박감을 느끼며 시간에 집착한다. 이 유형은 약속을 잘 지킬 뿐만 아니라 종종 일찍 가기도 하며, 또한 빨리 먹고, 빨리 걷고, 말도 빠르다. A유형의 반대인 B유형은 좀 더 편히 쉬면서 삶의 질에 더 집중한다. B유형은 덜 야심적이고 덜 성급하며 스스로 속도를 조절한다.

스트레스의 원인을 심리사회적, 생물학적, 성격적인 원인으로 살펴보면 다음과 같다(임창재, 2005).

(1) 심리사회적 원인

① 적응

변화의 요인이 부정적이거나 괴로운 사건들은 장시간에 걸쳐 더욱더 심신을 붕괴시키고 마음속에 남아 있는 부정적인 생각들을 자극한다. 또한 공포심, 자기 회의와 끔찍한 심상들을 자극함으로써 이차적인 영향들을 미친다. 그러나 긍정적인 사건들도 적응을 필요로 하는 변화가 시작될 때는 부정적 사건과 마찬가지로 스트레스를 준다.

스트레스 요인이 될 수 있는 생활사건으로는 가족의 사망, 개인적 질병, 임신, 대인관계 문제, 경제적 고충, 친구의 사망, 가족과 의견의 불일치, 생활환경의 변화, 교사와의 관계, 교과목의 성적, 직장 상사와의 갈등, 사소한 법률 위반 등의 경험을 들 수 있다. 이러한 생활상의 사건들은 좋든 싫든 변화라는 적응을 요구한다. 이 변화라는 것은 성장을 위해 긍정적인 힘이 될 수도 있으나 정신 및 신체를 약화시키는 부정적인 힘이 될 수도 있다. 변화가 긍정적이냐 부정적이냐가 문제가 아니라 오히려 그 변화가 얼마나 강렬하고 만성적이냐가 문제이다. 너무 지나친 변화는 정신 및 신체적 질환의 발병이나 결과에 상당한 영향을 미치게 된다.

② 좌절

좌절이란 자연스러운 행동과 목표 혹은 희망했던 행동과 목표를 위협하거나 억제하는 것이다. 즉, 좌절은 원하거나 하고자 하는 것을 못하게 될 때 나타난다. 좌절에 따라 정서적으로 분노나 공격감정으로 반응하며 스트레스 반응의 원인이 된다.

③ 과잉부담

과잉부담이란 주위의 요구수준이 그 요구를 실현시킬 자기의 능력을 벗어난 상태를 말한다. 학교생활에서의 지나친 요구가 학생의 능력을 벗어날 때 괴로움을 느끼게 한다. 우리의 대뇌는 입력 메시지의 제한된 양만을 처리할 수 있기 때문에 과도한 자극을 받았을 때처럼 대뇌의 처리능력을 억지로 초과시키면 대뇌체계의 파손을 유도하게 된다. 학교생활에서의 과잉부담은 시간적인 압력, 과도한 책임감, 가족 지원의 결핍, 부모의 지나친 기대, 취업, 시험, 다른 학생과의 경쟁 등이 그 예이다.

④ 탈핍성

정신적 · 정서적 과정에서 받은 과도한 자극이 스트레스와 병적인 건강상태를 일으키는 것과 마찬가지로 과도한 자극이 동일한 스트레스 반응을 유발하게 되는데 이런 상태를 '탈핍성 스트레스'라고 한다. 즉, 너무 반복적이거나 도전해 볼 만한 가치가 없는 일들은 지겨움을 느끼게 하고, 이런 무료함이나 우울증이 심리적인 장애를 일으켜서 자존감을 상실하게 해 결국 약물중독, 알코올 중독, 자살과 같은 파괴적인 행동으로 신체가 반응할 수 있다.

(2) 생물학적 원인

① 생물학적인 리듬

생물학적인 리듬은 신경계와 호르몬 체계가 지배하는 생물학적인 활동들의 자연스러운 주기이다. 생물학적인 리듬은 분, 시간, 일, 년 등의 시간적 주기로 나타난다. 자신의 신체리듬에 대한 지식은 자신의 기분, 감정 및 민감성을 잘 이해하고 기대하도록 하며 심지어 앞으로의 변동까지도 예측할 수 있게 한다. 이들 활동 중 어떤 것은 전적으로 내적이며 변화에 매우 거센 저항을 보이고, 어떤 것들은 빛에 노출하는 것과 같이 외적인 자극에 의해 영향을 받는다.

② 영양섭취

영양의 섭취란 건강생활에 크게 기여하지만 어떤 섭식습관은 실질적으로 괴로움을 줄 수 있다. 즉, 특정 음식물을 섭취하는 것은 스트레스를 직접적으로 자극하거나 피로, 신경적 흥분을 증가시킨다.

커피를 많이 마시면 불안, 안절부절못함, 설사, 불규칙적인 심장박동, 주의력 상실 등의 스트레스 반응 증상이 나타난다. 저혈당도 불안, 두통, 현기증, 전율 및 심장 활동의 항진 등을 일으키며, 흡연도 니코틴이 부신을 자극하여 심장박동, 혈압, 호흡수를 증가시키고 포도당의 분비를 자극하여 스트레스 반응을 이끌어 내는 호르몬을 분비한다.

③ 소음

소음이 85dB이 넘으면 생리학적인 불쾌감으로 전신에 스트레스 반응을 일으키기도 한다.

(3) 성격적인 원인

① 자기지각

자아개념은 행동결정의 가장 중요한 요인이다. 자기지각 혹은 자아개념이란 자신에 대해 가지고 있는 심상을 말하며, 삶을 영위해 가는 데 상당히 중요한 역할을 하고 있다. 평소 생활하면서 무력감이나 자기비하를 지각하는 것은 스트레스를 일으킬 수 있으며 열등한 자아개념, 부정적 자아개념은 스트레스를 증가시킬 수 있다.

② 행동유형

정해진 시간까지 일이나 과제를 마치려고 하는 시간에 대한 강한 강박증이나 공격적인 행동, 너무 강한 성취적 행동, 한꺼번에 여러 일을 욕심내고 동시에 하는 행동 등은 스트레스의 요인이 된다.

③ 불안반응성 성격

불안반응성의 사람은 스트레스 요인이 사라진 뒤에도 계속적으로 가중된 스트레스를 경험한다. 불안반응 과정은 사람, 장소, 사물 등과 같은 어떤 자극을 도전적인 것이나 위협적인 것으로 지각하는 순간에 시작된다. 즉, 실제보다 더 나쁘게 상황을 자극하여 파국적으로 보며 절박하면서도 가혹한 삶이나 죽음으로 생각하기도 한다. 지나치게 계속적으로 반응하는 이러한 경향은 심한 정신적 · 신체적 무능력과 외상을 초래할 수 있다.

3) 직무 스트레스와 대처방법

오늘날 현대인들은 스트레스 속에 살고 있다. 삶의 많은 부분을 직장에서 보내는 직장인들에게 직무 스트레스는 삶의 질을 결정하는 중요한 요소이기도 하다. 특히 글로벌화된 경쟁 속에서 빠르게 변화하고 있는 경영환경은 직원에게 상시적인 스트레스를 주고 성과주의의 확산은 직원의 스트레스를 더욱 깊게 하고 있다.

직무 스트레스란 맡은 일로 인해 심하게 압박감을 받을 때 나타나는 신체적 · 심리적 반응을 말한다. 작업장에서 중요하게 생각하는 사건이 근로자에게 얼마나 스트레스를 주는지는 해당 사건이 해당 작업장에서 차지하는 위상에 따라 달라진다. 동일한 사건이 서로 다른 작업장이나 근로자들에게 동일한 영향력을 주지는 않는다. 근로자 개인의 일상적인 생활은 가정생활과 직장생활로 구분되어 있지만 완전히 독립된 형태로 이루어지기 힘들 뿐만 아니라 상호 영향을 미치고 있다. 이러한 직무 스트레스는 통상 부정적인 것으로 인식되고 있으며 실제 직무 스트레스는 직원들의 이직 사유가 되기도 하고 업무상 질병으로 발전하기도 한다.

직무 스트레스에 대한 연구(Jex, Beehr, & Roberts, 1992)에서는 직무 스트레스 정의 유형을 환경자극 직업 스트레스 요인에 초점을 두는지 환경자극에 대해 대응하는 개인적 특성에 초점을 두는지를 중점으로 구분하였다. 이러한 구분으로 직무 스트레스의 정의는 객관적인 환경자극에 초점을 두고 개인적 특성이라는 주관적 조건을 배제하는 자극 차원 정의(stimulus definition)와 직무 스트레스가 개인적 특성에 따라 결정된다는 점에서 결과적으로 발생하는 반응에 초점을 두는 반응 차원의 정의(response definition), 이를 혼합하여 보는 자극-반응의 관계 차원에서의 정의(stimulus-response definition) 등 세 가지 범주가 사용되고 있다.

자극 차원 정의는 외부의 환경적 요인에 의해 스트레스가 발생한다는 관점으로 스트레스를 발생시키는 외생적 요인의 규명에 초점을 두는 정의이다. 외부환경에 주목하는 자극 차원 정의는 객관적인 외부조건을 직무 스트레스로 하므로 일반화시킬 수 있으며 직무 스트레스가 실제 개인에게 발생하였는지 확인할 수 없다는 단점이 있다.

반응 차원 정의는 개인이 외부의 환경적 요인에 반응하는 방식에 초점을 두는 모형이다. 반응 차원 정의는 개인에게 발생한 직무 스트레스에 초점을 맞추어 실제 발생한 직무 스트레스를 연구대상으로 하는 장점이 있지만 개인의 특성에 따라 좌우되어 일반화할 수 없다는 단점이 있다.

자극-반응의 관계 차원에서의 정의는 직무 스트레스가 외부적 환경이나 개인적 특성 어느 한쪽에 의하여 결정되지 않으며, 둘의 상호작용을 통하여 발생하므로 이러한 상호작용에 초점을 맞추어야 한다는 관점이다. 자극-반응의 관계 차원에서의 정의는 직무 스트레스를 가장 정확하게 파악할 수 있다는 장점이 있으나 일반화할 수 없다는 단점이 있다.

직무 스트레스와 친해지기 위해서는 스트레스를 받고 있다는 사실을 인지하고 나에게 맞는 스트레스 대처방법을 찾아서 실천하는 것이 좋다. 이러한 직무 스트레스의 대처방법은 다음과 같다.

첫째, 이완법을 익히고 스트레스를 받을 때는 근육의 긴장을 풀어 주고 피의 흐름을 촉진시켜 심신의 긴장을 풀어야 한다.

둘째, 규칙적인 생활과 충분한 수면이 필요하다. 수면의 양은 사람마다 다르나 쾌적한 수면 만들기와 가능한 한 규칙적으로 빨리 일어나기 등의 실천이 필요하다.

셋째, 친한 사람들과 교류를 하거나 긴장을 풀고 많이 웃어 주는 행위도 도움이 된다.

넷째, 가능한 한 편안한 환경으로 만들어 일상에서 벗어나 자연을 즐기고 취미를 갖거나 적당한 운동을 하고 술이나 담배에 의존하지 않는 습관을 갖는다.

4) 스트레스 예방 및 관리법

스트레스를 잘 다스리려면 스트레스 인자를 부적절한 위협으로 받아들이지 않도록 하는 적절한 인지 능력과, 같은 스트레스 상황이라도 그에 대처할 수 있는 내적, 주변 대처자원(coping resource)을 잘 갖추어 스트레스 내성을 키워야 한다. 아울러 스트레스 자극을 위협적인 상황으로 받아들이지 않도록 인지와 행동 양식을 바꾸는 것도 스트레스 관리법이라고 할 수 있다.

(1) 스트레스 예방법

① 생각 바꾸기를 통한 스트레스 예방법

스트레스 자극은 성격과 같은 내부적 요인 이외에 외부 인자들도 있어, 스트레스 자극을 줄이거나 완전히 없애는 것은 현실적으로 어려운 면이 있다. 따라서 닥치는 스트레스 상황에 대한 생각을 바꾸고, 좀 더 상대편 입장을 수용하면서 스트레스 자극을 느끼는 역치를 올리는 방법이 현실적으로 가능한 스트레스 예방의 첫 단계이다. 우리가 사는 세상에서의 모든 생각은 완전히 객관적인 경우는 없다고 해도 과언이 아니다. 개인에게 일어나는 일에 대한 생각은 개개인의 선입견, 책임감과 가치관, 지금까지 살아온 경험에 따라 각색되어 개인마다 서로 다르게 인식하게 된다. 따라서 사람들 간의 관계 스트레스를 예방하자면 우선 상대편이 나와는 다른 남이라는 사실을 확실히 인식하고, 상대를 존중하고 인정하면서 시작해야 하고, 나와는 다른 남이므로 모든 생각이나 행동이 나와는 차이가 있을 수 있다는 사실을 수용하면 스트레스 자극은 생기지 않는다.

② 의사소통 방식의 변환

스트레스를 예방하기 위해서는 의사소통하는 행동방식에도 변화가 필요한데, 상대편과 생각이 다르다는 사실을 알게 될 때, 개인의 생각과 느낌을 감정을 섞지 않고 표현하는 것이 큰 스트레스 자극을 막는 두 번째 방법이다. 마음에 들지 않는 사실을 표현하지 않고 계속 마음에 두고 참다가 말을 하게 될 때는 누구나 감정이 악화된 상태에서 말을 해 관계에 문제를 일으키고, 스트레스 자극을 만들기 쉬워지기 때문이다.

③ 내적 자원 비축하기

사람에게 스트레스를 일으키는 가장 큰 이유 중 하나는 한 개체가 존중받지 못했다고 느낄 때인데, 이런 감정의 기저에는 자신감의 결여가 존재하는 경우가 있다. 즉, 스스로를 무가치하다고 생각하면 자신감을 잃게 되면서, 불안, 우울 및 그에 따른 다양한 신체 증상을 느낀다. 따라서 평상시 봉사와 선행을 통해 마음에 자신감과 여유, 배려를 축적해 내적 대처 자원을 확보하고 비축하면, 동일한 현상에 대한 대처 능력을 향상시킬 수 있다. 사람은 스스로의 삶에 의미가 있다고 느낄 때 삶에 대한 만족감과 자신감을 갖게 되므로, 일상에서의 선행과 봉사를 통해 마음에 행복감을 비축하는 것이 또 다른 스트레스 대처법이다. 이는 실제로 연구에서도 증명되어 있는데, 오쿤(Okun, 2016) 등에 의하면, 타인을 위한 사회 활동에 참여하거나 봉사 활동에 참여하는 사람들은 그렇지 않은 사람에 비해 사망률이 24%(95% confidence interval, 16~31%) 감소하였다. 이는 다른 사람들과 함께 느끼는 즐거움이나 소속감, 남에게 봉사하는 과정에서 생기는 배려의 마음이 우리 몸의 내분비계와 면역체계에 긍정적 영향을 미쳤기 때문이라고 설명되므로, 선행과 봉사를 통한 마음의 내적 자원을 비축하는 것이 스트레스 자극에 대처할 수 있는 또 다른 방법이 된다.

④ 체력과 일의 균형 맞추기

관계의 문제 이외의 일과 성취에 있어서의 스트레스는 성격적인 면이 크게 작용하기 쉽다. 예를 들어, 남에게 인정받는 데 집착해, 몸의 요구를 무시하고 계속 일하게 되면 체력이 떨어지면서 조그만 자극에도 민감하게 반응하기 쉬워진다. 따라서 지나친 완벽주의를 지양하고, 일과 휴식의 균형을 맞추는 것이 그 예방법인데, 지나친 성취욕으로 체력 소진을 만드는 경우 스트레스에 민감도가 증가하므로, 적절한 영양 및 운동, 휴식을 통해 체력의 균형을 맞추는 것이 스트레스 자극에 대한 대처자원을 확보하는 데 있어 기본이 된다.

⑤ 긍정적인 태도 유지하기

그 밖에 처음 시도하는 일, 불확실한 일을 감당해야 할 때는 누구나 스트레스를 받기 쉽다. 이때는 가급적 긍정적으로 생각하고 행동하는 것이 불안을 없애고, 일의 수행능력을 향상시켜 스트레스를 줄여 준다. 실제로 긍정적으로 생각할 경우 몸이 변화함을 증명한 연구로 2001년 캐나다에서 파킨슨병 환자들에게 치료제가 아닌 가짜 약을 복용하게 했을 때 실제 치료약을 복용하였을 때와 비슷한 기능 상태의 호전과 뇌 영상의 생화학적인 변화를 나타냈다는 연구가 있다. 긍정적인 믿음을 가지고 최선을 다하면 스스로의 잠재력을 발휘해 기대한 대로 최선의 결과를 얻을 수 있다는 것을 보여 준 연구결과로, 이때 긍정의 힘이 결과를 만들어 내자면 반드시 노력이 뒷받침되어야 한다. 이렇게 생각을 바꾸도록 노력했음에도 스트레스를 예방할 수 없을 때는 다음의 정신 신체적인 스트레스 반응을 줄이는 방법을 시도해 보도록 한다.

(2) 스트레스 관리법

① 운동 및 취미활동

스트레스를 경감하기 위해 쉽게 시행해 볼 수 있는 것이 걷기, 달리기, 자전거 타기 등과 같은 유산소운동이다. 그런데 스트레스 상황에서는 운동에 참여하기 어려워, 운동과 스트레스 조절에 관련한 잘 설계된 연구가 적지만, 상대적으로 잘 고안된 두 개의 연구 중 하나에서 학생을 대상으로 생활상의 중대 스트레스 상황에 노출되었을 때, 10~11주간의 걷기와 달리기를 시행한 후, 이완법과 비교하여 맥박을 떨어뜨리는 등의 스트레스 반응이 더 감소하였음을 보였다. 달리기뿐 아니라 자전거, 스키, 수영 등의 활동도 우울 증상을 호전시켰으며, 특히 혼자 하는 운동보다는 함께하는 운동이 좀 더 효과적이었다. 평상시 좋아하고 몰두할 수 있는 취미활동을 해 둠으로써, 스트레스 상황에서 뇌와 몸의 갈등에 따른 몸의 반응을 줄이는 것도 가능하며, 흔히 미술치료, 작업 및 원예치료 등이 널리 적용되고 있다.

② 점진적 근육 이완법

1920년대 시카고 내과 의사였던 에드먼드 제이콥슨(Edmund Jacobson)이 고안한 방법으로 몸을 몇 개의 근육근으로 나누어 긴장과 이완을 반복함으로써, 일상에서의 근육의 긴장과 이완을 더 잘 느끼도록 해 스트레스에 따른 근육 긴장을 줄이고 부교감신경 활성을 증가시켜 스트레스 반응을 줄여 주는 역할을 기대할 수 있다. 점진적 근육 이완법(progressive muscle relaxation)의 효과에 관한 연구는 소규모 연구가 대부분이며, 주로 임산부, 폐질환자, 고혈압 환자, 노인인구에서의 연구결과가 있다. 노인은 주 2~3회 하루 15~20분 정도의 프로그램으로 불안, 근육긴장, 수면장애, 두통 등이 호전되었음을 보고하였고, 폐질환자에서 우울과 불안 증상을 호전시키는 효과를 보여 주었다.

③ 명상법

마음챙김명상(mindfulness meditation)은 판단 없이 순간에 집중해, 문제를 수용할 수 있는 마음가짐을 가지도록 수련하는 것을 말하며, 다양한 정신 신체 질환에 대한 대체요법으로 자리해 왔다. 우울, 불안, 통증과 감정적인 스트레스를 치료하는 한 방법으로 마음챙김명상법을 통한 스트레스 조절법, 마음챙김을 통한 인지치료, Zen 명상법 등이 연구되어 왔다. 연구들에 의하면 마음챙김을 통한 스트레스 관리나 인지치료는 항우울, 항불안, 스트레스를 감소시키는 효과가 있으며, 특히 인지치료는 우울증치료에 보조적으로 사용될 수 있다. Zen 명상법과 마음챙김을 통한 스트레스 관리법은 통증치료에도 역할을 할 것으로 기대되고 있다. 마음챙김을 통한 스트레스 완화 프로그램(mindfulness based stress reduction)은 일주일에 한 번, 2시간 30분씩의 8주 세션과 하루 종일 프로그램으로 이루어져 있다.

④ 자율이완법

자율이완법(autogenic training)은 독일의 요하네스 슐츠(Johannes Schultz)에 의해 개발된 방법으로 호흡과 혈압, 맥박 및 체온이 안정되도록 온몸의 이완을 학습하는 자율이완법이다. 이는 여섯 가지 표준 운동법으로 이루어져 있으며, 사지의 온감, 중압감, 신체에 대한 상상법, 언어적 단서를 통해서 온몸을 따듯하게 이완하도록 하는 방법으로 보통 4~6개월의 기간이 소요된다. 메타분석에 의하면, 긴장성 두통, 편두통, 심혈관질환 천식 및 통증과 불안, 우울에 유용한 것으로 보고되고 있다.

⑤ 신체운동

동일한 스트레스 상황이라도 자신의 신체적 상태에 따라 스트레스의 정도가 다르게 느껴질 수 있다. 육체적으로 피곤하고 지친 상태일 때 우리는 스트레스에 훨씬 더 취약하다. 다른 사람의 말이나 사소한 행동에 예민하게 반응하여 지나치게 불쾌해하거나 상처를 받기도 한다. 또, 상대방의 부당한 대우나 불쾌한 상황에 적절하게 대응하지 못하고 쉽게 포기하거나 좌절하며 우울해한다. 기온 차가 크거나 오염된 실내 공기와 같은 다소 불량한 외부 환경에 노출되었을 때 더 쉽게 감염되거나 병에 걸리기도 한다.

이처럼 우리의 몸이 좋지 않을 때는 다양한 종류의 스트레스에 대하여 더 많은 정도의 스트레스를 경험한다. 따라서 신체적 건강을 잘 유지하는 것은 매우 중요한 적응활동이라 할 수 있다. 신체의 건강은 규칙적 운동과 적당한 수면, 휴식, 균형 잡힌 식생활 등을 통하여 유지할 수 있다.

⑥ 적절한 자기주장

자기주장은 자신의 입장과 자신이 느끼는 감정 그리고 자신이 상대방에게 원하는 것을 솔직하게 털어놓는 자기표현적 행동이 될 수 있다. 이것은 자신의 의견을 관철시키기 위하여 상대방의 감정이나 의견을 무시하고 권리를 침해하며 억지로 강요하는 공격적 행동과 다르다. 타인을 존중하면서 동시에 자기 자신의 감정도 존중하는 것이며, 솔직하고 직접적인 표현을 통하여 결과에 대한 책임을 남에게 전가하지 않고 책임감 있게 행동할 수 있도록 한다.

⑦ 효과적으로 거절하기

일상생활에서 우리가 경험하는 갈등과 스트레스는 주로 개인이 가지고 있는 잘못된 생각이나 비합리적 신념에 기인하는 경우가 많다. 문제의 원인이 자신에게 있지는 않은지 생각해 볼 필요가 있으며, 특히 자신이 지니고 있는 그릇된 생각 혹은 비합리적 신념에 의해 비롯된 것은 아닌지 분석해 보아야 한다. 생각을 바꾸면 행동이 변하고 자신을 괴롭히는 문제상황에 대한 대처행동 역시 달라진다.

6. 행복한 인간관계

1) 행복의 개념

행복(幸福, happiness)은 희망을 그리는 상태에서의 좋은 감정으로 심리적인 상태 및 이성적 경지 또는 자신이 원하는 욕구와 욕망이 충족되어 만족하거나 즐거움을 느끼는 상태, 불안감을 느끼지 않고 안심하는 것을 의미한다. 그 상태는 주관적일 수 있고 객관적으로 규정될 수 있다. 또한 행복은 철학적으로 대단히 복잡하고 엄밀하며 금욕적인 삶을 행복으로 보기도 한다. 한편, 광의로 해석해 사람뿐만 아니라 여러 생물에도 이에 상응하는 상태나 행동, 과정이 있을 수도 있다. 생물의 행복감에는 만족감의 요소가 가장 큰 비중을 차지하나 인간의 경우 만족감 외에도 다양한 요소가 행복감에 영향을 미친다.

행복은 사전적 의미로 '생활에서 충분한 만족과 기쁨을 느끼는 흐뭇한 상태', '심신욕구가 충족되어 만족감을 느끼는 정신상태' 등으로 정의된다(국립국어연구원, 1999). 그러나 행복에 대한 정의는 매우 다양하고(Veenhoven, 2007), 행복을 보는 시각에 있어서도 차이가 존재한다. 행복은 개인의 전체 삶에 대한 주관적인 감정과 평가로 정의되기도 하며(현경자, 2004; Diener, 2007; Dolan, 2007), 웰빙 또는 삶의 질과 비슷한 의미로 사용되기도 한다(Donnelly, 2004; Veenhoven, 2007). BBC 행복위원회 의원인 리처드 리브스(Richard

Reeves)에 따르면 "행복한 삶은 지극한 만족감으로 충만한 상태가 아니다. 행복한 삶은 비극, 도전, 불행, 실패 그리고 후회까지도 모두 껴안고 있다. 하지만 이런 상황에 우리가 어떻게 대처하느냐에 따라 불행해질 수도, 행복해질 수도 있다."고 행복을 설명하고 있다(서울시정개발연구원, 2006 재인용). 즉, 뚜렷한 정의로 표현할 수 있는 것이 아니라 개인의 가치관이나 인생관, 개인의 기대수준, 환경에 따라서 달라질 수 있다.

그렇다면 행복은 어떤 요인들에 의해 결정되는가? 이에 대해 학자들은 행복은 크게 두 가지 방향으로 설명될 수 있다고 하였다(Diener, 1984; Diener & Emmons, 1985). 하나는 객관적인 차원으로 삶의 다양한 물리적 구성요소, 즉 의식주, 건강, 성별, 연령, 소득, 교육, 보건, 여가와 같은 객관적 지표를 통해 파악되는 삶의 물질적 조건을 의미한다. 다른 하나는 흔히 안녕감(well-being)이라고 불리는 주관적인 차원으로 삶에 대한 행복감, 만족감, 자립감, 성취감, 문화적 풍요로움, 안전 및 스트레스의 부재 등 주관적인 평가 및 인지상태를 의미한다.

2) 행복의 조건

행복한 삶이란 어떤 것일까? 행복은 사람마다 각기 다른 관점에서 볼 수 있기 때문에 절대적인 정의가 존재할 수 없다. 행복한 삶의 조건으로, 첫째, 즐거운 삶(pleasant life)을 들 수 있다. 이는 과거 · 현재 · 미래에 대해서 긍정적인 감정을 느끼며 살아가는 삶이다. 지나간 과거의 삶에 대해서는 수용, 감사, 만족감, 흡족함을 느끼고, 지금 현재의 삶 속에서는 적극적인 참여와 몰입을 통하여 '지금 이 순간(here and now)'의 체험에 대한 유쾌함과 즐거움을 경험하며, 미래의 삶에 대하여 도전의식과 낙관적인 기대와 희망을 갖고 살아가는 삶이다. 따라서 즐거운 삶은 긍정 정서를 최대화하고 부정 정서를 최소화하여 행복에 대한 즐거움을 반영하는 것이라고 할 수 있다.

둘째, 적극적인 삶(engaged life)이다. 이는 매일의 삶에서 자신이 추구하는 활동에 열정적으로 참여하고 몰입함으로써 자신의 성격적 강점과 잠재력을 최대한 발휘하여 자기실현을 이루는 삶이다. 따라서 자신의 대표 강점(signature strengths)을 찾아내고 계발하여 자신의 일, 사랑, 여가활동 등 일상생활에서 잘 활용하는 가운데 발견되는 것이다.

셋째, 의미 있는 삶(meaningful life)이다. 이는 우리의 삶과 행위로부터 소중한 의미를 발견하고 부여할 수 있는 삶을 말한다. 삶의 의미는 자신보다 더 큰 것과의 관계 속에서 발견되고 자신만을 위한 이기적인 삶보다는 자신보다 더 커다란 어떤 것을 위하여 공헌하고 있다는 인식으로부터 도출된다. 따라서 개인과 사회의 밀접한 관계를 중시하고 개인은 타인과 사회를 위해 봉사하고 기여할 때 더 큰 행복을 경험하고 사회적 환경의 개선을 통해서 자신의 행복이 증진될 수 있음을 강조한다.

행복한 삶에 대하여 셀리그먼(Seligman, 2004)은 일상생활에서 자신의 대표 강점을 날마다 발휘하여 행복을 만들어 가는 것이라고 하였다. 의미 있는 삶은 행복한 삶에 한 가지가 더해진다. 자신의 대표 강점을 발휘하되 지식과 능력과 선을 촉진시키는 데 활용하는 것이다. 그렇게 하면 참으로 의미 있는 삶과 숭고한 삶이 될 것이다.

3) 행복의 기술

행복을 지속시키는 다섯 가지 비결이 있다(Lyubomirsky, 2007). 장기적인 행복수준을 향상시키는 다섯 가지 비결을 소개하고자 한다.

첫째, 긍정적인 감정을 유지하라. 행복한 순간을 많이 만들라. 실제로 자주 체험하는 긍정적인 감정, 즉 기쁨, 즐거움, 만족, 평온, 호기심, 흥미, 활기, 열정, 전율, 자부심과 같은 감정이 바로 행복의 징표이다(Diener, Sandvik, & Pavot, 1991). 긍정적인 감정이 행복한 사람을 만든다. 긍정적인 감정은 상승나선 효과를 만들어 낸다. 따라서 긍정적인 감정이 조금 상승하면서 일어나는 크고 작은 변화들이 누적됨으로써 행복한 사람으로 변화시켜 준다.

둘째, 최적의 타이밍에 맞춰서 변화하라. 무엇을 해야 할지 알아내는 것도 물론 중요한 일이지만 그것을 정확히 어떻게 실천할 것인지를 아는 것이 중요하다. 행복 활동에는 타이밍이 중요하다. 따라서 행복 활동을 실행하는 시기와 빈도를 조절해 가면서 타이밍을 정하는 여러 가지 방법을 실험해 볼 필요가 있다.

셋째, 사회적 지원을 확보하라. 우리는 대부분 광범위한 관계와 복잡한 사회적 관계망 속에서 살아간다. 사회적 지원은 다른 사람, 특히 강력하고 의미 깊은 관계를 맺고 있는 사람들로부터 받은 온갖 도움과 위안을 표현하기 위한 것이다. 삶의 도전과 불행에 대응하기 위한 도움을 얻는 데 사회적 지원이 중요하며, 사회적 지원은 우리가 목표를 향해 길을 나가도록 동기를 부여하고 안내한다.

넷째, 동기, 노력, 헌신을 유지하라. 성공적인 행복 증진을 위한 필수적인 열쇠는 헌신하고 전심전력으로 노력하는 것이다. 동기부여 또는 무언가를 이루려는 추진력과 영감은 결심하고 배우고 노력하고 헌신하는 데 없어서는 안 될 역할을 한다. 동기의 효과는 매우 중요하며, 노력과 헌신 외에는 왕도가 없다.

다섯째, 좋은 습관을 구축하라. 처음에는 힘들지만 시간이 지나면서 새로운 행동과 실천을 반복하여 습관화할수록 노력이 덜 필요해진다. 우리는 누구나 좋은 습관과 나쁜 습관을 가지고 있다. 습관은 반복과 연습을 통해서 형성된다. 긍정적인 사고와 행동전략을 습관화하는 것을 목표로 삼아야 한다.

4) 행복지수

행복을 결정하는 요소들은 매우 다양하지만 일반적으로 물질적인 삶의 조건, 주관적 감정, 만족감 등에 의해서 결정된다고 볼 수 있다. 행복을 웰빙 또는 삶의 질과 유사한 의미로 볼 것이며, 삶의 물질적 조건과 더불어 개인들의 만족감에 의해서 결정되는 것으로 정의하고자 한다. 행복과 삶의 질이 동일한 의미를 갖는다고 할 수는 없지만, 행복을 객관적으로 측정하는 데 있어서 삶의 질과 유사한 의미를 갖는 것으로 사용하였다.

셀리그먼 교수가 추출한 행복 공식 'PERMA'를 좀 더 자세히 살펴보자.

① **긍정적 정서**(Positive emotion): 기쁨, 희열, 따뜻함, 자신감, 낙관성을 말한다.

② **몰입**(Engagement): 시간 가는 줄 모르는 것, 어떤 활동에 빠져든 동안 자각하지 못하는 것, 자발적으로 업무에 헌신하는 것을 말한다.

③ **관계**(Relationship): 타인과 함께하는 것을 말한다. 말할 수 없이 기뻤던 순간, 자신의 성취에 엄청난 자긍심을 느꼈을 때를 생각해 보면 거의 타인과 함께했을 때이다.

④ **의미**(Meaning): 자신보다 더 중요하다고 믿는 어떤 것에 소속되고 거기에 기여하는 것에 기초한다.

⑤ **성취**(Accomplishment): 남에게 이기기 위해서이거나 돈을 벌기 위해서가 아니라 성취 그 자체가 좋아서 추구하는 것을 말한다.

PERMA가 기존의 행복 이론과 다른 점은, 사람들이 특별한 이유 없이 '그 자체가 좋아서' 하는 행위들을 행복의 조건으로 포함한 데 있다.

마틴 셀리그먼과 더불어 2002년 영국의 직업심리학자 캐럴 로스웰과 인생상담사 피트 코언은 영국인 1,000여 명을 대상으로 인터뷰한 결과를 토대로 행복공식을 발표했다. 행복의 계산법은 〈표 7-1〉과 같으며 여기서 P는 Personal: 개인적 특성(인생관, 적응력, 탄

〈표 7-1〉 행복도 계산 방법

구분	문항	점수
P(Personal): 개인적 특성(인생관, 적응력, 탄력성)	외향적이며 변화에 대해 유연한가?	각 항목에 1부터 10까지 점수를 매긴다.
	우울하거나 가라앉은 기분으로 회복이 빠르고 스스로를 잘 통제한다고 생각하는가?	
E(Existence): 생존조건(건강, 인간관계, 재정상태)	건강, 재정, 안전, 자유 등의 조건에 만족하는가?	
H(Higher oder): 더 높은 수준의 조건(자존심, 기대, 야망)	자신의 일에 몰두하며, 스스로의 기대치에 부응하고 자신이 설정한 목표를 위해 행동하는가?	
P+(5×E)+(3×H)=( )점: 가장 행복하면 100점, 가장 불행하면 0점임		

력성), E는 Existence: 생존조건(건강, 인간관계, 재정상태), H는 Higher oder: 더 높은 수준의 조건(자존심, 기대, 야망)이다.

5) 행복에 영향을 주는 요인

사람들은 누구나 행복을 추구하지만, 행복을 추구하는 데 필요한 조건이나 요소들은 다양하다. 일반적으로 행복에 영향을 주는 요인으로는 재산, 건강, 직업, 명예, 사랑 등을 들 수 있다. 행복에 영향을 주는 몇 가지 요인에 대하여 살펴보기로 한다.

첫째, 우정(友情)이다. 우정은 친구 사이에 나누는 정신적 유대감을 말할 때 쓰이는 용어로, 우정은 인간관계에서 매우 중요하며 행복을 유지할 수 있는 중요한 요소이다. 우정을 나누는 사람은 서로를 친구로 선택한 것에 만족하고, 서로가 어떤 사람인지에 대하여 알아 주고 믿어 주는 긍정적 기운을 북돋아 줄 수 있다. 특히 현대사회에서 우정의 중요성은 가족관계 속에서 채워지지 않는 것을 친구관계를 통해서 보상받을 수 있기 때문이다. 타인에게 좋은 친구가 되는 방법에 대하여 살펴보면 다음과 같다(Hoggard, 2006).

- 타인에게 관심을 가지라.
- 마음을 열라.
- 친구들과 새로운 도전을 하라.
- 자신 있게 행동하라.
- 활동적으로 생활하라.
- 남들이 신뢰할 수 있는 사람이 되라.

- 긍정적인 의사소통을 하라.
- 눈높이를 맞추라.
- 먼저 말을 걸라.
- 귀담아듣는 법을 배우라.
- 친구를 거울로 삼아 자신을 들여다보라.
- 극단적으로 반응하지 말라.
- 혼자 있는 것에 익숙하라.
- 용서하는 방법을 배우라.
- 사회생활로 친분을 쌓는 사람들만 사귀는 태도를 버리라.
- 충고를 함께 나누라.

둘째, 직업이다. 직업이란 개인이 사회에서 생활을 영위하고 수입을 얻을 목적으로 한 가지 일에 종사하는 지속적인 사회 활동으로, 직업은 사회적 활동이자 경제적 활동이다. 가족, 연인 혹은 다른 대상과 있는 시간보다 직업을 통해 직장에서 보내는 시간이 더 길다 보니 직업과 행복은 밀접한 관련이 있다. 사람들은 직업의 역할과 업무를 통해서 얻는 만족감을 통해 인생을 살아가고 그 의미를 찾을 수 있다. 또한 직업은 타인에게 존재를 나타낼 수 있는 방안으로 여겨진다. 직업을 통해 존중과 인정을 받으며 업무를 하게 되었을 때 행복과 자존감이 올라가고, 사회적 관계를 통해서 행복감을 느낀다.

셋째, 사랑이다. 사랑은 다른 사람을 애틋하게 그리워하고 열렬히 좋아하는 마음 또는 다른 사람을 아끼고 위하며 소중히 여기는 마음이나 어떤 대상을 매우 좋아해서 아끼고 즐기는 마음이다. 사랑하는 대상이 행복하면 자신도 행복해지고, 사랑하는 사람에게 사랑받고 있다는 느낌을 가지면 행복해지는 만큼 사랑은 인간에게 매우 중요하다. 사랑이라는 감정을 갖게 되면 다른 대상이 자신에게 꼭 필요한 존재로 바뀐다. 이러한 사랑을 통해 인간은 또 다른 행복한 관계를 이룬다. 이처럼 서로 간의 의미 있는 대상이 되는 사랑을 통해 우리는 행복을 느낀다. 행복한 사랑을 위한 방법을 소개하면 다음과 같다 (Hoggard, 2006).

- 상대방이 완벽할 것이라는 생각을 버리라.
- 부정적인 것을 긍정적인 것으로 전환하라.
- 자신의 장점을 믿으라.

- 반응하며 듣는(경청) 방법을 연습하라.
- 대답할 여지가 있도록 질문하라.
- 자신만의 시간을 가질 필요성에 대해 이야기하라.
- 서로에 대한 질문지를 만들어 작성하라.

넷째, 가정이다. 가정이란 부부를 중심으로 그 부모나 자녀를 포함한 집단과 그들이 살아가는 물리적 공간인 집을 포함한 생활 공동체를 통틀어 말한다. 가족으로 이루어진 공동체, 가정의 핵심은 가족이며 가정의 목표는 가족 구성원의 행복과 복지 향상이지만 이러한 목표를 달성하기 위해서는 다양한 기능과 과업을 수행하여야 한다. 가정의 기능은 크게 가족 구성원들을 위한 가정 내 기능과 대 사회적인 기능으로 구분된다. 가정 내 기능으로는 성과 생식, 양육 및 교육, 보호, 휴식, 생산과 소비, 오락, 종교의 기능 등이 있으며 대사회적 기능으로는 합법적인 성적 통제, 생식을 통한 사회의 유지 · 존속, 노동력 제공과 소비생활을 통한 경제적 기능, 자녀의 사회화를 통한 사회에 적합한 구성원 제공 등의 기능이 있다.

6) 삶과 사랑과 행복

행복한 삶이란 무엇일까? 예를 들어, 물컵에 물이 딱 절반이 차 있는데, 어떤 사람은 '물이 반이나 남았네.', 그리고 어떤 사람은 '물이 반밖에 안 남았네.'라고 말했을 때를 가정하여, 물 대신 행복으로 '아, 나는 행복해.'와 '나는 행복하지 않아.'라고 했을 때 어떤 사람이 더 행복한 삶을 살 수 있을까? 행복한 삶이란 '지금-여기'에서 주관적으로 느끼는 만족한 삶이 아닐까? 그러면 행복한 삶의 조건들은 무엇이고, 행복은 어디에 있으며, 어떻게 얻어지는가에 대하여 몇 가지 살펴보자.

첫째, 행복한 사람은 자신만의 대표 강점이 있다. 진정한 행복은 자신의 강점을 잘 찾아내어 계발하고 일과 사랑에 활용함으로써 발견된다.

둘째, 행복은 마음(영혼)에서 얻어진다. 그리스 철학자 에피쿠로스(Epicurus)는 커다란 부나 명예를 가지고 있다 해도, 마음의 동요가 끝나지 않으면 진정한 기쁨이 없다고 했다. 이는 행복이 재산이나 돈과 같은 물질적인 가치나 명예나 권력과 같은 사회적 가치가 아니라 바로 마음(영혼)의 평안과 같은 정신적 가치와 연관되어 있음을 의미한다.

셋째, 행복은 좋은 삶을 살아가는 영혼의 활동이다. 우리가 어떤 삶의 형식을 선택하느냐에 따라 우리의 삶의 모습이 달라지며 우리의 인생도 달라진다. 즉, 행복은 우리 자신의 행위를 선택하고 좋은 삶을 이끌어 가는 영혼의 탁월한 능력에서 얻어지는 것이다.

넷째, 행복을 찾기 위해서는 마음(영혼)의 관리가 필요하다. 행복에는 건강이나 장수(長壽)와 같은 신체적 재화, 재산이나 명예와 같은 외형적 재화, 지혜나 마음의 평안과 같은 영혼의 재화가 있다. 행복을 얻기 위해서는 마음(영혼)의 관리, 즉 자신의 내면적인 삶에 대한 성찰과 지혜를 얻기 위한 끊임없는 노력이 필요하다.

다섯째, 행복은 자기인식에서 시작된다. 프랑스의 사상가 파스칼(Pascal)은 "모든 세상의 불행은 인간이 자신의 거주지에 있지 않는 데서 일어난다."고 말한다. 인간은 자신이 거주해야 할 거처를 모르거나 과욕을 부리거나 제 역할을 못할 때 혹은 들어갈 자리와 나가야 할 때를 구분하지 못할 때 불행해진다. 따라서 우리는 자신에 대해 잘 알 필요가 있고, 내가 누군인지 묻고, 자신의 한계를 인식할 필요가 있다.

여섯째, 행복은 긍정적 감정에서 비롯된다. 인생의 기본 가치에는 사랑, 자유, 관용 및 열정 등 다양한 것이 있다. 하버드대학교 정신과 교수인 베일런트(Vaillant)는 행복을 연구하며, 사랑, 용서, 희망, 기쁨, 믿음, 연민과 같은 긍정적인 감정은 인간을 성숙시키며 삶을 향상시킬 수 있다고 말한다. 그에 따르면 행복은 긍정적 감정에서 비롯되며, 긍정적 감정을 갖는다는 것은 삶을 긍정한다는 것, 즉 '지금—여기(here and now)'에서의 삶을 기쁘게 산다는 것을 의미한다.

일곱째, 행복은 충만한 삶의 경험이다. 독일의 철학자 슈미드(Schmid)는 행복에는 '우연의 행복', '쾌적감의 행복', '충일감의 행복' 등이 있다고 주장하였다. 인간은 매 순간 자신의 삶을 스스로 선택하고 삶의 태도를 결정하면서 자신의 삶을 만들어 간다. 즉, 자신의 삶뿐만 아니라 자신의 행복을 스스로 만들어 간다.

여덟째, 행복은 나의 삶의 의미와 연관되어 있다. 우리는 인간다운 삶을 살기 위해 삶의 의미를 찾고자 한다. 즉, 삶의 의미는 인간다운 삶을 찾기 위한 전제조건이다.

아홉째, 행복은 삶의 기술로 얻어진다. 자신의 일상과 현실을 부정하고는 감사와 사랑, 행복과 자긍감 같은 삶의 긍정적 가치가 생겨나지 않는다. 따라서 현실에 대해 생각하는 법, 삶의 어려움을 극복하는 법, 부정적인 과거나 고통과 화해하는 법을 배우는 것은 궁극적으로 우리의 삶을 풍요롭고 행복하고 아름답게 만들려는 의지의 산물이다.

다음으로, 행복한 사람의 특징을 살펴보면 다음과 같다.

첫째, 행복한 사람은 균형 잡힌 정서적 절정체험(peak experience)을 한다. 행복한 사람은 부정적인 정서보다 긍정적인 정서를 조금 더 많이 경험하는 균형 잡힌 정서적 체험을 한다. 정서의 기본적 기능은 현재의 상황 또는 미래에 겪게 될 상황에 대응하는 현재의 대처방식이 얼마나 적절한지를 알려 주는 것이다(Morris, 1999).

둘째, 행복한 사람은 즐길 줄 안다. 행복한 사람은 삶의 순간순간을 즐긴다. 대부분의 사람은 삶의 속도를 늦추고 좀 더 여유롭게 살아가기를 원하며, 여가생활을 통하여 긍정적인 경험을 많이 하고 만족도를 통하여 삶의 만족을 느낀다.

셋째, 행복한 사람은 대표 강점(signature strength)을 지니고 있다. 셀리그먼(Seligman, 2004)은 '성격적 강점과 덕목(character strength and virtues)'에서 여섯 개의 핵심 덕목을 제시하였다. ① 지혜와 지식(wisdom & knowledge)과 관련된 강점들은 더 나은 삶을 위해 지식을 습득하고 활용하는 것과 관련된 강점들로 삶에서의 지혜로운 판단과 지적인 성취를 돕는 강점이다. ② 인간미(humanity)와 관련된 강점들은 다른 사람을 보살피고 친밀해지는 것과 같은 대인관계적 강점들을 의미한다. ③ 용기(courage)와 관련된 강점들은 내면적이거나 외부적인 낙관에 직면하더라도 추구하는 목표를 성취하려는 의지와 관련된 강점들이다. ④ 절제(temperance)와 관련된 강점들은 지나침으로부터 우리를 보호해 주는 긍정적 특질로서 극단적인 독단에 빠지지 않는 중용적인 강점이다. ⑤ 정의(justice)와 관련된 강점들은 건강한 공동체 생활과 관련된 사회적 강점을 말한다. ⑥ 초월(transcendence)과 관련된 강점들은 현상과 행위에 대해 의미를 부여하고 커다란 세계인 우주와의 연결성을 추구하는 초월적 또는 영적(靈的) 강점을 의미한다.

넷째, 행복한 사람은 인간관계가 좋다. 행복한 사람은 긍정적인 인간관계를 누리고 있다. 긍정적인 인간관계는 주관적 안녕에 긍정적 영향을 미치는 정서적 친밀감과 사회적 지지를 제공해 준다.

다섯째, 행복한 사람은 자존감이 높다. 행복한 사람의 자존감(self-esteem)은 자기 자신에 대한 전반적인 긍정적 평가와 우호적 태도를 의미하는데, 자존감은 개인의 다양한 적응적 기능과 밀접히 관련되어 있고 주관적 안녕의 매우 강력한 예측 변인이다.

여섯째, 행복한 사람은 낙관적이다. 행복한 사람은 낙관적인 태도를 지닌다. 낙관적인 사람은 미래의 일들이 긍정적인 방향으로 펼쳐질 것이라는 기대와 자신의 행동과 노력으로 인해서 추구하는 목표를 성취할 수 있을 것이라는 희망, 그리고 사건의 원인을 자신에게 유리한 긍정적인 방향으로 돌리는 설명방식(explanatory style)이 있다.

일곱째, 행복한 사람은 건강하다. 건강은 행복과 쌍방향적 관계이다. 건강이 행복에 기여하고 행복이 또한 건강에 기여한다. 우리의 신체적 건강상태는 우리의 행복수준에 영향을 미친다. 아울러 정신건강도 행복에 영향을 미친다. 행복한 사람은 그렇지 않은 사람들보다 더 낮은 수준의 정신질환 증상을 보인다(Diener & Seligman, 2004).

셀리그먼(Seligman, 2004)에 따르면 행복한 사람은, 첫째, 부정적인 정서보다 긍정적인 정서를 더 많이 경험하고 균형 잡힌 정서를 이루고 있다. 둘째, 삶의 순간순간을 즐기며, 휴식이나 취미활동 등 긍정적 체험을 통하여 삶의 만족을 지니고 있다. 셋째, 가족, 친지나 친구관계에서 긍정적이고 친밀한 인간관계를 맺고 있다. 행복한 사람은 자기 자신에 대한 긍정적인 평가와 우호적 태도의 자존감과 미래에 대해 긍정적인 기대와 전망을 하는 낙관적인 태도를 지니고 있다. 넷째, 행복한 사람은 건강하며, 할 일이 있고, 다양하고 긍정적인 경험을 하는 사람이다.

부록–워크북 SECTION 7

직업과 인간관계

Section 07 학습활동

직업과 인간관계 (1)

(V) 토론 ( ) 퀴즈 (V) 과제 (V) 검사 ( ) 조사 ( ) 팀티칭 ( ) 활동

주제	키슬러(D. Kiesler)의 대인관계 양식 검사
학습성과	키슬러의 대인관계 양식 검사를 통해 대인관계 유형을 알 수 있다.
진행과정	자기의 성격이나 대인관계를 잘 나타내는 정도에 맞추어 적절한 숫자에 ○표를 한다.

전혀 그렇지 않다.	약간 그렇다.	상당히 그렇다.	매우 그렇다.
1	2	3	4

	문항	1	2	3	4		문항	1	2	3	4
1	자신감이 있다.					21	온순하다.				
2	꾀가 많다.					22	단순하다.				
3	강인하다.					23	관대하다.				
4	쾌활하지 않다.					24	열성적이다.				
5	마음이 약하다.					25	지배적이다.				
6	다툼을 피한다.					26	치밀하다.				
7	인정이 많다.					27	무뚝뚝하다.				
8	명랑하다.					28	고립되어 있다.				
9	추진력이 있다.					29	조심성이 많다.				
10	자기 자랑을 잘한다.					30	겸손하다.				
11	냉철하다.					31	부드럽다.				
12	붙임성이 없다.					32	사교적이다.				
13	수줍음이 있다.					33	자기주장이 강하다.				
14	고분고분하다.					34	계산적이다.				
15	다정다감하다.					35	따뜻함이 부족하다.				
16	붙임성이 있다.					36	재치가 부족하다.				
17	고집이 세다.					37	추진력이 부족하다.				
18	자존심이 강하다.					38	솔직하다.				
19	독하다.					39	친절하다.				
20	비사교적이다.					40	활달하다.				

진행과정

● **채점과 해석**

각 유형별 문항에 대한 응답 점수를 다음 칸에 각각 합산하여 점수가 가장 높은 유형이 본인의 대인관계 유형이다.

지배형 (1, 9, 17, 25, 33)__________ 실리형 (2, 10, 18, 26, 34)__________

냉담형 (3, 11, 19, 27, 35)__________ 고립형 (4, 12, 20, 28, 36)__________

복종형 (5, 13, 21, 29, 37)__________ 순박형 (6, 14, 22, 30, 38)__________

친화형 (7, 15, 23, 31, 39)__________ 사교형 (8, 16, 24, 32, 40)__________

유형	내용
지배형	• 논쟁적, 독단이 강해 대인갈등을 겪을 수 있음 • 타인의 의견을 경청하고 수용하는 자세가 필요
실리형	• 경쟁적, 자기중심적, 타인에 대한 관심과 배려 부족 • 타인 입장 배려, 관심 갖는 자세가 필요
냉담형	• 타인의 감정에 무관심, 거리감, 피상적 대인관계 • 타인 감정에 관심, 긍정적 감정을 부드럽게 표현하는 기술 필요
고립형	• 사회적 상황 회피, 감정 지나치게 억제 • 대인관계 중요성 인식, 타인에 대한 비현실적 두려움의 원인 파악 필요
복종형	• 수동적, 의존적, 자신감이 없음, 자기주장성 떨어짐 • 적극적인 자기표현, 주장 필요
순박형	• 단순, 솔직, 너그럽고 겸손, 자기주관 부족 • 타인의 의도를 헤아려 보고 행동하는 신중함, 자기 주장의 노력 필요
친화형	• 타인 요구 거절 못함, 타인을 즐겁게 하려고 지나치게 노력함 • 타인과의 정서적 거리를 유지하려는 노력이 필요
사교형	• 인정받고 싶은 욕구가 강함, 타인에 대한 관심이 많아 간섭함, 충동적 • 심리적으로 지나친 인정욕구가 있음, 이에 대한 통찰이 필요

출처: 홍경자(2007). **의사소통의 심리학**. 이너북스.

토론과정

1. 자신은 어떤 유형에 해당하는지 말해 보자.
2. 의사소통에서 가장 중요한 요인이 무엇인지 말해 보자.
3. 효과적인 의사소통 방법과 기술에 대하여 말해 보자.

Section 07 학습활동

직업과 인간관계 (2)

(V) 토론 ( ) 퀴즈 (V) 과제 ( ) 검사 ( ) 조사 ( ) 팀티칭 ( ) 활동

주제	포트폴리오와 자기소개서 작성하기
학습성과	자신의 포트폴리오와 자기소개서 작성에 대하여 알 수 있다.

진행과정

◎ 포트폴리오 기본 구성 요소

1. 자기소개
   - 이름, 사진 등 기본 정보
   - 어학성적 등 보유한 자격증
   - 이루고 싶은 목표나 비전 등
2. 주요 경력(경험) 사항: 자신만의 특징과 역량을 보여 주는 경험

이 력 서

지원 구분: 신입 ( ), 경력 ( )
지원 부분:
희망 연봉: 만 원

사 진	성명	(한글)	생년월일	
		(영문)	이메일	
	현 주소		휴대폰	

	졸업일	학교명	전공	졸업 여부	소재지	성적
학력 사항	년 월	고등학교				/
	년 월	대학				/
	년 월	대학교				/
	년 월	대학원				/

	근무기간	회사명	직위	담당 업무	퇴사 사유
경력 사항	~				
	~				
	~				

병역 사항				
	군필 여부	군필( ), 미필( ), 면제( ), 기타( )	군별	
	복무 기간	~ (년 개월)	계급	

	관계	성명	생년월일	학력	직업	직장명	직위
가족 사항							

기타 사항						
	신장	cm	체중	kg	시력	/
	취미		특기		종교	
	전산능력	프로그램명	활용도	자격증 보유 현황		

상기 내용은 사실과 다름 없음을 확인합니다.

년 월 일

작성자: (인)

진행과정	Personal Data Address Phone Email Work Experience Education Rewards Certificates Skills ◎ 자기소개서 - 성장과정 - 학교생활 - 장단점 및 특기사항 - 지원동기, 장래희망 또는 포부 - 사회활동, 대외활동, 자기개발 등 ◎ 자기소개서 작성 Tip 10 1. 지원 직무에 적합하게 에피소드 두세 가지를 구체적으로 활용하기 2. 업무 경험을 통해 성과로 기여할 바를 강조하기 3. 최근 경력내용, 대외활동 등 지원 분야와 관련성이 높은 내용 중심으로 설명 4. 대학교 이전의 어린 시절 스토리 활용은 가급적 자제하기 5. 성격의 단점, 좌절한 경험 등 부정적인 내용보다는 강점에 집중하기 6. 한 항목당 평균 500자 내외로 작성하기 7. 최소 두세 가지 항목으로 A4용지 1장을 넘기지 않기 8. 지원 분야 필수 역량을 정확히 파악 후 본인만의 스토리를 얘기하기 9. 오타, 띄어쓰기, 맞춤법 등 꼼꼼히 점검하기 10. 제출 전 채용 전문가에게 첨삭 받아 보기
토론과정	1. 국문 이력서, 영문 이력서 작성해 보기 2. 자기소개서(국문, 영문) 작성하기

제8장

대화와 인간관계

대화(對話, dialogue)는 둘 이상의 실체 사이의 상호적인 언어 소통이다. 사람은 말(언어)을 통해 자신의 생각을 전달하고, 또한 상대방의 반응을 말을 통해 전달받는다. 사람은 이렇게 주고받는 말, 즉 대화를 하며 세상과 소통하며 살아가고 있다. 대화를 통해 우리는 다른 사람과 더 좋은 관계를 맺기도 하고 각자가 필요한 것을 주고받으면서 살아간다.

1. 표현과 경청

누군가에게 내 생각이나 느낌을 전하고 싶을 때에는 어떻게 하면 좋을까? 편지를 쓰거나, 직접 말을 하거나, 몸짓으로 나타낼 것이다. 이와 같이 생각이나 느낌을 말이나 글, 몸짓으로 나타내는 것을 '표현'이라고 한다. 즉, 표현(表現)은 사상이나 감정 따위를 말이나 행동으로 드러내어 나타냄을 의미한다.

듣기는 단순히 '듣기'를 말하는 것이 아니라, 상대방의 비위를 거스르지 않는 사회기술을 포함해 듣는 것이다. 어떤 구체적인 한두 개의 사회기술을 말하는 것이 아니라, '원활한 대화'라는 목적을 위해 사용되는 사회기술 중 듣기 측면에서의 것들을 묶어서 경청이라 한다. 즉, 경청(傾聽)은 말을 귀 기울여 주의 깊게 들음을 의미한다.

1) 말과 대화

말의 사전적 의미를 찾아보면 사람의 생각이나 느낌을 표현하고 전달하는 음성 기호 또는 언어이다. 즉, 사람의 생각을 목구멍을 통하여 조직적으로 나타내는 소리이다. 또한 말은 음성적 기호로서 자의적, 관습적인 보편성을 띠는 음과 단어와 그리고 문장의 조직이다.

언어학자인 노암 촘스키(Noam Chomsky)에 의하면 말은 언어 사용에서 자극과 반응의 행동만으로 제한되지 않고 충분히 창조적이다. 얼마든지 새로운 문장을 창조할 수 있고, 실제로 창조하고 있으며, 또한 훌륭한 문학적 문장을 창조할 수 있고, 실제로 창조하고 있으며, 또한 훌륭한 문학적 문장을 쉴 새 없이 모색하고 산출하고 있다. 이를 위해서 '창조한' 새로운 문장을 이해하고 의미를 부여하는 점도 언어능력에서 비롯한 말로써 반응한다.

말은 인간의 정신을 표현하고 전달한다. 그러므로 말은 흉내 내는 고정화된 체계가 아닌 것이다. 말은 고정화된 모방을 위한 전달도구가 아니라 인간의 창의성과 연관된 창조적인 전달도구이다. 인간의 무한한 잠재능력의 일부로 나타나는 창조적인 말의 전달체계는 단순한 전달도구로 볼 수 없다. 말은 고정화된 모방을 위한 전달도구가 아니라, 인간의 창의성과 연관된 창조적인 전달도구인 것이다.

바흐와 하니시(Bach & Harnish, 1979)는 언어 행동의 유형을 설(Searle, 1975)이 제시한 다섯 개 중 하나를 둘로 세분하여 주장, 지시, 약속, 표현, 효과 및 판결의 여섯 가지를 제시했다. 첫째, 주장은 자신의 신념이나 믿음을 표현하는 유형이다. 둘째, 지시는 화자가 상대방에게 무엇을 하도록 시키는 유형이다. 셋째, 약속은 미래의 특정 행동에 몰입하게 하는 유형이다. 넷째, 표현은 감사, 사과, 환영, 인상 등을 상대방에게 드러내는 유형이다. 다섯째, 효과는 조직에서 말을 통해 원하는 결과를 내거나 인정을 받는 것과 같은 유형이다. 여섯째, 판결은 심판이 야구경기에서 하듯이 판단하는 유형이다.

대화는 둘 이상의 실체 사이의 상호적인 언어 소통이다. 즉, 대화는 두 사람 이상이 말을 주고받는 것을 뜻한다. 그러나 말과 대화는 다르다. 대화는 주로 말로 하지만, 말은 대화가 아닐 수 있다. 혼자서는 말을 잘하지만—연설을 잘하는 사람들처럼—둘 이상이 모였을 때는 대화를 잘하지 못하는 사람이 많다. 말은 의사전달이어서 일방통행적인 반면, 대화는 의사교환이어서 양방 통행적이다. 마치 테니스를 치는 것과 같다. 이처럼 대화는 상대방과의 관계 속에서 이루어지는 것이기 때문에 거기에는 감정이 실리게 마련이다. 어떻게 보면, 인간관계는 대화의 관계라고 해도 지나친 말이 아니다. 그래서 가정에서 자녀교육을 할 때의 부모와 자녀의 관계도 대화의 관계라고 말할 수 있다. 슬픈 대화가 있고 즐거운 대화가 있다. '어 해서 다르고, 아 해서 다르다'는 말도 대화에 감정이 실린다는 뜻이다. 감정이 실리기 때문에 대화는 때때로 상승작용을 하게 된다. 대화에 있어서 가장 중요한 대원칙은 대화에서는 말의 양보다 질이 중요하다는 점이다.

대화를 잘하기 위해서는 지켜야 할 원리가 있다. 그라이스(Grice, 1975)는 대화가 본질적으로 협동적인 노력으로 이루어지는 활동이라고 말했다. 그는 원만한 의사소통을 위해 지킬 필요가 있는 협동원리로 양, 질, 관계, 격식의 네 가지를 제시했다. 첫째, 질(quality)이다. 질은 메시지가 진실하고 거짓이 없어야 한다는 것이다. 둘째, 양(quantity)이다. 이는 메시지가 필요한 만큼 정보적이어야 하고, 정보가 과도하게 많지 않아야 한다는 것이다. 셋째, 관계(relation)이다. 이는 메시지가 토론하고 있는 주제와 관련이 있어야 한다는 것이다. 넷째, 격식(manner)이다. 이는 메시지가 명확하고 조리 있고 간결해야 한다는 것이다.

2) 정서와 표현

정서(情緖, emotion) 또는 정념(情念)은 다양한 감정, 생각, 행동과 관련된 정신적 · 생리적 상태이다. 정서는 주관적 경험으로 대개 기분, 기질, 성격 등과 관련이 있다. 넓은 의미의 감정 가운데서도 급격히 생기는 일시적인 노여움 · 두려움 · 기쁨 · 슬픔 · 놀람 등으로 정의하기도 한다.

정서란 생리적 각성, 표현적 행동, 사고와 감정을 포함한 의식적 경험의 혼합체이다. 정서는 자율신경계(Autonomic Nervous System: ANS)의 흥분과 관련이 있다(Owens et al., 2017). 정서는 주관적, 생물학적, 기능적 및 표현적인 다차원의 구성 요인을 가지고 있다(〈표 8-1〉 참조).

〈표 8-1〉 정서의 다차원적 요인

차원	정서의 기여	표출
주관적	느낌, 현상론적 지각	자기보고
생물학적	각성, 신체적 준비, 운동반응	뇌 회로, 자율신경계, 호르몬
기능적	동기, 목표 지향	상황에 적절한 대응방식 선택
표현적	의사소통	얼굴표정, 몸짓, 음성

출처: 정옥분(2013).

또한 정서는 세 가지 구성요소, 즉 생리적, 행동적, 인지적 요소로 구분해 볼 수 있다.

〈표 8-2〉 정서의 구성

정서	생리	인지	행동
두려움	교감신경 각성	위험에 처해 있다고 믿음	회피 경향
분노	교감 및 부교감신경의 각성	좌절 또는 도발	공격 경향
우울	부교감신경의 각성	무력감, 절망감, 무가치	게으름, 자기파괴적 경향

정서는 주관적 요인과 객관적 요인 간의 복잡한 상호작용으로 신경 및 호르몬계의 개입을 받아 전개되는데 학자마다 다양한 정의를 내리고 있다. 정서의 정의를 살펴보면, 첫째, 생물학적으로 신체적 변화와 그에 수반되는 정서적 경험과의 관계이다. 둘째, 인지적 측면에서는 전반적인 평가, 행동 경향성, 심리적 반응 양상이다. 셋째, 기능적 측면에서는 인간이 환경에 잘 순응할 수 있도록 행동을 준비시키는 내적 동기이다. 넷째, 사회적

측면에서는 환경과의 관계를 설정, 유지, 해체하려는 경향성이다.

정서와 유사한 개념으로 감정(affect), 정조(sentiment), 기분(mood)이 있다. 감정은 개인이 의식적으로 경험하고 주관적으로 느끼는 정신적 상태로, 정서, 느낌, 분위기, 평가 등을 총칭하여 부르는 말이다. 정조는 감정이 발달되고 세련된 상태로서 문화적 가치와 결부되어 지향된 지적인 감정을 의미한다. 그리고 기분은 정서적 상태로서 정서보다 감정이 강도가 약하며 지속성이 길 때를 의미한다.

정서의 다차원적 구조는 기쁨, 수용, 공포, 놀라움, 슬픔, 혐오, 분노, 기대로 인간의 감정을 여덟 가지의 기본적인 정서로 분류하였다(Plutchik, 1980).

3) 공손과 대화

공손(恭遜, politeness)은 말이나 행동이 예의가 바르고 겸손함을 의미한다. 즉, 공손은 말하는 사람이 상대방을 위협하지 않고 체면을 살려 주는 방식으로 말을 해서, 그의 공적 이미지나 사적 자기개념이 손상되는 것을 피하는 과정이다. 그래서 공손한 사람은 상대방을 당황하게 하거나, 불편하게 만들거나 혹은 그의 자존감을 훼손하는 말투를 피한다. 대신에 그들은 상대방의 품위, 위신 및 자율성을 지켜 주거나 높여 주는 말을 적극적으로 사용한다(VandenBos, 2015).

히메스(Hymes, 1972)는 올바른 의사소통 능력은 문법성뿐만 아니라 실제로 쓰일 가능성과 적절성으로서 문맥 속에 적절하게 사용되고 있는가와 관련된 것이고, 용인성은 어떤 발화가 실제로 사용되고 있는가 하는 문제와 관련된다고 하였다. 즉, 대화가 사용된 상황적 특성, 대화의 주제, 대화 참여자 간의 사회적 지위나 서열 그리고 친소 관계 등에 따라 선택하여 사용되어야 한다고 하였다.

레이크오프(Lakeoff, 1973)는 화용능력 규칙과 공손의 규칙을 제시하였는데 공손의 규칙은 형식적이고 일반적인 공손으로 강요하지 말 것과, 비형식적인 공손으로 선택권을 줄 것, 그리고 친밀한 공손으로 다정하게 할 것을 주장하였다.

리치(Leech, 1983)는 사회적이고 심리적인 측면의 화용 원리에 중점을 두어 공손 개념을 설명하였다. 그에 따르면 정중한 표현일수록 우회적이고 간접적이며, 표현이 우회적이 될수록 언표적 의미(locutionary)가 차지하는 양은 비언표적 의미(illocutionary)가 차지하는 양에 비해 적어진다. 공손의 원리의 기능은 화자와 청자 모두가 대화의 목적을 공유함으로써 이행되고 대화 상황 전체에 적용된다. 상대방의 부담을 최소화하고 이익을 최대화하는 지지격률, 자신의 이익을 최소화하고 부담을 최대화하는 관용격률, 상대방에 대한 칭찬을 최대화하고 비난을 최소화하는 칭찬격률, 자신에 대한 칭찬을 최소화하고 비난을 최대화하는 겸손격률, 자신과 상대방의 불일치를 최소화하고 상대방의 동의를 최대화하는 동의격률, 그리고 자신과 상대방의 반감을 최소화하고 상대방의 동조를 최대화하는 동조의 격률이 있다.

프레이저(Fraser, 1990)에 의하면 대화상의 계약은 대화의 시작 단계에서부터 권리와 의무가 도입되어 대화가 진행됨에 따라 재협상되거나 조정된다. 지위, 권력, 화자의 역할, 환경의 특성 등 대화 참여자의 인식에 대해 재협상이 가능한 것이 되므로 공손은 모든 대화에서 존대하게 되는 것이고 대화 참여자는 상대가 공손한가에 주목하는 것이 아니라 대화상 계약을 위반하느냐에 주목하게 된다고 주장하였다.

고프먼(Goffman, 1967)은 '체면' 개념을 기본 바탕으로 하여 공손표현을 체면 욕구를 유지하려는 행위로 보았다. 체면을 위협하는 행위를 FTA(Face Threatening Act)라 부르고 사회적 거리감, 권력, 지위 이 세 가지 요인이 영향을 미친다고 하였다. FTA를 최소화하기 위해 공손전략의 정도를 파악함으로써 대화를 진행하게 되고 이것을 적극적 공손전략(Positive Politeness Strategies), 소극적 공손전략(Negative Politeness Strategies) 그리고 암시적 공손전략(Off-record)으로 나누어 설명하였다.

첫째, 적극적 공손전략이란, 화자가 청자의 적극적 체면을 보호하는 방법을 말한다. 적극적 체면은 관련되고 싶어 하는 욕구로, 다른 사람에게 인정받고, 남이 속한 집단의 구성원이 되고 싶고, 나의 욕구를 남과 함께 공유하고 싶은 욕구이다. 즉, 적극적 체면을 향한 체면보호 행위는 다른 사람의 능력을 인정해 주고, 협동심을 보여 주고, 목표와 관심이 같다는 것을 강조하는 행위 등이 포함된다.

둘째, 소극적 공손전략이란, 화자가 청자의 소극적 체면을 보호하는 방법을 뜻한다. 소극적 체면은 독립적이고자 하는 욕구로 다른 사람의 간섭을 받지 않으며, 어디에도 속하지 않고, 자유롭게 행동하고 싶어 하는 마음이다. 소극적 체면을 향한 체면보호 행위는 상대방이 가진 시간에 관심을 표현한다거나, 부담을 주거나 방해하였을 때 사과하는 행위 등을 포함한다.

셋째, 암시적 공손전략은 상대방에게 부담을 적게 주고, 상대방을 존중해 주는 표현과 태도를 지키는 것, 인간의 내적 욕구 충족(인정 욕구)을 통한 의사소통의 목적 달성 및 좋은 인간관계 형성을 목표로 한다. 그러나 참여자 간의 지위나 관계에 맞지 않는 지나친 공손함은 상대를 향한 빈정거림의 표현이 될 수 있고, 이는 소통의 걸림돌이 된다.

공손은 사회적으로 멀거나 가까운 사람 사이에서 모두 사용된다. 공손은 사회적으로 거리가 먼 사람의 경우 존경의 형식으로 표현되고, 가까운 사람의 경우는 우정과 친밀감을 드러내는 방법으로 표현된다. 즉, 화자와 청자의 상대적 거리감에 따라 공손을 표현하는 방법이 달라진다.

4) 공감과 대화

공감(共感, empathy)은 상대방 입장에 서서 상의의 경험한 바를 이해하거나 혹은 다른 사람의 입장에서 생각해 보는 능력이다. 즉, 공감은 가치 중립적인 개념으로 공감 자체는 선악으로 나뉘는 것이 아니다. 공감은 감정이입적 이해 또는 공감적 이해와 비슷한 용어로 사용되고 있다. 공감의 어원은 'Einfuhlen'이라는 용어인데 이는 ein(안에)과 fuhlen(느끼다)이라는 단어가 결합된 것으로 '들어가서 느끼다'는 의미를 가지고 있다. 이를 통해서도 알 수 있듯이 공감능력이란 타인의 내면으로 들어가 타인의 감정이나 심리상태를 '마치 나의 것처럼' 이해하고 느끼며 의사소통하는 것을 말한다. 그러나 이러한 정의는 공감에 대한 완전한 이해에서 출발한 정의가 아니기 때문에 오늘날 많은 사람이 공감이라는 단어를 사용하고 있지만 공감에 대한 명확한 개념을 이해하지 못하거나 비슷한 단어와 분별없이 사용하는 경우가 많다.

공감의 종류에는 크게 인지적 공감(cognitive empathy), 감정적 공감(emotional empathy)을 주축으로 학자에 따라 여러 세부적인 분류가 존재한다. 인간관계 및 실생활에서 중요시되는 것은 인지적 공감이다. 따라서 보통 요구되는 공감능력은 곧 인지적 공감을 의미한다. 다시 말해 인지적 공감이 곧 핵심이고, 정서적 공감은 부수적인 것에 불과하다. 정서적 공감이 없어도 인지적 공감에 이상이 없으면 사회적인 상호작용에 큰 이상은 없다. 그 반대로 인지적 공감이 없으면 중대한 장애를 유발한다.

또한 공감을 흔히 객관적 상관물과 혼동하는데, 객관적 상관물과 공감은 엄연히 다른 개념이다. 엄격한 의미에서 동정(sympathy)과 공감(empathy)은 구별되어야 한다. 즉, 동정은 공감(共感)의 일종인 '동정(同情)'으로 보아야 한다. 동정은 타인의 사고 · 감정을 승인하고 상대에게 적극적인 감정을 지니는 것으로, 거기에는 보다 깊은 인간관계가 깃들어 있다. 그러나 공감은 무생물(無生物)에 대한 경우에도 체험하는 것으로, 저물어 가는 가을빛이 서글프게 보이거나, 빛나는 한여름의 태양이 힘차게 보이는 것 등이 그것이다.

따라서 공감은 제한적이긴 하지만, 다른 사람의 심리적 상태를 그 사람의 입장이 되어 느끼는 것을 통해서 지각하는 방식, 문자적인 의미로는 다른 사람에게 '감정을 이입한다(feeling into)'는 뜻이다. 그러므로 공감과 동감은 다르게 사용해야 한다. 공감(empathy)은 상대를 이해하는 것이고, 동감(sympathy)은 상대와 똑같이 느끼는 것이다. 공감은 똑같이 느끼지 않아도 그 상황이 수긍이 간다는 뜻이지만, 동감은 상대가 나와 가치관이 같을 때 나타나는 정신적 결합이다. 누가 고통받고 있는 것을 볼 때, 그의 고통을 줄이기 위해 뭔가를 해 주고 싶은 욕구를 느낀다면 동감을 경험한 것이다.

예를 들어, 사과가 하나 있다. 상대가 먹어 보고 맛있다고 느끼고, 나 역시 먹어 보고 맛있다고 느끼면 그것은 동감이다. 모든 사람이 동감할 수 있다면 가장 좋겠지만, 인간이 항상 상대방과 같은 체험을 할 수는 없다. 반면, 상대는 사과를 먹었지만 나는 사과를 먹지 않고 상대의 동작, 표정, 말을 통해 맛을 느끼고 그 느낌을 공유하는 것, 그것이 바로 공감이다.

2. 대화의 기술

대화는 가장 기본적인 의사소통 방법으로 흔히 '일상생활에서 비공식적으로 구어를 통하여 이루어지는, 둘 이상의 사람 사이에서 이루어지는 상호작용적인 언어 행위'를 지칭한다. 대화는 화자(話者)와 청자(聽者)가 자유롭게 순서 교대에 의해 바꾸어 가며 언어적인 상호작용하는 것으로 정보 전달, 설득, 사회적 상호작용, 정서 표현 등을 목적으로 이루어지는 것을 의미한다. 대화는 다른 의사소통 유형에 비해 상대적으로 형식 면에서 자유롭지만 그렇다고 대화에 구조가 없는 것은 아니다. 대화 역시 기본적인 구조적 틀이 있어서 어떻게 시작하고, 이어 가고, 끝맺는가에 대한 일정한 규칙이 존재한다. 즉, 모든 대화는 반드시 말하는 사람과 듣는 사람으로 이루어진다. 그러나 이 역할은 고정된 것이 아니라 끊임없이 화자가 청자가 되고, 청자가 화자가 되는 순서 교대에 의해 순환된다.

대화에서 가장 중요한 것은 누가, 언제 말할 것인지를 결정하는 기술이다. 순서 교대의 기술에 대하여 살펴보면 다음과 같다. 첫째, 대화에서는 반드시 순서 교대가 이루어져야 하기 때문에, 자신의 말을 너무 길게 하거나 대화를 독점하는 것은 바람직하지 않다. 둘째, 자신의 대화가 문장 단위로 이어지는 경우에는 문장과 문장 사이의 간격을 더 짧게 두어서 이어지는 대화임을 밝히는 것이 필요하다. 셋째, 자신의 말이 끝나갈 때는 다음 화자를 지목해 주는 신호를 보내는 것이 필요하다. 넷째, 자신이 명시적으로 신호를 보내지 않아서 대화가 단절되고 어색한 침묵이 흐를 때에는 하던 말을 다른 말로 바꾸어 조금 더 부연하다가 다음 화자를 지목하거나, 새로운 화제로 바꾸고 다음 화자를 지목하는 신호를 보낸다. 다섯째, 현재 화자가 다른 사람을 다음 화자로 지목했는데도 이를 무시하거나 대화에 끼어드는 것은 바람직하지 못하다. 여섯째, 현재 화자가 아직 이야기하고 있는 시점에서 대화를 자르거나 가로채는 것은 상대방을 무시하는 행동으로 받아들일 수 있다. 일곱째, 현재 화자가 다음 화자를 지목하지 않았을 때는 대화가 진행되는 과정을 보아 결례가 되지 않는다고 판단되면 대화에 참여한다.

또한 사람들이 원활하게 대화를 이어 갈 수 있는 까닭은 구체적인 상황과 맥락에 묵시적으로 작용하는 대화의 원리가 존재하고 있기 때문이다. 대화의 원리를 규명하고자 여러 학자가 연구를 하였는데, 그라이스(Grice, 1975)는 대화에서 협력의 원리(cooperative principle)를 주장하였다. 그에 따르면 대화는 상호성을 전제로 하는데 사람들은 대화를 하면서 반드시 지금 하는 말이 대화의 목적이나 요구에 합치되도록 대화를 해야 한다는 것이 협력의 원리이다. 협력의 원리란 의사소통의 기본 전제인 상호성을 바탕으로 하는 것으로 사람들은 의사소통을 할 때 반드시 지금 이루어지고 있는 의사소통의 흐름에 합치되도록 말을 하고, 듣는 사람 역시 지금 이루어지고 있는 대화의 목적이나 상황에 맞게 의미를 해석한다는 것이다.

대화자들이 대화를 정상적으로 진행시키기 위해 어떤 묵시적인 지침이 필요하다고 하고, 이것을 격률(maxim)이라는 용어로 설명하면서 네 가지 기본 대화 격률을 제시하였다. 첫째, 질의 격률(Maxim of Quality)로, 대화에서는 진실을 말해야 한다. 즉, 서울은 미국의 수도라고 말하면 제대로 된 의사소통이 아니다. 둘째, 양의 격률(Maxim of Quantity)로, 대화의 목적에 맞는 정보의 양을 제공해야 한다. 즉, 초등학교 1학년 학생에게 30억 원은 매우 많다고 설명한다면 이는 양의 격률을 벗어난 것이므로 적절한 의사소통이 될 수 없다. 관련성의 격률(Maxim of Relevance)로, 대화는 상황에서 말하는 주제가 서로 관련성이 있어야 한다. 즉, 물리 관련 대화를 하고 있는데, 갑자기 고대 시대 역사 이야기를 한다면 주제와 관련성이 없는 것으로 본다. 방법의 격률(Maxim of Manner)로, 대화에서 주제가 되는 내용을 명확하게 해야 한다. 즉, 모호한 이야기를 하지 않고, 중의적 표현(重義的表現)을 쓰지 않으며 간결하고 논리 있게 말해야 한다는 것이다.

그러나 실제 의사소통 과정에서 사람들은 의도적으로 이 대화의 격률들을 위반함으로써 자신의 발화 의도를 함축적으로 전달하기도 한다. 인간에게는 두 가지 상반된 욕구가 있다. 그 하나는 다른 사람과 관계를 맺고자 하는 연관성의 욕구이고 또 다른 하나는 누구에게도 자신의 개인적 영역을 침해받고 싶어 하지 않는 독립성의 욕구이다. 인간들도 의사소통 과정에서 연대감과 독립성이라는 상반되는 두 가지 욕구 사이에서 균형을 유지하기 위해 '나와 너'와의 최적의 거리를 유지할 수 있도록 노력해야 한다. 즉, 상대방의 관점을 고려하는 대화는 상대방과 적절한 거리를 유지하는 것에서 출발한다.

미국의 언어학자 로빈 레이코프(Robin Rakoff)는 이 거리 유지를 다음과 같이 세 가지 지침으로 정리하고 있다. ① 상대방과의 거리를 유지하라. ② 상대방에게 선택권을 주라. 상대방으로 하여금 의견을 말하도록 유도하라. ③ 항상 우호적인 태도를 견지하라. 이 세 가지 지침 가운데 상대방과 거리를 유지하라는 첫 번째 지침은 상대방의 독립성의 욕구를 존중해 줌으로써 상대방을 편안하게 해 주라는 것이다. 상대방에게 선택권을 주라는 두 번째 지침은 거리 유지 원리의 핵심이다. 상대방으로 하여금 의견을 말하도록 유도하라는 이 지침은 독립성과 연관성이라는 상반된 욕구 사이에서 균형을 잡고 적절한 거리를 유지할 수 있게 해 준다. 항상 우호적인 태도를 견지하라는 세 번째 지침은 상대방과 연관성을 확보하라는 것이다. 간접적이고 우호적으로 표현하는 것은 상대방과 정면충돌을 피할 수 있게 해 준다는 점에서 자기방어의 효과가 있을 뿐만 아니라 상대방과 연대감의 욕구를 손상시키지 않는다는 점에서 그 효용 가치가 높다.

대화는 다른 사람과 함께 살아가는 기술이다. 사회적으로 성공한 사람, 누구에게나 인기가 있는 사람을 보면 대화의 기술에 능숙한 사람이라는 사실을 알 수 있다. 이처럼 대화를 잘하기 위해서는 우선 대화의 목적을 명료하고 구체적으로 설정해야 하며, 대화를 나눌 사람의 정보를 활용하는 것이 좋다. 대화를 시작하기 전에 대화가 진행될 상황에 대하여 분석하고 대화의 목적, 대상, 상황에 따라 화제를 적절히 조절하며, 언어 예절을 지켜야 할 것이다. 또한 상대방의 말에 지속적인 관심을 보이며 적극적으로 듣는 자세도 중요하다.

대화는 일반적으로 크게 '시작–펼침–맺음'의 세 부분으로 구성된다. 시작 부분은 서로에 대한 인사말이나 상대방을 부르는 호칭어를 사용하여 대화를 시작하는 부분이다. 펼침 부분은 일정한 화제에 대하여 본격적으로 이야기를 주고받는 부분이며, 맺음 부분은 대화를 마무리하는 부분이다.

대화의 원리로는 공손의 원리와 협동의 원리를 들 수 있다. 공손의 원리는 정중하지 않은 표현은 최소화하고 정중한 표현은 최대화하라는 것으로 요령의 격률, 관용의 격률, 찬동의 격률, 겸양의 격률, 동의의 격률 등이 있다. 협력의 원리는 화자는 대화의 목적을 분명히 설정하고 그 목적 달성에 알맞은 말을 하여 결속성을 유지해야 하고, 청자는 상대방의 말을 결속성이 있는 것으로 수용하고 반응해야 한다는 것이다. 양의 격률, 질의 격률, 관련성의 격률, 태도의 격률 등이 있다.

이러한 대화를 통해 우리는 다른 사람에게 지식이나 정보를 전달하고, 상대방에 대한 정보를 얻는다. 또한 상대방이 나의 의견에 따르도록 설득하고, 처음 만난 사람과 친교를 맺기도 하며, 그러한 관계를 유지 · 발전시키기도 한다.

그러나 공기와 같이 너무 익숙한 탓인지 그 중요성과 효과적인 대화 방법에 대해 별도로 학습하는 것을 경시하는 경향이 있다. 그 결과, 올바른 대화법을 몰라 다른 사람들과 쓸데없는 언쟁을 벌이게 되며, 가족 간에도 진정한 대화가 이루어지지 않는다. 일상생활의 많은 오해가 대화 방식의 잘못에서 기인한 것인데도 불구하고, 무엇을 잘못하고 있는지 모른 채 자신의 대화 방식을 고집하는 경우도 많다. 이에 대화의 원리와 방법을 학습하여 자신의 대화 방식에 대해 보다 초인지적으로 의식하게 함으로써 자신과 타인의 대화 방식을 개선할 수 있도록 하고자 한다.

3. 대화의 기법

대화에서 의사소통이란 말이나 행동을 통해 의미를 전달하는 상호 교류 과정 또는 여러 수단에 의한 정보 교환 및 자기표현을 의미한다. 의사소통의 4요소는 [그림 8-1]과 같다.

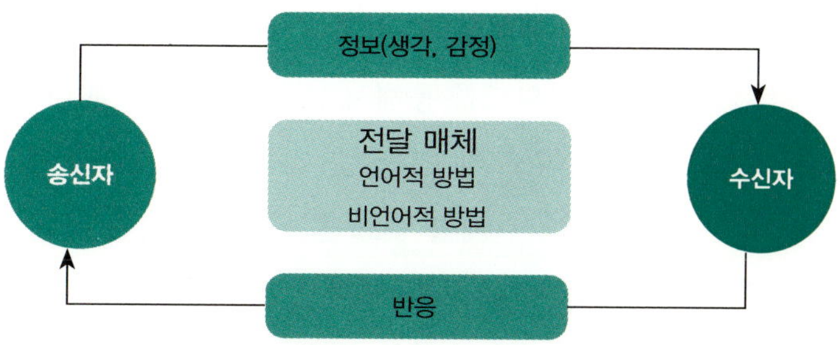

① 말하는 사람: 정보를 보내는 사람(송신자)
② 듣는 사람: 정보를 받는 사람(수신자)
③ 정보: 송신자가 보내는 내용
④ 반응: 듣는 사람의 반응이나 응답(거절 또는 수락 의사)

[그림 8-1] 의사소통의 4요소

의사소통 방법에는 언어적 의사소통 방법으로 개인의 감정, 생각을 말 또는 글로써 전달하는 방법과 비언어적 의사소통 방법으로 몸짓이나 동작으로 정보를 전달하는 것(얼굴 표정, 자세, 행동, 옷차림 등)이 있다.

또한 의사소통의 중요성은 자신의 감정과 생각을 잘 전달하기 위함, 사회생활에서 만족스러운 인간관계를 맺기 위함과 상대방의 오해 소지가 없도록 정확히 듣고 표현하기 위함이다. 즉, 대화는 서로 뜻이 통하여 오해가 없는 것을 뜻하며 말하는 사람과 듣는 사람이 서로 의사를 주고받으면서 오해를 풀어 가는 것이다.

대화의 전제로는, 첫째, 대화의 목적은 상대방의 의견을 무조건 따르는 데 있지 않다. 둘째, 상대방의 의견을 존중하는 데 있다. 셋째, 상대방이 하는 말을 집중해서 듣고 이해해 보고 공감이 가는 부분은 공감하고 그렇지 않은 부분은 또 그렇지 않다고 잘 이야기할 수 있어야 한다.

한편, 대화에서는 세 가지 요소가 중요하게 작용한다.

첫째, 공감(empathy)이다. 공감하는 능력을 가진다는 것은 의사소통의 첫 관문을 통과하는 것과 같다. 자신의 주관을 넘어서 공감을 통해 다른 사람과 의사소통을 할 때 상대의 눈높이에 맞춰서 자신의 주관과 타인의 시야에서 균형을 잡을 수 있게 된다. 이런 공감을 많은 사람이 아주 잘하고 있다고 생각하는 경우가 많지만, 실제로는 제대로 하지 못하고 있는 경우가 많다. 공감을 올바르게 하기 위해서는 자신의 감정보다는 타인의 감정을 배려할 수 있을 때 가능하며, 자신의 감정만을 내세우는 행위를 줄일 때 가능하게 된다.

둘째, 자기주장(assertiveness)이다. 첫 번째 요소가 공감이다 보니 많은 사람이 공감에만 집중하는 경향이 생기는데, 의사소통은 나와 상대가 같이하는 것이기에 적절한 자기주장은 당연히 있어야 한다. 공감을 한다고 자기주장을 버려서는 안 된다. 자신의 감정, 자신의 생각을 적절하게 표현할 수 있어야 하며 혹여나 상대와 제대로 의사소통이 되지 않더라도 공감과 자기주장이라는 키워드를 통해서 조금씩 조율을 해 나가야 한다.

셋째, 존중(respect)이다. 공감을 하고 자기주장을 하며, 의사소통을 할 때 최종적으로 필요한 요소는 존중이다. 우리는 인간관계를 맺으면서 항상 조율을 하게 되는데, 그런 조율의 완성은 바로 존중이 있기 때문이다. 공감을 함으로써 상대의 마음을 이해하고 자기주장을 하면서 문제가 되지 않도록 만들어 주는 것은 존중이라는 조율의 키워드가 있기 때문이다. 공감과 자기주장만 있을 경우에는 잘못하면 공감을 자기중심적으로 해석하고 활용할 수 있지만, 존중이라는 키워드를 가질 경우에는 그런 문제 없이 안정적으로 의사소통을 하면서 인간관계를 조율할 수 있게 된다.

다음으로, 대화의 기술에 대해 살펴보면 다음과 같다.

첫째, 자랑과 험담은 삼간다. 상대방에게 과도한 자기 자랑을 늘어놓거나 다른 이의 험담을 하지 않도록 해야 한다. 당신에 대한 이미지를 좋지 않게 만들뿐더러 누구도 당신에게 고민을 털어놓거나 조언을 구하려 하지 않을 것이다. 또한 험담을 하는 것은 상대방에게 불쾌감과 부담을 주는 행위이기 때문에 자리에 없는 사람 이야기는 되도록 하지 않는 것이 좋다.

둘째, 부드러운 말투를 사용하라. 상대방과 대화할 때 우유부단하고 자신감 없는 말투는 신뢰감을 떨어뜨릴 수 있다. 반면에 너무 강하게 자기주장을 밀고 나간다거나 요구하는 말투 역시 상대방의 기분을 상하게 만들 수 있다. 상대방과의 대화에서 자신의 생각을 피력하고 호감을 얻기 위해서는 대화를 부드럽게 이어 나가며 명령조로 자신의 의사를 표현하는 것이 좋다. 예를 들어, "밤이 너무 늦었으니 얼른 집에 들어가세요."처럼 말이다.

셋째, 상대방의 이야기에 반응을 보이라. 상대방이 이야기를 할 때는 자세를 앞으로 하고 적극적으로 듣고 있음을 표현해 주는 것이 좋다. 또한 상대방의 말에 긍정적인 반응으로 함께 맞장구쳐 준다면 당신이 진심으로 경청하고 있다고 느끼며 호감도도 상승할 것이다. 하지만 자신이 생각하기에도 지나친 리액션은 오히려 상대의 기분을 상하게 만들 수 있으니 뭐든 적당히 하도록 하자.

넷째, 정직한 대화를 하라. 대화에서 아무 의미 없고 진정성도 결여된 영양가 없는 대화는 당신이나 상대방에게 아무런 도움이 되지 않는다. 상대방에게 호감을 얻기 위해 거짓을 첨가하는 대화도 결국에는 당신과 상대 모두를 속이는 행위이다. 호감뿐만 아니라 신뢰를 얻기 위해서는 거짓 없는 대화를 나누어야 상대방이 당신에게 갖는 경계심을 풀 수가 있다.

다섯째, 눈을 보며 대화하라. 사람과 대화를 나눌 때는 꼭 눈을 바라보고 대화해야 한다. 특히 상대가 이야기할 때 다른 곳을 보며 듣는 행동 역시 상대의 기분을 상하게 만들 수 있다. 눈을 보고 대화한다는 것은 상대가 말하는 내용을 집중해서 주의 깊게 듣고 있다는 표시이기도 하다. 눈을 보지 않는 사람은 호감도, 매력도 떨어진다.

여섯째, 7 : 3 법칙을 활용하라. 사람들과 대화를 할 때 7 : 3 법칙을 이용한다면 충분히 호감을 얻는 대화에 성공했다고 봐도 무방하다. 사람은 누구나 자신의 이야기를 진지하게 들어 주는 사람에게 호감을 갖게 마련이다. 상대방과 대화를 나눌 때 70%는 들어 주고, 당신은 나머지 30%만 말해 보도록 하자. 가끔 누군가 아무 말 없이 자신의 이야기를 들어 주길 원하는 사람도 있다.

일곱째, 인정하고 칭찬하자. 상대방을 인정하고 칭찬하는 습관도 중요하다. 예컨대, 경쟁 구도에 놓여 있는 상대가 좋은 결과를 얻었을 때 진심을 다해 축하해 주고 노고를 인정해 주는 사람이야말로 진짜 멋진 사람이다. 반면에 축하는커녕 이건 뭔가 잘못됐다는 식의 부정적인 말만 늘어놓는다면 당신의 마음은 이해하겠지만, 당신의 언행 때문에 상대가 상처받을 수도 있다.

여덟째, 대화의 의도를 파악하라. 가끔 사람들과 대화를 나누다 보면 꼭 주제에 벗어나는 이야기를 하는 사람이 있다. 그런 사람은 대화에 집중하지 않고 자신의 생각만을 얘기하는 것으로 보이기 때문에 더 이상의 대화는 하고 싶지 않게 만든다. 항상 사람들과 이야기를 나눌 때는 주제에서 벗어나지 않도록 주의하고, 상대가 자신에게 하고 있는 대화의 의도를 정확하게 파악하도록 노력하자.

아홉째, 대화를 즐기라. 좋은 대화라고 함은 대화를 하는 사람과 함께 즐기며 말하는 것이다. 대화를 통하여 각자의 생각과 경험을 공유하고 따뜻한 말을 통하여 서로의 감정을 공유함과 동시에 유머러스한 말들을 통해 즐거움을 함께하는 것이다. 대화를 즐기기 위해서는 준비하고 노력하는 자세가 필요하다.

열째, 마음으로 대화하라. 내가 주면 다시 오게 되는 것이 생활의 법칙이다. 서로 웃으면서 떠들고 얘기하는 중에서도 말에 진심을 담아 따뜻한 마음이 녹아 있어야 한다.

더 좋은 대화를 위한 방법을 소개하면 다음과 같다(Headlee, 2019).

첫째, 한꺼번에 여러 일을 하지 말라. 대화를 나누고 있는 그 순간에 충실하고 집중하라. 다른 건 생각하지 말고 하고 있는 대화를 끝내고 싶다면 애매하게 집중하지 말고 대화에서 빠져나오라.

둘째, 설교하지 말라. 유명한 심리치료사 모건 스콧 펙(Morgan Scott Peck)이 이야기하길 '진정한 경청은 자신을 내려놓는 것'이라고 했다. 이 말은 개인적인 의견도 내려놓아야 할 때가 있다는 뜻이다. 자기 의견만 주장하고 싶다면 SNS를 이용하라. 항상 배울 것이 있다는 자세로 대화에 임하라. 말하는 사람은 듣는 사람이 자신의 이야기를 듣고 있다고 느끼면 더 깊은 이야기를 꺼낼 것이다.

셋째, 자유롭게 대답할 수 있는 질문을 하라. 복잡한 질문을 하면 단순한 답을 얻게 된다. 만약 "두려웠습니까?"라고 물으면, 상대방은 질문에서 가장 강렬한 단어인 '두려움'에 반응해서 "예" 혹은 "아니요"라고 대답할 것이다. 말하는 사람이 자신의 감정을 적절하게 묘사할 수 있는 질문을 해 보라. "어땠어요?"나 "어떤 느낌이었어요?" 같은 질문을 던지면 상대방은 잠시 생각해 봐야 할 것이고, 보다 흥미로운 대답을 얻을 수 있다.

넷째, 대화의 흐름을 따르라. 어떤 인터뷰를 보면 게스트가 이미 대답한 내용을 사회자가 다시 물어볼 때가 있다. 아마 사회자는 대화하면서 그 질문이 떠올랐고, 더 이상 듣지 않고 그 질문을 해 볼 타이밍만 기다렸을 것이다. 우리도 똑같이 행동한 적이 있었을 것이다. 대화 도중에 다른 생각이 떠오르면 우리는 듣는 것을 멈춘다. 하지만 멈춰야 하는 것은 듣는 것이 아니라 떠오른 생각이다. 그대로 흘려보내라.

다섯째, 모르는 것을 인정하라. 페이스북이나 인터넷에서 읽은 글을 가지고 안다고 하면 안 된다. 사람의 기억력에는 한계가 있기 때문에 애매할 땐 모른다고 하라. 모른다고 하지 않으면 대화에서 신뢰가 깨진다. 상대방이 잘난 체하거나 아는 체할 때는 우리도 눈치를 챈다. 아는 체해서 대화의 신뢰를 깨뜨리지 말라.

여섯째, 내 경험을 다른 사람의 경험과 같다고 생각하지 말라. 다른 사람들이 어려움을 겪고 있는데 본인의 어려움을 말하는 것은 어리석은 일이다. 예를 들어, 실직해서 어렵다는데 자기도 실직했을 때 어려웠다는 이야기는 도움이 되지 않는다. 우리는 자신의 이야기하기를 좋아해서 대화의 주제를 자기중심으로 돌릴 때가 많은데, 이럴 땐 들어 주어야 한다. 상대가 당신의 의견을 물어보기 전까지는 말이다.

일곱째, 했던 말을 또 하지 말라. 우리는 했던 말을 또 하곤 한다. 그런 말들은 잘난 체하는 것 같고, 진짜 지루하다. 특히 직장에서나 아이와 대화할 때 같은 말을 되풀이하지 말라.

여덟째, 세부적인 정보에 집착하지 말라. 듣는 사람의 입장에서는 정확한 연도나 이름, 날짜 같은 세부 사항에는 관심이 없다. 대화하고 있는 당신에게 관심이 있고, 당신이 어떤 사람인지, 공통점이 무엇인지에 신경을 쓴다.

아홉째, 잘 들어 주라. 듣지 않으면 다른 사람에게서 아무것도 배우지 못한다. 다른 사람들은 엄청난 것들을 알고 있다. 하지만 자신은 자신이 무슨 말을 할지 이미 다 알고 있다. 배우고 싶다면 다른 사람이 하는 이야기를 들어 보라. 만약 피곤하면 듣는 척하지 말고 피곤하니 나중에 다시 이야기하자고 하라.

4. 직장에서의 대화와 인간관계

직장(職場, workplace)이란 사람들이 생계의 원천인 돈을 벌기 위해 일정한 직업을 가지고 일하는 곳이다. 즉, 직장은 자신의 능력을 발휘하여 생계를 해결해 나가는 삶의 터전

일 뿐 아니라 많은 시간을 머무르며 존재 가치를 실현하는 자아실현의 장으로 직장과 나의 공동체적 의식으로 나의 발전과 직장의 발전을 연계하는 생각이 필요하다.

직장생활을 하는 우리는 다양한 성격과 인품의 소유자가 한데 얽혀 있다. 그렇기 때문에 예기치 못한 상황이 발생하기도 한다. 이런 상황은 대개 서로 간의 의사소통이 원활하게 이루어지지 않음에서 시작된다. 많은 사람이 갖가지 상황에 노출되어 수없이 갈등하고 상처를 주고받기도 한다. 이는 물론 직장생활에서 필연적인 것이긴 하지만 그렇다고 그러려니 하며 그냥 감내하기엔 타격이 만만치 않다. 어차피 별별 사람들과 더불어 지내야 한다면, 대책을 강구해야 한다. 나쁜 상황에서도 잘 대처하는 대화의 기술을 익혀 갈등을 차단하고 협력을 이끌어 내어 모두와 좋은 관계를 유지해야 한다. 어떻게 하면 대화로 서로 얼굴을 붉히지 않고 친근하게 교류할 수 있는지, 남들에게 호감을 얻는지에 대해서 지금부터 알아보도록 하겠다.

우선, 직장에서 대화의 필요성은 다음과 같다.

첫째, 사람들과의 관계이다. 누구나 대화가 잘 통하는 사람이 좋은 사람이라고 생각할 것이다. 대화를 통해 나와 대화가 잘 통하고 생각이 잘 맞는다고 생각을 하는 사람은 더 좋은 시간을 보냈다고 느낀다.

둘째, 문제해결이다. 말 한마디로 천냥 빚을 갚는다고 한다. 아무리 극복하기 어려운 문제가 있다고 하더라도 대화를 통해 원만하게 해결할 수 있고, 사람 간의 갈등도 바로 대화를 통해서 해결할 수 있다.

셋째, 결과 창출이다. 혼자서 생각을 하고 판단을 하고 해결을 하려는 것보다 많은 사람과 대화를 나누고 고민을 함께한다면 더 나은 결과를 만들어 낼 수 있고 더 높은 성과를 얻을 수 있다.

다음으로, 직장에서 호감을 얻는 자세에 대하여 살펴보자. 상사에게 잘 보이고 싶다든가 줄을 잘 서고 싶더라도, 어떤 이는 되지만 어떤 이는 아무리 애써도 되지 않는다. 직장에서 차이를 만드는 결정적인 계기인 호감형 자세에 대해 알아보자.

첫째, 공평하라. 나이가 들고 직급이 올라갈수록 편파적이고 편향적이어서는 안 된다. 또 후배나 부하직원들은 늘 선배나 상사들에게 부당함을 느낀다. 균형 잡힌 사고와 판단 그리고 실행의 자세는 아랫사람들에게 신뢰를 얻고 조직을 안정적으로 이끌어 갈 수 있는 원동력이 된다.

둘째, 감각을 키우라. 사실 세대차는 극복하기 힘들다. 그러나 감각은 세대를 넘어 사람을 선도할 수 있는 깃발과 같다. 물론 세대차에서 오는 생물학적 감각의 노화는 피하기 힘들지만, 그런 만큼 감각을 키우고 앞서 가려는 노력을 해야 한다. 늘 세상에 눈과 귀를 열어 두고 새로운 것을 받아들이는 데 게으르지 말고 자신의 업무와 역할에 연계해 분석하고 파악하는 능력을 키워야 한다.

셋째, 일관된 행동을 하라. 다른 사람들에게 평판을 잃고 싶지 않다면 앞뒤가 같은 행동과 언행을 해야 한다. 초심을 지키고 산다는 것이 쉬운 일은 아니지만 적어도 입으로 뱉은 말에 대한 책임은 지도록 해야 하며, 그것이 두렵다면 아예 말을 아끼는 것이 좋다.

넷째, 긍정적인 사람이 되라. 일이라는 게 하다 보면 안 될 때도 있고 막힐 때도 있고 실패할 때도 있는 법이다. 또, 쉽고 편하고 재미있기만 한 일이라는 건 세상에 없다. 어려움에 부딪혔을 때 긍정적이고 희망적으로 일을 풀어 가려는 사람과 생기지도 않은 일에 비관적인 우려부터 시작하는 사람, 사람들이 어느 쪽을 더 따를까?

다섯째, 선입견을 버리라. 공평과 균형이 이뤄지려면 선입견에서 해방되어야 한다. 그러나 경력이 쌓이고 경험이 축적되다 보면 어떤 현상을 곧이곧대로 받아들이기보다는 저도 모르게 유형화, 패턴화하게 마련이다. 물론 그러한 분석이 필요한 것은 사실이나 그것이 선입견으로 이어지면 곤란하다.

여섯째, 겸손하라. 세상에 잘난 사람이 천지이니 나 하나쯤은 좀 겸손해질 필요가 있지 않을까? 겸손은 곧 진정성으로 이어지고 이는 다시 신뢰로 굳어진다.

일곱째, 자신에게 엄격하라. 후배는 선배에게, 부하직원은 상사에게 너무 많은 것을 요구하게 마련이다. 타인에게는 인자하고 자신에게는 엄격한 사람이란 참으로 매력적이다. 늘 자신을 반성하고 돌아보며 자신에게 엄격해지는 것이 좋다.

여덟째, 유머를 사용하라. 유머는 직장, 연애, 언제 어디서나 필수불가결한 요소이다. 다 좋은데 유머감각이 없고 웃자고 하는 얘기에 정색을 하고 달려드는 사람이라면 마주 대하기 힘들다. 솔직히, 그냥 웃기기만 해도 사람들은 좋아한다. 그러나 다른 사람을 웃길 수 있다는 것은 어느 정도 타고나야 가능한 일이기도 하다. 남을 웃기는 것이 정 힘들다면 함께 웃는 연습을 하는 것이 어떨까? 밝은 분위기는 타인의 유머를 끌어내는 좋은 토양이다.

아홉째, 비밀을 지키라. 당연한 듯 싶지만, 현실적으로 가장 지키기 어려운 것이기도 하다. 일단 사적인 것은 함구하는 것을 원칙으로 하는 것이 좋다. 안다 모른다 말할 필요 자체가 없는데 묘하게 '나는 알지만 말하기는 좀 그래.'라는 뉘앙스로 다른 사람을 갑갑하게 만드는 사람들이 있다. 그런 사람은 교만해 보이기도 하고 사람을 갖고 노는 듯한 인상을 줄 수 있으니 조심해야 한다. 남의 사생활을 많이 꿰뚫고 있다고 해서 그 사람이 회사에서 중요한 위치를 맡고 있다고 여길 사람은 아무도 없다.

직장생활을 하면서 상대에게 호감을 주는 대화법에 대하여 알아보고자 한다.

첫째, 상대방의 말을 경청하라. 상대방과 이야기를 할 때 딴짓을 하거나 시선을 다른 곳으로 돌리는 것은 상대방에게 대화를 하고자 하는 마음을 사라지게 한다. 상대방이 말을 할 때에는 상대방에게 최대한 '내가 당신의 이야기를 열심히 듣고 있다.'라는 제스처를 보여 주는 것이 좋다.

둘째, 눈을 맞추고 이야기하라. 간혹 다른 곳을 보고 대화를 하는 사람들이 있다. '눈은 마음을 보여 주는 거울'이라는 말이 있듯이 한마디의 대화보다 많은 것을 포함하고 있는 기관이기도 하다. 상대와 이야기를 할 때 눈을 맞추고 차근히 이야기를 한다면 진심과 신뢰를 전할 수 있다.

셋째, 상대방의 이야기에 공감하라. 상대가 어떤 이야기를 하더라도 함께 맞장구쳐 주고 공감해 준다면 상대방은 즐거운 대화라고 느끼게 된다. 반면, 묵묵히 들어 주고는 있지만 별 반응이 없다면 상대방은 기분이 나빠지기도 한다. 나의 일인 것처럼 공감하고 몰입해 주는 것은 호감을 주는 대화법 중 하나이다.

넷째, 질문을 자주 하라. 상대방의 말에 집중하고 듣고 있다고 느끼게 하는 것이 바로 '질문'이다. 무조건적인 질문이 아니라 대화 중간중간 상대가 더 즐겁게 이야기를 꺼낼 수 있도록 질문을 해 주면 대화가 자연스럽게 이어질 수 있다.

다섯째, 상대방의 상황에 맞는 이야기를 하라. 상대방이 한 주제에 대해 이야기를 하고 있었다면, 갑자기 전혀 주제가 다른 본인의 이야기를 꺼내는 것은 대화를 끊기게 할 수 있다. 상대방의 주제와 맞는 내 상황과 감정을 이야기하며 대화를 이어 나가는 것도 하나의 기술이다.

직장생활에서 평소 말이 없고 과묵하며, 어려운 상대를 만났을 때 대화를 어떻게 이어 나갈지 난감해하는 직장인들에게 특히 더 필요한 것이 대화의 기술이다. 직장인들은 친분이 있는 사람들만 만나는 것이 아니기 때문에 처음 만나거나, 중요한 윗사람, 아랫사람을 만날 때 그 사람에게 호감과 신뢰, 진심을 보여 줄 수 있는 것이 바로 대화이다.

직장인들에게 필요한 대화의 기술에 대하여 살펴보기로 하자.

첫째, 긍정적인 말을 자주 하라. 업무를 하다 보면 무리한 요구를 받거나 하기 싫은 일을 강요받기도 한다. '꼭, 반드시'라는 말을 자주 사용하거나, '하도록 하겠다' 등의 긍정적인 말은 상대방에게 신뢰를 주고 실제로 긍정적인 말이 좋은 결과를 낳기도 한다.

둘째, 메모하기이다. 회의를 하거나 중요한 상대와 대화를 할 때 메모하는 습관을 기르는 것이 좋다. 상대방의 말을 경청하고 있다는 인상을 주고, 실제로 업무에도 많은 도움을 주기 때문에 직장인들에게는 꼭 필요한 습관이다.

셋째, 상대의 말에 자신의 말을 덧붙이기이다. 상대방의 말을 들은 후 그 요점을 다시 말하거나, 같은 느낌으로 그의 말을 되풀이하는 것도 직장인들에게 필요한 대화의 기술이다. 그 후 자신의 의견이나 생각까지 덧붙이면 완벽하지 않을까?

넷째, 자세한 설명을 요구하기이다. 대화 틈틈이 적절한 타이밍에 맞추어 상대방에게 자세한 설명을 요구하는 것도 중요하다. '더 자세히 말씀해 주세요, 무슨 뜻입니까?' 등의 말들은 상대방에게 업무에 대한 의지와 열의를 나타내는 태도로 보이게 된다.

이처럼 대화라는 것은 상대방을 마주하고 서로의 의견과 마음을 나누는 행동이다. 자신이 가지고 있는 것을 표현하기에만 급급하다면 상대방은 지금 대화를 하고 있다는 생각이 들지 않을 것이다. 내가 말을 하는 만큼, 상대방의 말도 들어 주는 것이 바로 진정한 '대화'이다. 삶은 혼자서는 살아갈 수 없다. 사회생활은 물론이고 가족관계에서도 대화는 중요하다. 상대방에게 오해 없이 진실한 마음을 전하기 위해서는 대화의 기술을 아는 것도 매우 중요하다. 소중한 가족, 직장 동료, 상사와 진심 어린 대화의 시간을 가져 삶을 더욱 풍요롭게 가꾸어 나가기를 바란다.

대화와 인간관계

Section 08 학습활동

대화와 인간관계 (1)

<table>
<tr><td colspan="2">(V) 토론 ( ) 퀴즈 ( ) 과제 ( ) 검사 ( ) 조사 ( ) 팀티칭 (V) 활동</td></tr>
<tr><td>주제</td><td>경청 훈련</td></tr>
<tr><td>학습성과</td><td>경청 훈련의 특성을 알 수 있다.</td></tr>
<tr><td>진행과정</td><td>◎ 경청 훈련
* 말하는 사람의 입장에서
<table>
<tr><td>상대방이 잘 들어 줄 때 느껴진 감정</td><td></td></tr>
<tr><td>상대방이 성의 없이 들을 때 느껴진 감정</td><td></td></tr>
</table>
* 관찰자의 입장에서
<table>
<tr><td>듣는 사람이 말을 잘 들어 줄 때 말하는 사람의 반응</td><td></td></tr>
<tr><td>듣는 사람이 말을 잘 들어 주지 않을 때 말하는 사람의 반응</td><td></td></tr>
<tr><td>듣는 사람의 바람직한 경청 자세</td><td></td></tr>
<tr><td>듣는 사람의 바람직하지 않은 경청 자세</td><td></td></tr>
</table>
* 듣는 사람의 입장에서
<table>
<tr><td>내가 상대방의 말을 잘 들을 때 느낌</td><td></td></tr>
<tr><td>내가 상대방의 말에 판단을 내리고 의견을 내세울 때의 느낌</td><td></td></tr>
</table>
</td></tr>
<tr><td>토론과정</td><td>1. 자신이 주로 사용하고 있는 효과적인 의사소통 기술은 무엇인지 말해 보자.
2. 자신이 주로 사용하고 있는 비효과적인 의사소통 기술은 무엇인지 말해 보자.
3. 의사소통 과정을 방해하거나 왜곡시키는 다양한 요인에 대하여 말해 보고 실생활에서 일어날 수 있는 상황과 연결해 보자.</td></tr>
</table>

Section 08 학습활동

대화와 인간관계 (2)

(V) 토론 ( ) 퀴즈 ( ) 과제 (V) 검사 ( ) 조사 ( ) 팀티칭 ( ) 활동

주제	조하리의 마음의 창 그리기
학습성과	조하리의 마음의 창에 대하여 알 수 있다.

진행과정

◎ 조하리의 마음의 창(Johari's Window of Mind)

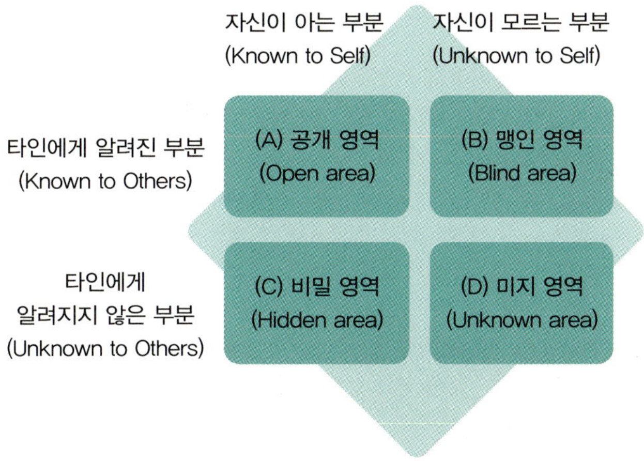

1. 자기개방 정도
- 다른 사람에게 나에 관한 이야기를 잘하는가?
- 다른 사람에게 나의 모습을 잘 드러내 보이는가?
- 다른 사람에게 나의 속마음을 잘 내보이는가?

→ 세로 점수

2. 피드백을 얻는 정도
- 다른 사람이 나에 대해 어떤 생각을 가지고 있는지 알려고 노력하는가?
- 다른 사람이 나에 관해서 하는 말에 귀를 기울이는가?
- 다른 사람이 나를 어떻게 평가하고 있는지 잘 알고 있는가?

→ 가로 점수

전혀 아니다		약간 아니다		어느 정도 아니다		상당히 아니다		매우 아니다
1	2	3	4	5	6	7	8	9

진행과정

	피드백을 얻는 정도									
자기 개방 정도		1	2	3	4	5	6	7	8	9
	1									
	2									
	3									
	4									
	5									
	6									
	7									
	8									
	9									

- 조하리의 마음의 창에서 사람마다 마음의 창 모양이 다름
- 개인이 인간관계에서 나타내는 자기공개와 피드백의 정도에 따라 마음의 창을 구성하는 4영역의 넓이가 달라짐
- 창 모양은 어떤 영역이 가장 넓은가에 따라 크게 네 가지 유형으로 구분

  첫째, 공개 영역 - 나도 알고 있고 다른 사람에게도 알려져 있는 나에 관한 정보를 의미. 개방형이라고도 하며, 공개적 영역이 가장 넓은 사람

  둘째, 맹인 영역 - 나는 모르지만 다른 사람은 알고 있는 나의 정보를 뜻함. 맹목 영역이라고도 하며, 이 유형은 가장 넓은 자기주장형임

  셋째, 비밀 영역 - 나는 알고 있지만 다른 사람에게는 알려지지 않은 정보를 의미. 감춰진 영역 또는 은폐 영역이라고도 하며, 이 유형은 신중형으로 은폐 영역이 가장 넓은 사람임

  넷째, 미지 영역 - 나도 모르고 다른 사람도 알지 못하는 나의 부분을 의미. 알려지지 않은 영역이라고도 하며, 이 유형이 넓은 사람은 고립형임

토론과정

1. 자신의 대인관계 유형과 조하리의 창을 어떻게 활용할 수 있는지에 대하여 말해 보자.
2. 공개 영역, 즉 개방 영역을 넓힐 수 있는 방법에 대하여 말해 보자.

제9장

의사소통과 인간관계

1. 의사소통의 이해

1) 의사소통의 개념

의사소통(意思疏通) 혹은 휴먼 커뮤니케이션(영어: human communication, anthroposemiotics)은 사람의 의사나 감정의 소통으로 '가지고 있는 생각이나 뜻이 서로 통함'이라는 의미를 지니고 있으며, 인간이 사회생활을 하기 위해서 가장 필수적으로 가지고 있어야 하는 능력이다. 상호 간 소통을 위해 사용되는 매체로 구어(口語)와 문어(文語)는 물론 몸짓, 자세, 표정, 억양, 노래, 춤 등과 같은 비언어적 요소들까지 포함된다. 이와 같은 행동으로 의사소통이 불가능한 사람들을 위해 많은 도구와 치료법이 개발되어 있으며 일반적인 소통을 하는 데에는 거의 문제가 없다. 언어적 능력이 발달하지 않은 동물들의 경우 호르몬이나 변뇨의 냄새 또는 울음소리로 의사소통을 한다. 현대의 경우 인터넷의 발달로 직접적인 소통 외에 네이버 · 다음 · 네이트와 같은 포털 사이트, 페이스북 · 트위터와 같은 소셜 네트워크 서비스로도 불특정 다수와 의사소통을 할 수 있다. 의사소통의 사전적 개념으로 구어(oral language)나 문어(written language)를 통한 언어적 요소는 물론 제스처나 자세, 얼굴표정, 눈맞춤, 목소리, 억양 등과 같은 비언어적 요소를 통해서도 이루어질 수 있다.

의사소통이란 인간관계에서 각각의 사람이 자신의 뜻과 생각(상징에 의하여 정보 · 생각 · 감정)을 언어적, 비언어적 부호로 바꾸어 주고받는 일련의 연속적 과정을 말한다. 여기서 사람들의 의사소통 방식은 개인이 속한 가족, 지역, 사회, 문화, 민족적 특징 및 개인적 차이에 따라 다를 수밖에 없다. 의사소통이 일어나기 위해서는 상호반응을 기반으로 한다. 상호작용의 내용이나 해석에 따라서 다양한 의미의 전달이 이루어지기도 한다.

우리는 단 한 순간도 의사소통하지 않고는 살 수 없다. 말을 하지 않는다고 해서 의사소통을 하지 않는 것은 아니다. 말하지 않는 것 자체로도 어떤 메시지를 전달하고 있는 것이다. 의사소통의 목적은 무엇일까? 인간의 의사소통 목적은 타협이다. 즉, 나 자신과 타인의 관계를 위해, 그리고 공동체 속에서 의사소통을 통해 상대방에게 생각이나 행동이나 태도에 영향을 미치고, 행동에 변화를 일으킬 목적으로 의사소통을 한다. 이 외에도 다양한 목적이 있다. 의사소통은 나를 이해하기 위해서(말하면서 자신을 객관화시킬 수 있다), 내가 원하는 것을 얻기 위해서, 원하는 말을 듣기 위해서, 타인과 함께 협업하기 위해서, 타인에게 도움을 주기 위해서, 공공의 발전을 위해서 한다.

2) 의사소통의 목적과 기능

두 사람 이상의 인간이 공통의 목표를 달성하려면 그들 상호 간에 협동과 협조가 이루어져야 한다. 이러한 의사소통은 그들 상호 간 의사의 교환을 통해서 이루어진다. 의사소통은 둘 또는 그 이상의 사람들 사이에 사실 · 생각 · 의견 또는 감정의 교환을 통하여 공통적 이해를 이룩하고, 상대방의 의식이나 태도 또는 행동의 변화를 일으키게 하는 일련의 행동이다.

우선, 커뮤니케이션의 기능은 다음과 같이 구분할 수 있다(Scott, 1976).

첫째, 정서적 기능으로 어떤 의사소통은 개인 또는 집단의 합리적 목적과는 거의 무관하며 인간의 느낌과 정서에 관련된다.

둘째, 동기부여의 기능으로 의사소통은 개인 또는 집단의 구성원들의 행동에 영향을 미친다.

셋째, 정보교환의 기능으로 생각이나 의도를 상대방과 주고받는 가장 기본적인 역할을 한다.

이처럼 의사소통에서 개인이나 조직의 활동은 하나하나의 의사결정을 중심으로 하여 이루어지는 것인데, 이러한 의사결정은 그 전제로서 소요(所要)의 정보를 필요로 하며 바로 이러한 정보는 커뮤니케이션을 통해 얻어지는 것이다.

다음으로 의사소통의 대인교류 기능에 대하여 살펴보기로 한다. 의사소통에서 적절한 대인교류는 사회인으로서의 기능뿐만 아니라 개인의 생활만족도를 향상시키는 순기능적인 역할을 하는 것으로 나타난다. 두 사람이 서로 주고받는 미소, 위안, 서로 필요한 것들을 보충해 주는 물질적 · 심리적 보상성, 여러 가지 활동을 같이 이해함으로써 오는 만족감 등이 이유가 될 수 있다.

친밀한 대인관계를 지니고 있는 사람들은 심한 스트레스를 받는 경우에 친구, 배우자들로부터 사회적 지원을 받음으로써 대처를 잘하고 정신건강을 유지하는 것으로 나타났다. 아울러 친밀한 대인교류는 수면과 신체의 건강에도 도움을 준다.

의사소통의 기본적인 기법은 다음과 같다.

첫째, 경청(관심 기울이기)이다. 라포(rapport) 형성을 위한 가장 기본적인 기법이 바로 경청이다. 우리에게 말하고 있는 상대방에게 전적으로 관심을 기울여 주는 것은 그 사람과의 좋은 관계를 발달시키는 데 매우 중요하다. 신체적으로 내 앞에 앉아 있으나 내가 말하고자 하는 내용에 대하여 전혀 관심을 보여 주지 않아서 그 사람과는 사적으로 의미 있는 대화를 더 이상 나누고 싶지 않았던 경험이 있을 것이다. 이런 경우 우리는 존엄성을 가진 한 인격체로서보다는 한갓 물건으로 취급당하는 기분을 느끼게 된다.

둘째, 확인하기이다. 확인하기란 상대방의 전달하고자 하는 생각, 정보 또는 의견을 그가 의도한 바 그대로 내가 정확하게 이해하고 있는가에 대하여 확인해 보는 하나의 기법이다. 우리는 상대방과 대화를 할 때 때때로 그가 전달하려고 하는 메시지를 끝까지 정확하게 알아들으려고 하기보다는 상대방의 말이 끝나기가 무섭게 때로는 채 끝나기도 전에 자신의 생각을 주장하기 위한 말을 준비하는 데 신경을 쓰게 된다. 그 결과 상대방이 전달하고자 하는 의사의 앞부분만 듣고 그것을 토대로 하여 우리의 생각을 주장하거나 아니면 그가 전달하고자 하는 진정한 의사를 정확하게 이해하지 못한 채 우리의 주관적 가치관에 입각한 동문서답식 반응을 보일 가능성이 많다.

셋째, 공감하기이다. 대화에서 상대방이 직접 하는 말의 내용을 이해하는 것도 중요하지만 그의 감정을 이해하는 것도 대단히 중요하다. 특히 감정을 이해하는 것을 공감이라고 하는데, 공감을 하기 위해서는 상대방이 느끼는 감정을 이해하는 것과 함께 그 이해하는 바를 말로 표현해야 한다. 상대방의 감정을 이해하기 위해서는 무엇보다도 먼저 그가 당면하고 있는 문제에 대해서 스스로 어떻게 느끼는지 주의 깊게 들어 주어야 한다. 그렇게 함으로써 그의 감정을 이해한 다음에는 그의 감정과 그가 처한 상황을 반영해 줄 만한 적절한 말을 생각해야 한다. 그리고 세 번째 단계는 그의 감정과 그의 상황을 잘 이해하고 있다는 점을 적절한 말로써 전달해 주어야 한다.

넷째, 질문하기이다. 질문은 어려움에 처해 있는 친구에게 관심을 두고 있으며 그에 대하여 좀 더 알고 싶다는 내용을 전달한다. 대체로 상대방의 말을 듣고 그 말의 뜻을 다시 물어보는 것이 효과적이다. 예컨대, '네가 한 말이 여러 가지 뜻이 있을 수 있는데 너한테는 그게 어떤 뜻이니?' 식의 질문 반응을 통해 내담자로부터 그에 관하여 좀 더 많은 것을 이야기할 수 있는 기회를 준다. 그래서 질문을 효과적으로 하는 방법을 익혀서 활용한다면 인간관계에 도움이 될 것이다. 즉, 질문은 개방적으로 하는 것이 좋으며, '왜'라는 질문보다는 '어떻게'라는 질문을 사용하는 것이 효과적이다. 또한 상대방이 대답을 할 수 없는 질문은 피하여야 하며 질문을 해도 듣지 않으면 곤란하다.

다섯째, 자기노출이다. 자기 관련 반응에는 크게 자기표출과 자기관여가 있다. 보통 자기노출이란 자기표출을 가리키나 자기표출과 자기관여를 포함한 과의의 뜻으로 사용되기도 한다. 대인관계에서 상담자는 내담자에게 자신에 관한 것을 드러냄으로써 내담자와 더욱 깊은 관계를 맺고 내담자로 하여금 그의 속마음이나 경험을 더욱 깊이 있게 개방하도록 촉진할 수 있다. 이것이 자기노출의 효과이다. 상담자가 자신의 내면을 보다 솔직하게 드러낼 수 있을 때 내담자는 상담자를 역시 한 인간으로서 경험하고 더욱 친밀감을 느끼게 될 것이다.

여섯째, 나-전달법(I-Message)이다. 나-전달법은 다른 사람에 대한 당신의 평가와 해석을 표현하는 것이 아니라 당신 자신이 느끼는 감정과 경험을 표현하는 것이다. 나-전달법은 당신이 당신 자신을 보다 더 잘 이해하도록 해 줄 뿐 아니라 상대방에게 당신을 더 잘 알릴 수 있게 하며 궁극적으로 상대방에게 그들의 마음을 정직하게 개방하도록 용기를 준다.

따라서 의사소통은 조직체 내에서 개인 또는 집단 사이에 어떤 사실이나 생각, 태도 등을 상호 전달하고 받는 과정이다. 이러한 의사소통의 기능을 요약하면, 조정 및 통제를 위한 수단, 합리적 의사결정의 수단, 조직통솔과 리더십 발휘 및 사기 앙양 및 동기를 유발하는 기능을 한다.

3) 의사소통의 원칙

의사소통의 내용은 알기 쉽고 일관성을 가지면서 적절하게 상대방에게 저항을 일으키지 않도록 전달되어야 한다. 효과적인 의사소통을 위해서 유의해야 할 몇 가지 일반적인 원칙을 살펴보면 다음과 같다.

첫째, 명료성(clarity)이다. 피전달자가 쉽고 정확하게 이해할 수 있도록 간결한 문장과 평이한 용어를 사용해야 하고 내용의 구조가 체계화되어 있어야 한다.

둘째, 일관성(consistency)이다. 의사소통에 있어서 전달 내용은 전후가 일치해야 한다. 즉, 명령이나 지시에 있어서 1차와 2차의 모순이 있을 수 없으며, 고위관리층의 명령이나 지시에 위배되는 중간관리층으로부터의 명령이나 지시는 있을 수 없다.

셋째, 적시성(timeliness)이다. 의사소통은 적시에 이루어져야 한다. 즉, 필요한 시기에 적절히 입수되어야 한다.

넷째, 적정성(adequacy)이다. 전달하고자 하는 정보의 양과 규모가 적정해야 한다. 즉, 정보의 양이 너무 많거나 빈약해서는 안 된다는 것이다. 정보의 양이 너무 많을 경우에는 복잡하여 이해하기가 곤란하며, 반면에 너무 빈약할 경우에는 자료로서의 가치를 상실하게 된다.

다섯째, 배포성(distribution)이다. 의사전달의 내용은 비밀을 요하는 특별한 경우를 제외하고는 모든 사람이 알 수 있도록 공개해야 한다. 특히 공식적인 의사소통에서는 배포성의 원칙이 중요시된다.

여섯째, 적응성(adaptability)이다. 의사소통의 내용이 환경에 적절히 적응해야 한다는 것이다. 그 내용이 지나치게 세밀하게 규정되어 있을 경우에는 환경에 적응하기가 곤란하다. 그러므로 의사소통의 내용은 구체적인 상황에 따라 융통성과 신축성이 있어야 한다.

일곱째, 수용성(acceptability)이다. 의사소통은 피전달자가 수용할 수 있어야 한다. 즉, 수용성은 의사소통의 최종 목표가 된다. 그러므로 피전달자의 적극적인 반응을 보일 수 있도록 수용성이 있어야 한다.

4) 의사소통의 유형

의사소통이란 사람의 의사나 감정의 소통으로 '가지고 있는 생각이나 뜻이 서로 통함'이라는 의미를 지니고 있으며, 인간이 사회생활을 하기 위해서 가장 필수적으로 가지고 있어야 하는 능력이다. 이러한 의사소통 능력의 유형은 공식적 의사소통과 비공식적 의사소통, 수직적 의사소통과 수평적 의사소통, 언어적 의사소통과 비언어적 의사소통으로 구분할 수 있다.

첫째, 공식적 의사소통과 비공식적 의사소통이다. 공식적 의사소통(formal communication)은 공식적 조직 내에서 공식적 통로와 수단에 의하여 공식적으로 의사가 소통되는 것으로 '누가', '누구에게', '무엇을', '어떻게' 전달할 것인가를 공식적으로 법제화하고 이에 근거하여 의사를 전달하는 것이다. 전달자와 피전달자 간에 권한과 책임 관계가 명확하고 의사소통이 확실하고 편리한 것이 장점인 반면, 단점은 융통성이 없고 소통이 느리며 조직 내 모든 사정을 예견하여 합리적 의사소통의 수단을 완전히 이룩하는 것은 불가능하다는 점이다.

비공식적 의사소통(informal communication)은 조직의 자생집단 내에서 비공식적 방법으로 이루어지는 의사소통이다. 단점은 통제를 하기 곤란하고 공식적인 권위관계를 파괴하며 조정을 더 곤란하게 하는 경향이 있다는 것이다. 장점으로는 구성원들의 감정을 잘 나타내는 수단이며, 사회심리적인 만족감과 조직에의 적응력을 높여 준다는 것을 들 수 있다.

둘째, 수직적 의사소통과 수평적 의사소통이다. 수직적 의사소통(vertical communication)은 상의 하달적 의사소통으로, 명령으로는 지시, 훈령, 발령, 규정, 규칙, 요강, 고시, 회람 등이 포함되며 전달방법에 따라 구두명령과 문서명령이 있다. 일반정보로는 조직 또는 조직의 업무에 관한 지식을 구성원들에게 알려 주기 위한 편람(manual), 핸드북(handbook), 뉴스레터(newsletter), 구내방송, 강연 등이 있다. 하의 상달적 의사소통인 보고는 가장 공식적인 것이며 조직책임자는 보고에 의해서 필요한 의사결정이나 명령을 내릴 수 있다. 면접은 구성원들이 관리층에 대하여 품고 있는 감정을 파악하여 행정에 반영하려는 방법이나, 비용, 시간이 많이 들고 익명성 보장이 어렵다. 의견조사는 질문서 등을 구성원에게 배포·수집하여 성원들의 사기 측정이나 태도 조사 등에 유용하게 사용되며, 제안제도(품의제도)는 구성원들의 업무개선에 관한 의견이나 아이디어를 접수하여 유익한 것을 채택·실시하고 이를 보상하는 제도이다.

수평적 의사소통(horizontal communication)은 동일 계층의 사람들 또는 상하관계에 있지 않은 사람들 사이에 이루어지는 의사소통이다. 사전심사제도(어떤 결정을 내리기 전에 전문가들의 의견을 구하거나 조직의 목표와 합치성 등을 검증), 각서(사전사후에 관계없이 이용), 회람 또는 통지(사후에 통지 또는 주지시키는 것을 목적), 회의 또는 위원회 제도 등이 있다.

셋째, 언어적 의사소통과 비언어적 의사소통이다. 언어적 의사소통(verbal communication)은 말, 즉 구어로 하는 의사소통(직원회의, 위원회, 인터뷰 등)이다. 언어적 의사소통은 고려되어야 할 몇 가지 제약점이 있다. ① 언어적 의사소통은 주로 생각과 사실에 강조를 두는 것이지 감정의 정확한 표현에 중점을 두는 것은 아니다. ② 말하려고 선택한 것이 상황의 근사치에 불과하기 때문에 듣는 사람을 잘못된 방향으로 인도할 우려가 있다. ③ 전달할 필요가 있는 내용들을 논의하기 위해 사람들을 함께 모이게 하는 것이 가끔 어려울 수 있다.

비언어적 의사소통(non-verbal communication)은 눈짓, 몸짓, 웃음, 말의 속도, 목소리의 높고 낮음, 입술의 경련, 얼굴의 붉어짐, 눈물 등이 포함된다. 의사소통 중에 전달자를 조심스럽게 관찰하는 것은 생각과 의미와 감정을 주고받는 데 큰 도움이 된다.

다음은 심리분석에 근거를 두며 가족치료에 기여한 사티어(Satir, 2004)의 이론을 소개하고자 한다. 그는 사람들마다 가지고 있다고 여기는 고유한 의사소통의 유형을 중요하게 다루었다. 또한 그는 역기능적인 관계에서 벗어나 명확하고 직접적이며 정직한 대화(communication)와 개방적이고 융통성 있는 가족 간의 규칙(rules)과 자신의 가치(self-worth)를 높이는 자아존중감을 가지고 있다면 어느 가족도 활기차고 양육적인 가정이 될 수 있음을 강조하였다.

먼저 언급하는 네 가지 의사소통 유형은 자신의 감정을 숨기며, 상처를 받지 않으려 하고, 낮은 자존감을 가지고 있고, 다른 사람을 인정하지 않는 역기능 의사소통이다. 우리에게는 누구나 나름의 대화 유형이 있는데, 어느 정도 섞여 있음을 발견할 수 있다. 일단 자신이 어느 유형인지 확인하는 것이 우선이며, 각 유형의 장점을 개발하여 다섯 번째의 일치적 의사소통이 되도록 노력한다면 자신에 대한 존중감도 향상되고, 자신을 받아들이고 사랑할 때 아름다운 관계도 되찾을 수 있을 것이다.

첫째, 회유형이다. 이 유형은 표면적으로는 약하고 의존적이다. 상대방의 기분을 맞추려 하며 무조건 동의하고, 희생적이다. 쉽게 사과하고 반대하지 않으며, 비위 맞추는 말을 많이 한다. 자신의 요구를 분명히 표현하지 못하며 상대방에게 무엇을 요청하는 것은 생각도 못하고 자신은 힘이 없고 가치 없는 존재라고 생각하며 우는 소리를 한다. 회유적 반응은 상대방에게 죄책감을 갖게 하며 상대방이 죄책감을 가질 경우 이것을 자신을 아끼는 증거라고 생각한다. 즉, 회유 반응은 자신의 욕구를 숨기는 것이다.

둘째, 비난형이다. 이는 자기주장이 강하고 독선적이며 명령적이고 지시적이다. 잘못을 남의 탓으로 돌리고 참을성이 없으며 자신이 제일이라고 여긴다. 다른 사람의 충성과 복종을 요구하며, 강자같이 행동하고 다른 사람을 무시한다. 언어적으로는 상대방의 말을 경청하지 않고 비난을 하면서 신체적으로는 근육과 내장기관들이 긴장해 있고, 혈압은 올라가고, 목소리는 딱딱하며 긴장하고 날카롭다. 그리고 내면적으로는 외롭고 성취감이나 성공적인 감정을 갖고 있지 못하고, 자신이 가치가 없다고 생각한다. 어떤 일에 대해 알고 싶은 것보다 자신의 중요성을 나타내는 데에 관심이 있다. 따라서 비난함으로써 다른 사람이 복종하면 자신이 중요하게 되었다고 생각한다.

셋째, 계산형(초이성형)이다. 주로 부정적인 측면으로 비판, 분석, 평가한다. 지나치게 이성적이며 세심하다. 어떤 감정도 나타내지 않으려 하고, 매우 정확하고 실수하지 않으려 한다. 뜻이 확실하지 않아도 되도록 길게 말하고, 지식인처럼 말한다. 모습은 대체적으로 조용하고 냉정하며 침착하다. 내면적으로 약하고 감정적으로 상처받기 쉽다. 상대방으로 하여금 시기하게 만들며 자신의 주장으로 굴복하도록 한다. 그것이 자신의 편이 되리라고 생각하기 때문이다. 이것은 자기 자신과 다른 사람을 위하여 자신의 정서적 감정을 숨기는 것이다.

넷째, 혼란형(산만형)이다. 이 유형은 다른 사람의 말이나 행동에는 상관없는 말과 행동을 한다. 적절하게 반응하지 못하고, 말에 요점이 없고, 다른 사람의 질문을 무시한다. 상황에 맞지 않는 말을 하며, 비합리적이고 책임없는 말을 할 뿐만 아니라 내용이 산만하다. 내면적으로 고독감을 가지고 있으며 자신의 무가치함을 느낀다.

다섯째, 일치적 의사소통 유형으로, 기능적, 원만함, 책임감, 정직성, 친근감, 창의력 그리고 현실 문제를 해결할 수 있는 능력을 가지고 있다. 자기 자신의 유일성을 존중하고, 개인적이고 상호작용적인 에너지를 가지고 있다. 자신과 다른 사람을 신뢰하며 모험을 하고 공격을 받기도 한다. 내적 · 외적 자원을 사용할 수 있으며 자신에게 자유롭고 다른 사람을 수용한다. 사람을 사랑하며 변화에 융통성이 있고 개방적이다. 구체적으로 언어적 메시지와 비언어적 메시지가 일치하며, 모순 없는 말을 하고, 내면의 느낌과 일치된 말을 한다. 자신, 다른 사람, 상황을 무시하지 않고 모두 중요하게 여긴다. 관계가 편안하고 정직하며, 자존심에 대한 위협은 거의 없다. 존재에 대해서가 아니라 행동에 대해서 사과할 수 있으며, 사람을 비난하지 않으면서 행위를 평가하고, 방향 제시를 할 수 있으며, 메시지는 하나이고, 직접적이다. 내면으로 진실하고, 원만하고, 충만함, 생동감, 공개성 그리고 활력이 있다.

5) 의사소통의 고려사항

의사소통에서 고려하여야 할 사항인 사실과 감정, 의사소통의 길이, 반복, 경청에 대하여 살펴보면 다음과 같다.

첫째, 사실과 감정이다. 조직에 있어서 의사소통은 그것이 치료적인 것이든 행정적인 것이든 사실(facts)와 감정(feelings)을 모두 포함한다. 조직에 대한 사실 및 생각들은 구성원들이 조직의 정책, 문제, 계획, 결정 및 활동을 알 수 있도록 분명히 밝힐 필요가 있다. 감정은 면담, 위원회, 직원회의와 같은 대면적 관계에서 가장 분명하게 나타난다.

둘째, 의사소통의 길이이다. 메시지는 너무 길어서도 또 너무 짧아서도 안 된다. 의사소통을 위한 시간이 제한된 경우는 제한된 시간 내에 생각과 감정을 효과적으로 전달할 수 있도록 치밀한 준비가 되어 있어야 한다.

셋째, 반복이다. 대부분의 사람은 기억력이 짧고 그들이 듣고 읽는 것의 대부분을 다 기억해 낼 수 없다. 만약 정보, 계획, 그리고 사건이 중요하다면 그런 것은 한 번 이상 언급되는 것이 필수적이다.

넷째, 경청이다. 효과적인 경청자가 되는 것이 중요하다. 이러한 경청을 위한 지침은 〈표 9-1〉과 같다.

〈표 9-1〉 경청을 위한 실제적인 지침

① 말하는 것을 멈추라.	⑥ 인내심을 가지라.
② 말하는 사람을 편하게 해 주라.	⑦ 화를 내지 말라.
③ 말하는 사람에게 당신이 듣기를 원하고 있음을 보여 주라.	⑧ 논쟁하지 말라.
④ 주의산만을 제거하라.	⑨ 질문하라.
⑤ 말하는 사람에게 감정이입을 하라.	⑩ 말하는 것을 멈추라.

출처: Fulmer (1988).

6) 효율적인 의사소통

의사소통은 크게 두 가지 종류가 있다. 의사소통에 관한 연구 결과, 말의 내용은 전체 의사소통에서 7%만을 차지하고, 말투나 억양이 38% 정도, 몸짓이나 표정, 자세, 분위기와 같은 비언어적인 요소가 55%를 차지한다고 한다. 비언어적인 기법을 먼저 말해야 하는 이유가 여기에 있다.

먼저, 비언어적 기법을 살펴보면 다음과 같다.

- **거리**: 가능한 가까이에서 대화한다. 몸의 거리가 마음의 거리를 나타낸 것일 수도 있다.
- **자세**: 편안하게 약간 앞으로 숙인 자세가 좋다. 고개를 뒤로 한 고압적인 자세는 상대방에게 위압감을 주어 따뜻한 대화 분위기를 해친다.
- **시선**: 상대방의 눈을 바라보며 이야기한다. 특히 중요한 말을 할 때 시선을 마주치면 자연스럽게 그 내용이 강조되어 전달된다. 물론 지나치게 째려보는 듯한 시선은 피해야 한다.
- **표정**: 여유 있는 은은한 미소가 좋다.
- **몸짓**: 자발적이고 자연스러운 제스처를 이용할 수 있어야 한다. 손동작이나 몸짓을 자연스럽게 시도해 보자.
- **접촉**: 부드러운 터치를 자주 이용하면 효과적이다. 단, 상대방이 이성인 경우에는 유의해야 하며 첫 터치에서 거부적인 태도를 보이면 이후의 터치는 상대방의 반응을 보아 가면서 매우 조심스럽게 사용하는 것이 좋다.
- **음성**: 딱딱하지 않은 따뜻한 목소리가 중요하다. 지나치게 큰 소리, 높은 음역의 말소리는 피하자.

언어적 기법에 대해 구체적으로 살펴보면 다음과 같다.

- 남이 아닌 자신의 견해를 이야기한다. "선생님이 그러는데…….", "아빠가 그러는데……." 식으로 남의 의견이 어떻더라는 방식은 상대방에게 저항감을 주기 쉽다. "나의 의견은 어떻다…….", "나는 어떻게 느꼈다…….''라는 말투를 사용해 보자.
- '너' 대신에 '나'를 사용한다. "너는 왜 항상 약속을 안 지키니?"보다는 "나는 네가 약속을 안 지키는 것이 걱정이란다."가 상대방의 긍정적 반응을 이끌어 낼 수 있다.
- 두루뭉술하게 이야기하지 말고 구체적으로 예를 들어 말한다. 특히 행동과 연관된 대화를 하는 경우 그 문제가 된 행동에 대해 직접 자세하게 느낀 대로 말해 준다. 가능한 한 최근의 예를 들어 말하는 것이 효과적이다.
- 가능한 한 짧게 이야기한다. 빙빙 돌려서 말하는 것은 서로에게 저항감을 불러일으킨다. 결론이나 요지를 먼저 간략하게 말하고 대화를 시작하는 것도 요령이다.
- 상대방이 듣고 있나를 자주 확인한다. 나는 내 할 말만 하면 된다는 태도보다는 상대방의 반응을 가끔씩 확인하는 것이 좋다.
- 상대방의 의견을 알아보려는 노력을 한다. 대화란 주고받는 것이다. "나는 이러이러한데……, 너의 생각을 듣고 싶구나."라는 식의 말을 자주 하는 것이 좋다.
- 자신이 듣고 있음을 보여 준다. 상대방이 말할 때, 자신도 "음…….", "그래?", "아하" 등의 소리를 고개를 끄덕이며 내는 것이 필요하다.
- 칭찬과 지지를 아끼지 않는다. "야……. 조리 있게 의견을 잘 표현하는구나.", "참 잘했어.", "그때 참 기뻤어…….''라는 식의 긍정적인 말은 상대방의 자기 표현을 격려하게 되고 보다 개방적인 대화 분위기를 유도할 수 있다.

2. 인간관계와 대인기술

1) 대인기술이란

인간관계를 성공적으로 이끌어 갈 수 있는 사교적 능력을 대인기술이라고 한다. 즉, 대인기술은 인간관계에서 자신이 추구하는 목표를 달성하기 위해 구사할 수 있는 언어적 또는 비언어적 능력을 의미하며 사회적 기술이라고 부르기도 한다.

대인기술의 특징은 다음과 같다(Michelson, 1983).

첫째, 대인기술은 기본적으로 학습을 통해 획득되는 것이다. 대인기술은 출생 후의 성장과정에서 후천적 경험을 통해 의식적 또는 무의식적으로 배워 습득하는 것이다.

둘째, 대인기술은 언어적 행동과 비언어적 행동으로 구성된다. 인간의 주요한 의사소통 수단인 언어뿐만 아니라 다양한 비언어적 행동 역시 대인기술에 포함된다.

셋째, 대인기술의 적절성과 효과는 행위자, 상대방 그리고 상황의 특성에 의해 결정된다. 행위자와 상대방의 나이, 성별, 지위 등에 따라서 특정한 사회적 행동이 적절할 수도 있고 그렇지 않을 수도 있다.

넷째, 대인기술은 타인으로부터의 사회적 보상을 극대화한다. 즉, 적절한 대인기술은 인간관계에서 얻게 되는 긍정적 성과를 최대화한다. 달리 말하면, 대인기술의 적절성은 인간관계에서 얻게 되는 긍정적 성과에 의해서 평가될 수 있다.

2) 비언어적 대인기술

대인기술은 크게 비언어적 대인기술과 언어적 대인기술로 나누어 볼 수 있다. 비언어적 대인기술은 비언어적인 행동을 통해 자신의 의사와 감정을 표현하는 기술을 의미한다. 동양문화권에 속하는 한국 사회는 서구사회에 비해 언어적 행동보다는 비언어적 행동을 통해 의사소통을 하는 비언어적 문화를 지니고 있다. 따라서 비언어적 행동을 잘 구사하여 자신의 의사를 표현하는 기술이 중요하다.

뿐만 아니라 비언어적 행동에 의해서 표현되는 타인의 의도와 감정을 잘 파악하는 것이 매우 중요하며 이러한 능력을 '눈치'라고 한다. 한국 사회에서는 비언어적 행동과 눈치를 통해 의사소통이 이루어지는 경우가 많으므로 비언어적 대인기술을 잘 이해할 필요가 있다.

비언어적 대인기술로서 활용될 수 있는 비언어적 소통수단은 매우 다양하다.

첫째, 몸의 움직임은 의사소통의 중요한 수단이 된다. 얼굴표정, 눈맞춤 또는 눈 바라봄, 몸동작이나 제스처, 몸의 자세 등과 같은 몸 움직임을 통해 많은 의미를 전달하게 된다.

둘째, 우리는 신체적 접촉을 통해 타인에 대한 감정과 태도를 표현한다. 악수, 어루만짐, 팔짱 낌, 어깨에 손 얹기, 포옹 등의 다양한 신체적 접촉을 통해 서로에 대한 감정을 주고받을 수 있다.

셋째, 머리모양, 옷차림새, 장신구, 화장, 향수와 같은 외모의 치장을 통해 많은 의미를 표현할 수 있다.

넷째, 공간의 사용 역시 여러 가지 의미를 전달하는 수단이 될 수 있다. 상대방과의 공간적 근접도 및 거리나 상대방을 대하는 방향 등의 공간적 요인도 중요한 소통수단이 될 수 있다. 또한 만남의 장소, 상황, 분위기 등의 환경적 요인을 잘 활용하는 것도 중요한 대인기술이다.

다섯째, 말의 강약, 완급, 음색, 말하는 방식 등 언어적 의미가 없는 음성적 행동도 의미를 전달하는 중요한 수단이 되는데 이를 부언어라고 한다.

여섯째, 얼굴표정이다. 인간이 감정을 표현하는 주된 비언어적 수단인 얼굴표정을 잘 조절하는 것뿐만 아니라 상대방의 얼굴표정을 잘 지각하는 것 역시 중요한 대인기술이다. 얼굴표정을 정확하게 잘 지각하는 것은 상대방의 감정과 의사를 정확하게 포착하는 것을 의미하기 때문이다.

일곱째, 눈맞춤이다. 우리는 감정을 표현하는 주요한 통로인 눈을 통해 자신의 마음을 전달하고 또 상대방의 마음을 읽는다. 상대방에 대해서 관심과 호감을 지니게 되면 상대방을 주목한다. 연인은 서로의 눈을 마주 쳐다보는 행동을 통해 서로의 애정을 교환하고, 상대방에게 적대감을 지닐 때는 상대방을 강렬하게 노려본다. 이렇듯 눈맞춤을 통해 눈빛을 주고받음으로써 많은 것을 표현하게 된다.

여덟째, 몸동작이다. 몸의 움직임을 통해 많은 것을 표현하고 전달한다. 몸동작을 통해 의사를 표현하는 제스처는 신체언어의 주요한 범주이다. 상대방의 이야기를 반대하거나 중단시킬 때는 손을 내젓기도 한다. 또한 상대방의 의견에 대해서 고개를 끄덕여서 동의를 표현하기도 하고 고개를 가로저어 반대를 나타내기도 한다. 이렇게 몸의 움직임을 적절히 잘 사용하는 것은 말의 의미를 더욱 분명하게 하거나 강렬하게 만드는 기능을 지닌다.

아홉째, 공간활용이다. 심리적으로 가까운 사람과는 물리적으로도 가깝다. 친밀한 사람과 대화를 나눌 때는 서로 가깝게 앉는다. 그러나 낯선 사람과는 어느 정도의 거리를 유지한다. 이렇듯 사람은 공간행동을 통해서 의사소통을 한다. 두 사람 사이의 물리적 거리는 친밀감이 높을수록 좁아지는 경향이 있다.

3) 언어적 대인기술

대인기술은 크게 비언어적 대인기술과 언어적 대인기술로 나누어 볼 수 있다. 먼저, 언어적 대인기술에 대하여 살펴보고자 한다.

첫째, 경청하기이다. 우리는 우리의 이야기를 진지하게 잘 들어 주는 사람에 대해서 호감을 느낀다. 특히 적극적 경청을 통해 상대방이 나의 이야기에 깊은 관심과 공감을 나타낼 때 우리는 이해받고 있다고 느낀다. 이런 점에서 다른 사람의 이야기를 잘 경청한다는 것은 매우 중요한 대인기술이다.

둘째, 질문하기이다. 대인관계는 상호작용으로서 서로 다양한 정보를 교환하는 과정이라고 할 수 있다. 질문하기(questioning)는 이러한 상호작용을 촉진하는 중요한 대인관계 기술이다. 질문하기는 기본적으로 상대방에게 추가적인 정보를 요청하고 상대방의 태도, 감정, 의견을 확인하는 행동이다. 이러한 행동은 상대방과 그의 화제에 대한 관심과 호기심을 표현하는 것이기도 하며 때로는 의사소통 과정을 통제하는 수단이 될 수도 있다.

질문은 언어적 의사소통에서 매우 중요한 기능을 한다. 예를 들어, 소크라테스는 상대방과의 철학적 논쟁에서 자신의 의견을 제시하기보다는 상대방의 주장에 대해 적절한 질문을 던짐으로써 상대방으로 하여금 자기주장의 모순과 비합리성을 자각하도록 유도하였다. 이렇게 질문은 상대방에게 정보를 요청하는 소극적인 기능뿐만 아니라 상대방의 의견을 변화시키는 적극적인 기능도 지니고 있다. 그러나 질문을 적절하게 잘하는 것은 쉽지 않다.

적절치 못한 질문은 상대방을 당혹스럽게 하거나 조롱과 비난으로 받아들여져 인간관계를 악화시킬 수도 있다. 특히 낯선 사람과 처음 만나는 상황에서는 상대방을 이해하기 위해 많은 질문을 하게 된다. 이때 질문은 상대방에 대한 관심과 호기심의 표현이지만 적절한 내용의 질문을 하는 것이 중요하다. 예를 들어, 그다지 신뢰와 친밀감이 형성되지 않은 사람에게 지나치게 개인적인 생활이나 열등한 신체적 특성에 대해 질문하는 것은 적절하지 않다.

그럴 뿐만 아니라 질문을 주고받는 균형도 중요하다. 상대방에 대해 관심이 있다고 해서 일방적으로 질문 공세를 퍼붓는 것보다는 상대방의 질문을 받고 또 상대방에게 질문을 하는 균형 있는 상호작용이 필요하다. 아울러 질문을 할 때는 적절한 시기를 포착하는 것이 중요하다. 상대방이 한창 중요한 이야기를 하는 중간에 질문을 하기보다는 이야기의 한마디가 끝났을 때 궁금했던 점을 묻는 것이 자연스러운 대화에 효과적이다.

셋째, 반영하기와 공감하기이다. 대화에는 상대방이 필요하다. 우리는 사물을 향해 말하지 않는다. 그 이유는 나의 이야기를 듣고 이해해 줄 사람이 필요하기 때문이다. 우리는 대화를 통해서 자신이 한 이야기에 대해서 이해받고 공감받고자 하는 내면적 욕구를 지닌다. 따라서 자신을 잘 이해해 주는 사람을 좋아하고 깊은 인간관계를 맺고자 한다. 이렇듯 상대방의 발언 내용을 정확하고 깊이 있게 이해하며 감정적으로도 공감하는 반응을 보여 주는 것은 깊이 있는 인간관계를 촉진하는 필수적인 요소이다.

반영하기(reflecting)는 상대방의 표현 내용에 대한 사실적 또는 정서적 이해를 보여 주는 대인기술을 말한다. 반영하기는 상대방의 표현 내용에 대한 자신의 이해 정도를 전달하며 자신의 이해 내용이 정확한지를 확인하는 기능이다. 대화 과정에서 반영하기를 통해 상대방은 자신의 소통 내용이 관심을 받고 있을 뿐 아니라 충분히 이해받고 있다고 느끼게 됨으로써 대화와 대인관계에 대한 참여의 정도가 높아진다.

특히 상대방의 표현 내용에 대한 사실적인 이해를 넘어서 상대방의 주관적인 기분과 입장에 대한 정서적 이해는 반영하기의 중요한 요소이다. 이러한 정서적 이해를 특히 공감(empathy)이라고 부른다. 공감하기는 상대방이 자신의 상황과 감정을 잘 이해하며 수용하고 있다고 느끼게 된다. 즉, 공감하기는 '내 마음을 나와 같이 알아 준다.'는 느낌을 주어 상대방에 대한 신뢰가 증대되고 자기 공개가 촉진된다. 이렇듯 공감하기는 인간관계를 심화시키는 매우 중요하고 강력한 대인기술이다. 이러한 공감하기는 노력과 훈련에 의해서 증진될 수 있다.

공감을 잘하는 사람의 특성은, ① 상대방의 말을 자신의 입장과 관점에서 듣기보다 상대방의 입장과 관점에서 이해하려고 노력한다는 점이다. 이런 점에서 자기중심적인 사람은 타인의 감정에 공감하기 어렵다. ② 공감을 잘하기 위해서는 상대방이 하는 말의 사실적 의미와 더불어 그 이면에 깔린 정서적 의미를 포착하려는 노력이 필요하다. 상대방이 느끼고 있는 감정을 그가 처한 입장과 상황에서 느껴 보려는 노력이 중요하다. 그래서 공감을 감정이입이라고 부르기도 한다. ③ 이렇게 느낀 감정을 상대방에게 적절하게 전달해 주는 것이 필요하다. 특히 상대방이 충분히 표현하지 못한 감정을 정확한 언어로 표현해 주는 것은 더욱 강력한 효과를 지닌다. 이런 경우 상대방은 자신이 충분히 이해받고 있다는 느낌을 받게 된다.

넷째, 설명하기이다. 우리는 인간관계 속에서 자신의 입장, 생각, 지식을 상대방에게 전달해야 하는 상황에 자주 부딪히게 된다. 예를 들어, 자신이 처한 상황을 상대방에게 납득시켜야 하는 경우, 상대방에게 자신의 의견을 이해시키고 설득하려는 경우, 자신이 알고 있는 지식을 여러 사람 앞에서 발표하는 경우와 같이 자기 생각을 전달해야 하는 상황이 많다. 이렇듯 자기 생각을 표현하고 설명하는 일은 중요한 대인기술의 하나이다. 설명하기(explaining)는 자신이 소유하고 있는 정보를 상대방에게 제공하고 공유하기 위한 중요한 의사소통 기술이다.

4) 부적응적인 대인기술

인간관계는 개인이 사회 속에서 살아가는 적응과정의 중요한 한 측면이라고 할 수 있다. 많은 사람이 인간관계 속에서 고통을 느끼고 부적응을 경험한다. 부적응적인 대인기술의 인간은 성장과정에서 적절한 대인기술을 습득하지 못한 사람들이다. 이런 사람들은 대인기술이 부족하여 대상과 상황에 적절하게 행동하지 못하여 상대방에게 호감을 일으키지 못하고 오히려 불쾌감을 주는 경우가 많다.

아울러 다른 사람과 친밀한 관계를 맺고 싶은 대인 동기는 강해도 대인기술의 미숙으로 원하는 대인관계를 맺지 못한다. 대인기술 미숙형은 타인이 호감을 느끼도록 자신을 나타내지 못하고 타인의 행동에 적절하게 반응하지 못한다. 인간관계 부적응의 기준은 여러 가지로 정의될 수 있다.

첫째, 인간관계 속에서 느끼는 주관적인 불편감이 부적응의 기준이 된다. 불쾌감정은 인간관계 속에서 누구나 약간씩은 경험하는 것이지만 이러한 불쾌감정이 참기 어려울 정도로 과도한 상태를 부적응 상태라고 할 수 있다.

둘째, 부적응의 기준은 사회문화적 규범으로부터의 일탈이다. 모든 사회와 집단에는 구성원의 행동 규범이 외현적으로 또는 암묵적으로 정해져 있는 것이 일반적인데, 어느 사회이든 남녀노소와 상황에 따라서 상대방에게 지켜야 할 여러 가지 행동 규범이 있다. 이렇듯 인간관계의 대상과 상황에 따라 지켜야 할 행동 규범과 행동 양식에 대해서 무지하거나 부적절한 행동을 하는 사람은 주변 사람들에게 좋은 인상을 줄 수 없다.

셋째, 부적응의 기준은 인간관계의 역기능이다. 인간관계의 역기능이라 함은 개인의 사회적 적응에 결과적으로 부정적인 영향을 미치는 인간관계를 의미한다. 개인이 자신의 능력을 발휘하고 추구하는 목표를 달성하는 데 결과적으로 손해와 지장을 초래하는 인간관계는 역기능적이며 부적응적인 인간관계라고 말할 수 있다.

다음으로, 부적응적 인간관계의 유형에 대하여 살펴보고자 한다. 인간관계 부적응은 그 원인, 발생 양상, 내용, 심리적 결과 등에 있어서 다양하게 분류될 수 있다. 개인의 인간관계 문제는 그 사람이 처한 주변 상황의 열악함에 의해 발생하는 경우도 있고, 그 사람의 개인적인 성격특성 때문에 발생하는 경우도 있다. 이렇듯 부적응적인 인간관계의 문제는 다양한 유형으로 나타나는데, 부적응적 인간관계의 이해를 돕기 위해, 그 유형을 다음과 같이 몇 가지 형태로 나누어 보고자 한다.

첫째, 인간관계 회피형이다. 회피형 중에는 인간관계에 대한 욕구와 동기가 적은 사람들이 많다. 이러한 사람은 인간관계에 매우 소극적이어서 고립된 생활을 하며 친구가 거의 없다. 혼자 있는 시간이 가장 편안하다. 그래서 사람을 만나서 하는 일을 가능한 한 피하는 경향이 있다.

〈표 9-2〉 인간관계 경시형과 인간관계 불안형

인간관계 경시형	인간관계 불안형
• 인간관계는 무의미하다고 생각 • 고독을 선호 • 권태감, 무력감에 빠질 가능성 • 독창적인 창조활동에 몰입 • 성장과정에 애착형성이 불안정했을 가능성 • 불행한 인간관계 경험을 가진 사람 • 주변 환경이 불행하거나 배신당한 경우	• 사람을 사귀고자 하는 욕구는 있으나, 결과적으로는 사람을 피하고 고립되어 있는 경우 • 혼자 있으면 외롭지만 안전하고 상처가 없음 • 엄격한 부모 밑에서 자랐을 가능성이 많음

둘째, 인간관계 피상형이다. 인간관계 피상형은 깊이 있고 의미 있는 인간관계를 맺지 못하고 피상적인 인간관계를 맺는 사람들이다. 이들은 겉으로 보기에 넓고 원만한 인간관계를 맺고 있는 것처럼 보일 수 있다. 때로는 지나칠 만큼 교제 범위나 활동 범위가 넓으며 다양한 부류의 많은 사람과 알고 지내는 사람도 있다. 그러나 자신의 속마음을 털어놓고 이야기할 수 있는 친한 친구가 없는 사람들이다. 다른 사람들과 깊이 있고 밀착된 관계를 맺는 것에 대한 불편함과 두려움을 가지고 있는 경우가 많다. 친밀한 관계를 맺으면 자신이 상대방에게 구속되어 종속됨으로써 자율성이나 자기정체감을 잃게 될 것에 대한 두려움을 느낀다. 이러한 사람들은 다른 사람과 관계가 너무 가까워지는 것에 대해서 위협감을 느끼므로 다른 사람과 적당한 거리를 두고 피상적인 수준에서 사귀는 것이 편안하게 느껴지기도 한다. 이러한 인간관계 피상형은 피상적인 인간관계를 맺는 이유에 따라 인간관계 실리형과 인간관계 유희형으로 나누어 볼 수 있다.

〈표 9-3〉 인간관계 실리형과 인간관계 유희형

인간관계 실리형	인간관계 유희형
• 주된 목적이 이득을 취하는 것 • 교환적 시장원리 지배 • 평상시 의도했던 목적이 순조롭게 진행될 때는 무난한 생활을 하지만 실패했을 때는 극심한 혼란과 좌절을 경험	• 쾌락지향적인 신념과 사고 • 자기조절능력과 통제력이 부족한 사람이 많음

셋째, 인간관계 미숙형이다. 인간관계 미숙형은 대인관계 기술 또는 사교적 기술이 부족하여 인간관계가 원활하지 못한 사람들이다. 이러한 사람들은 인간관계 회피형이나 피상형과 달리, 다른 사람과 친밀하고 깊이 있는 인간관계를 맺고자 하는 상당한 욕구를 지니며 사람들에게 접근한다. 그러나 친밀한 인간관계는 이런 욕구만으로 이루어지는 것이 아니며 다른 사람이 호감을 느낄 수 있도록 자신을 적절하게 표현하는 기술이 필요하다. 인간관계 미숙형은 대인관계 기술의 미숙으로 인해 나타나는 부적응 문제의 양상에 따라 인간관계 소외형과 인간관계 반목형으로 나누어 볼 수 있다.

〈표 9-4〉 인간관계 소외형과 인간관계 반목형

인간관계 소외형	인간관계 반목형
• 미숙한 대인관계 기술로 따돌림을 당함 • 예의나 규범에 대해 무지함 • 상대방에 대한 배려 부족 • 상황에 부적절한 행동 • 악의적인 의도를 가지고 행하는 것이 아님	• 다툼과 대립을 반복적으로 경험함 • 자신의 생각과 감정을 조절해서 표현하는 기술이 부족함 • 자기중심성과 관련 • 완고한 자기기준을 가지고 있음

넷째, 인간관계 탐닉형이다. 인간관계 탐닉형은 다른 사람과의 친밀한 관계를 강박적으로 추구하는 사람들이다. 이러한 유형에 속하는 사람들은 마치 인간관계에 중독된 것처럼, 혼자 있으면 불안하고 허전하여 참을 수 없다. 또한 다른 사람들로부터 버려지고 소외된 것 같아 괴롭다. 그래서 이러한 불안과 고통을 덜어 줄 사람을 찾아 헤맨다. 또한 다른 사람과 피상적인 관계가 아니라 서로 깊이 신뢰할 수 있는 밀접한 관계를 맺으려 한다. 아울러 인간관계 탐닉형은 친밀해진 사람을 구속하는 경향이 있다. 이러한 인간관계 탐닉형은 인간관계에서 충족시키고자 하는 심리적 목적에 따라 인간관계 의존형과 인간관계 지배형으로 나눌 수 있다.

〈표 9-5〉 인간관계 의존형과 인간관계 지배형

인간관계 의존형	인간관계 지배형
• 자신은 언제나 외롭고 나약한 존재 • 반드시 누군가에게 의지해야 함 • 상대방이 떠날 것에 대한 두려움이 큼 • 대인관계의 피상성	• 주변에 자신을 따르는 사람이 있어야 함 • 자기주장적이고 경쟁적인 성향이 있음

5) 대인기술 향상 방법

우리 삶에서 가장 중요한 경험은 우리가 다른 사람들과 가지고 있는 관계이다. 뛰어난 대인관계능력은 긍정적이고 보완적인 관계를 발전시키는 데 도움을 준다. 좋은 인간관계에는 좋은 의사소통, 공감, 협상, 갈등 해결 등이 포함되는데, 이는 개인적인 성공과 직업적인 성공 모두에 필수적이다.

대인관계능력을 향상시킬 수 있는 방법에 대해 살펴보고자 한다.

첫째, 상대방에 대한 이해와 양보이다. 대인관계란 바로 이해와 양보의 미덕을 기반으로 이루어지며, 이러한 심성이 주변 사람들을 편안하게 해 주고 조직을 부드럽게 하는 윤활유 같은 역할을 한다. 상대방의 입장을 먼저 이해하고 배려하는 노력이 있어야 한다. 다른 사람들에 대한 이해와 양보는 그들과의 유대관계를 강화하고 당신에 대한 인격과 신뢰를 쌓게 해 준다. 나의 작은 희생과 양보가 계속 쌓여 나중에는 큰 이익으로 돌아올 수 있다.

둘째, 사소한 일에 대한 관심이다. 약간의 친절과 공손함은 매우 중요하다. 이와 반대로 작은 불손, 작은 불친절, 하찮은 무례 등은 막대한 인출을 가져온다. 인간관계에서의 커다란 손실은 사소한 것으로부터 비롯된다. 사람들은 매우 상처받기 쉽고 내적으로 민감하다. 이 점은 나이나 경험과는 별 상관이 없으며, 비록 외적으로 대단히 거칠고 냉담하게 보이는 사람도 내적으로는 민감한 느낌과 감정을 갖고 있다.

셋째, 약속의 이행이다. 책임을 지고 약속을 지키는 것은 중요한 감정예입 행위이며 약속을 어기는 것은 중대한 인출 행위이다. 사실 어떤 사람에게 대단히 중요한 약속을 해 놓고 어기는 일보다 더 큰 인출 행위는 없다. 그러한 인출 행위가 발생하고 나면 다음에 약속을 해도 상대가 믿지 않게 마련이다. 사람들은 대개 약속에 대한 기대가 크다. 만약 당신이 스스로 한 약속을 항상 지키는 습관을 갖는다면 당신과 동료 사이에 이해의 간격을 이어 주는 신뢰의 다리를 놓게 될 것이다.

넷째, 칭찬하고 감사하는 마음이다. '칭찬은 고래도 춤추게 한다'는 속담이 있다. 상대방에 대한 칭찬과 감사의 표시는 상호 신뢰관계를 형성하고 사람의 마음을 움직이게 하는 중요한 감정예입 행위이다. 그러나 상대방에 대한 불만과 불평은 커다란 인출을 가져온다. 대인관계의 손상은 상호 간에 신뢰가 무너지고 불신과 불만이 쌓일 때부터 비롯된다. 사람들은 작은 칭찬과 배려, 감사하는 마음에 감동하지만, 사소한 무관심과 불만에 쉽게 상처를 받는다.

다섯째, 언행일치이다. 개인의 언행일치는 신뢰를 가져오고 감정 은행 계좌에 많은 종류의 예입을 가능케 하는 기초가 된다. 언행일치는 정직 그 이상의 의미를 갖는다. 정직은 사실대로 말하는 것으로 우리가 하는 말을 사실과 일치시키는 것이다. 언행일치는 사실을 우리의 말에 일치, 즉 실현시키는 것으로 약속을 지키고 기대를 충족시키는 것이다.

여섯째, 진지한 사과이다. 진지한 사과는 감정 은행 계좌에 신뢰를 예입하는 것이다. 그러나 반복되는 사과는 불성실한 사과와 마찬가지로 받아들여져 신용에 대한 인출이 된다. 또한 평소 어떤 관계였는가에 따라 사과는 예입이 될 수도 있고 인출이 될 수도 있다. 실수를 저지르는 것과 그것을 인정하지 않는 것은 완전히 별개의 문제이다. 사람들은 실수를 기꺼이 용서하려고 한다. 왜냐하면 실수란 보통 순간적인 판단 착오로 빚어지기 때문이다. 그러나 사람들은 의도적인 실수, 즉 나쁜 취지나 나쁜 동기 혹은 처음의 실수를 덮어 버리려는 오만한 정당화 등에 대해서는 쉽게 용서하려 들지 않는다.

3. 가족 간의 의사소통

가족(家族)은 대체로 혈연, 혼인으로 관계되어 같이 일상생활을 공유하는 사람들의 집단(공동체) 또는 그 구성원을 말한다. 집단을 말할 때는 가정이라고도 하며, 그 구성원을 말할 때는 가솔(家率) 또는 식솔(食率)이라고도 한다. 사람은 태어나서 가장 먼저 가족을 만나고 인간관계의 기초를 배우게 된다. 원만한 가족관계를 통하여 심리적, 정서적 안정을 얻고, 사회생활에 적응하는 방법을 배울 수 있다. 가정은 태어나서 만나는 최초의 사회적 환경이며 혈연으로 맺어진 사랑의 공동체이다. 또 하나의 자연적인 사회 체제이며, 인간의 사회화 과정에 있어서 가장 기본적이고 중심적인 매개체이기 때문에 가정환경은 가족원 개개인의 인성이나 행동에 중요한 영향을 미친다. 개인은 가정생활을 통하여 예절이나 관습, 또는 기본적인 생활 양식과 인간관계의 기초를 배우며, 가족 구성원 간의 인간관계를 통하여 사회성을 개발하고 대인관계의 기본적인 성격을 형성한다. 특히 가족 구성원 간의 인간관계 중 부모와 자녀 간의 관계는 가장 기본적이고 영구적인 관계로 인간 성장 발달에 중요한 결정 요인으로 작용한다. 또한 일방적인 관계가 아닌 서로에게 영향을 주고받는 상호적 교류 관계로서 광범위한 경험과 책임을 공유하는 밀접한 관계이다.

의사소통이란 자신의 생각이나 감정을 말이나 글로 표현하는 언어적 의사소통과 몸짓,

표정, 행동, 자세, 옷차림 등으로 표현하는 비언어적 의사소통으로 나눌 수 있다. 언어적 의사소통을 사용하면 정보를 정확하게 전달할 수 있고, 오해와 갈등이 일어날 가능성이 줄어들어 원만한 인간관계를 형성하는 데 도움이 된다.

반면, 비언어적 의사소통 중 얼굴표정, 앉은 자세, 머리를 끄덕이는 정도, 상대방과의 거리 등으로 친밀감, 거부감, 나의 느낌과 정서를 표현할 수 있다. 의사소통을 할 때 언어적 의사소통과 비언어적 의사소통을 동시에 사용하면 더욱 효과적이다. 메라비언 법칙(Law Mehrabian)은 원활한 의사소통을 위해서 흔히 얘기되는 것이다. 사람들 간의 대화는 언어적 표현과 비언어적 표현으로 구성되는데, 한 사람이 상대로부터 받는 이미지는 시각(몸짓) 55%, 청각(목소리, 음색, 억양 등) 38%, 언어(내용) 7%로 영향력을 미친다고 한다.

다음으로, 가정에서 바람직한 부부간의 대화에 대하여 살펴보자. 부부(夫婦)란 결혼한 남녀로 남편과 아내를 말한다. 의사소통은 두 사람 또는 그 이상의 사람들이 서로 정보를 주고받는 교환 과정으로 말하기, 듣기, 읽기, 쓰기, 의견 감정의 교환, 상대방을 이해하고 공감할 수 있는 능력을 말한다. 의사소통은 어떤 인간관계에서 서로를 이해하기 위한 가장 좋은 수단으로서, 인간은 어느 순간, 어느 장소에서든 의사소통하고 있다고 하여도 과언이 아니다.

볼트(Bolte, 1975)는 부부의 행복에 가장 큰 영향을 미치는 요인이 바로 의사소통이라고 강조했다. 부부 간의 의사소통은 결혼 만족도를 향상시키는 데 매우 중요한 역할을 하며 서로 간의 감정을 전달하고 사고를 이해하는 데 있어 가장 중요한 요소이다.

크래독(Craddock, 1980)은 부부치료를 받으러 온 사람의 92% 이상이 의사소통 및 갈등 해결에 문제를 나타내고 있다는 사실을 발견했다. 부부간의 건전하고 원만한 관계를 위해서는 서로를 존중하는 의사소통이 필요하며, 의사소통의 기본이 되는 것은 어떻게 듣고, 어떻게 말하느냐의 문제이다. 따라서 좋은 의사소통은 상호작용의 근본이 되고 부부관계에 활력을 불어넣는다. 행복한 부부일수록 서로에 대해 좀 더 많은 것을 이야기하고, 더 넓은 범위의 화제를 가지고 쌍방적 대화를 한다. 서로의 감정에 대해서 좀 더 민감하고 그들만의 특별한 언어를 선택 · 사용하며, 비언어적 의사소통 기술도 사용한다. 또한 부부간의 대화시간이 많을수록 결혼생활에서 만족감이 높다. 부부간의 의사소통이 원활할수록 서로의 목표와 역할을 정확하게 인지하고 상호 이해할 수 있게 된다.

더욱이 결혼한 두 사람은 성적인 차이가 있고, 성장 경험이 각기 다른 개별적 존재이므로 결혼했다는 사실만으로 그들이 유사한 반응을 나타내리라고 기대하는 것은 어려운 일이다. 따라서 부부간의 성격이나 행동에 차이가 있을 수 있는데, 이러한 차이는 의사소통을 통하여 서로 이해하고 받아들일 수 있다. 말하자면 의사소통을 명확히 함으로써 수용하는 데 도움을 주며, 결혼생활에 있어서 올바른 적응을 가능하게 한다.

그러나 모든 의사소통이 관계에 도움을 주는 것은 아니다. 의사소통의 부정적 측면으로서, 서로 의견이 맞지 않을 때 그 차이를 모욕이나 애정의 부족으로 생각하고 부부가 충돌한다면, 그것은 부부관계를 붕괴시키는 시초가 될 수 있다. 즉, 상대방이 받아들이기 힘든 부정적 감정을 표출함으로써 그들 간의 긴장과 소외감을 증대시키는 것이다. 그러므로 우리는 문제해결에 도움이 되도록 선택적이고 건설적인 의사소통을 추구해야 한다.

부부관계뿐만 아니라 건강한 인간관계를 맺기 위해서는 무엇보다 의사소통 기술이 필요하다. 따라서 건강한 인간관계의 형성과 발달을 위한 기초적인 의사소통기술을 살펴보도록 하겠다.

우선, 관심을 기울이는 법을 배우라. 상대방과 좋은 인간관계를 맺기 위해서는 무엇보다 상대방에게 관심을 표할 줄 알아야 한다. 누구나 자기에게 관심을 기울이는 것은 상대방을 존중한다는 뜻이요, 상대방에게 가치를 느끼게 한다. 특히 처음 대인관계를 맺을 때에는 상대방에 대한 관심이 없으면 불가능하다. 그러나 더욱 중요한 것은 상대방에 대해 관심을 기울일 뿐만 아니라, 내가 상대방에게 관심을 가지고 있다는 사실을 상대방으로 하여금 느끼게 해야 한다는 사실이다. 이러한 관심 표현에는 비언어적 의사소통이 큰 작용을 한다.

이베이(Ivey, 1971)는 관심을 표현하는 방법으로 좋은 자세, 시선 처리, 즉각적인 언어적 행동적 반응을 들고 있다.

첫째, 좋은 자세는 상대방에게 관심을 기울이고 있다는 메시지를 전달한다. 딸이 학교에서 돌아올 때, 아버지는 오늘 어떻게 보냈느냐고 묻는다. 딸이 대답을 해도 아버지는 보던 신문에서 눈을 떼지 않고 있다. 이것은 질문은 했지만 전혀 관심이 없다는 의미를 전달한다. 몸을 뒤로 젖히고 있거나, 책상 위에 다리를 올려놓고 있는 것도 관심이 없다는 증거이다. 상대방에게 관심이 있다는 사실을 보여 주기 위해서는 편안하고 자연스러운 자세를 취할 필요가 있다.

둘째, 시선의 접촉도 관심을 표현하는 데 중요한 수단이다. 냅(Knapp, 1978)은 우리의 감각기관 중 눈만이 유일하게 사회적 기능을 한다고 말한다. '쳐다보는 행위'는 정보 수집이나 정보 전달 등의 여러 가지 기능을 한다. '눈은 마음의 창'이라는 말도 있다. 다시 말해 쳐다보는 행위는 그의 성격과 의도와 메시지 및 상호작용의 유형에 따라 다르게 나타난다. 예를 들어, 상대방을 사랑하고 존경할 때와 상대방을 의심하거나 미워할 때 쳐다보는 눈빛이 같을 수 없는 것이다. 시선을 피하거나 상대방을 뚫어지게 쳐다보는 것도 좋은 자세가 아니다. 상대방에게 관심이 있다는 사실을 전하기 위해서는 따뜻하고 온화한 시선의 접촉이 필요하다.

셋째, 상대방에게 관심이 있다는 사실을 표현하기 위해서는 상대방이 말을 할 때 이따금 말이나 행동으로 표시하는 것이 좋다. 예를 들어, 상대방이 고생했던 이야기를 할 때, 말이 다 끝날 때까지 가만히 있을 것이 아니라, 중간에 "어이구 저런…….", "아, 그때 참 힘들었겠군요." 하고 간단한 언어적 반응을 하는 것이 좋다. 또 이야기할 때, 간간이 고개를 끄덕여 주면 얼마나 신이 나겠는가.

다음은 언어적 메시지에 대한 확인이다. 효율적인 의사소통이 이루어지려면 말하는 사람과 듣는 사람 간에 의미가 공유되어야 한다. 대화할 때 어떤 사람은 상대방의 말이 끝나기도 전에 제멋대로 추측하여 자기주장을 내세우기에 바쁘다. 그러나 의미가 공유되지 않을 때에는 오해가 발생한다. 따라서 상대방이 전달하는 생각이나 제안이나 정보 등의 메시지를 그가 의도하는 대로 내가 정확하게 이해하고 있는지 한 번씩 확인할 필요가 있다. 상대방의 메시지에 대한 확인을 할 때에는 구체적으로 해야 하고, 내가 느낀 대로 물어보는 것이 좋다. 예를 들면, 남편이 퇴근해 들어오면서 "요즘 일이 제대로 되는 게 없단 말이야." 하고 투덜댄다. 아내는 속으로 "저 양반이 술친구를 못 찾고 그냥 들어와서 억울해서 저러는 모양이지." 하고 속으로 생각하고 넘어갔다고 하자. 그러면 오해가 발생할 수 있다. 이때 아내는 자기가 생각한 대로 바꾸어서 묻는다. "왜 오늘 술친구를 찾지 못해서 그래요?" 남편은 "그게 아니라 내일 제출해야 할 서류를 사무실에 놓고 와서……." 하고 대답한다. 이렇게 하면 남편과 아내 사이에는 의미가 공유되어 오해를 피할 수 있다. 이베이(Ivey, 1971)는 이러한 확인이 상대방의 말을 이해하려고 노력하고 있다는 사실을 전달해 주고, 상대방의 말을 구체적이고 간결하게 되물어 봄으로써 상대방의 생각을 보다 명료하게 표현하도록 하며, 상대방이 한 말을 내가 제대로 이해하고 있는지 확인해 봄으로써 나의 지각 상태를 점검하게 하는 기능이 있다고 한다.

아울러 비언어적 메시지에 대한 지각의 확인이다. 효율적인 의사소통을 하기 위해서는 상대방이 전달한 언어적 메시지에 대한 확인뿐만 아니라, 상대방의 정서적 표현과 같은 비언어적 메시지도 확인해 볼 필요가 있다. 비언어적 의사소통은 언어적 의사소통보다 오해를 불러일으키는 소지가 더 많다. 대인관계, 특히 부부관계에서 상대방의 비언어적 메시지에 대한 그릇된 지각 때문에 일어나는 오해와 갈등이 대단히 많다.

또한 피드백을 주고받는 법을 익히라. 효과적인 의사소통이 이루어지기 위해서는 건설적으로 피드백을 주고받을 수 있어야 한다. 피드백이란 서로 상대방이 전달한 메시지에 대한 정보를 말한다. 피드백을 잘못 전달하거나 피드백을 잘못 받아들인 경우에는 의사소통이 단절되며 오해와 갈등을 유발한다. 피드백은 상대방을 비춰 주는 거울의 역할을 한다. 좋은 거울은 있는 그대로의 모습을 비춰 준다.

주아(Jourad, 1964)는 자아실현을 위한 의사소통 과정에서 자기개방과 피드백이 본질적인 과정이라고 한다. 자아실현을 위해서는 먼저 신뢰할 수 있는 사람에게 자기 자신을 개방할 수 있어야 한다. 자기개방과 건설적인 피드백을 오가는 대인 간의 의사소통이 자기 자신을 알 수 있는 능력을 되찾게 해 준다. 자아실현을 위해서는 신뢰하는 사람으로부터의 피드백이 필요하다. 긍정적인 피드백은 우리 삶에 지극히 필요한 칭찬과 지지와 격려를 가져다준다. 부정적인 피드백은 자기 성찰을 자극하여, 보다 나은 사람으로 자신을 변화시켜 나갈 수 있게 해 준다.

이와 같이 건강한 인간관계를 맺고 성장과 성숙을 촉진하기 위해서는 피드백을 건설적으로 주고받을 수 있어야 한다. 그러나 피드백을 건설적으로 주지 못하거나 피드백을 잘못 지각할 때에는 오히려 관계를 악화시키고 부정적인 영향을 끼친다. 따라서 건설적으로 피드백을 줄 수 있는 방법을 터득해 나가야 한다.

첫째, 상대방에게 지시하거나, 강요하거나, 평가하듯이 피드백을 보내면 효과적이지 않다. 피드백은 자기 생각이나 정보를 나누어 갖자는 뜻으로 주는 것이 건설적이다. 어머니는 예절 바른 아이로 키우기 위해 항상 가족이 다 모였을 때 숟가락을 들라고 가르쳤다. 그런데 하루는 아이가 입에 맞는 반찬을 보고 혼자 퍼먹기 시작했다. 이때 화가 난 어머니는 "이 녀석은 사람 되기 틀렸다." 하고 야단친다. 또는 숟가락을 당장 놓지 못하겠느냐고 호통친다. 이러한 피드백은 반항심을 불러일으키거나 부정적인 자아개념을 심어주기 쉽다. 쥐 잡다 독 깬다는 말이 있듯이 더 해로운 결과를 초래할 수 있다. 이때, "철수야, 맛있는 반찬에 숟가락이 먼저 가는 것도 이해하겠지만, 가족이 다 모였을 때 먹으면 얼마나 좋겠니?" 하고 말하면 보다 건설적인 피드백이 될 수 있다.

둘째, 피드백은 상대방이 받아들일 자세가 되어 있지 않을 때에는 방어적 태도를 취하거나 적대적 태도를 취해 역효과를 내기 쉽다. 따라서 피드백은 신뢰로운 관계가 형성되어 위협을 느끼지 않을 때 주는 것이 효과적이다.

부록–워크북 SECTION 9

의사소통과 인간관계

Section 09 학습활동

의사소통과 인간관계 (1)

(V) 토론 ( ) 퀴즈 ( ) 과제 ( ) 검사 ( ) 조사 (V) 팀티칭 (V) 활동

주제	자기감정을 명료하게 표현하기
학습성과	자기감정을 명료하게 표현하기를 통해 의사소통의 특성을 알 수 있다.
진행과정	**자기감정을 명료하게 표현하기(나-전달법)** 1) 목적: 나의 감정을 상대방에게 명료하게 전달하는 표현법을 배우고 익히게 한다. 2) 강의: 효과적인 조력관계를 유지하기 위해서는 정의적인 수준에서까지 의사소통이 이루어져야 한다. 정의적인 수준에서의 의사소통을 촉진시키는 기술로는 나-전달법(I-Message) 기법이 있다. 나-전달법은 상대방을 비난하지 않고 문제가 되는 상대방의 행동과 그 행동의 결과를 구체적이고 객관적으로 기술함으로써, 그 행동이 나에게 미친 영향을 구체적으로 언급하는 표현법이다. 즉, 나의 감정을 상대방에게 명료하게 전달하는 표현법이다. 나-전달법을 사용하면 상대방의 정의적인 측면이 작용하여 새로운 통찰이 일어나게 된다. 3) 활동 ① 역할 연기: 친구가 약속 시간에 30분쯤 늦게 나타났다. 두 사람씩 조를 편성하여 한 사람은 약속 시간에 늦은 친구, 다른 한 사람은 기다리는 친구 역할을 해 본다. 우선, 평소에 하는 방식대로 해 보게 한다. 다음에는 역할을 바꾸어 나-전달법을 사용하여 반응해 보게 한다. 활동이 끝난 다음에 나-전달법을 사용했을 때, 어떤 차이가 있는지 소감을 나눈다. ② 집, 나무, 사람(HTP) 그리기: 집단원 전체가 둥글게 앉는다. 집, 나무, 사람에 대한 느낌이나 떠오르는 이미지, 심리적 거리감 등을 표현한 HTP 그림을 그린 다음에 준비된 사람부터 말하게 한다. 말하는 사람은 주로 나-전달법을 사용하여 자신의 느낌이나 경험을 구체적으로 이야기한다. 나머지 집단원들은 경청하면서 그에 대한 느낌이 있는 구성원들은 "○○의 얘기를 들으니 나는……."이라고 자발적으로 진술한 소감을 표현한다. 4) 평가: 활동이 끝나면 전체적으로 모여, 이번 시간 활동에 대한 평가와 느낌을 나눈다.
토론과정	1. '나 전달법'의 3요소인 1단계 객관적인 사실만 말하기(사실), 2단계 나의 느낌을 묘사하는 표현 찾기(감정), 3단계 바람에 대하여 연습해 보자. 2. 상대방을 비난하지 않고 문제가 되는 상대방의 행동과 그 행동의 결과를 구체적이고 객관적으로 기술하는 연습을 해 보자.

Section 09 학습활동

의사소통과 인간관계 (2)

(V) 토론 ( ) 퀴즈 ( ) 과제 ( ) 검사 ( ) 조사 ( ) 팀티칭 (V) 활동

<table>
<tr><td>주제</td><td>공감 훈련</td></tr>
<tr><td>학습성과</td><td>공감 훈련을 통해 의사소통의 특성을 알 수 있다.</td></tr>
<tr><td>진행과정</td><td>공감(empathy) 훈련

1) 목적
의사소통 시 상대방의 느낌이나 감정을 이해하고 반응할 수 있도록 한다.

2) 강의
공감은 상담자가 상대방의 표면적인 말뿐만 아니라 상대방의 생각, 감정이나 느낌, 가치관이나 신념까지도 이해할 수 있는 수준을 말한다. 상담자로부터 자신이 이해받는다는 느낌이 들 때에 상대방은 상담자를 보다 신뢰하게 되어 자신을 깊이 드러내 보이고 따라서 촉진적인 의사소통이 이루어진다. 공감적 이해의 수준은 가장 낮은 수준인 자기 입장의 이해에서부터, 상대방에 대한 피상적 이해, 가장 높은 수준인 상대방에 대한 심층적 이해에 이르기까지 다양하다. 공감(empathy)과 동감(agree)의 차이, mind-reading 등에 대해서도 언급한다.

3) 활동: 공감반응 연습
집단원이 내담자가 되고 리더가 상담자가 되어 공감반응에 대한 시범을 보인 다음에 공감반응을 연습하게 한다. 세 사람이 한 조가 되어 각각 내담자, 상담자, 관찰자가 된다. 최근에 경험한 일들 중에서 가슴 뿌듯했거나, 기뻤거나, 속상했던 일들에 대하여 이야기하게 한다. 듣는 사람은 상대방의 느낌이나 감정을 피드백해 준다. 이때에는 지난 시간에 배운 나-전달법 등을 활용하여 상대방으로 하여금 자신의 감정에 대한 더 깊은 탐색을 해 보게 한다. "내 느낌으로는…….", "내가 이해한 바로는…….", "내가 듣기에는 ……인 것 같군요." 등 세 사람 모두 내담자, 상담자, 관찰자의 역할을 돌아가면서 한다.

4) 평가
조별활동을 마친 다음에 오늘 활동을 하면서 느낀 점이나 궁금한 점을 전체적으로 나눈다. "내담자가 되어 자기 이야기를 할 때에 어떤 느낌이었나?", "상담자의 반응에 대한 느낌은?", "상담자가 되어 내담자의 이야기를 들을 때의 느낌은?" 관찰자는 자기가 관찰한 것을 피드백해 준다. 공감반응에 대해서 요약 · 마무리한다.</td></tr>
<tr><td>토론과정</td><td>1. 상대방의 말 속에 깔려 있는 중요한 감정, 태도, 생각 등을 포착하는 '감수성'의 연습을 해 보자.
2. 감지된 내면의 마음(생각과 감정)을 상대방에게 전달하는 '의사소통'의 연습을 해 보자.</td></tr>
</table>

Section 09 학습활동

의사소통과 인간관계 (3)

(V) 토론 ( ) 퀴즈 ( ) 과제 ( ) 검사 ( ) 조사 ( ) 팀티칭 (V) 활동

주제	수용적 존중, 일관적 성실성, 자기-공개 반응
학습성과	수용적 존중, 일관적 성실성, 자기-공개 반응의 특성을 알 수 있다.

진행과정

1. 수용적 존중

예) "여자친구한테 온 편지라고 저한테 보여 주지도 않고 엄마 마음대로 뜯어 보시면 어떻게 해요."

수준 1: 못된 송아지 엉덩이에 뿔난다더니 벌써부터 연애니?

수준 2: 엄마가 자식 편지를 못 뜯어 보면 어떻게 하니?

수준 3: 잘못인 줄 알면서도 걱정이 돼 그랬다.

수준 4: 옛날 같으면 결혼도 할 나이지. 그러나 아직 그런데 신경 쓸 나이가 아니지 않니?

수준 5: 네 일은 네게 맡겨도 되는 건데 엄마가 좀 지나쳤구나.

2. 일관적 성실성

예) "엄마, 제 성적이 떨어져서 걱정을 많이 하시는 것 같아요."

수준 1: 네 성적에 대해서 걱정을 안 하기로 했어.

수준 2: 뭐 별로 신경 안 써.

수준 3: 물론 걱정이 되지 왜 안 되겠니?

수준 4: 그럼, 네 성적이 많이 신경 쓰이지.

수준 5: 그래, 걱정이 많이 돼. 엄마가 바라는 것은 그저 너희가 공부 잘해서 잘되는 거야.

3. 자기-공개 반응(self-disclosure)

수준 1: 상대방과 의식적으로 격리되어 있으려고 하며 자신의 감정이나 성격에 관하여 아무것도 노출시키지 않는 수준. 노출하더라도 상대방의 자아를 상하게 하거나, 자신의 욕구 때문이고 상대방의 기대와는 무관

수준 2: 자신이 노출되는 것을 항상 의식적으로 피하지는 않지만, 개인적인 정보를 결코 자진해서 제공하지 않는 수준. 상대방이 질문한 것 이상의 정보는 제공하지 않으며, 간단하고 모호한 반응만을 하는 수준

수준 3: 상대방의 관심과 일치하는 자신에 관한 개인적인 정보를 자발적으로 제공. 그러나 표현된 내용은 서로 간의 상호작용과 상대방에 대한 반응에만 중점, 일치되는 개인적 생각을 말할 수 있으나 자신의 독특한 개성을 살리지 못한다. 촉진적 대인관계 기능의 기초 수준

수준 4: 상대방의 관심, 흥미와 일치되는 자신의 개인적 생각, 태도 및 경험에 관한 정보를 자연스럽게 자발적으로 전달하는 수준

수준 5: 자신의 성격에 관한 매우 친근하고 상세한 소개를 자발적으로 제공하며 상대방의 요구에 맞추어 자기를 공개, 때로는 극히 개인적인 정보까지 표현, 감추는 것이 없음

토론과정

1. 수용적 존중, 일관적 성실성, 자기-공개 반응의 5수준에 대하여 각각 연습해 보자.

제10장

의사소통장애와 진단평가

의사소통(communication)은 '공동의 것으로 만들다', '나누다', '전달하다', '참여하게 하다'의 의미를 지닌 communis에서 유래되었다. 의사소통은 두 사람 이상의 사람들 간에 언어적/비언어적인 수단을 통하여 자신의 의사, 사실, 정보, 감정, 태도, 신념, 생각을 전달하고 반응을 받으며 상호 간의 의미를 공유하는 과정으로 두 사람 이상이 서로 메시지를 주고받는 상호작용이라 할 수 있다.

의사소통은 사전적 개념으로 구어(oral language)나 문어(written language)를 통한 언어적 요소는 물론 제스처나 자세, 얼굴표정, 눈맞춤, 목소리, 억양 등과 같은 비언어적 요소를 통해서도 이루어질 수 있다(네이버 백과사전). 이처럼 의사소통이란 인간관계에서 각각의 사람이 자신의 뜻과 생각(상징에 의하여 정보, 생각, 감정)을 언어적, 비언어적 부호로 바꾸어 주고받는 일련의 연속적 과정을 말한다. 여기서 사람들의 의사소통 방식은 개인이 속한 가족, 지역, 사회, 문화, 민족적 특징 및 개인적 차이에 따라 차이가 많을 수밖에 없다. 의사소통이 일어나기 위해서는 상호반응을 기반으로 한다. 상호작용의 내용이나 해석에 따라서 다양한 의미의 전달이 이루어지기도 한다. 따라서 효율적인 의사소통은 긍정적인 감정을, 비효율적인 의사소통은 부정적인 감정을 발생시킨다.

우리는 살아가면서 단 한 순간도 의사소통하지 않고는 살 수 없다. 말을 하지 않는다고 해서 의사소통을 하지 않는 것은 아니다. 말하지 않는 것 자체로도 어떤 메시지를 전달하고 있는 것이다. 대부분의 의사소통에는 송신자(화자)가 있으면 수신자(청자)가 있어 메시지가 채널(미디어)을 통해 서로 의사가 교환되는 과정에서 소통이 일어난다. 의사소통은 본질적으로 일방적인 것이 아니라 양방향적인 소통구조이다.

1. 의사소통과 장애

의사소통장애(Communication Disorders)란 대인관계가 필요한 상황에서 타인과 충분한 의사소통이 불가능한 장애를 일컫는다. 의사소통장애는 언어, 말하기, 의사소통에서의 손상이 있는 장애이다. DSM-5-TR에서는 의사소통장애의 하위범주로 언어장애, 말소리 장애, 아동기 발병 유창성장애(말더듬), 사회적(화용론적) 의사소통장애로 구분하였다.

1) 언어장애

인간은 언어를 사용하여 사회집단의 구성원으로서, 문화에 대한 참여자로서 의사전달을 한다. 사람은 사회집단을 이루어 생존하고, 자기가 속하는 사회·문화의 행동 양식을 학습하여 여기에 참가한다. 행동은 사람과 그 환경 사이의 상호작용으로 성립되며 언어도 환경에 포함된다. 상호작용은 개인 간의 정보전달과 관련이 있다.

사람들이 언어(상징의 체계적, 의미 배열)를 사용할 수 있다는 측면은 분명히 다른 사람과 의사소통을 하기 위해 필수 불가결한 중요한 인지 능력을 나타낸다. 그러나 언어는 단지 의사소통을 위해 중요할 뿐만 아니라, 우리가 세계에 대해 생각하고 이해하는 측면과 밀접하게 관련이 있다.

언어의 진화를 재구성하는 것은 필연적으로 추측일 수밖에 없다. 가능성이 높은 한 가지는 언어가 제스처를 통한 의사소통에서부터 진화했다는 것이다(Corballis, 2012a). 인간을 비롯한 영장류는 제스처로 의사소통한다. 이처럼 언어의 중요한 기능 중 하나는 의사소통이다. 그러나 언어를 의사소통을 위한 수단으로만 기술하는 것은 바람직하지 않다. 동물들도 의사소통을 위한 신호체계를 가지고 있기 때문이다.

언어를 사용하면 한 사람이 다른 사람과 지식을 주고받을 수 있다. 언어는 경험을 기록하기 위한 수단을 만든다. 진정한 언어는 의미성, 무한한 창의성과 초월성을 가지고 있다(Hoff, 2005). 의미성이란 언어의 소리는 의미가 있다는 것이다. 무한한 창의성이란 문장을 모방하기보다는 창조하는 능력이다. 그리고 초월성이란 다른 시간이나 장소에서 대상 및 객체에 대한 정보를 전달하는 기능이 있다.

언어장애(言語障礙, Language Disorder)란 말을 할 때 명확하게 발음하지 못하는 것, 이상한 소리가 나는 것, 소리를 반복하거나 멈추는 행동을 보이는 것, 올바른 단어를 찾지 못하고 명확한 문장을 만들기 어려우며 다른 사람의 말을 이해하지 못하는 것을 말한다. 또한 언어장애는 신체적인 원인 또는 뇌 기능의 장애, 심리적 원인으로 언어의 발달이 느리거나 언어 관련 기능에 장애가 있는 것을 말한다. 이로 인해 다른 사람과 의사소통을 하는 데 장애가 있는 사람을 언어장애인이라고 부른다. 언어장애의 진단적 특징은 어휘, 문장구조, 담론에 대한 이해와 생성의 결함으로 인해 언어의 습득과 사용에 어려움을 겪는 것이다. 언어 결함은 말로 하는 의사소통, 글로 하는 의사소통 그리고 몸짓 언어에서 분명하게 나타난다. 언어의 어려움은 연령의 기대 수준에 비해 상당히 낮고, 이로 인해 학업적 성취, 직업적 수행, 효과적인 의사소통이나 사회화를 방해한다. 언어장애의 진단은 개인의 과거력, 다양한 배경에서의 직접적인 임상 양상의 관찰 그리고 심각도를 측정할 수 있게 해 주는 언어 능력에 대한 표준화된 검사 점수를 종합하여 내려진다.

다음으로, 언어장애의 동반증상에 대하여 살펴보기로 한다.

첫째, 학습장애(Learning Disorder)이다. 학습장애는 정보를 배우거나 새로운 기술을 개발하는 데 필요한 사고과정에 어려움이 있는 것을 말한다. 또한 언어장애가 있는 아동들은 대부분 학습에 필요한 중요한 요소들을 제대로 활용하지 못하며 학습장애와 공통되거나 비슷한 증상들이 많다.

둘째, 주의력 결핍 과잉행동장애(Attention Deficit Hyperactivity Disorder)이다. 주의력 결핍과 과잉행동, 충동성과 관련된 증상으로 일상생활에 어려움이 있는 것을 말한다. 즉, 언어장애의 증상인 수용과 표현의 한계로 사회적 참여에 어려움을 느끼고 이로 인해 산만함과 과격한 행동 등을 보인다.

셋째, 자폐스펙트럼장애(Autism Spectrum Disorders)이다. 이는 사회적 기술이 부족하고, 의사소통이 어려우며, 반복적인 행동을 통해 불안을 해소하는 일상의 변화와 환경의 변화에 어려움을 겪는 광범위한 증상들을 포함하는 증후군이다. 즉, 광범위한 증상들을 포함하고 있는 자폐스펙트럼은 의사소통에 어려움이 있으며 이는 언어장애의 요소와 중복된다.

넷째, 발달성 협응장애(Developmental Coordination Disorder)이다. 동작을 정확하게 수행하지 못하고 한 가지 행동이나 과제를 반복해야 수행이 가능하며 과제를 수행하는 데 시간이 오래 걸리는 것을 말한다. 즉, 언어장애에서 근육 운동과 관련하여 언어표현에 어려움을 보이는 것과 동반되어 보일 수 있다.

다섯째, 사회적 의사소통장애(Social/Pragmatic Communication Disorders)이다. 사회적 의사소통장애는 언어적 또는 비언어적으로 표현하거나 정보를 이해하는 데 어려움이 있어 사회적인 상호작용이 어려운 것을 말한다. 즉, 언어장애의 대부분은 사회적 의사소통에 어려움을 겪으며 언어장애는 사회적 의사소통장애의 한 요소이다.

여섯째, 난독증(Dyslexia)이다. 난독증은 학습장애의 일종으로 단어를 정확하게 읽지 못하고 철자를 기억하지 못하는 증상을 말하며 언어장애의 요인인 어휘력과 이해력의 부족이 난독증의 원인이 되기도 하다.

일곱째, 불안장애(Anxiety Disorders)이다. 불안장애는 수면장애, 초조하거나 안절부절못하는 느낌, 두렵거나 무기력한 느낌, 근육의 긴장, 땀이 자주 나거나 심장 두근거림 등의 신체적 증상, 위험이 임박하거나 죽을 것 같은 기분, 집중하기 어렵거나 멍해지는 것,

과민한 반응 등의 증상을 보이고 이와 함께 일상적인 기능에 대한 어려움이 있는 것을 말하며 언어장애도 불안장애의 원인이 될 수 있다.

언어장애 유형은 크게 세 가지로 분류된다. 언어장애 유형에는 수용 언어 문제, 표현 언어 문제, 수용과 표현 언어의 혼합 문제가 있다. 언어장애 유형에 대하여 살펴보면 다음과 같다.

첫째, 수용 언어 문제이다. 이는 다른 사람들의 말을 이해하는 데 어려움이 있으며 간단한 지시를 따르는 것과 들은 정보를 정리하는 데 어려움이 있다.

둘째, 표현 언어 문제이다. 이는 생각과 아이디어를 표현하는 데 어려움을 느끼며 3세 때 말을 할 수 있지만, 타인이 이해하기가 어려워 가정, 어린이집, 유치원 생활에서 문제가 될 수 있으며 일부 아동은 자신이 읽은 이야기를 이해하지만, 간단한 방법으로도 설명을 하지 못한다.

셋째, 수용과 표현 언어의 혼합 문제이다. 다른 사람의 말을 듣고 이해하는 능력과 자신의 생각을 언어로 표현하는 능력이 동시에 문제가 되는 경우를 말한다.

언어장애의 근본적인 원인은 아직 확실하게 밝혀지지 않았다. 다만, 증상에 영향을 미치는 다양한 요인은 다음과 같다.

첫째, 유전적 요인이다. 가족 구성원 중 언어 손상을 가지고 있을 경우, 다운증후군과 같이 출생 전 유전자 또는 염색체의 이상 등의 요인으로 언어장애가 유발될 수 있다.

둘째, 임신, 출산 요인과 관련이 있다. 임신 중 납 노출, 태아 알코올 증후군, 임신 중 엽산 보충이 제대로 이루어지지 않을 경우와 출산 중 조산, 저체중, 저산소증 등의 요인으로 언어장애가 유발될 수 있다(Roth, 2011).

셋째, 신경학적 요인이다. 이 요인은 청각문제, 뇌 손상, 중추신경계 손상, 자폐스펙트럼장애, 지적장애로 언어장애가 유발될 수 있다.

넷째, 신경학적 정신질환 요인이다. 이는 아동의 자폐스펙트럼, 지적장애로 인해 언어장애가 유발될 수 있다.

2) 말소리장애

말소리장애(Speech Sound Disorders)는 지속적인 말소리 산출 문제로 구어 의사소통의 효율성이 떨어지는 것을 말한다. 말소리장애는 2000년 이후 사용되기 시작한 표현인데, 이전에는 '조음음운장애(Articulation and Phonological Disorders)'로 지칭되었다.

조음음운장애는 장애의 원인에 따라서 '조음장애'와 '음운장애'로 나누거나, '기질적 조음음운장애'와 '기능적 조음음운장애'로 나누는 것이 일반적이다. 조음장애는 장애의 원인이 주로 화자의 운동적, 생리적 차원에 있는 경우를 말하며, 음운장애는 장애의 원인이 주로 화자의 언어적 차원에 있는 경우를 말한다.

말소리장애라는 용어가 더 선호되는 이유는, 첫째, 대부분의 경우 정확한 원인을 찾을 수 없기 때문이다. 즉, 증상에 기반을 둔 말소리장애가 원인에 기반을 둔 조음음운장애보다 현실적이며 보다 합리적이라는 것이다. 둘째, 기존의 기능적 조음음운장애에 대한 개념을 확대하기 위한 것이다. 조음음운장애는 원인에 따라 기능적인 것과 기질적인 것으로 나누는 대신 말소리장애는 '원인이 분명한 말소리장애'와 '원인을 모르는 말소리장애'로 나눈다. '원인이 분명한 말소리장애'에는 전통적으로 기질적 조음음운장애라고 분류되었던 영역으로 청각장애, 조음구조장애, 신경계조절장애 등이 속한다. '기능적 조음음운장애'는 잘못된 습관이나 학습의 결과로 추정되는 경우에 국한된 것이었는데, 이에 반해 '원인을 모르는 말소리장애'는 잘못된 학습의 영향뿐 아니라 인지적, 언어적, 사회심리학적 변인들이 광범위하게 영향을 미치는 경우, 혹은 한두 가지 변인의 조합으로 인한 말소리 문제 등 아직까지 원인을 추정하지 못하는 모든 경우를 포함한다.

따라서 발달상의 언어문제가 발음이나 소리 생성과 관련이 되었을 때 적절한 진단은 말소리장애로 이 장애가 있는 아동은 특정 소리를 조음하는 것을 배우는 것이 늦어질 수 있다. 이런 문제가 정상발달을 벗어난 범위에서 지속된다면 학업 및 사회적 활동에 방해가 되기도 한다.

말소리장애의 조음장애(음성장애 또는 줄여서 조음장애라고도 함)는 의도한 음소를 물리적으로 생성하는 학습의 어려움을 기반으로 한다. 구음장애는 입술, 치아, 치조 융기부, 경구개, 연구개, 성문 및 혀와 같은 주요 조음기관과 관련이 있다. 장애가 이러한 조음기관 중 하나와 관련된 경우 구음장애이다. 일반적으로 음운장애보다 오류가 적고 왜곡 가능성이 더 높다(생략, 추가 및 대체가 가능함). 그것은 종종 아이에게 물리적으로 소리를 내는 방법을 가르치고 (희망적으로) 자연스러워질 때까지 연습하게 함으로써 치료된다. 구음장애를 구음장애(언어 근육계의 실제 마비) 및 발달성 언어 및 운동 장애(운동 계획의 심각한 손상)와 같은 운동 언어장애와 혼동해서는 안 된다.

대부분의 언어 난청은 알 수 없는 이유로 발생한다. 아이들은 소리를 올바르게 내는 법을 배우지 못하거나 스스로 말소리의 규칙을 배우지 못할 수 있다. 이 아이들은 언어 발달 문제가 있을 수 있지만 항상 스스로 성장할 수 있는 것은 아니다. 많은 아이가 시간이

지남에 따라 말을 발달시키지만, 많은 아이가 정확한 말을 배우기 위해 언어 병리학자의 서비스를 필요로 하지 않는다. 일부 음성 오류는 다음과 같은 다른 증후군이나 장애로 인해 발생할 수 있다. 발달장애(예: 자폐증), 유전장애(예: 다운증후군), 청력 상실(귀 감염과 같은 일시적인 청력 상실 포함), 구개열 또는 기타 입의 신체적 이상 질병 신경장애(예: 뇌성마비) 등이다.

대부분의 어린이에게 이 장애는 평생 지속되지 않으며 언어장애는 시간과 언어 치료를 통해 개선된다. 언어장애가 있는 아동은 학습장애를 나타낼 수 있기 때문에 예후가 더 나쁘다.

3) 아동기 발병 유창성장애(말더듬)

아동기에 발병하는 유창성장애(말더듬)는 음이나 음절을 자주 반복하거나 길게 하는 특징이 있다. 말의 비유창성의 다른 형태로는 깨어진 단어, 소리를 동반하거나 동반하지 않는 말 막힘, 돌려 말하기, 과도하게 힘 주어 말하기, 단음절 단어의 반복이 있다. 이런 유창성장애는 학업적, 직업적 성취나 사회적 의사소통을 방해한다. 장애의 정도는 상황에 따라 다양한데 흔히 의사소통에 대한 특별한 압력(예: 학교에서 발표하기, 구직면접)이 있으면 더 심해진다.

유창성장애는 말더듬증과 말빠름증으로 나뉜다. 말더듬증은 말소리나 음절반복, 소리 연장 및 막힘 등으로 흐름이 순조롭지 않아 자신이 말이 막힌다는 것을 인지하는 것이다. 이에 탈출 행동, 기피 행동이 생기고 심리적인 위축이 되기도 한다. 말빠름증은 말의 속도가 너무 빨라 말의 리듬이 불규칙하고 발음이 엉키는 듯하며, 말의 강세나 어조의 높낮이가 없이 단조로운 어조로 말하는 것이 특징이다. 자신에 언어 문제에 대해 의식하지 않는 경우가 많다.

유창성장애의 원인은 뇌신경 문제로 뇌와 신경계통의 생리학적 결함이나 환경적 문제이다. 5세 이하의 어린이들은 언어에 익숙치 않아 자연스럽게 말 더듬는 현상이 나올 수 있다. 또한 심리적으로 연약한 아동일수록 말더듬에 심화 속도가 더 빠르고, 공포 또한 더 심하게 느낄 수 있다.

유창성장애의 증상은 /ㅅ/, /ㄷ/ 과 같은 말소리, 길이가 짧은 낱말들을 반복(예: ㅅㅅㅅ 사람들이), 하려던 말이 있지만 막히는 낱말 때문에 말문을 떼는 것에 어려움을 느낌, 말을 더듬을 수 있는 가능성이 있는 말소리, 낱말, 문장, 대화 대상, 대화 현장 등 회피 및 회피를 하지 못하여 말을 해야 하는 상황이 오면 눈을 깜빡거리거나, 손과 어깨를 움직여 말더듬 상황에서 벗어나려고 함이다.

유창성장애의 치료 방법은 다음과 같이 6단계가 있다.

첫째, 동기부여 단계에는 언어 전문치료인을 신뢰하고 말더듬 치료 프로그램에 참여할 수 있게 하며, 언어 전문치료인이 말더듬 증상을 수용하고, 덜어 주려고 한다는 것에 대해 깊은 관심을 가지고 있다는 것을 확인시켜 주는 것이 중요하다.

둘째, 확인 단계로 말더듬 환자의 외형적인 증상과 심리 증상을 찾아내는 단계이다.

셋째, 둔감화 단계이다. 이 단계에서는 말더듬에 대한 다른 사람들에 반응에 무감각해지게 만들며 여기서 치료의 성패를 좌우한다.

넷째, 변형 단계이다. 이는 말의 형성 증상을 변형시키는 것이 목표로, 변형된 다른 행동으로 말을 더듬으면 훨씬 쉬워지고 긴장과 고통이 덜해진다는 것을 인식시키는 단계이다.

다섯째, 접근 단계이다. 이 단계에서는 변형 단계가 이루어지면, 그 변형을 더 확대해서 변형 방향을 정상 말의 형태로 점진적으로 접근시키는 것이 목표이다.

여섯째, 안정 단계이다. 치료에 차도가 있을 시, 치료실에서 국한된 치료 환경을 처음에는 주위 사람들에서 점차 낯선 사람 등 외부로 확대해 나간다.

4) 사회적(화용론적) 의사소통장애

사회적(화용론적) 의사소통장애는 DSM-5부터 추가된 새로운 장애이다. 사회적 의사소통장애(Social/Pragmatic Communication Disorder: SPCD)는 과거에 의미 화용 장애 또는 화용 언어장애로 불리기도 했으며, 언어의 화용론적 측면을 이해하는 데 어려움이 있는 장애이다. 사회적 의사소통장애를 가진 사람들은 언어의 의미론적 측면(말의 뜻)과 언어의 화용론적 측면(사회적 상황에서 언어를 적절하게 사용)에 어려움이 있다. 따라서 사회적 의사소통장애를 가진 사람은 언어적 및 비언어적 의사소통에 어려움이 있다.

사회적 의사소통장애가 있는 사람들은 다른 사람들이 말하는 내용의 의미를 이해하는 데 특히 더 어려움이 있으며, 자신의 욕구를 언어로 표현하거나 다른 사람들과 상호작용하기 위해 언어를 적절하게 사용하는 데 어려움이 있다. 이 장애를 가지고 있는 아동 · 청소년에게는 일반적으로 다음과 같은 증상이 나타난다. 언어발달의 지연(후천성 실어증과 유사한) 언어장애, 즉 단어 사이의 쉼, 전문 용어, 단어의 순서를 배치하는 것, 단어를 같은 범주로 묶는 것, 동사의 적절한 시제 사용하기에서 오류를 보인다. 그리고 말더듬 또는 '음, 아, 어'처럼 말의 흐름을 방해하는 단어를 사용하며, 단어나 문구의 반복으로 구체적인 이야기보다 사실(fact)에 기반한 이야기를 선호하는 경향이 있다.

따라서 이 장애는 언어의 사회적 사용과 의사소통에서의 지속적인 어려움을 가진 것이 특징이다. 사실적 문맥에서 언어적, 비언어적 의사소통의 사회적인 규칙을 이해하고 따르거나, 듣는 사람이나 상황적 요구에 따라 언어를 바꾸며, 대화를 나누고 이야기를 하기 위한 규칙을 따르는 데 결함을 보인다. 사회적 의사소통의 결함은 효과적인 의사소통, 사회적 참여, 사회적 관계의 발전, 학업적 성취, 또는 작업적 수행에 있어 기능적인 제한을 야기한다.

2. 의사소통장애의 이해

의사소통이란 생각이나 감정, 정보 등을 교환하는 것을 의미한다. 그러므로 의사소통이 이루어지기 위해서는 메시지를 전달하는 사람과 전달받는 사람이 필요하다. 사람들은 상대방과 의사소통하기 위하여 말이나 언어를 사용한다. 그러나 모든 사람이 의사소통을 위해서 항상 언어를 사용하는 것은 아니다. 예를 들어, 몸짓, 자세, 눈맞춤, 얼굴표정, 머리 움직임 등의 비언어적 행동을 통해서도 의사소통을 할 수 있다. 개인의 의사소통 능력은 다른 인간행동에서와 마찬가지로 사람에 따라서 매우 다양하게 나타난다. 의사소통장애를 말할 때에는 이러한 다양한 범위 중에서 가장 낮은 범주에 속하는 능력을 의미한다. 즉, 자신과 동일한 언어, 지역, 문화를 공유하는 다른 사람과 비교해 볼 때 상대방에게 정보를 전달하거나 상대방으로부터 정보를 수용하고 이해하는 의사소통의 과정에 심각한 어려움을 보이는 것을 의사소통장애로 정의한다.

의사소통장애는 장애의 한 종류로, 일반적으로 언어장애로 부르는 장애 중 말하는 과정에서 신체적, 정신적으로 문제가 생긴 말장애(speech disorder)와 언어의 이해, 표현 과정에서 문제가 생긴 언어기능장애(language impairment), 청각장애로 나뉜다.

의사소통장애는 정상적인 지능수준임에도 불구하고 의사소통에 사용되는 말이나 언어 사용에 결함이 있는 경우를 말한다. DSM-IV에서는 표현성 언어장애, 혼재형(표현-수용성) 언어장애, 음성학(발음)적 장애 및 말더듬(유창성)장애로 분류하였다. DSM-5부터는 언어장애(표현성+수용성+혼재형), 발화음장애(DSM-IV의 음성학적 장애), 아동기 발생 유창성장애(아동의 60%/16세 이전 회복), 사회적 의사소통장애(DSM-5 새로 등장)로 분류하였다.

다음으로 의사소통장애의 유형에 대하여 살펴보기로 한다.

미국 말 · 언어 · 청각협회는 의사소통장애를 "개념 또는 구어, 비구어 및 그래픽 상징 체계를 수용하고 전달하고 처리하는 능력의 결함"이라고 정의하고 있다. 한편, 우리나라 「장애인 등에 대한 특수교육법」에서는 의사소통장애를, 첫째, 언어의 수용 및 표현능력이 인지 능력에 비하여 현저하게 부족한 사람, 둘째, 조음 능력이 현저히 부족하여 의사소통이 어려운 사람, 셋째, 말 유창성이 현저히 부족하여 의사소통이 어려운 사람, 넷째, 기능적 음성장애가 있어 의사소통이 어려운 사람 중에서 어느 하나에 해당하여 특별한 교육적 조치가 필요한 사람이라고 규정하고 있다.

의사소통장애는 다양한 원인에 의해 여러 가지 유형으로 나타날 수 있다. 가장 전통적인 분류방법은 드러나는 증상을 중심으로 구어장애와 언어장애로 구분하는 것이다. 구어장애에는 조음장애, 음운장애, 음성장애, 유창성장애, 실어증, 운동구어장애 등이 포함된다. 의사소통장애의 영역으로 주요 증상과 관련 동반 장애를 포함한 의사소통장애의 유형(심현섭 외, 2019)을 〈표 10-1〉에 제시하였다.

첫째, 언어장애이다. 언어장애 중 표현성 언어장애는 언어를 이해하는 데는 문제가 없으나 표현능력에 결함이 있고 발화음 장애가 동반되는 경우가 많으며 초기 청소년기까지 잘 드러나지 않을 수 있다. 수용성 언어장애는 언어를 이해하고 받아들이는 능력에 결함

〈표 10-1〉 의사소통장애의 유형

영역	정의	하위 유형
언어발달장애	언어의 사용, 형식, 내용 및 이들의 조합을 표현하고 이해하는 능력에서 결함이 있거나 미성숙함	지적장애, 자폐범주성장애
조음음운장애	음소를 계획하거나 발음하는 과정에서 기능적 또는 기질적으로 결함을 일으켜 정확하게 조음하지 못함	발달지체, 구순구개열, 청각장애, 뇌병변장애
유창성장애	구어의 정상적 흐름에 방해를 입어, 자연스럽지 않은 말의 흐름으로 인해 의사소통의 어려움이 있음	말더듬, 말빠름증
음성장애	성대, 호흡기관, 말소리 길이의 기능적 · 구조적 이상으로 인하여 소리 크기, 높낮이 또는 음성의 질 변화를 초래함	성대결절, 파킨슨병 등 신경계 질환
실어증	정상적으로 언어를 습득한 이후, 후천적 뇌 또는 중추 신경계의 손상으로 인해 언어를 이해하거나 표현하는 등의 다양한 언어영역에서 어려움을 보임	운동구어장애, 뇌졸중, 뇌종양, 뇌외상
단순언어장애	언어발달 이외의 지능이나 청력, 신경학적 손상과 같은 영역에는 문제가 없으며, 언어발달에만 문제를 보임	읽기장애, 학습장애

이 있는 경우를 말하며, 혼재형 언어장애는 둘 다 결함이 있는 경우로 아동기의 경우 표현성 언어발달은 수용성 언어기술의 습득에 좌우되기 때문에 수용성에 문제가 있으면 표현성 언어장애도 함께 동반한다.

언어장애는 사용하는 어휘가 제한적이고 문장의 구조 역시 두세 단어의 구로 연결된 단문 형태, 동음이의어와 다중적인 의미를 지닌 단어를 잘 못 알아듣는다. 또한 문장을 연결하거나 구성하는 데 있어 필요한 단어를 생략, 혹은 적절하지 않게 사용하는 어려움으로 인해서 학습이나 사회적응에 많은 어려움이 있다.

언어장애의 원인으로는 발달형 원인과 획득형 원인으로 나뉜다. 발달형 원인은 신체적 문제가 없는데 성장 중에 발병하는 경우로 환경적 원인이 크다. 즉, 부모로부터 언어적 자극을 충분히 못 받았거나 무관심, 방치와 학대 등에 의해 발생한다. 획득형 원인은 청력기능의 문제, 뇌손상이나 뇌염, 두부외상 등 신체적 원인에 의해 언어발달이 지체되는 경우에 해당한다.

둘째, 발화음 장애이다. 이 장애는 발음의 지속적인 곤란(말소리 생성에 곤란이 발생하는데 이러한 곤란이 의사소통을 제한하여 학업, 작업수행의 방해를 불러오고 이러한 증상이 초기 발달 시기에 시작하면 발화음 장애로 진단)이 있어 언어적인 의사소통에 지장이 초래된다. 발화음 장애는 음성학적 장애, 발음장애, 발성장애, 발달성 구음장애라고도 한다. 발화음 장애는 보통 혀 짧은 소리가 가장 많고 단어의 마지막 음을 발음하지 못하거나 생략하는 경우도 있다. 발화음 장애의 원인으로는 뇌성마비 같은 신경학적 장애나 구순구개열 같은 발성기관의 구조적 결함, 지능저하 같은 인지장애 등으로 인한 원인을 제외하면 취학 전 아동의 경우 심리적인 원인(정서적 불안과 긴장, 사회적 상황에 대한 부적절감, 두려움, 분노, 적대감)인 경우가 많다.

셋째, 아동기 발생 유창성장애이다. 이 장애는 말의 정상적인 유창성, 말 속도와 관련된 장애로 말더듬이 대표적이다. 아동기 발생 유창성장애는 언어기술이 나이에 비해 부적절하고, 말하는 데 유창성과 시간 패턴에서의 장애들이 시간이 지나도 지속되는 것을 말한다. 아동기 발생 유창성장애의 원인은 단일 요인에 의한 것은 아니고 여러 요인이 복합적으로 작용하여 발생하며, 보통 아동의 경우 16세 이전에 회복되는 경향이 있지만 성인까지 이어질 경우 성인기 발생 유창성장애라고 한다. 아울러 말더듬기 정도는 심리적 원인과 상황에 따라 달라지는데 말더듬기는 본인에게 수치심을 유발하거나 타인에게 놀림감이 될 수 있기 때문에 심리사회적 위축을 초래하고 불안, 좌절감을 초래하여 말하는 상황을 피하게 되기도 하며 보통 2~7세 사이 발병하여 평균 75% 정도 회복을 하나 그렇지 못한 경우 8세경에 평가를 통해 회복 가능성을 예측할 수 있다.

넷째, 사회적 의사소통장애이다. 이 장애는 언어적, 비언어적 모두 사회적 목적과 맥락에서 사용되는 모든 의사소통 방식에 결함이 있다. 아울러 자폐증의 증상과 유사한 부분이 있어 DSM-IV에서는 기타 전반적 발달장애에 속하며 자폐스펙트럼 영역으로 진단하기에는 진단기준에 부합한 다른 대표적인 특징들이 나타나지 않아서 DSM-5부터는 의사소통장애의 하나로 따로 분류되었다.

사회적 의사소통장애는 상황에 맞는 적절한 의사소통을 구사할 수 없기 때문에 그런 상황을 회피하는 경향이 높고 때로는 ADHD, 행동문제, 특정언어장애 혹은 학습장애까지 수반되는 경우가 흔하다. 의사소통은 사람들 간의 사회적인 상호작용 안에서 일어나는 것으로 언어적 요소와 언어 외적인 요소를 포함한다. 언어적 요소는 읽기, 쓰기, 말하기, 듣기 등을 포함하며, 강세, 억양, 말의 전달 속도 등의 준언어적 요소(paralinguistic cues)와 제스처, 표정 등의 비언어적 요소(nonlinguistic cues), 언어에 대한 인식 정도(meta linguistic cues) 등을 포함한다.

3. 의사소통과 장애 유형별 진단·평가

의사소통장애를 선별하고 진단하는 검사는 의사소통 관련 검사와 교육심리적 평가로 구성된다. 의사소통의 유무 결정 및 교육계획을 수립하기 위한 진단 · 평가는 다양한 측면에서 다양한 의사소통 능력 요소들을 반영하여 평가되어야 한다. 의사소통과 장애 유형별 진단 · 평가 도구는 표준화된 검사와 비표준화된 검사로 구분한다.

1) 언어발달과 진단 · 평가

(1) 진단 · 평가의 목적

언어발달의 진단 · 평가는 다양한 발달 특성을 찾아내고 적합한 교육적 요구를 제공하는 데 의미가 있다. 즉, 진단 · 평가는 단순히 언어장애를 확인하거나 행동의 특성을 파악하기 위함이 아니라, 특수교육대상자의 적격성, 언어발달프로그램의 결정, 교육적 요구 결정, 개별화 프로그램 계획 등 다양한 목적으로 진행되어야 한다.

(2) 언어발달 장애 진단 · 평가

언어발달이나 언어능력과 같은 전반적인 언어장애 유무에 대한 언어장애 진단 · 평가의 절차 및 기초 요소는 다음과 같다.

- **평가 절차**: 잠재적 문제 판별, 현재 기능 수준 설정, 중재 동안 행동 변화 측정
- **평가 내용**: 언어체계 구성요소, 음운, 구문, 의미, 과정, 이해, 산출, 화용, 인지발달
- **평가 방법**: 표준화검사, 비표준화검사, 발달척도, 행동관찰 등

(3) 검사도구

▣ 영유아 언어발달 선별검사(SELSI)

① 검사개요

영유아 언어발달 검사는 생후 36개월 이하 영유아의 수용언어와 표현언어 발달 지체를 조기에 선별할 목적으로 만들어진 선별검사이다.

② 검사목적 및 대상

- 검사목적: 영유아의 언어발달 정도를 평가하기 위한 언어장애의 조기선별을 목적으로 수용언어발달 및 표현언어발달 간의 차이를 분석할 수 있다.
- 대상: 생후 5개월에서 생후 36개월 이하의 언어발달지체나 장애의심 또는 정상 아동

③ 검사구성 및 절차

- 구성: 검사지, 지침서, 평가기록지, 수용언어 45개, 표현언어 45개 문항으로 구성
- 절차:
  ① 수용언어 영역에서 표현언어 영역으로 실시
  ② 아동의 생활연령에 해당하는 연령단계에서 두 단계 낮은 연령단계의 첫 번째 문항부터 시작
  ③ 기저선이 설정되면 검사를 진행, '아니요'가 연속적으로 8번 나올 때까지 검사 실시, 그 연령 단계를 최고한계선으로 함

④ 각 문항에 '예'는 1점, '아니요'는 0점, 기저선으로부터 최한계선까지 총점 계산

④ 검사결과 해석

- 정상발달: 수용 및 표현언어 점수가 연령대 평균점수 −1SD 이내
- 약간지체: 수용 및 표현언어 점수가 연령대 평균점수 −1SD에서 −2SD 사이
- 언어발달지체: 수용 및 표현언어 점수가 연령대 평균점수 −2SD 이하

2) 조음 · 음운장애 진단 · 평가

(1) 진단 · 평가 목적

조음장애는 조음기관의 결함으로 특정 음에서 일관된 오류를 보인다. 말소리 형성에 문제를 갖는 말 장애를 말하며, 음운장애는 말소리의 규칙을 습득하고 사용하는 데 문제가 있음을 의미한다. 따라서 조음 · 음운장애의 진단 · 평가 목적은 조음기관의 이상이나 음운 지식 또는 기능적 결함에 의해 정상적인 조음이 되지 않음을 진단 · 평가하는 데 목적이 있다.

(2) 검사도구

▣ 우리말 조음 · 음운 평가(U-TAP, 김영태, 신문자, 2002)

① 검사목적 및 대상

- 검사목적: 우리나라 자음 또는 모음 말소리에 문제를 보이는 조음 · 음운장애아동 및 성인이 단어와 문장에서 산출하는 발음을 체계적으로 평가하고, 아동의 조음 오류에 대하여 조음위치, 조음방법 그리고 기식성 및 긴장도에 따라 순서적으로 기록 분석
- 대상: 2~12세 아동, 그림을 이용하여 명명하거나 설명하는 과제를 사용하기 때문에 취학 전(3~6세) 아동에게 적합

② 검사구성 및 절차

- 구성: 기록지, 지침서, 학습활용지, 학습기본자료집, 30개 그림자료로 낱말 및 문장 수준 개별 음소 분석으로 검사 내용 구성

- 절차:

  ① 그림낱말검사로 첫 번째 그림 자료를 보여 주며 "이건 뭐죠?"라고 질문

  ② 아동이 그림을 모르거나 다른 단어를 말하는 경우, 검사자는 그림자료 뒷면에 있는 반응유도문장을 그대로 말해 주고 아동의 반응을 기다림

  ③ 반응유도문장을 들려준 뒤에도 아동이 틀린 단어를 말하는 등 오반응을 보이거나 무반응인 경우 검사자는 단어를 말해 주고 모방하게 함

  ④ 아동의 반응을 검사지에 표시, 이후 그림문장검사를 실시

  ⑤ 검사자는 먼저 그림 자료를 보여 주면서 제시된 문장들을 말해 줌

③ 검사결과 및 해석

- 개별음소의 발달연령: 기록한 낱말개별음소분석표를 보고 음소발달연령표의 각 음소의 습득, 숙달, 관습 등 연령단계와 비교하여 아동의 조음발달 정도를 파악
- 음소정확도: ① 자음정확도 구하기: 자음정확도=(43−오류음소 수)/43×100

  ② 모음정확도 구하기: 모음정확도=(10−오류음소 수)/10×100
- 결과해석: ① −1SD 이상: 정상판정 또는 모니터링

  ② −1SD~−2SD: 조음치료 고려

  ③ −2SD 이하: 조음치료 요망

3) 유창성장애 진단 · 평가

(1) 진단 · 평가 목적

'P−FA−II'의 검사 목적은 유창성장애, 즉 말더듬의 여부와 정도를 파악하고, 이 검사도구를 사용하여 유창성장애를 평가 · 진단하여 문제의 진전을 예방하고 중재에 도움을 주는 데 있다.

(2) 검사대상 및 검사도구

▣ 파라다이스 유창성 검사(P−FA−II)

- 대상: 검사대상은 취학전 아동~성인에 이르기까지 유창성에 문제를 가지고 있는 아동 및 성인, 장애인이며, 취학전 아동, 초등학생(저학년, 고학년), 중학생 이상과 같이

연령대별로 나누어 검사과제의 종류, 문항, 그림 형식 등을 다르게 하여 거의 대부분의 연령의 사람들에게 실시할 수 있는 검사이다.

- 검사도구:

① 낱말그림 & 문장그림, 말하기그림, 읽기, 이야기그림, 그림책

② 검사지-8종 20세트

③ 검사 내용: 검사는 크게 구어 평가와 의사소통태도 평가 두 가지 영역으로 이루어져 있다. '구어 평가'는 취학 전 아동, 초등학생(저학년, 고학년), 중학생 이상과 같이 연령에 따라 검사과제 세트가 나뉘어 있는데, 검사과제는 총 여덟 가지로 낱말그림, 따라말하기, 문장그림, 읽기, 이야기그림, 그림책, 말하기그림, 대화이다.

- 검사결과 및 해석

구분	영역	ND점수	AD점수	총점수	백분위(%)	말더듬 정도
필수과제	① 문장그림	1.0	46.9	47.9	-	-
	② 말하기그림	1.4	35.0	36.4		
	③ 그림책	4.1	26.9	115.3		
	필수과제점수(①+②+③)	6.5	108.8	19.6	90~100	심함
선택과제	④ 낱말그림	0	19.6	37.8	70~80	중간
	⑤ 따라말하기	0	37.8		90~100	심함
부수행동 정도		1-2-3-4			70~80	중간

- 말더듬 정도 결과: 약함: 1~40%, 중간: 41~80%, 심함: 81% 이상

4) 청각장애 진단 · 평가

(1) 청각장애의 진단방법

청각장애를 지닌 것으로 의심되어 선별된 아동의 건강기록부와 생활기록부 및 장애인 등록증 등을 검토하여 청력이 기록되어 있는 경우 청각장애의 정의에 나타난 기준에 부합되면 기록한다. 그렇지 않으면 의사에게 의뢰하여 청력을 평가하고 분류기준별로 분류한다.

(2) 청각장애아동의 조기진단

청각장애아동의 언어발달 지체는 청각장애아동의 판별에서 교육적 환경의 배치까지

소요되는 기간과 무관하지는 않다. 가능하면 빠른 진단과 교육적 배치가 이루어지기 위해서는 청각장애의 유무를 알기 위한 청력검사를 조기에 실시하여야 한다.

▣ 유아 청력검사

청력검사를 일반적인 절차로 수행할 수 없는 유아들을 대상으로 청력손실 여부, 손실 정도, 손실 부위 등을 판별하는 여러 연구가 있었다. 여러 검사 방법이 유아를 대상으로 이루어졌으나 안전상의 문제로 오늘날 권장되는 방법은 극히 드물다.

유아용 청력검사기는 1960년대부터 개발되어 실험되었으며, 학교보다는 병원에서 주로 이용되고 있다. 어떤 특정 주파수(주로 3,000Hz)의 특정 dB(주로 80~90dB SPL)의 소리를 유아에게 방사하여 유아의 반응을 살펴서 청력의 이상 유무로 판단한다. 최근에는 신생아용 청력검사기가 청력의 이상 유무를 알기 위해 주로 사용된다. 판별방법에 따른 어려움이 수반되나 유아의 청력 이상 유무를 식별하는 데에는 신뢰도가 증명된 기계들이다.

신뢰도와 안전성이 보장되는 유아 청력검사는 뇌전위 유발검사 ABR 검사이다. 검사도중 움직이면 안 되므로 유아를 검사할 때는 수면을 취한 후 검사를 실시한다. 수면을 취하고 있는 유아에게 아주 짧은 시간 동안 일정한 주파수의 음을 전달했을 때 소리에 대한 뇌파의 반응을 검사하는 방법이다. 오늘날 대부분 종합병원에서 ABR 검사를 실시하고 있다. 청각장애아동이 판별되기까지는 약 15개월 정도 소비된다. 하루 빨리 유아 청력검사를 의무화하는 법적 시행령이 필요한 현실이다(최성규, 1997).

▣ 순음청력검사

순음청력검사를 위해서는 청력검사기가 필요하다. 피검사자는 청력검사기를 통해 들려 오는 순음을 인지할 때 스위치를 누르거나 손을 들면서 반응하는 절차로 검사를 한다. 유아의 경우는 순음청력검사에 반응이 적절하지 못하므로 유아 청력검사를 실시한다.

주로 125, 500, 1,000, 2,000, 4,000, 8,000Hz를 검사하게 되는데, 전음성 난청의 유무를 알기 위한 기도검사와 전음신경성 난청의 유무를 알기 위한 골도검사가 있다. 기도검사는 귀를 통해 순음을 전달하거나, 골도검사는 귀의 뒤에 있는 유양돌기를 통해 순음을 전달한다.

▣ 어음변별력검사

순음청력검사와 함께 어음변별력검사는 언어 판별이나 치료에 좀 더 효과적으로 활용할 수 있는 기초 자료이다. 최근에 개발된 한국표준어음검사는 어음변별력검사(Speech Discrimination Test: SDT), 어음명료도검사((Speech Intelligibility Test), 어음가청치, 어음최적가청치, 어음최고가청치를 위한 검사자료를 음성학과 음향학의 이론적 배경에 기초하여 개발하였고, 검사도구의 표준화뿐만 아니라 일관성 있는 검사방법을 제시하고 있다. 또한 한국표준어음검사의 어음변별력검사나 어음명료도 검사는 폐쇄식 검사인 그림 검사이므로 아동에서 성인에까지 폭넓게 사용될 수 있는 장점을 가지고 있다(최성규, 1996).

<table>
<tr><td colspan="2">Section 10　학습활동
의사소통장애와 진단평가 (1)</td></tr>
<tr><td colspan="2">(V) 토론　( ) 퀴즈　( ) 과제　( ) 검사　( ) 조사　(V) 팀티칭　(V) 활동</td></tr>
<tr><td>**주제**</td><td>자기이해 하기</td></tr>
<tr><td>**학습성과**</td><td>자기이해를 알 수 있다.</td></tr>
<tr><td>**진행과정**</td><td>
자기이해(self-understanding) 방법
<table>
<tr><th>기준</th><th colspan="2">내용</th></tr>
<tr><td rowspan="3">시간의 축</td><td>과거의 내 모습</td><td></td></tr>
<tr><td>현재의 내 모습</td><td></td></tr>
<tr><td>미래의 내 모습</td><td></td></tr>
<tr><td rowspan="4">공간의 축</td><td>내가 좋아하는 것</td><td></td></tr>
<tr><td>내가 싫어하는 것</td><td></td></tr>
<tr><td>내가 잘하는 것</td><td></td></tr>
<tr><td>내가 못하는 것</td><td></td></tr>
<tr><td rowspan="2">관점의 축</td><td>긍정적인 내 모습</td><td></td></tr>
<tr><td>부정적인 내 모습</td><td></td></tr>
<tr><td rowspan="2">관계의 축</td><td>내게 긍정적인 영향을 주는 관계</td><td></td></tr>
<tr><td>내게 부정적인 영향을 주는 관계</td><td></td></tr>
</table>
출처: Osami Fukushima(2007). **자기 이해를 위한 심리학**. 공동체.
</td></tr>
<tr><td>**토론과정**</td><td>1. 자기이해 방법인 시간의 축, 공간의 축, 관점의 축 및 관계의 축에 대하여 2명이 한 조가 되어 각각 말해 보자.</td></tr>
</table>

Section 10 학습활동

의사소통장애와 진단평가 (2)

(V) 토론 ( ) 퀴즈 ( ) 과제 (V) 검사 ( ) 조사 ( ) 팀티칭 (V) 활동

주제	자기표현 능력 훈련
학습성과	자기표현 능력 훈련을 통해 의사소통의 특성을 알 수 있다.
진행과정	

구분	번호	문항	거의 그렇지 않다	대체로 그렇지 않다	가끔 그렇다	자주 그렇다	항상 그렇다
			5	4	3	2	1
말한 내용	1	나는 말하고 싶은 것이 있어도 참는다.					
	2	나는 대화의 마지막에 가서야 자신의 의사를 이야기한다.					
	3	나는 대화의 내용이 분명하지 못하다.					
	4	나는 사과를 많이 한다.					
	5	나는 예의가 바르지 못하다.					
	6	나는 자신의 의사와는 다른 부득이한 이유를 내세워 변명한다.					
	7	나는 잘 아는 사이에서는 상대방의 감정을 고려하지 않는다.					
	8	나는 잘 아는 사이에서는 자신의 행동에 대해 설명하지 않는다.					
	9	나는 잘 아는 사이에서는 자신의 입장만을 고려한다.					
음성	10	나는 중얼거리는 것은 아니나 상대가 알아 듣기 어려울 만큼 약하게 말한다.					
	11	나는 단호하게 말하지 못한다.					

	12	나는 말이 입안에서만 중얼거린다.					
	13	나는 억양이 어색하다.					
	14	나는 "예-", "음-" 등 말이 중간에 끊어진다.					
	15	나는 말하기 전에 주저주저한다.					
	16	나는 말하기 전이나 말하는 도중에 서두른다.					
신체 언어	17	나는 말할 때 상대를 바로 보지 못한다.					
	18	나는 웃거나 찡그리는 등 얼굴표정이 진지하지 못하다.					
	19	나는 손을 비비거나 발을 굴리는 등 얼굴표정이 진지하지 못하다.					
	20	나는 몸이 어딘가 굳어 있다.					

● **채점방법:** 자기표현 검사에서 얻은 점수가 높을수록 자기표현을 의도대로 잘하는 것을 의미한다.

자기표현의 세 가지 요소

시각적 요소	눈맞춤, 거리, 얼굴표정, 몸동작과 자세, 몸의 방향
음성적 요소	크기, 속도, 유창함, 정감
언어적 요소	끝맺기, 핵심의 전개

출처: 곽윤경 외 15인(2021). **인간관계와 의사소통**. 의학서원.

토론과정	1. 자기표현 능력 검사에서 얻어진 점수에 대하여 말해 보자. 2. 자기표현의 3요소(시각적, 언어적, 음성적)에 대하여 각각 말해 보자.

Section 10 학습활동

의사소통장애와 진단평가 (3)

(V) 토론 ( ) 퀴즈 ( ) 과제 ( ) 검사 ( ) 조사 ( ) 팀티칭 (V) 활동

주제	발표능력 훈련
학습성과	발표능력 훈련을 통해 특성을 알 수 있다.

진행과정

발표능력 자가 점검표

	번호	점검 내용	그렇다	아니다
발성 훈련	1	발표를 하면서 목소리가 떨리거나 높아지는 증상이 있다.		
	2	나에게 발표를 시키려고 하면 무조건 회피한다.		
	3	발표를 하다 보면 목소리가 점점 작아진다.		
	4	말을 하다 보면 머릿속이 하얗게 변해 제대로 말을 못한다.		
	5	발음이 명확하지 않다는 이야기를 많이 듣는다.		
스피치 훈련	6	발표나 진행을 해 본 경험이 별로 없다.		
	7	말을 하다 보면 자꾸 주제와 다른 말을 하게 된다.		
	8	사람들 앞에 나가면 서두를 어떻게 시작할지 잘 모르겠다.		
	9	마무리를 하지 못해 말이 자꾸 길게 늘어진다.		
	10	갑자기 발표를 하면 무슨 말을 하는지 나도 잘 모르겠다.		
프레젠테이션 훈련	11	발표를 하는 동안 청중을 보지 않는다.		
	12	어떤 제스처를 취해야 하는지 모르겠다.		
	13	나의 말하는 속도나 자세를 잘 모르겠다.		
	14	발표나 진행을 하고 나면 거의 만족스럽지 못하다.		
	15	발표와 관련된 좋지 않은 기억을 가지고 있다.		

	번호	점검 내용	그렇다	아니다
준비 단계	1	발표에 앞서 청중의 특성을 충분히 분석하고 고려했는가?		
	2	조별 발표의 경우 조원 각자의 역할을 적절히 나누었는가?		
	3	필요한 기자재의 준비는 철저히 이루어졌는가?		
	4	발표자의 용모와 태도는 단정한가?		
	5	발표를 시작하면서 청중의 주의를 집중시켰는가?		

	발표 단계	6	말하는 속도와 말소리의 크기는 적절한가?		
		7	발표에 필요한 적절한 몸짓을 사용했는가?		
		8	발표 도중 시선 처리는 적절히 이루어졌는가?		
		9	발표에 주어진 시간을 정확히 지켰는가?		
		10	준비한 기자재를 제대로 활용했는가?		
		11	발표는 논리적으로 진행되었는가?		
		12	발표 내용은 참신했는가?		
		13	청중의 반응을 기민하게 살펴 반영했는가?		
	마무리 단계	14	청중이 발표 내용을 충분히 이해한 것으로 판단되는가?		
		15	청중이 발표 내용에 호응하였는가?		
		16	청중의 질문에 충실히 답변했는가?		
		17	준비된 내용을 발표하지 못하고 빠뜨린 것은 없는가?		
		18	발표 내용이 처음 의도한 것과 달라진 부분은 없는가?		
		19	발표를 통해 새로운 문제제기가 이루어졌는가?		

출처: 한양대학교 국어교육위원회(2013). **말이 힘이다 삶이 문화다**(개정3판). 한양대학교출판부.

토론과정	1. 발표능력 자가 점검을 체크해 보고 발성 훈련, 스피치 훈련, 프레젠테이션 훈련 및 발표의 3단계에 대하여 각각 토론해 보자.

제11장

인간관계와 다양한 커뮤니케이션

1. 다양한 커뮤니케이션

커뮤니케이션(communication)이란 '전달자와 수신자 사이의 정보의 전환, 개인을 포함한 집단 간의 의미의 전달'이라고 정의하기도 하고, '일반적인 상징을 통한 정보나 의사의 전달'이라고 정의하기도 한다. 즉, 의사나 정보를 갖고 있는 자가 그것을 받아들이려는 타인에게 전달하는 언어적인 것과 비언어적인 것이 해석되는 모든 과정을 의미한다. 커뮤니케이션이란 단순한 의사소통을 의미하는 것이 아니라 상호 간의 동질성 있는 의사소통을 의미한다. 그렇다면 양질의 커뮤니케이션이란 무엇인가 하는 물음이 들 수밖에 없다. 커뮤니케이션은 라틴어에서 파생된 단어로 그 어원은 '공통되다' 혹은 '공유하다'이다.

따라서 커뮤니케이션은 두 사람 이상의 사람들 사이에서 언어 · 비언어 등의 소통 수단을 통하여 자신들이 가지고 있는 생각, 감정, 느낌과 사실, 정보, 의견을 전달하고 피드백을 받으면서 상호작용하는 과정이며, 사회생활 전반에서 개인의 행복을 결정하는 가장 중요한 기술과 다양한 결과를 초래하는 사회적 관계의 도구이다.

그러면 다양한 커뮤니케이션에 대하여 살펴보기로 하자.

1) 소통의 출발

소통(疎通)은 어떠한 것이 막히지 않고 잘 통한다는 뜻이다. 즉, 소통이라는 것은 막힘없이 통함을 의미한다. 소통하기 위해서는 서로의 생각과 뜻을 주고받는 과정, 즉 의사소통이 필요하다. 의사소통(意思疏通)을 한자 그대로 해석하면 '뜻과 생각이 서로 통하는' 것을 의미한다. 나의 뜻과 생각 그리고 상대방의 뜻과 생각이 서로 통하기 위해서는 상대의 언어뿐만 아니라 제스처나 자세, 표정, 눈빛 등 비언어적 요소도 읽어 낼 수 있어야 한다. 상대방의 반응을 살피며 상대의 언어를 이해하고 이를 바탕으로 내 생각과 뜻을 잘 전달할 수 있어야 한다. 그러나 이것은 말처럼 쉽지 않다.

소통을 잘하려면 상대방에게 물어봐야 한다. 그러나 우리는 상대방의 생각이나 마음을 물어보지도 않고 지금까지 자신이 경험한 대로 추측하고 단정지어 버린다. 즉, 자신의 관점으로, 선입견으로 상대의 행위를 판단해 버린다. 제대로 된 소통을 하고 싶다면 상대방은 어떻게 생각하는지, 상대방의 마음이 어떤지, 자신이 생각한 것이 맞는지 물어보아야 한다. 무엇보다 중요한 것은 상대를 대하는 자세이다. 상대방을 대할 때 이미 찬 바람이 부는 태도로 '당신의 이야기는 이미 틀렸어.'라는 비언어적 메시지를 보낸다면 소통은 이루어지지 않는다. 상대방의 이야기를 듣고 함께 문제를 해결하고자 하는 긍정적 태도에서 소통은 시작된다.

직장에서 소통을 잘하기 위한 전략은 다음과 같다.

첫째, 주의를 기울여서 들으라. 쌍방향 커뮤니케이션이 가능한 분위기를 이끌기 위해서는 높은 사람일수록 경청의 모범을 보여야 한다. 듣는 상황에서 멀티태스킹은 금물이다. 회의 자료를 넘겨 보면서 컴퓨터 화면이나 스마트폰을 조작하면서 듣는 것은 안 듣겠다는 표시나 마찬가지이다. 듣는 사람이 그렇게 나오면 말하는 사람의 머릿속도 함께 산만해져서 자신이 말하고자 하는 초점을 잃어버린다.

둘째, 맥락을 파악하라. 말 이외의 표정과 어조 등을 주의 깊게 살피며 말만이 아닌, 그 말에 깔려 있는 욕구와 감정, 의도를 헤아릴 필요가 있다. '야근이 많아서 힘들다'고 하소연하는 직원의 말을 그냥 들으면 불평하는 것처럼 들리지만, 맥락을 들으면 이렇게 회사를 위해 열심히 일하고 있음을 알아 달라는 인정(認定) 욕구를 표현하는 것이다. 그 인정 욕구에 답하는 것이 바로 효과적인 커뮤니케이션이다.

셋째, 상대방의 수준에 맞추어 말하라. 동서양을 막론하고 뛰어난 커뮤니케이터들은 쉽고 평이한 언어를 쓴다. 현학적이고 함축적인 말을 자제하고, 상대방이 이해하기 쉽게 비유를 활용하고 생동감 있게 강조점을 부각시키라. 유머까지 활용하면 최상이다.

넷째, 지시사항은 그 자리에서 확인하라. 부하직원이 지시사항을 효과적으로 이행하고 원하는 결과물을 가져오도록 하는 한 가지 간단한 처방이 있다. 부하직원이 지시를 받고 방에서 나가기 전에 어떻게 지시사항을 이행하려고 하는지를 물어보는 것이다. 직원의 얘기를 들어 보면 상사가 말한 것과 부하의 이해 수준의 차이를 즉각 확인하게 되고 바로 보충해 줄 수 있다. 3분이면 해결되는 좋은 설루션이다.

다섯째, 좋은 질문을 활용하라. 들을 때도 말할 때도 상대방의 주의를 집중시키고 공유 수준을 높이려면 일방적으로 듣거나 말하기보다는 질문하고 대답하는 쌍방향 커뮤니케이션을 활용할 필요가 있다.

2) 효과적인 의사소통 방법

인간관계에서 효과적인 의사소통 방법에 대하여 살펴보기로 하자.

첫째, 상대방의 수준에 맞춘 대화를 하라. 세계 어느 지역에서든 커뮤니케이션 능력이 뛰어난 사람들은 주로 쉬운 단어를 사용한다. 함축적이고 학문적인 단어 사용을 자제하고 듣는 사람이 이해하기 쉽도록 생동감 있게 강조점을 부각하며, 비유를 많이 사용하라. 아울러 분위기를 가볍게 만들 수 있는 유머를 사이사이에 활용하는 것도 좋다.

둘째, 교대로 대화를 하며 주의 깊게 들으라. 대화란 혼자 하는 것이 아닌 양방향 채널이어서 일방적으로 말하기보다는 문장 끝이나 자연스럽게 말을 중단하여 상대방이 말할 수 있도록 교대로 대화가 되도록 하라. 또한 말을 하는 상대방의 눈을 부드럽게 쳐다보며 집중하여 경청하고 주의 깊게 듣도록 하라. 특히 회의 시간에 컴퓨터 화면이나 스마트폰을 보는 경우 말하는 사람의 대화를 듣지 않겠다는 의사표시여서 말하는 사람도 머릿속이 산만해지고 말하고자 하는 초점이 사라지는 경우가 있다.

셋째, 상대방을 이해하기 위한 관점과 감정에 집중하라. 상대방의 입장에서 생각하며 듣다 보면 상대방의 의도를 이해할 수 있다. 주로 공감하는 대화가 이런 방법이며, 공감하지 못하면 대화가 기름과 물과 같이 섞이지 못해 겉도는 대화가 된다. 상대방의 입장에서 상황을 생각해 보고 긍정의 의미로 고개를 끄덕이거나 맞장구를 치며 대화하면 마음의 교류를 하기 쉽다.

넷째, 상대방에 관심을 기울이며 비언어적 표현도 함께 사용하라. 눈 접촉(eye-contact)을 자연스럽게 번갈아 가며 시선 처리를 하는 것은 상대방의 말을 잘 듣고 있다는 것을 보여 주는 비언어적 표현의 대표적인 예이다. 대화에서 언어로 인해 전달되는 메시지는 30%에 불과하고, 나머지는 제스처와 얼굴표정, 음성 강약과 변화 등의 비언어적인 메시지에 의해 전달되기 때문에 비언어적인 의사소통도 효과적으로 함께 병행하는 것이 중요하다.

3) 대중에게 전달하기

대중전달(大衆傳達) 또는 매스 커뮤니케이션(mass communication)은 신문 · 라디오 · 텔레비전 · 잡지 등의 매체들을 통해서 대중에게 행해지는 대량 전달을 말하는 사회현상이다. 대중매체(大衆媒體)/대중전달매체(大衆傳達媒體) 또는 매스 미디어(mass media)는 조직화되지 않은 일반 대중을 상대로 하여 대량의 정보 및 시사 내용, 당대의 이슈 등을 전달하는 역할을 담당하는 매체를 말한다.

과거에는 연극이나 영화 등의 문화를 즐길 수 있는 계층이 소수였으나 오늘날 대중매체의 발달로 인해 누구나 연극이나 영화를 보고 음악을 들으며 외국과의 스포츠 경기를 관람하고 멀리 떨어진 사람과도 의견을 주고받을 수 있다. 소수의 특권 계층만이 즐기던

문화가 대중매체로 인해 대중이 향유할 수 있는 영역으로 확장된 것이다. 기존의 대중매체는 책, 잡지, 신문, 영화, 라디오, 텔레비전 등과 같이 획일화된 내용을 일방적으로 전달하는 특징을 가지고 있다. 즉, 대중은 대중매체가 전달하는 내용을 일방적이고 수동적으로 받아들이는 방식이다.

대중에게 전달하는 뜻으로 매스컴, 매스 미디어, 매스 커뮤니케이션이 있다.

첫째, 매스컴이란 대량 전달이라는 뜻으로 매스 커뮤니케이션(mass communication)의 준말이다. 대중을 일정한 행동으로 몰기 위해 매스 미디어를 통해 사회 현상과 대인관계에 대한 마음가짐을 전달하고, 그 사회적 태도나 이데올로기를 은연중에 소기의 방향으로 바꾸어 가는 활동을 말한다. 이것을 의도적으로 행하는 것이 선전 광고로 매스 미디어로서는 텔레비전, 라디오, 신문 등이 중요하며, 비주얼 디자인도 그 역할을 한다. 매스컴의 과정은, ① 송신자(매스컴 기업이나 스폰서 등), ② 메시지(보내는 기사, 프로그램 등), ③ 미디어(라디오, 텔레비전, 영화, 인쇄물 등), ④ 수신자(대중)의 네 가지 요소로 성립된다. 또, 수신자 측에서 본다면, 받아들이는 내용(메시지를 이해하는 방법), 반응(그 자리에서의 반응), 커뮤니케이션 효과(장기에 걸친 사회심리적 영향)로 구분할 수 있다.

둘째, 매스 미디어(mass media)란 특정 수용자를 대상으로 하지 않고 불특정의 모든 대상에게 대량의 정보를 전달하는 매체이다. 매스 커뮤니케이션의 전달 매체인 신문·잡지·방송·영화·통신 등 우리 말로는 대중매체(大衆媒體)라고 한다. 이들은 크게 시각적·청각적·시청각적인 것으로 나눌 수 있는데 시각적인 것에는 신문·잡지·무성영화 등이, 청각적인 것에는 라디오·음반 등이, 그리고 시청각적인 것에는 유성영화·TV 등이 있다. 또한 이들은 신문·잡지 등의 공간매체, 라디오 등의 시간매체, 유성영화나 TV 등의 시공간매체로 분류할 수 있다. 이러한 매스 미디어는 대인커뮤니케이션 매체인 대화나 회의 또는 전화나 편지 등과는 다른 여러 가지 특성을 지니고 있는데, 주요 장점으로는 많은 정보를 빠르게 전달할 수 있는 대량성과 신속성 등을 들 수 있고, 단점으로는 메시지의 전달방향이 대체로 일방적이라는 점, 수용자의 참여가 극히 제한되어 있다는 점, 피드백(feedback)이 간접적이고 지연적이라는 점 등을 들 수 있다. 따라서 이러한 단점을 극복하기 위해 근래에는 매스 미디어에 대인커뮤니케이션 미디어의 장점을 접합시킨 여러 가지 뉴 미디어(new media)가 개발되고 있다.

셋째, 매스 커뮤니케이션(mass communication)이란 커뮤니케이션의 한 유형으로 신문·잡지·라디오·TV 등의 매스 미디어(대중매체)를 통해서 대중에게 메시지를 전달하는 의사정보전달의 양식이다. 이는 다시 그 사용매체에 따라, 신문·잡지 등의 인쇄매체를 사용하는 매스 커뮤니케이션과 라디오 · TV · 영화 등의 전파매체에 의한 매스 커뮤니케이션 등으로 나뉜다. 매스 커뮤니케이션은 다른 유형의 커뮤니케이션, 예를 들어 대인 커뮤니케이션 등과는 다른 여러가지 특성을 지니고 있는데, 그 주요 특성으로서는 대량의 정보를 신속하게 많은 수용자에게 동시에 전달할 수 있는 대중매체를 사용한다는 점, 수용자는 불특정 다수이며, 전달내용은 대중성을 띠고 있다는 점, 그 효과는 매우 크지만 측정이 어렵다는 점, 그리고 커뮤니케이터가 신문사나 방송국처럼 조직화되어 있다는 점 등을 들 수 있다. 매스 커뮤니케이션의 내용은 사실의 보도와 해설 · 계몽 · 오락의 3요소이며, 과정은 전달자 · 메시지 · 매체 · 수용자의 4요소로 이루어진다. 광고는 매스 커뮤니케이션 중에서 특히 매스 미디어를 통하여 대중에게 특정기업이나 상품과 관련된 메시지를 전달하여 수용자 대중의 태도를 변용시키고, 궁극적으로 상품구매를 목적으로 하는 커뮤니케이션이다.

그러면 대중 전달의 순기능에 대하여 살펴보기로 한다.

대중 전달은 사회체계와 그 구성원의 안전을 도모하기 위해서, 국내외에서 발생하는 중요 사건, 정세 변화를 알려 주는 환경감시 기능, 사회체계를 최선의 상태로 유지 · 발전시키기 위해서 목표나 계획을 수립하고 결정하는 데 대하여 조언이나 비판을 하는 정책결정 기능, 정책결정기관이 수립한 제반 계획이나 시책을 그 구성원에게 알려 주고, 대립적이며 이해 불일치 관계에 있는 집단이나 개인을 조정하고 협조하도록 도와주는 조직화 기능, 모든 사회구성원에게 필요로 하는 공통된 사회규범과 가치의식을 부여해 주는 문화유지 기능, 사회체계의 유지존속을 위해서 그 구성원들의 정신적 긴장과 마찰을 해소해 주고 휴식을 취할 수 있도록 해 주는 긴장해소 기능이 있다.

4) 합의를 위한 소통

합의(consensus)란 어떠한 결정에 대해 모든 사람이 동의하는 것을 뜻하는 것이 아니다. 합의란 어떠한 결정에 있어서 모든 사람이 참여하고(participate), 이해하고(understands), 헌신하는(commitment) 것을 의미한다. 합의란 서로 다른 이해당사자들이 모두 동의하는 것을 말한다는 적극적인 의미를 갖고 있기도 하지만 모든 이해당사자가 결정을 수용하거나 참아내는 것을 말한다는 소극적인 의미로 이해되기도 한다(Kestner & Ray, 2002).

합의 의사결정(合意意思決定, consensus decision-making)은 이해관계자의 의견 일치를 도모하는 것이다. 특히 논의 등을 통해서 관계자의 근저에 있는 다양한 가치를 표면화시켜, 의사결정에서 상호 의견의 일치를 도모하는 과정을 말한다. 의견 일치라고도 한다. 특히 국민 전체의 합의 의사결정을 도모하는 것을 국가 의견 일치, 합의 의사결정을 도모하는 과정을 합의 의사결정 과정이라고 한다.

합의를 통한 합리적 의사결정 과정은 다음 네 가지 관점에서 이루어진다.

첫째, 합리적 관점이다. 이는 의사결정을 합리적 판단의 결과라고 보며, 관료제와 중앙 집권적 조직에 적합한 의사결정과 수많은 대안 중 목표달성을 극대화할 수 있다고 판단되는 최적의 대안을 선택한다.

둘째, 참여적 관점이다. 의사결정을 합의의 결과라고 보는 관점으로 전문적 조직에 적합한 의사결정과 공통의 가치에 대한 인식, 전문가의 식견에 대한 신뢰, 관련자의 합리성에 대한 신뢰 등을 바탕으로 의사를 결정하며 관련 당사자들이 논의하여 합의한 결과를 중시한다.

셋째, 정치적 관점이다. 이는 의사결정을 타협의 결과라고 보는 관점으로 항상 갈등이 존재하고 협상과 타협이 기본적 규칙으로 되어 있는 조직에 적합하며 의사소통을 통해 이해집단의 목표 달성을 하는 것이 목적이다.

넷째, 우연적 관점이다. 이는 의사결정을 우연한 선택의 결과라고 보는 관점으로 조직된 무질서 조직에 적합한 의사결정이다. 의사결정은 수많은 요소가 우연히 동시에 한 곳에 모일 때 이루어진다고 본다.

5) 설득과 토론

설득(說得)은 누구에게 무엇을 믿고 따르도록 이야기함, 또는 글로써 그 뜻을 전함의 뜻이 있다. 즉, 설득이란 주로 토론이나 연설, 강연 등에서 해설자나 연설자가 자신에게 동조하지 않거나 자신과 반대되는 의견을 가진 상대(청중)에게 자신의 의견에 동의할 수 있도록 알아듣게 여러 가지 방면으로 깨우쳐 말하는 행위를 뜻한다. 설득을 하는 데에는 좋은 언변과 높은 타당성을 기반으로 한 설득력을 발휘해야 한다.

현대사회에서는 스마트폰의 발달로 인해 SNS와 커뮤니티가 발달되어 서로 의사소통을 활발히 할 수 있는 환경이 마련되었다. 그러나 대화의 과정에서 의견 차이가 좁혀지거나 타협점을 찾지 못하고 서로 설득만 하려 들다가, 결국 말싸움까지 이어지며 갈등의 골이 깊어지는 상황이 빈번해지고 있다. 이는 서로의 다양성을 인정하지 않고 성장 환경의 차이를 고려하지 않는 태도에서 오는 현상으로 한국 사회에서는 이런 현상이 극심하다.

설득의 전략에는 이성적 설득, 감성적 설득 및 인성적 설득이 있다.

첫째, 이성적 설득은 논리적인 근거를 들어 화자의 주장을 뒷받침하며, 논증이나 실제로 있었던 일들을 활용하여 설득력을 높인다.

둘째, 감성적 설득은 감정에 호소하여 청자의 마음을 사로잡거나 유머를 사용하여 즐거움을 주거나, 공포심을 자극하여 문제점을 강조하거나, 청자의 욕망이나 동정심 같은 감정을 불러일으켜 설득력을 높인다.

셋째, 인성적 설득은 화자의 인성을 바탕으로 하여 전하는 말에 신뢰를 주며 화자의 전문성, 도덕성, 사회성 등의 인생관을 바탕으로 하여 청자의 신뢰감을 높인다.

토론(討論, debate)이란 서로 찬성과 반대의 의견을 가진 자들이 상대방 혹은 청중을 설득시키기 위해 근거를 들어 자신의 주장을 펼치는 과정이다. 즉, 토론이란 특정한 논제에 찬성과 반대로 대립하는 두 편이 각자 주장하고자 하는 바로 상대방과 청중을 설득하고자 하는 말하기이다. 따라서 토론은 정해진 규칙에 따라 긍정과 부정으로 대립하는 두 팀이 주어진 논제에 대해 논거에 의한 주장과 이에 대한 검증, 의논을 되풀이함으로써 이성적 판단을 내리는 과정이다.

보통 쟁점이 되는 사안은 찬성과 반대가 확연하게 나뉜다. 그나마 찬반 자체로만 보면 괜찮지만 각 구성원의 의견이 모두 다르기 때문에 모두를 완벽하게 만족시킨다는 것은 불가능하다. 이렇게 찬성과 반대로 나뉘는 문제에 가장 합리적인 의사결정의 방안이 토론이다.

토의와는 비슷하지만 구분되는 말이다. 둘 다 집단 사고를 통해서 최선의 결론을 얻고자 하는 화법의 형태이지만 토론이 찬성과 반대로 나뉘어 각자 자기 쪽의 주장을 받아들이도록 설득하는 경쟁적 의사소통의 방법이라면, 토의는 대화를 통해 다양한 대안과 최선의 해결책을 모색하는 협력적 의사소통의 방법에 해당한다고 할 수 있다. 토론에서는 승자와 패자가 존재하지만 토의에서는 존재하지 않는다.

토론의 과정과 그 짜임의 순서는 다음과 같다. 논제 제시–입론(주장 제시)–반론(논리적으로 반박하기)–최종 변론에 대하여 배심원이 판단하기로 진행되면서 찬반에 대한 대립 의견이 제기된 후 최종적으로 판정을 정한다.

대개 21세기 현실 사회에서 의사결정에 대한 찬성/반대 여부는 다수결로 이루어지기 마련이다. 하지만 토론의 과정을 거치지 않은 다수결은 공정성/합리성/타당성 측면에서 비판을 받을 수밖에 없다. 피차 토론해 봐야 의견이 변하지 않을 것이 너무나 뻔한 경우(즉, 부동표가 대다수인 경우)에는 시간낭비가 되기도 한다. 토론을 해 봐야 끝없는 평행선만 생기는 때가 그러하고 심지어 관계가 더 험악해지는 사이로까지 이어진다.

또한 이런 토론 환경이 받쳐 주지 않아서 토론이 일어난다 해도 제대로 된 토론 태도를 갖추지 않은 사람이나 그만한 자기의견이 없는 사람이 생각 외로 많다. 사실상 상당히 많은 사람이 여기에 해당한다. 그래서 실제로 아는 사람끼리는 신경 쓰여도 논쟁을 피하는 게 더 나을 때가 많다.

상대방이 논리도 없고, 근거도 없고, 심지어 기본 예의를 지킬 에티켓 심리조차도 없다면 토론은 해 봤자 오히려 사이가 틀어지고 기분만 나빠지는 행위로 전락한다. 이런 상황은 누구나 피하고 싶어 하기 때문에 이를 막기 위한 교구도 존재할 정도이다.

물론 제대로 된 토론 환경이 잡힌 커뮤니티가 아예 없는 것은 아니다. 예를 들어, 꽤 많은 역사 커뮤니티는 나름 분위기도 잘 잡혀 있고 고수들도 많아서 토론하는 것을 보며 귀동냥을 하거나 제대로 된 토론 태도를 배울 수도 있다. 물론 아무런 밑천 없이 토론에 참여하는 것도 가능은 하다. 그러나 이런 때 배경지식 부족으로 인해 대부분 토론에서 일방적으로 참패할 가능성이 너무 높으므로 일단은 방청객로 양측의 토론 내용을 보면서 기술을 전수받거나 이들이 갖추고 있는 지식을 배우는 등 토론을 위한 기본 경험을 쌓고 나서 토론하는 것이 좋다.

이상적인 토론은 토론이 끝난 후 찬성과 반대 입장을 교차 검증하여 주장과 근거가 사실인지 사실관계에 어긋났는지 판단하며 루머를 방지하는 타산지석의 계기로 삼는 것이다. 그러나 현실에서는 편향에 의한 논리적 오류를 극복하지 못해 자신의 입장에 허점이 있다는 점을 부정하는 경우가 많다.

좋은 토론의 완성을 위한 바람직한 자세

Step 1. 논제를 파악하라(착상)!

- 사실에 관한 논제인지, 가치판단 논제인지, 정책에 관한 논제인지, 아니면 응용 논제인지를 살펴, 주장할 바를 계획한다(입론).
- 논제의 논점을 1~5개로 범주화한다.

Step 2. 논거가 될 자료를 조사하고 적절하게 배열하라(생각 정리)!

- 논제에 근거해, 대전제–소전제–결론에 적합한 논거가 될 자료조사와 자료의 적절한 배열을 구상하며, 되도록 두괄식으로 표현하고, 전문용어는 쉽게 풀어서 설명하며, 주어진 시간을 적절히 활용해 논거가 되는 자료가 있을 경우 쉽게 풀어서 설명한다.

Step 3. 개요서를 작성하고 암기(이해)하라(표현 및 암기 단계)!

- 개요서(또는 면접 시 답변지)를 작성(메모)하고, 제대로 표현될 수 있도록 암기(이해)한다.

Step 4. 자신의 입장을 당당하게 밝히라(발표)!

- 토론 시작 전 자리에 미리 앉아 자료를 준비하며, 상대방에 대한 가벼운 인사를 건네고 편안한 분위기를 조성한다(상대방의 의견에 반대할 뿐 상대방의 인격 자체를 부정하는 것은 아님에 유의).
- 시선은 상대방의 눈 밑 부분을 응시한다.
- 토론 중(분노, 흥분 등) 감정 노출 없이 편안한 표정을 짓는다.
- 불필요한 동작을 자제한다(동조나 반대 입장을 강하게 표시하는 행동 자제).
- 반대 의견의 경청이 중요하므로, 토론 중 상대방의 핵심사항을 간단하게 메모한다.

2. 인간관계의 심리학적 이해

인간관계(人間關係, interpersonal relationship) 또는 대인관계(對人關係)는 둘 이상의 사람이 빚어내는 개인적이고 정서적인 관계를 가리킨다. 이러한 관계는 추론, 사랑, 연대, 일상적인 사업 관계 등의 사회적 약속에 기반을 둔다. 인간관계의 의미는 다음과 같다.

첫째, 생존을 위한 수단으로 타인에게 의존하도록 태어난 인간은 어쩔 수 없이 사회적 존재이며, 가정, 학교, 사회 등 다양한 사회적 상황에 적응하려면 인간관계는 필수적이다. 또한 복잡하고 분업화된 현대사회에서는 혼자 모든 일을 할 수 없기 때문에 타인과의 인간관계 없이 살아가기 어렵다.

둘째, 사회화의 수단으로 사회에 적응하는 데 필요한 사회성은 사회화 과정을 통해 발달하는데 사회화 과정에서 인간은 집단에 소속하기 위한 사회적 규범과 함께 자신의 행동을 조절하고 타인 사회화의 수단을 배려하는 대인기술을 인간관계를 통해 배우게 된다.

셋째, 인간의 기본적 욕구로서 인간은 다양한 욕구(need)를 가지고 태어나며, 이러한 욕구들은 생리적 욕구에서 자기실현 욕구에 이르기까지 위계(hierarchy)를 이루고 있다(Maslow, 1954). 생리적 욕구나 안전욕구 등의 욕구를 제외하면, 인간에게 가장 기본적 욕구는 소속과 애정에 대한 욕구 같은 인간관계에 대한 욕구이다.

인간은 사회적 존재로 태어날 때부터 타인의 도움과 보호를 필요로 하는 의존적 존재이기도 하다. 따라서 인간은 가족, 연인, 동료 등 사회를 구성하여 상호작용하면서 살아간다. 인간은 사회적 존재이기 때문에 다양한 인간과 상호작용을 맺으며 살아갈 수밖에 없다. 현대사회에 이르면서 그 중요성이 높아지고 인간관계의 도구와 기술, 관리 방법에 대한 관심이 높아지면서 인간관계론이 등장하기도 했다.

그러면 인간관계의 심리학적 이해에 대하여 살펴보기로 한다.

1) 대인동기

인간이 다른 사람과 인간관계를 맺고자 하는 이유는 무엇일까? 우리가 다른 사람을 만나서 교제하려는 내면적 동기는 무엇일까? 우리가 어떤 사회적 모임에 참여하는 내면적 욕구는 무엇일까? 우리는 다양한 인간관계 속에서 어떤 욕구들을 충족시키려고 하는가?

인간은 집단을 이루며 함께 모여 사는 군집성 동물(gregarious animal)이다. 우리 인간은 대부분의 시간을 사람들 속에서 살아간다. 가족뿐만 아니라 사회를 구성하는 매우 다양한 사람과 접촉하며 생활한다. 동물 중에는 홀로 살아가는 동물이 많다. 뱀이나 곰처럼 교미 기간이나 동면 기간을 제외하면 대부분의 시간을 홀로 살아가는 동물이 많다. 또한 집단 생활을 한다 해도 가족 단위의 소규모 집단을 구성하여 살아가는 동물이 대부분이다. 반면, 개미나 벌은 거대한 공동체 집단을 이루어 생활한다. 개코원숭이처럼 수백 마리가 집단을 이루어 살아갈 뿐만 아니라 매우 복잡한 위계적 조직을 이루며 살아가는 동물도 있다. 그러나 인간만큼 거대하고 복잡한 사회적 조직을 형성하여 집단으로 살아가는 동물은 없다.

동기란 개인이 특정한 방향으로 행동하도록 하는 심리적 힘을 의미한다. 인간의 사회적 행동을 이해하기 위해서는 그러한 행동을 유발하는 심리적 원인을 이해하는 것이 중요하다. 즉, 인간으로 하여금 행동하게 만드는 요인은 바로 동기로, 특정한 목표를 향해 행동하게 하는 내면적인 원동력을 의미한다. 따라서 동기는 개인으로 하여금 특정한 목표를 원하게 하고 그 목표를 달성하기 위한 행동을 하게 한다. 아울러 인간은 생각하고 판단하여 행동하지만 생각 없이 행동하는 경우가 많다. 사고과정의 개입 없이 일어나는 인간의 행동을 설명하기 위한 개념은 동기, 흔히 욕구(need or desire), 충동(impulse), 본능(instinct)라는 용어로 불리기도 한다.

배가 고프면 먹을 것을 찾고, 목이 마르면 마실 것을 찾으며, 매력적인 이성을 계속 보는 것은 그렇게 반응하게 하는 비지시적인 심리적 원인, 즉 동기가 있기 때문이다. 인간의 사회적 행동에는 동기적 요인에 의해 유발되는 것이 많다. 인간관계를 지향하게 하고 사회적 행동을 유발하는 동기적 요인을 대인동기(interpersonal motives)라고 한다. 이러한 대인동기는 사회적 행동의 원동력이라고 할 수 있다. 대인동기란 인간관계를 지향하게 하거나 사회적 행동을 유발하는 동인이다.

(1) 동기의 기능

동기는 크게 세 가지 기능을 지닌다(Ford, 1992).

첫째, 동기는 목표지향적 행동을 유발한다. 즉, 목표의 달성을 위해 특정한 행동을 하도록 행동의 방향을 결정한다. 목마를 때는 밥을 찾지 않고 물을 찾아 마시듯이, 다른 행동이 아닌 목마름의 해소라는 목표를 향한 일련의 행동을 하도록 인도한다.

둘째, 동기는 목표지향적 행동을 지속하게 하는 추진력, 즉 에너지를 제공하는 것이다. 목이 마를 때 물을 발견하지 못하면 지속해서 물을 찾도록 하며 여러 가지 난관이 있더라도 이를 감내하면서 물을 찾는 행동을 계속하게 하는 기능을 한다.

셋째, 동기는 목표지향적 행동을 조절하는 기능을 한다. 목마른 자가 물을 충분히 마시면 더 이상 물을 찾지 않듯이, 목표지향적 행동을 시작하고 지속하며 종결하도록 하는 기능이다.

따라서 동기는 목표지향적 행동을 유발한다. 목표의 달성을 위해 특정한 행동을 하도록 행동의 방향을 결정하며, 목표지향적 행동을 지속하게 하는 추진력, 즉 에너지를 제공한다. 이것은 여러 가지 난관이 있더라도 이를 감내하면서 물을 찾는 행동을 계속하게 하는 기능과 목표지향적 행동을 조절하는 기능을 한다. 즉, 목표지향적 행동을 시작하고 지속하며 종결하게 하는 기능을 한다.

(2) 동기의 구분

동기는 그 내용이나 발생 원인에 따라 여러 가지 방식으로 구분될 수 있다. 우선, 동기는 생리적 동기와 심리적 동기로 구분할 수 있다. 생리적 동기는 그 생리적 근거가 분명하고 태어날 때부터 갖추어진 동기로서 모든 인간이 공유하는 동기이다. 이들은 개체와 종족의 보존에 기여하고 진화의 과정에서 선택되어 왔으며 우리의 생물학적 유산을 이룬다. 여기에는 음식, 수분, 산소, 따뜻함, 고통 회피, 자극 추구 등에 대한 개인의 생리적 욕구들을 비롯하여 번식을 위한 생물학적 욕구가 포함된다. 심리적 욕구는 생리적 근거보다는 학습의 영향이 더 뚜렷한 동기이다. 이들은 다른 종들과 공유되지 않고 모든 개인에서 발견되지도 않는다. 왜냐하면 개인은 환경과의 상호작용 과정에서 이러한 동기들을 습득하기 때문이다. 따라서 사람마다 각각 다른 동기를 지니게 되며 동기를 만족시키는 방법도 달라진다.

한편, 동기는 선천적 동기와 후천적 동기로 구분된다. 동기는 유전에 의해 선천적으로 주어지는 것도 있고, 후천적으로 학습되는 것도 있다. 선천적 동기를 본능이라고 부르는 학자도 있다. 맥두걸(McDougall)과 같은 사회심리학자는 마치 개미가 집단을 이루어 살듯이 인간의 군집성을 본능이라고 보았다.

2) 대인신념

대인신념(interpersonal beliefs)은 대인사고와 대인행동에 영향을 미치는 개인의 신념으로 직접적 또는 간접적 인간관계 체험에 근거하여 개인이 굳게 믿고 있는 믿음을 의미한다. 대인신념의 속성은 일시적인 사고내용이 아닌, 지속적으로 지니고 있는 안정된 사고내용, 즉 심층적이고 안정된 인간관계와 새로운 인간관계 상황에 대한 기대와 예측의 근거, 개인의 행동을 판단하는 중요한 심리적 요인과 새로운 경험의 의미를 해석하고 평가하는 근거, 과거의 경험에 비추어 새로운 경험의 의미로 해석된다.

이처럼 대인신념은 상대방의 언행에 대해 선택적인 주의를 기울이고 그 의미를 해석하고 평가하는 역할을 한다. 인간관계에 대한 신념으로서 인간관계 본질과 속성에 대한 지적인 이해 및 믿음, 인간관계 주체인 자기 자신에 대한 신념, 인간관계 대상인 타인 및 인간 일반에 대한 신념으로서 소위 인간관에 해당된다.

아울러 인간관계에 대한 신념으로 한 개인이 대인관계의 본질과 속성에 대해서 어떤 신념과 태도를 가지느냐에 따라 대인행동이 달라진다. 대인행동에 중요한 영향을 미치는 신념은 다음과 같다.

첫째, 인간관계의 중요성에 대한 신념이다. 이는 인간관계가 삶에 있어 중요하다고 생각하지 않는 사람들은 인간관계보다는 자신의 능력을 향상시키고 개인적 성취를 위해 많은 시간과 노력을 할애한다. 또한 인간관계가 삶에 있어서 매우 중요하다고 믿는 사람들은 사회에서 성공하고 출세하기 위해서는 많은 사람과 넓은 교제를 하는 것이 필요하다고 믿는다. 인간관계의 중요성과 그 이유에 대한 신념은 인간관계에 대한 관심과 그에 투자하는 시간과 노력 그리고 인간관계 방식에 심대한 영향을 끼친다.

둘째, 중요시하는 인간관계의 영역이다. 가족관계, 교우관계, 이성관계, 직장동료관계 등 다양한 영역이 있으며 사람마다 중요하다고 생각하는 영역이 다르다.

셋째, 이상적 인간관계에 대한 신념이다. 이는 많은 사람과 넓은 인간관계를 맺는 것을 이상적으로 보는 사람이 있는 반면, 소수의 사람들과 인간관계를 맺는 것을 이상적으로 보는 사람도 있다. 이상적이라고 믿는 인간관계의 속성에 따라 타인에 대한 기대뿐만 아니라 자신의 대인행동도 영향을 받게 된다.

넷째, 친밀한 인간관계를 맺는 방법에 대한 신념이다. 신념을 지닌 사람은 인간관계에 대한 지식을 얻기 위한 노력을 하고 자신이 부족하거나 잘못된 인간관계의 측면을 고치고자 의도적으로 노력한다.

인간관계는 자기개념뿐만 아니라 타인에 대한 신념에 의해서 강력한 영향을 받으며 사람마다 인간 일반에 대한 신념은 각기 다르다. 대인관계의 대상이 되는 타인에 대한 심리적 표상, 즉 타인표상은 대인행동에 영향을 미치는 중요한 요인이며 타인표상은 타인이 어떤 심리적 속성과 의도를 가지고 있는지에 대한 지적인 정보와 믿음을 의미하고 타인의 행동을 예상하는 바탕이 된다.

우리는 일상생활 속에서 만나게 되는 특정한 타인에 대해서 어떤 신념을 지니느냐에 따라 그 사람과의 인간관계가 달라진다. 또한 특정한 집단에 대한 신념을 지니게 된다. 아울러 성별, 인종, 나이, 직업, 출신지역, 사회적 계층, 교육수준에 의해서 범주화한다. 그러나 편견을 신념으로 지니고 있는 사람에게는 이러한 편견이 대인행동에 강력한 영향을 미친다.

3) 대인지각

대인지각은 사람에 대한 인식활동을 뜻하며 물체에 대한 인식활동인 대물지각에 대별되는 용어이다. 대인지각은 물체의 크기나 무게 등 객관적 기준을 가지고 판단하는 대물지각과는 다르게 성격, 능력, 의도와 같이 주관적이고 자신을 잘 보이게 하기 위하는 등 판단이 되는 근거를 조작할 수 있고 판단 근거가 다르는 점에서 구별된다. 대인지각에 있어 사람이 만나면 가장 먼저 일어나는 일은 인상 형성으로 만나자마자 즉시 혹은 몇 마디 말을 나누면서 인상이 형성되며 이 첫인상은 지속적인 상호작용을 통해 재확인이 되거나 수정되기도 한다.

대인지각은 심리학적인 관점에서는 다른 사람들에 대한 인식, 이해, 해석, 평가, 예측 등을 말한다. 이는 우리가 주변의 사람들을 인지하고 이해하는 능력을 포괄한다. 대인지각은 타인의 감정, 행동, 의도, 성격, 태도, 신념 등을 인지하고 해석하는 과정을 포함한다.

대인지각은 주로 인지과정과 사회적 상호작용의 관점에서 이해된다. 우리는 타인의 얼굴표정, 신체 언어, 음성 톤, 말투, 행동 패턴 등을 통해 다른 사람의 내면 상태를 추론하고 이해하려고 한다. 이를 통해 우리는 타인의 감정을 인식하고 이해할 수 있으며, 이러한 정보를 바탕으로 대응하고 상호작용할 수 있다.

대인지각은 타인의 심리적 특성에 대한 인식을 포함한다. 이는 타인의 성격, 가치관, 신념, 동기, 목표 등을 이해하려는 과정을 의미한다. 우리는 타인의 행동을 해석하고 그들의 내면 상태와 관련된 사고 과정을 추론함으로써 대인지각을 형성한다. 또한 대인지각은 사회적 상황과 문맥을 고려하는 것도 포함한다. 우리는 타인의 행동을 특정 상황이나 문맥에 맞춰 해석하고 이해한다. 사회적 규칙, 문화적 배경, 집단 동질성 등은 대인지각을 형성하는 데 영향을 미칠 수 있다.

이러한 대인지각의 과정과 결과는 우리의 사회적 상호작용, 인간관계 형성, 의사소통,

문화 이해 등에 영향을 미친다. 따라서 대인지각은 심리학적인 관점에서 중요한 개념으로 간주된다.

(1) 대인지각과 친밀도

대인지각과 친밀도는 사회심리학에서 긴밀하게 관련된 주제이다. 대인지각은 우리가 다른 사람들을 이해하고 인식하는 능력을 의미하며, 친밀도는 다른 사람과의 감정적, 신뢰적인 관계의 정도를 나타낸다. 이 두 개념은 서로 영향을 주고받으며 사회적 상호작용과 인간관계 형성에 핵심적인 역할을 한다.

대인지각은 우리가 다른 사람들을 이해하고 인식하는 과정을 말한다. 우리는 타인의 행동, 표정, 음성, 언어, 행위 패턴 등을 관찰하고 해석함으로써 대인지각을 형성한다. 이를 통해 상대방의 감정, 의도, 성격, 가치관 등을 파악하고 이해할 수 있다. 대인지각은 사회적 상호작용과 의사소통을 원활하게 하며, 타인과의 관계 형성에 중요한 역할을 한다.

친밀도는 우리가 다른 사람과 가까움과 연결감을 느끼는 정도를 나타낸다. 이는 서로 신뢰하고 서로에게 감정적인 지지와 안정감을 제공하는 관계를 의미한다. 친밀한 관계는 우리가 타인과의 상호작용에서 쾌감과 만족감을 느끼는 데 중요한 역할을 한다. 친밀한 관계는 우리의 정서적, 심리적, 신체적인 요구를 충족시켜 주며, 우리가 소속감과 안정감을 느끼는 데 도움을 준다.

대인지각과 친밀도는 서로 긴밀하게 상호작용한다. 우리가 대인지각을 통해 상대방의 감정, 의도, 성격을 이해하면, 친밀한 관계를 형성하는 데 도움이 된다. 대인지각은 상대방과의 상호작용에서 상대방을 존중하고 이해하는 능력을 강화시키며, 이는 서로 간의 신뢰와 친밀도를 촉진한다. 또한 친밀한 관계에서는 대인지각이 더욱 섬세하고 정확해질 수 있으며, 상대방의 감정과 행동에 민감하게 반응할 수 있다.

따라서 대인지각과 친밀도는 상호보완적인 관계를 가지며, 서로 영향을 주고받는 개념이다. 우리가 타인을 이해하고 신뢰할 수 있는 능력을 통해 친밀한 관계를 형성하고 유지할 수 있다. 이는 우리의 사회적 웰빙과 심리적 안녕에 중요한 역할을 한다.

(2) 자기와 타인의 구분

자기와 타인의 구분은 사회심리학에서 중요한 개념 중 하나이다. 이는 자기와 다른 사람들 간의 인식과 인식된 경계를 이해하는 것을 의미한다. 자기와 타인은 개별적인 심리적 개체로서 서로 다른 정체성과 특성을 가지고 있다.

자기와 타인의 구분은 주관적인 경험과 감각, 그리고 사회적 비교를 통해 형성된다. 자기에 대한 인식을 자기개념이라고 하며, 자기의 정체성, 가치, 역할, 성격, 기억, 욕구 등에 대한 개념을 포함한다. 자기개념은 자아식별과 자아정체성의 핵심 요소로서 개인의 인식과 타인과의 상호작용에 영향을 미친다.

반면에 타인은 우리 자신과는 다른 개체로서 인식된다. 다른 사람들은 자기와는 별개의 개인적인 의식과 내면 세계를 가지고 있다. 이들의 행동, 감정, 생각, 의사소통 방식은 우리 자신과는 다를 수 있다. 이러한 이해는 타인과의 상호작용과 대인지각을 형성하는 데 중요한 역할을 한다.

자기와 타인의 구분은 사회적 비교와 함께 이해되기도 한다. 우리는 자신을 다른 사람들과 비교하고 평가함으로써 자아와 타인을 구분하고 자기개념을 형성한다. 이러한 비교는 자아의 확립과 발전에 영향을 미치며, 자아의 안정성과 만족도에도 영향을 미칠 수 있다.

또한 자기와 타인의 구분은 사회적 관계 형성과 유지에도 관련이 있다. 우리는 다른 사람들과의 관계에서 자기와 타인의 구분을 인지하고 이해하게 된다. 이를 통해 상호 간의 경계와 역할이 형성되며, 친밀한 관계의 발전과 사회적 상호작용이 가능해진다.

요약하자면, 자기와 타인의 구분은 사회심리학에서 중요한 개념으로서, 자아의 인식과 타인의 인식을 구분하고 이해하는 과정을 말한다. 이는 자기개념과 자아정체성, 타인과의 사회적 비교, 관계 형성과 유지에 관련이 있다.

(3) 대인지각의 영향력과 권위

대인지각은 사회적 상호작용과 인간관계에서 매우 중요한 역할을 한다. 이는 우리가 다른 사람들을 이해하고 평가하는 과정을 의미하며, 이러한 인식은 우리의 행동 및 태도에 큰 영향을 미친다. 특히 대인지각은 권위자와의 상호작용에서 특별한 중요성을 가진다.

권위는 사회적으로 인정받고 존중받는 지위나 권한을 의미한다. 권위자는 그들의 결정이나 지시에 대해 다른 사람들에게 영향을 미칠 수 있는 권한을 가지고 있다. 대인지각은 권위자와의 상호작용에서 중요한 역할을 하는데, 우리는 권위자에 대한 인식과 평가를 통해 그들의 지시나 의견을 받아들이거나 거부하게 된다.

대인지각은 권위자에 대한 인상과 평가를 형성하는 과정을 포함한다. 우리는 권위자의 외모, 행동, 언어, 타이틀, 지위 등을 관찰하고 해석함으로써 권위자에 대한 인식을 형성한다. 이러한 인식은 우리가 권위자의 명령에 따르거나 권위자와의 관계에서 적극적으로 참여하는 데 영향을 미친다.

대인지각은 또한 권위자와의 상호작용에서 우리의 태도와 행동에 영향을 미친다. 우리가 권위자를 존경하고 신뢰하는 경우, 그들의 지시나 의견을 더 적극적으로 받아들일 가능성이 높아진다. 반대로 우리가 권위자에 대한 의심이나 부정적인 인식을 가지는 경우, 그들의 영향력을 거부하거나 무시할 수 있다.

이러한 대인지각의 영향력은 권위자의 행동과도 상호작용한다. 권위자는 자신의 권위적인 지위를 인식하고 그에 따른 행동을 취하게 된다. 이러한 행동은 다시 우리의 대인지각에 영향을 주며, 우리의 태도와 행동을 더욱 강화하거나 변화시킬 수 있다.

요약하자면, 대인지각은 권위자와의 상호작용에서 중요한 역할을 하는데, 우리가 권위자에 대한 인식과 평가를 형성하고 그들의 지시에 따르거나 거부하는 데 영향을 미친다. 이러한 영향은 권위자의 행동과도 상호작용하며, 사회적 상호작용과 인간관계에서 권위의 확립과 유지에 중요한 역할을 한다.

4) 대인사고

대인관계 상황에서 일어나는 대인사고 과정은 매우 복잡하고 미묘하다. 우리의 마음속에서 일어나는 대인사고 과정을 좀 더 명료하게 이해하기 위해서 세 가지 과정으로 구분할 수 있다.

첫째, 의미추론과정이다. 인간은 의미를 부여하고 의미를 창조하는 존재이다. 대인관계에서도 마찬가지이다. 대인관계에서 부딪치게 되는 여러 가지 사건에 대해서 우리는 의미를 부여한다. 다른 사람이 한 말이나 행동에 대해서 우리는 그 의미를 추론하게 된다. 예를 들어, 친구가 눈을 찡긋한 것에 대해서 그 행동 자체보다는 그러한 행동을 한 친구의 의도가 무엇인지에 대해서 생각하게 된다. 오랫동안 사귀어 온 이성친구가 "나 어제 미팅에 나갔었어."라고 말했을 때, 우리는 그 친구가 그렇게 말한 속뜻에 대해서 생각하게 된다.

이렇듯 대인관계에서 타인이 보인 행동이나 상황이 의미하는 바를 생각하는 과정이 의미추론과정이다. 즉, '상대방의 저런 언행은 무슨 의미인가?', '상대방이 지금 나에게 어떤 메시지를 전달하고 있는가?', '어떤 의도로 저런 행동을 하는 것일까?'와 같은 물음에 대해서 생각하는 과정이다. 특정한 사건이 발생하게 된 원인에 대해 추론하거나 특정한 행동을 한 사람의 내면적 의도를 파악하는 일이 의미추론과정에서 이루어지는 일이다.

의미추론과정에서 도출된 내용은 사실일 수도 있고 왜곡된 것일 수도 있다. 그러나 대인관계에서 일어나는 일들은 그 사실적인 의미를 분명하게 확인할 수 있는 방법이 적다. 상대방에게 그 의도를 직접 물어본다 하더라도 상대방이 자신의 진심을 밝힌다는 보장이 없다. 이러한 점이 인간관계에서 상대방의 마음을 정확하게 읽기 어려운 이유이다. 흔히 타인의 행동에 대한 의미를 추론하는 과정에서 왜곡이나 오류가 발생하면 오해가 생기게 된다.

둘째, 과잉일반화이다. 과잉일반화(overgeneralization)는 한두 번의 사건에 근거하여 일반적인 결론을 내리고 무관한 상황에도 그 결론을 적용시키는 오류이다. 이성으로부터 한두 번의 거부를 당한 후부터 자신은 '항상', '누구에게나', '어떻게 행동하는지' 거부를 당한다고 생각하는 것이 그 예이다. 또는 타인으로부터 비난을 당하고 나서 '모든 사람은' '항상', '어떤 상황에서나' 적대적이고 공격적이라고 생각하는 경우도 이러한 오류에 해당된다.

셋째, 흑백논리적 사고이다. 흑백논리적 사고(all or nothing thinking) 또는 이분법적 사고(dichotomous thinking)는 사건의 의미를 이분법적인 범주의 둘 중 한 가지로 해석하는 오류이다. 예를 들어, 타인의 반응을 '나를 좋아하고 있는가' 아니면 '나를 싫어하고 있는가'의 둘 중 하나로 해석하며 그 중간의 의미를 인정하지 않는 경우이다. 자신의 성취에 대해서 '성공 아니면 실패'로 판정하며 대인관계에서는 '나를 받아들이는가 아니면 나를 거부하는가' 또는 '내 편인가 아니면 상대편인가'와 같이 흑백논리적으로 판단하며 회색지대를 생각하지 못한다.

벡(Beck)은 인지적 오류 10가지를 다음과 같이 주장하였다.

① 이분법적 사고(Dichotomous Thinking)

모든 경험을 한두 개의 범주로만 이해하고 중간지대가 없이 흑백논리로 현실을 파악한다(예: 완벽하지 않은 것은 곧 잘못된 것이라고 판단하는 경우).

② 극대화와 극소화(Magnification/Minimization)

어떤 사건 또는 한 개인이나 경험이 가진 특성의 한 측면을 그것이 실제로 가진 중요성과 무관하게 과대평가하거나 과소평가한다(예: 어떤 학생이 한두 번 지각했다고 해서 그 학생이 게으르다고 판단하는 경우 혹은 시험에 수석으로 합격한 사람이 단지 운이 좋아서 좋은 결과에 이르렀다고 보는 경우).

③ 과도한 일반화(Overgeneralization)

한두 가지의 고립된 사건에 근거해서 일반적인 결론을 내리고 그것을 서로 관계없는 상황에 적용한다(예: 맞선으로 처음 만난 사람에게서 좋은 인상을 받았다고 하여 그 사람의 모든 됨됨이가 올바르고 선하다고 판단하는 경우).

④ 임의적 추론(Arbitrary Inference)

어떤 결론을 지지하는 증거가 없거나 그 증거가 결론에 위배됨에도 불구하고 그와 같은 결론을 내린다(예: 자신의 메시지에 답변이 없다고 하여 상대방이 의도적으로 회피하는 것이라고 판단하는 경우).

⑤ 개인화(Personalization)

자신과 관련시킬 근거가 없는 외부사건을 자신과 연결하는 성향으로서, 실제로는 다른 것 때문에 생긴 일에 대해 자신이 원인이고 자신이 책임져야 할 것으로 받아들인다(예: 자신이 시험을 망쳤기 때문에 여자 친구와 헤어졌다고 판단하는 경우).

⑥ 선택적 추상화(Selective Abstraction)

다른 중요한 요소들은 무시한 채 사소한 부분에 초점을 맞추고, 그 부분적인 것에 근거하여 전체 경험을 이해한다(예: 필기시험에서 우수한 성적을 거두었으나 실기시험의 결과에 스스로 만족하지 못하는 사람이 전체 시험을 망쳤다고 판단하는 경우).

⑦ 파국화(Catastrophizing)

어떠한 사건에 대해 자신의 걱정을 지나치게 과장하여 항상 최악을 생각함으로써 두려움에 사로잡힌다(예: 길을 걷다가 개에 물린 사람이 이제 곧 광견병으로 목숨을 잃게 될 것이라 생각하는 경우).

⑧ 정서적 추론(Emotional Reasoning)

자신의 정서적 경험이 마치 현실과 진실을 반영하는 것인 양 간주하여 이를 토대로 그 자신이나 세계 또는 미래에 대해 그릇되게 추리한다(예: 자신이 부적절하다는 느낌을 통해 아무런 쓸모없는 사람이라고 단정하는 경우).

⑨ 긍정 격하(Disqualifying the Positive)

자신의 긍정적인 경험이나 능력을 객관적으로 평가하지 않은 채 그것을 부정적인 경험으로 전환하거나 자신의 능력을 낮추어 본다(예: 자신의 계획이 성공에 이르렀음에도 불구하고 이를 자신의 실력이 아닌 운에 의한 것으로 돌리는 경우).

⑩ 잘못된 명명(Mislabelling)

어떠한 하나의 행동이나 부분적 특성을 토대로 사람이나 사건에 대해 완전히 부정적이고 단정적으로 명명한다(예: 한 차례 지각을 한 학생에게 '지각대장'이라는 이름표를 붙이는 경우).

5) 대인감정

대인감정은 우리가 다른 사람들과 상호작용할 때 느끼는 감정과 태도를 의미한다. 이것은 우리가 다른 사람에 대한 호감, 불쾌함, 신뢰, 불신, 애정, 미움 등을 나타내는 것을 포함한다. 감정은 종종 우리가 다른 사람들과의 상호작용을 어떻게 경험하고 대응하는지에 영향을 미친다.

인간관계에서 긍정적 감정을 많이 경험하면 행복감을 느끼게 되는 반면, 부정적 감정을 자주 경험하면 불행감을 느끼게 된다. 대인감정은 타인과의 관계 속에서 경험하게 되는 다양한 정서적 체험을 의미한다. 인간이 느끼는 대부분의 정서, 즉 기쁨, 애정, 분노, 불안, 우울, 공포, 시기, 질투 등은 인간관계 속에서 체험되는 것이다. 아울러 이러한 감정은 행동적 반응을 수반한다. 즉, 인간관계 상황에서 타인에게 표출하는 행동적 반응을 대인행동이라고 한다. 우리의 인간관계는 대인감정을 느끼고 대인행동을 주고받는 과정이다.

이러한 대인감정과 대인행동을 결정하는 데 앞 절에서 설명한 대인동기, 대인신념, 대인기술, 대인지각과 대인사고가 개입한다. 그러나 이러한 과정들은 개인의 내면적 세계 속에서 작용하기 때문에 잘 의식되지 않는다. 복잡한 심리적 과정이 개입하는 인간관계에서 우리가 실제로 체험하는 것은 대인감정이며 우리가 겉으로 드러내는 것은 대인행동이다.

대인감정은 인간관계의 만족도를 결정하는 가장 중요한 심리적 요인으로서 인간관계의 발전과정에 영향을 미친다. 기쁨, 애정, 편안함 등의 긍정적인 감정을 많이 느끼게 되는 인간관계는 만족스럽게 느껴져 그 관계를 지속하거나 더욱 심화시키게 된다. 반면, 불안, 분노, 우울 등의 부정적 감정을 많이 느끼게 되는 인간관계는 불만스럽고 고통스럽게 느껴진다. 이러한 불만스러운 인간관계는 갈등해결을 위한 노력을 시도해야 하거나 아니면 종결시켜야 한다.

인간의 감정 또는 정서는 외부적 자극에 대한 반응으로 경험하게 되는 느낌을 말한다. 감정은 주로 외부적 자극에 의해 유발되지만 때로는 내부적 자극(예: 기억, 상상, 생각 등)에 의해서 유발되는 경우도 있다. 인간의 감정은 매우 다양하지만 대부분 인간관계의 맥락에서 체험되는 것이다.

감정은 크게 세 가지 요소, 즉 정서적 체험, 생리적 반응 그리고 행동준비성으로 구성된다.

감정의 첫째 요소는 유쾌함–불쾌함 또는 좋음–싫음을 포함하는 주관적인 정서적 체험이다. 이러한 감정은 개인이 추구하는 목표와 관련된 사건에 대한 평가에 의해서 유발된다. 일반적으로 목표 달성이 진전되고 있다고 평가될 때는 긍정적인 감정을 느끼는 반면, 목표달성이 방해받고 있다고 평가될 때는 부정적인 감정을 느낀다.

둘째, 감정은 생리적 반응을 수반한다. 특정한 감정은 그에 상응하는 자율신경계의 생리적 반응을 동반하게 된다. 예컨대, 불안을 느끼면 근육이 긴장되고 심장이 빨리 뛰며 소화기 활동이 위축된다.

마지막으로 감정의 핵심적 요소는 행동준비성(action readiness)이다. 특정한 감정을 느끼면 그와 연관된 특정한 행동들을 표출하게 되는 압력을 느낌으로써 그러한 행동을 할 준비를 하게 된다. 예컨대, 두려움을 느끼면 도망가는 행동을 준비하게 되는 반면, 분노를 느끼면 상대방을 공격하는 행동을 준비하게 된다. 특정한 행동과 감정의 연합은 오랜 진화 과정에서 생존과 적응을 위해 형성되어 왔다. 이러한 행동준비성은 감정을 유발한 사건에 대해서 효과적인 대처를 하도록 돕는 감정의 핵심적 기능이라고 할 수 있다.

(1) 긍정적인 대인감정과 대인행동

첫째, 기쁨이다. 이는 행복감과 환희는 인간이 느끼는 가장 대표적인 긍정적 감정이다. 행복감과 환희는 원하는 목표가 달성되었거나 달성되어 가고 있다고 생각될 때 느끼는 감정이다. 따라서 이러한 긍정적 감정은 대인관계에서 성취하고자 하는 목표에 따라 다양한 상황에서 느낄 수 있다.

둘째, 자기긍지감이다. 자기긍지감 또는 자부심은 자신이 가치 있는 존재라고 느낄 때 경험되는 긍정적 감정이다. 이 감정은 대인관계를 떠나서 자신의 성취에 대한 긍정적 평가에 의해서도 경험될 수 있다. 그러나 타인에 의한 인정과 평가가 자기평가의 중요한 근거가 되기 때문에 흔히 자기긍지감은 대인관계에서 경험되고 강화된다.

셋째, 사랑과 애정이다. 자기긍지감이 자신에 대한 긍정적 감정이라면, 사랑과 애정은 다른 사람에 대한 긍정적 감정이다. 사랑과 애정은 다른 사람에 대한 긍정적 평가에 의해 생겨난다. 이러한 감정은 그 강도나 대상 및 맥락에 따라 호감, 친밀감, 좋아함, 우정, 애정, 사랑 등의 다양한 용어로 기술된다.

넷째, 안도감이다. 안도감은 주요한 긍정적 정서체험으로 여겨지고 있다. 안도감은 고통스러운 상황이 사라졌거나 보다 나은 상태로 변화했다는 인식에 의해 생겨나는 긍정적인 감정이다.

(2) 부정적인 대인감정과 대인행동

첫째, 분노이다. 분노는 개인의 가치를 떨어뜨리는 공격적 행동에 대한 반응적 감정이다. 분노를 유발하는 공격적 행동에는 여러 가지가 있다. 개인의 신체나 소유물을 손상시키는 행동, 비난, 무시, 모욕 등과 같이 인격을 손상하는 비하적 공격행동, 개인의 목표달성을 방해하고 좌절시키는 행위이다.

둘째, 불안과 공포이다. 불안과 공포는 위험에 대한 반응적 감정을 말한다. 불안은 막연하고 모호한 위험에 대한 반응을 말하고, 공포는 구체적이고 임박한 강력한 위험에 대한 반응이다. 개인의 가치나 인격이 손상될 위험성이 높은 상황이나 호감을 얻고 싶은 평가적인 상대와의 관계에서 불안 수준이 높아진다. 불안을 느끼는 사람의 특징은 대인관계에 부정적 결과를 초래할 위험요소에 예민하거나 위험한 일이 일어날 확률을 과대평가한다. 또한 위험한 일이 일어났을 때의 부정적 결과를 과대평가하고, 부정적 결과가 일어났을 때 자신의 대처능력을 과소평가한다.

셋째, 죄책감과 수치감이다. 죄책감은 도덕적 기준에 비추어 잘못한 행동에 대한 감정 및 자신으로 인해 타인이 겪는 고통에 대한 공감적 경험을 말한다. 수치감은 이상적인 자기 모습에 비추어 잘못한 행동에 대한 감정 및 어리석은 자신의 행동에 대한 자기처벌적인 행동을 말한다. 죄책감에 대한 반응으로는 후회(자신의 행동을 뉘우침), 속죄(자신의 잘못을 인정하고 피해를 입은 사람에게 사죄), 보상행동(상대방에게 입힌 피해를 복원), 자해(상대방이 사죄와 보상을 받아들이지 않을 때의 보상행동) 등이 있다.

넷째, 슬픔이다. 슬픔은 상실에 대한 인간의 정서적 반응을 말한다. 슬픔을 겪는 상황에는 사랑하는 사람의 죽음이나 이별, 타인으로부터의 긍정적 관심이나 애정을 상실, 자신의 중요한 가치나 역할을 상실했을 때 등이 있다. 슬픔에 대한 대인행동은 애도행동(슬픈 감정의 표출, 운다, 통곡한다), 무활동(외부에 대한 욕구가 줄고 자기 속으로 침강), 상실한 사람에 대한 과거 기억을 떠올림, 다른 사람의 도움이나 정서적 지지를 구함, 슬픔을 준 사람에 대한 분노와 원망(슬픔의 강도가 클 때), 우울, 절망(슬픔이 장기간 지속될 때) 등이 있다.

다섯째, 시기와 질투이다. 시기는 내가 원하는 것을 상대방이 가지고 있을 때의 부러움, 시샘, 나보다 나은 사람에 대한 상대적인 결핍감과 실패감을 말한다. 질투는 삼각관계 속에서 느끼는 감정으로 두 사람 사이의 애정관계를 위협하는 경쟁상대에 대한 감정이다.

여섯째, 혐오감이다. 혐오감은 대인관계에서 어떤 사람에 대해서 싫고 멀리하고 싶은 감정이다. 혐오감을 느끼게 하는 사람의 유형으로는 공격적인 사람(상해를 줄 수 있는 존재에 대한 본능적 거부감), 이질적인 사람(낯설고 익숙하지 않은 상대에 대한 두려움), 심리적으로 소화하기 어려운 상대 등이 있다.

일곱째, 고독감이다. 고독감은 타인과 단절되고 고립되어 있는 상태에 대한 정서적 반응이며 매우 주관적이다. 고독감의 원인으로는 타인과의 관계에 대한 부정적인 평가(특히 타인과의 관계가 원하는바 기대에 미치지 못하여 자신이 그들과 의미 있는 관계 속에 있지 못하고 홀로 단절되어 있다는 생각에 의해 고독감이 유발됨) 등이 있다.

6) 대인행동

대인행동이란 인간관계 상황에서 타인에게 표출하는 행동적 반응을 말한다. 감정의 작동기제로는 정서적 체험으로 유쾌함-불쾌함 또는 좋음-싫음을 포함하는 주관적인 정서적 체험과 생리적 반응으로 특정한 감정은 그에 상응하는 자율신경계의 생리적 반응을 동반한다.

대인행동에서 사회행동은 다른 개인이나 집단에 일정한 영향을 미치게 되는 의식적 또는 무의식적인 행동을 가리킨다. 일반적으로 사회적 행동은 같은 종 내에서 둘 이상의 유기체 사이의 행동에서 잘 보이며, 한 구성원이 다른 구성원에게 영향을 미치는 모든 행동을 포함한다. 이는 개체들 간의 상호작용 때문이다. 사회적 행동은 상품 교환과 유사하게 보일 수 있으며, 주었을 때 이에 상응하는 동일한 것을 받을 것으로 기대한다. 이 행동은 개인의 특성과 환경적 · 상황적 요소 모두에 의해 영향을 받을 수 있다. 따라서 사회적 행동은 유기체와 환경 사이의 상호작용의 결과로 발생한다. 이것은 인간과 관련하여 사회적 행동은 그 사람의 개인적 특성과 그들이 처한 상황에 의해 결정될 수 있음을 의미한다.

대인행동에서 역할의 학습이나 커뮤니케이션은 사회적 교섭의 무대에서 상호관계가 짙게 나타나는 대인행동의 기본적 형태이다. 커뮤니케이션은 대인행동이자 사회적 태도의 상호교환을 의미한다. 이에 비해 상호성이 약하고 일방적인 심리적 결합의 형태를 갖는 대인행동도 있다. 동일화(同一化) · 공감(共感) · 모방(模倣) 등이 그것이다. 동일화는 개인이 가장 친밀한 타인의 태도나 감정을 자기 내부로 끌어들이거나 반대로 타인 내부에서 자기의 감정이나 태도와 닮은 것을 인지(認知)하는 과정을 가리킨다. 유아의 경우를 보면 욕구처리의 행동경향으로서 자기에게 가장 가까운 보호자인 모친의 일상적인 습성이나 태도를 섭취하는데 이것이 후에 인격 형성의 기초가 된다. 모자간이 꼭 같다는 이야기가 나오는 것이 이런 경우이다. 동일화의 결과가 개인의 인격의 일부로서 편입될 때는 심리결합이 상당히 영속성을 띠지만, 영화의 주인공에 대해 동일화를 일으키고 영화관을 나온 후에도 주인공의 몸짓이나 걸음걸이를 무의식 중에 몸에 붙이고 있을 때는 섭취의 성격이 일시적인 것에 불과하다. 동일화는 집단의 경우에도 있을 수 있다. 파시즘 체제하에서는 집단 구성원의 자아 수준을 누르고 지도자에 대한 동일화를 강제(强制)하는 심리적 수법을 이용해서 '저 지도자를 위해서라면 죽어도 행복하다.'라는 집단심리를 낳았다. 동일화는 프로이트의 자아이론에 나오는 것이지만 '오이디푸스 콤플렉스(Oedipus complex)'는 부자간의 심리적 갈등에 있어 자식이 부친에 대하여 품는 증오를 부친도 자식에게 느낀다고 생각하는 것은 섭취와는 반대인 투사(投射)이며 일종의 동일화이다.

투사는 자신의 감정이나 습성에 대한 불안에서 벗어나려는 무의식적인 방위 메커니즘으로서 피해망상(被害妄想)이라는 이상심리로 나타난다. 동일화의 과정에서 본인과 대상 사이에 일정한 차별의식이 작용하는 경우를 '공감(共感)'이라고 한다. 가령, 텔레비전으로 권투 시합을 보고 있다고 해 보자. 자기가 응원하는 선수가 다운되려고 할 때 팬인 시청자는 그 선수의 내부에서 일어나고 있는 심리과정과 동질의 것을 자신의 내부에서 경험하고 숨을 죽여 그 선수가 분전해 주기를 바란다. 그러나 다음 순간 형세가 일변하여 그 선수가 공격의 주도권을 잡으면 시청자는 객관적인 자세로 돌아와 '남의 일'로서 시합을 볼 수 있다. 공감의 심리과정에서 대상에 대한 인식과 이해가 보다 객관적으로 성립되어 있을 경우 대상의 심리과정과 같은 것을 경험하면서도 거기에 일정한 가치판단이 수반되어 대상에 대한 주체(主體)의 감정이 동시에 경험될 때 이것을 '동정(同情)'이라고 한다. 남의 슬픔을 나누어 가지고 우는 경우 상대의 심리과정에 접근하면서 거기에 '가엾다'는 판단에 따라 '운다'는 정동(精動)을 경험하게 되는 것이다.

모방은 타인 또는 대상을 본떠서 의식적으로 그 행동을 흉내 내는 것을 말한다. 프랑스의 사회학자 타르드(Tarde)는 모방을 사회현상의 기본원칙으로 생각하여 유행 · 전통 같은 현상을 인간 본래의 본능에 속하는 모방의 개념에 의해 설명했다. 그러나 오늘에 와서는 모방이 학습에 의해서 몸에 붙는 행동이며 일정한 정신발달의 단계를 거쳐서 비로소 시작되는 행동이라는 것이 확인되고 있다. 동일화 · 공감 · 모방은 이처럼 서로 다른 수준에서 경험되는 심리과정이지만 각각 다른 교육적인 기능을 수반한다. 존경하는 인물에의 동일화에 의하여 자아의 수준이 높아지는 경우, 사람과 사람 사이의 애정(愛情)을 잇는 공감작용, 또는 모방에 의해 예술표현의 기초를 닦는 경우 등이 그것이다. 이러한 대인행동은 사회적 인간에게 없어서는 안 될 본질적인 심리과정을 내포하고 있다.

부록-워크북 SECTION 11

인간관계와 다양한 커뮤니케이션

Section 11 학습활동

인간관계와 다양한 커뮤니케이션 (1)

(V) 토론 ( ) 퀴즈 ( ) 과제 ( ) 검사 ( ) 조사 (V) 팀티칭 (V) 활동

주제	SNS를 활용한 의사소통
학습성과	SNS를 활용한 의사소통을 점검해 본다.
진행과정	**주제:** 나의 SNS 소통 점검하기 **학습성과:** - SNS 소통 및 사회적 관계 형성에 미치는 영향 이해 - SNS의 긍정적 영향과 부정적 영향 파악 - 네티즌 윤리강령 준수 **진행과정:** 1. SNS를 통하여 주로 누구와 대화를 하는가? 2. SNS를 통하여 주로 나누는 대화 내용은? 3. SNS를 통하여 나눈 대화가 사회적 관계 형성에 어떤 영향을 미쳤는가? 4. SNS의 소통의 긍정적 영향과 부정적 영향은 무엇인가? 5. SNS 소통 시 네티즌 윤리강령을 준수한 것은 어떤 것이 있는가?
토론과정	1. 앞의 진행과정 다섯 가지에 대하여 두 명이 한 조가 되어 대화를 나누고 발표해 보자.

Section 11 학습활동

인간관계와 다양한 커뮤니케이션 (2)

(V) 토론 ( ) 퀴즈 ( ) 과제 ( ) 검사 ( ) 조사 ( ) 팀티칭 (V) 활동

주제	토론의 절차와 방법
학습성과	토론의 절차와 방법을 토론의 특성을 알 수 있다.

진행과정

좋은 토론의 완성을 위한 바람직한 자세

Step 1. 논제를 파악하라(착상)!
- 사실에 관한 논제인지, 가치판단 논제인지, 정책에 관한 논제인지, 아니면 응용 논제인지를 살펴, 주장할 바를 계획한다(입론).
- 논제의 논점을 1~5개로 범주화한다.

Step 2. 논거가 될 자료를 조사하고 적절하게 배열하라(생각 정리)!
- 논제에 근거해, 대전제-소전제-결론에 적합한 논거가 될 자료조사와 자료의 적절한 배열을 구상하며, 되도록 두괄식으로 표현하고, 전문용어는 쉽게 풀어서 설명하며, 주어진 시간을 적절히 활용해 논거가 되는 자료가 있을 경우 쉽게 풀어서 설명한다.

Step 3. 개요서를 작성하고 암기(이해)하라(표현 및 암기 단계)!
- 개요서(또는 면접 시 답변지)를 작성하고(메모), 제대로 표현될 수 있도록 암기(이해)한다.

Step 4. 자신의 입장을 당당하게 밝히라(발표)!
- 토론 시작 전 자리에 미리 앉아 자료를 준비하며, 상대방에 대한 가벼운 인사를 건네고 편안한 분위기를 조성한다(상대방의 의견에 반대할 뿐 상대방의 인격 자체를 부정하는 것은 아님에 유의).
- 시선은 상대방의 눈 밑 부분을 응시한다.
- 토론 중(분노, 흥분 등) 감정 노출 없이 편안한 표정을 짓는다.
- 불필요한 동작을 자제한다(동조나 반대 입장을 강하게 표시하는 행동 자제).
- 반대 의견의 경청이 중요하므로, 토론 중 상대방의 핵심사항을 간단하게 메모한다.

토론의 절차와 방법

구분	내용
1. 토론의 찬반 정하기	• 찬성과 반대로 나누어 자리를 이동하여 모둠을 구성하고 찬반 토론의 주장과 근거를 준비
2. 토론의 주제 선정과 규칙의 설명	• 토론의 주제 선정, 자료 준비, 발표 순서, 발표 시간, 주의사항 등 설명
3. 주장 펼치기	• 주장의 근거자료로 도표나 여론 조사 등 자료를 제시
4. 1차 협의 시간	• 각각 찬성 측과 반대 측에서 주장한 입론에 대하여 반론을 펼 준비
5. 반론하기	• 상대방이 주장한 내용에 대하여 잘못된 근거나 그에 대한 자료가 적절치 않다는 것을 밝힘
6. 2차 협의 시간	• 각각 찬성 측과 반대 측에서 주장한 내용에 대하여 팀원 전체가 협의하여 반론을 펼 준비
7. 주장 다지기	• 자기편의 주장을 요약하여 주장하고 상대편에서 제기한 반론이 잘못되었음을 지적
8. 3차 협의 시간(정리 시간)	• 반론 꺾기를 통하여 주장된 근거를 보충하거나 수정하여 의견을 정리
9. 최종 변론	• 반대 측에서 먼저 발표하고 이어서 찬성 측이 최종 변론

토론과정

1. 예시) '밸런타인데이나 화이트데이 등 기념일을 꼭 챙겨야 하는가?'에 대하여 앞에 제시한 토론의 절차와 방법에 따라 찬성과 반대로 나누어 토론해 보자.

Section 11 학습활동

인간관계와 다양한 커뮤니케이션 (3)

(V) 토론 ( ) 퀴즈 ( ) 과제 ( ) 검사 ( ) 조사 ( ) 팀티칭 (V) 활동

주제	디지털 리터러시와 의사소통
학습성과	디지털 리터러시와 의사소통의 특성을 알 수 있다.
진행과정	**주제:** 디지털 리터러시(digital literacy)와 의사소통 **학습성과:** - 디지털 리터러시를 증진시키고 의사소통 방법을 적용 **진행과정:** 1. 인터넷을 사용하면 생각을 깊게 하지 않고 기억이 흐려진다는 주장이 있다. 이에 동의한다면 그 이유는? 반대한다면 그 이유는? · 찬성(동의) 이유: · 반대 이유: 2. 인터넷을 통해 정치적 견해를 표현하는 것에 대한 본인의 생각은? 3. 디지털 리터러시를 높이고 건강하게 소통하기 위한 방법은?
토론과정	1. 앞의 진행과정에 대하여 자신의 견해를 발표해 보자.

제12장

인간관계 개선 전략

1. 인간과 인간관계

1) 인간관계의 중요성

인간관계는 인간사회 속에서 살아가는 적응의 중요한 한 측면이다. 인간은 환경과의 상호작용을 통해 적응해 가는 존재이다. 적응(adaptation)은 변화하는 주변환경 속에서 살아남기 위한 개인의 노력을 의미한다. 적응은 일반적으로 두 가지 종류의 과정, 즉 주어진 환경에 자신을 맞추는 순응과정과 자신의 욕구를 충족시키기 위해 환경을 변화시키는 동화과정으로 구성된다. 이러한 순응과정과 동화과정을 통해 개인은 생존하고 발전하며 성숙해 간다.

(1) 자기이해와 타인이해

인간은 자기중심적이고 이기적인 속성을 지니고 있다. 이런 속성을 지닌 인간 사이의 관계에서 갈등은 필연적일 수밖에 없다. 소모적이고 파괴적일 수 있는 불행한 인간관계를 극복하기 위해서는 우리의 내면에 도사리고 있는 이기적 욕망과 자기중심적 속성을 깊이 자각하는 것이 필요하다. 이러한 이기적 욕망과 자기중심적 속성을 잘 다스려 조절된 형태로 표출하는 것이 중요하다. 성숙한 인간관계를 위해서는 자기이해와 자기조절이 중요하다. 또한 그 대상이 되는 주요한 타인, 나아가서 인간 일반에 대한 깊은 이해가 필요하다. 타인은 어떤 욕구를 지니고 있으며, 어떤 생각을 하고, 어떻게 반응하며, 나의 말과 행동이 그에게 어떤 영향과 변화를 주는지 등에 대한 이해가 깊을수록 인간관계는 더 효율적이고 원활해진다. 인간관계에서는 인간 개개인의 특성 그 이상의 독특한 현상이 일어난다. 각자 개성을 지닌 사람들이 만나 상호작용하며 이루어지는 인간관계는 특정한 법칙이 작용하는 복잡한 과정으로 구성되어 있다. 이러한 인간관계의 속성과 과정에 대한 이해 역시 매우 중요하다.

상대방을 자기의 입장에서 이해하는 것뿐만 아니라, 상대방의 입장에 서서 상대방이 느끼고 생각하고 행동하는 것을 이해하고자 하는 공감적 이해가 필요하다. 영어의 '이해'라는 말은 'under-standing'이라는 의미를 갖는다. 그러므로 타인을 이해하는 것은 무엇보다도 자신을 높이지 않고 상대방을 존중하는 데서 비롯된다. 즉, 상대방의 수준으로 내가 낮아져서 상대를 지각하는 것이다. 공감적 이해는 자기중심적 경향에서 벗어남으로써 가능해진다. 친밀한 인간관계를 형성하기 위해서는 상대방의 입장이 되어 슬프거나 기쁜 감정을 나눌 수 있는 공감적 이해가 필수적인 요건이다.

(2) 진실성

상대방과의 관계에서 경험하는 자신의 감정이나 태도를 있는 그대로 솔직하게 인정하고, 경우에 따라서는 솔직하게 표현하는 태도를 말한다. 진실한 태도는 상대방과 더불어 탐색함이 없이 순수한 만남을 가능하게 하고, 상대방과의 관계를 촉진시키게 됨으로써 보다 친밀한 인간관계를 유지할 수 있다.

(3) 현실적인 욕구와 동기

성숙한 사람은 현실 상황에 맞추어 조절된 대인동기와 욕구를 지닌다. 즉, 자신의 대인동기를 과도하게 억압하거나 충동적으로 발산하는 것이 아니라 적절하게 조절할 수 있는 능력을 지니는 대인동기와 현실적 환경을 잘 조화시키는 사람이다. 성숙한 사람은 자신을 괴롭히고 타인을 해치는 파괴적인 대인동기를 절제할 줄 안다. 현실적 대인동기를 지니며 대인동기를 조절하는 능력은 자신의 내면적 욕구에 대한 깊은 자각과 이해로부터 생겨난다.

(4) 유연한 신념

성숙한 사람은 인간관계에 대해 현실적이고 유연한 신념을 지닌다. 인간관계에 대한 깊은 관심을 지니는 동시에 인간의 본성에 대한 깊은 이해를 지니고 있다. 인간은 무한히 착하고 헌신적인 측면을 지니는 동시에 무한히 사악하고 이기적인 측면을 지닌 존재라는 사실을 깊이 인식한다. 뿐만 아니라 인간관계의 다양성과 가변성에 대해 현실적인 이해를 지니고 있다. 이로 인해 성숙한 사람은 인간에 대해 비현실적이고 경직된 기대를 갖지 않으며 따라서 수용적이고 개방적인 태도를 갖는다. 따라서 성숙한 사람은 다양한 사람들과 폭넓고 깊이 있는 인간관계를 맺을 수 있게 된다.

(5) 효과적인 대인기술

성숙한 사람은 효과적이고 원활한 대인기술을 지니고 있다. 다른 사람의 마음을 잘 이해하고 자신의 마음을 잘 전할 수 있는 사람이다. 상대방의 말을 진지하게 경청할 줄 알고 또 자신의 감정과 의사를 적절하게 표현할 수 있는 효과적인 대인기술을 가진다. 뿐만 아니라 이들은 상대방의 인격과 입장을 충분히 존중하면서 동시에 자신의 목적과 소망을 실현하는 효율적인 타협과 절충의 기술을 지니고 있다. 서로의 가치와 의견이 충돌할 수 있는 인간관계의 현실 속에서 불필요한 대립과 반목을 피하고 서로의 이득을 최대화할 수 있는 공존의 인간관계를 맺는 지혜로운 대인기술을 지닌다. 이런 점에서 성숙한 사람은 진정한 의미의 효과적인 대인기술을 지닌 사람이라고 할 수 있다.

(6) 정확한 판단능력

성숙한 사람은 인간관계에서 객관적이고 정확한 지각능력과 판단능력을 지닌다. 대인지각과 대인사고 과정에서 왜곡이나 편견을 대입시키지 않는다. 성숙한 사람은 타인을 신중하게 관찰하고 타인의 의도나 감정을 정확하고 객관적으로 파악하는 능력을 지닌다. 이들은 타인의 의도나 감정을 섣불리 판단하지 않으며 왜곡하여 오해하지 않는다. 타인에 대한 오해와 왜곡은 흔히 자신의 편향된 기대와 욕구에 기인한다. 경직된 신념과 욕구를 지닌 사람은 그것을 타인에게 투사하기 때문에 현실을 객관적으로 볼 수 없게 된다.

(7) 안정적인 감정상태

성숙한 사람은 인간관계 속에서 안정된 감정상태를 유지한다. 성숙한 사람은 타인과의 관계를 조화롭게 유지하기 때문에 불필요한 부정적 대인감정을 경험하지 않는다. 인간관계에 대해서 현실적이고 유연한 대인신념을 지니고 있는 사람은 타인의 부당한 행동에 대해서 불필요한 감정적 반응을 나타내지 않는다. 그리고 효과적인 대인기술을 지니고 있어서 지혜로운 대인행동으로 잘 대처하면 타인과의 불필요한 갈등을 만들지 않는다. 설혹 갈등이 생기더라도 빠른 시일 내에 지혜롭게 해결한다. 이러한 대인행동은 상대방의 긍정적인 대인행동을 유도함으로써 서로 조화롭고 긍정적인 관계가 발전하게 되는 것이다.

2. 성숙과 인간관계

1) 성숙한 인간

과학문명은 인간이 지구상의 모든 동물을 지배하고, 우주공간으로까지 활동 범위를 확대하며, 평균 수명을 연장하였다. 이에 따라 인간은 자연을 극복할 수 있는 막강한 적응력과 기법을 터득하였다. 그러나 이와 같은 과학문명의 발달에 정비례하여 인간관계(human relationship)나 한 인간의 적응(adjustment) 문제는 이전보다 더욱 어려워졌다. 자연의 극복을 위해 발전시켜 온 과학은 인간 자체의 생존을 위협하기에 이르렀고, 추구된 생활의 편리는 인간 소외현상을 가중시켰으며, 고도로 발달된 산업화는 비인간화 · 인간의 규격화 현상을 초래하였다.

급속도로 변하는 현대사회에서 정신적으로 건강하게 삶을 영위하는 것이 어떤 것이며, 건전한 성격이 과연 어떤 것인가 하는 물음에 대한 추구가 심리학 · 교육학 · 정신의학 분야에서 커다란 문제로 대두되기 시작한 것이다.

이와 같이 건전한 성격에 대한 연구란 종전에 이루어진 정신질환의 원인 및 치료 방법에 관한 연구에서 한 걸음 더 나아가 인간이 단지 정상에만 머물러 있는 것이 아니라 인간이 성장할 수 있는 더 높은 경지에 대한 그 무엇을 규명해 내자는 것이다. 정신질환이 없다는 것은 다만 성장과 충족을 향한 첫걸음일 뿐이며, 그런 정상성(normality)을 넘어서서 보다 더 성장하고 계발할 수 있는 초월성(supernormality)을 믿고 건전한 성격에 대한 바람직한 기준을 제시하자는 것이다. 따라서 건전한 성격에 관한 이론이란 바로 인간을 바라보는 따듯한 시선에서 시작된 것이라 할 수 있다.

2) 성숙한 인간에 대한 관점

(1) 정신분석학적 관점

프로이트(Freud)는 건전한 성격을 가진 사람이란 사랑할 수 있는 능력과 생산적인 일을 할 수 있는 능력을 가진 사람이라고 정의를 내리고 있다. 그는 이런 두 가지의 능력은 성격구조의 세 영역, 즉 본능(Id) · 자아(Ego) · 초자아(Superego) 간의 조화로 이루어지는 것이라고 본다.

그에 의하면 건전한 성격을 가진 사람은 여러 욕구와 도덕 간의 갈등과 충동을 무리 없이 해결할 수 있을 만큼 자아가 충분히 기능한다. 그러므로 그들은 부당한 죄악감이나 사회적 질책에 얽매이지 않고 자기의 욕구를 적절하게 만족시키는 가운데 생산적인 일에 자기의 에너지를 활용한다. 건전한 성격을 가진 사람은 본능 · 자아 · 초자아가 알맞게 강하기 때문에 자기 자신에 있어서나 대인관계에 있어서 자유롭게 자신을 표현하며, 합리적인 태도를 나타내 보이는 사람이라고 정의를 내린다.

한편, 아들러(Adler)는 대인관계의 측면을 도입하여 건전한 성격의 징표로서 사회공동체감(Gemeinschaftsgefühl)을 들고 있다. 그에 의하면 사회공동체감이란 동료에 대한 일체감 또는 형제애 같은 것을 말하는데, 건전한 성격을 가진 사람은 타인과 비합리적으로 경쟁하지 않으며, 인간을 그 자체로서 가치 있는 존재로 본다는 것이다. 이와 같이 아들러는 건전한 성격에 관한 이론에 대인관계의 측면을 도입하여 강조하였다.

또한 랭크(Rank)는 의지와 창조성에 건전한 성격에 대한 강조점을 두어 창조적인 예술가를 건전한 성격의 모델로 제시하고 있다. 여기서 의지와 창조성이란 대중과의 차이를 주장할 수 있는 용기와 자기가 원하는 현실을 형성할 수 있는 용기를 의미한다. 따라서 그에 의하면 건전한 성격의 사람이란 타인에의 의존에서 자기를 분리시키며, 보다 더 자율적이고 창조적인 형태로서 행동을 하는 사람을 말한다.

한 개인을 개인으로만 보지 않고 타인과의 관계에서 보아야 한다고 주장하는 설리번(Sullivan)은 건전한 성격을 가진 사람은 타인에 대한 개념이 현실적이며, 과거의 그 어떤 경험에 의해서도 혼란을 받지 않는다고 한다. 그는 개인이 타인과의 관계에서 지속적인 만족과 안정을 이룰 수 있기 위해서는 타인과 자기, 그리고 그들 사이에서 이루어지는 모든 것에 대하여 확실한 이해와 사고를 가지고 있어야 가능하다고 보았다. 여기서의 만족이란 신체적 욕구의 성취를 말하며, 안정이란 타인에게서 사랑이나 지위, 또는 인정이나 존경을 얻었을 때에 나타나는 정서상태를 의미한다.

(2) 올포트의 성숙한 사람

올포트(Allport)는 건전한 성격을 가진 사람을 '성숙한 사람(the mature person)'이라고 정의 내리면서 다음과 같이 일곱 가지 측면에서 성숙의 특성을 설명하고 있다.

① 자아감의 확대(extension of the sense of self)

한 개체는 성장 · 발달함에 따라 참여하는 영역이 넓어지고 경험이 많아진다. 또한 자기영역의 경계가 점점 넓어지며 자아감 역시 확대된다. 이에 따라 오직 자신에게만 초점을 맞추었던 자아가 점차 확대됨으로써 추상적 가치와 개념을 포함하고, 타인과 외계로 초점의 범주가 넓어진다.

② 자기와 타인과의 따뜻한 관계(warm relating of self to others)

건전한 성격의 사람은 자기와 타인과의 따뜻한 상호적 관계를 맺고 있는데 올포트에 의하면 이런 관계에는 친밀감(capacity for intimacy)과 동정심(capacity for compassion)이 있다.

③ 정서적 안정성(emotional security)

건전한 성격의 사람은 정서적으로 안정되어 있다. 가장 중요한 속성이 바로 자기수용(self-acceptance)이다. 건전한 성격의 사람은 수동적으로 포기하지 않고 약점과 실패를 포함한 존재의 모든 양상을 받아들인다. 성숙한 성격은 또한 타인의 정서들을 받아들이면서 감정의 포로가 되지 아니하며, 그들을 피하지도 않는다. 정서적 안정의 또 다른 속성을 올포트는 '좌절에 대한 관용(frustration tolerance)'이라고 불렀다.

이렇듯 건전한 성격의 사람은 정서적으로 안정되어 있고, 균형이 잡혀 있기 때문에 사소한 이해관계에 고민하지 않으며, 순간적인 충동에 지나친 반응을 나타내지 않는다. 자신의 성욕을 받아들이고, 자신의 갈등이든 사회적인 갈등이든 최소한으로 줄이며, 이를 처리하는 데 최선을 다한다. 정서적 안정성을 갖는 사람은 욕구불만을 잘 참아 내며, 이 욕구불만을 충분히 이해하고, 또 이에 적응할 수 있는 준비가 되어 있다. 이들은 조용히 자기의 인생을 긍정하는 가운데, 안정되어 있는 생활을 해 나간다.

④ 현실적 자각(realistic perception)

건전한 성격의 지각과 인지는 효율적이며 정확한 것이 특징이다. 그들의 사고는 자기의 요구와 환상에 맞추어 현실을 왜곡하지 않는다. 따라서 신경증적인 사람이 때때로 그들 자신의 바람과 욕구와 두려움을 양립시키기 위해 현실을 왜곡하는 데 비해 건전한 성격의 사람은 그들의 세계를 객관적으로 본다. 성숙한 사람은 다른 사람이나 상황을 개인의 현실지각에 따라 모두가 다 악하거나 선하다고 믿을 필요가 없이 현실을 있는 그대로 받아들인다.

⑤ 기술과 과제(skills and assignments)

건전한 성격의 사람은 과업을 가지고 그것을 성공적으로 수행해 나갈 수 있는 적절한 기술과 헌신력을 가지고 있다. 건전한 성격의 사람은 일의 중요성과 그 일에 몰두해야 할 필요성을 절감하여 일의 성공을 위한 기술과 능력의 발달을 위해 노력해 나간다.

⑥ 자기 객관화(self-objectification)

건전한 성격의 사람은 자기를 객관화함으로써 자기 자신에 대한 고도의 통찰력을 가지고 있다. 따라서 타인에 대한 판단이 적절하며, 안정성을 가지고 잘 어울린다. 자기 통찰과 가장 관련 있는 것이 바로 유머 감각이다. 유머 감각은 자기가 사랑하는 것을 웃음으로 사랑하는 태세를 뜻한다. 따라서 유머 감각은 자기 객관화로 웃는 것이지만, 그 웃음은 공격적인 것이 아니라는 것에 특징이 있다.

⑦ 통정된 인생관(a unifying philosophy of life)

건전한 성격은 미래지향적이고 긴 안목의 목표와 계획에 의해 동기가 유발된다. 이러한 사람은 목적의식과 그들 삶의 초석으로서 완성해야 할 일에 대한 의무감을 가지고 있고, 이것으로 성격의 일관성을 나타낸다.

올포트는 이 일관성 있는 동기를 방향 모색(directedness)이라고 불렀는데 이것은 신경증 환자보다 건전한 성격의 경우에 더욱 명백하게 나타난다. 방향 모색은 인생의 모든 양상을 목표지향적으로 인도하고 그 사람에게 삶의 이유를 제공한다.

양심(conscience)은 생의 철학을 통정화하는 데 꼭 필요하다. 올포트는 성숙한 양심과 미성숙하거나 신경증적인 양심의 차이점을 명기하였다. 미성숙한 양심은 어린아이의 것과 같이 복종적이고 어린 시절부터 성인기까지 이어지는 구속으로 가득 차 있는데, 이것은 '의무감(ought)'보다 오히려 '필연성(must)'으로 특정지어진다. 즉, 미성숙한 사람은 "나는 반드시 이렇게 행동해야만 한다(I must behave this way)."고 말하지만 성숙한 사람은 "나는 이렇게 행동해야 된다(I ought behave this way)."라고 말한다. 성숙한 양심은 자기 자신이나 다른 사람에 대한 책임감이나 의무감으로 구성되어 있으며, 종교적이나 윤리적 가치에 바탕을 두고 있기도 하다.

결국 건전한 성격의 사람이란 타당한 인생목표와 목표에 따른 올바른 가치, 그리고 성숙한 양심, 즉 올바른 가치지향성을 가짐으로써 통일되고 잘 정돈된 철학을 가지고 있는 사람이라 할 수 있다.

(3) 프롬의 견해

신프로이트 학파로 분류되는 프롬(Fromm)은 인간의 심리적 특성을 결정짓는 요인으로 사회체제를 중시하여 사회심리학적 이론(social psychological theory)를 전개하였다. 그에 따르면, 사회의 본질이 인간의 성격을 이해하고 변화시키는 데 열쇠가 된다. 즉, 문화는 바로 그 개인이 되는 것이다. 성격이 건전한가, 건전하지 못한가는 그 문화에 달려 있으므로, 문화는 긍정적으로 인간의 성장과 발달을 촉진할 수 있는 반면 오히려 저해할 수도 있다.

이와 같이 성격을 대부분 문화의 산물로 보기 때문에 개인이 사회에 얼마나 잘 적응하는가 하는 측면에서가 아니라 사회가 모든 개인의 기본적 욕구에 얼마나 잘 적응하는가 하는 측면에서 정신건강이 정의되어야 한다고 주장한다. 즉, 심리적 건강은 개인적인 차원에서 이루어지는 것이라기보다는 사회적인 것이기 때문에 사회가 얼마나 충분하게 인간의 욕구를 만족시키는가가 중요한 기준 내지 요소가 되는 것이다.

프롬은 건전한 성격은 완전히 사랑하고 창조적이며, 이성의 힘이 매우 발달해 있고, 세계와 자기를 객관적으로 지각하며, 확고한 정체감을 소유하고 있고, 세계와 관계를 맺어 그 안에 정착하며, 운명과 자아의 주체자이며 대행자이고, 근친상간적 결합으로부터 자유롭다고 하면서 건전한 성격의 가장 으뜸가는 유형을 바로 생산적 지향(productive orientation)이라 불렀다. 그것은 인간 잠재력을 완전히 활용하고 실현함을 의미한다. 즉, 생산적 지향이란 자기의 역량을 제대로 발휘할 수 있고, 자기의 타고난 가능성을 실현할 수 있는 사람됨이며, 현실주의와 불건전성과는 대립되는 이상적인 인격형을 말한다.

프롬의 생산적 성격이란 개념 속에는 인간이 자기의 역량을 충분히 발휘할 수 있는 능력을 갖고 있다는 것과 사랑과 이성으로 세계를 받아들이고 이해한다는 것, 그리고 자기에게 부여될 가능성을 실현하는 것이란 특성을 지니고 있으며, 건강한 인간이란 개념 속에는 사랑하고 창조하는 능력과 부족과 지역사회에 의존하는 경향을 탈피하여 현실을 있는 그대로 파악하는 것, 그리고 자아정체감을 갖는 것이란 특성을 지니고 있다. 또한 평안한 상태란 개념 속에는 있는 그대로의 진실을 파악하는 것, 자기중심성을 극복하는 것, 인간이나 자연을 애정적으로 받아들이고 이들과 좋은 관계를 갖는 것, 자기의 소외와 무의미성을 극복하는 것, 그리고 충분히 다시 태어나는 것 등의 특성을 포함하고 있다.

(4) 매슬로의 자아실현을 성취한 사람

매슬로(Maslow)는 자아실현을 성취한 사람, 즉 건전한 성격을 가진 사람들의 중요한 특성에 대하여 다음과 같이 설명하였다.

① 효율적인 현실 지각(an efficient perception of reality)

성격적으로 건전한 사람은 보다 효율적으로 현실을 지각하고, 이 현실과 안정된 관계를 유지한다. 이러한 역량으로 타인을 정확하게 효율적으로 판단할 수 있으며, 또 혼돈된 현실을 명확하게 파악할 수 있고, 미지의 것을 헛되게 두려워하지도 않는다.

② 자신 · 타인, 그리고 인간본성에 대한 일반적인 수용(a general acceptance of nature, others and oneself)

건전한 성격의 사람은 자신, 타인, 자연을 있는 그대로 받아들인다. 자기성취인은 모든 수준에서 자기 자신을 수용한다. 사랑, 안전, 소속, 명예, 자존심을 중시하고 자연과 인간성에 익숙하게 어울린다. 자아를 실현할 사람은 자기의 약점과 장점을 포함한 자기 자신의 본성을 그 어떤 불평이나 걱정 없이 있는 그대로 받아들인다는 것이다.

③ 자발성 · 솔직성 · 자연성(spontaneity · simplicity · naturalness)

건전한 성격의 사람은 자발성, 솔직성, 자연성이 강하다. 중요한 일을 하는 데 방해가 되는 인습을 맹목적으로 따르지 않는다. 관례적이라기보다 자주적이고 개성적인 윤리강령을 갖고 있다.

④ 자기 외적 문제에 대한 중심적인 태도(a focus on problems outside themselves)

건전한 성격의 사람은 자의식에 구애받지 않고, 해야 할 문제에 집중할 수 있다. 자아실현을 성취한 사람은 자기 일에 대하여 책임감을 가지고 예외 없이 스스로 열중하며, 온 정력을 쏟는 사명의식이 있다. 매슬로는 이 특성을 매우 강렬하게 느꼈기 때문에 헌신감 없이는 자아실현이 불가능하다는 결론을 내렸다.

자아실현을 성취한 사람은 자기의 일을 사랑하고 그 일이 자기에게 자연스럽게 맞는다는 것을 느낀다. 이런 일에 대한 정열적인 헌신을 통하여 자아실현자는 욕구 이상의 것(meta needs)을 성취하거나 수행할 수 있다. 일에의 몰두와 그에 따른 만족의 결과 때문에 건강한 성격자들은 평범한 정신건강을 가진 사람보다 더 열심히 일한다. 그러나 그것은 물론 그들에게 싫은 일이 아니라 오히려 즐거운 일이다. 그들은 자기 일을 다른 어떤 것보다도 즐기며 더 이상의 수입이 필요 없을 때까지도 계속한다.

⑤ 사적인 생활과 독립에의 욕구(a need for privacy and independence)

건전한 성격의 사람은 고독과 사생활을 즐긴다. 우정과 가족에 대한 애착이 있기는 하지만 그렇다고 의존적인 것도 아니고, 소유욕이 심한 것도 아니며, 세속에서 의연히 초월하는 것이라고 본다.

자아실현한 사람들은 고립과 고독에 대한 강한 욕구를 가지고 있기 때문에 인간과의 접촉에서 위축되지 않는다. 그들은 자기의 만족을 위하여 타인에게 의존하지 않으므로 고고하고 말이 없으며, 행동과 감정이 매우 자아중심적(self-centered)이고 자아주도적(self-directed)이다. 이것은 그들이 스스로 결정할 수 있는 능력에 따라 스스로 결정을 내리며 자신의 동기와 원칙을 실행한다는 뜻이다.

⑥ 자율적 기능(autonomous functioning)

사생활과 독립에의 욕구와 밀접하게 관련하여 자아실현자들은 자신들의 특혜와 능력으로 사회 · 물리적 환경에 자율적으로 기능한다. 그들은 더 이상 결핍동기에 의해 동기부여가 되지 않으므로 그 만족을 위해 현실세계에 의존하지 않는다. 성장동기의 만족은 자기 내부로부터 오는 것이기 때문이다. 성장동기의 발달 여부는 자신의 잠재력과 내적 자원에 따라 좌우된다.

건전한 성격은 자아 내포적(self-contained)이고 고도의 자율성은 위기나 결핍에도 그들을 무감각하게 한다. 비건전한 성격의 사람에게는 파멸적인 것이 될 불운이, 자아실현자에게는 거의 느껴지지도 않고, 비건전한 성격의 사람이 재앙이라고 생각할 만한 상태에서도 기본적인 평온함을 유지한다. 건전한 성격의 사람은 시장의 우상에서 독립되어 있으며, 야유나 비판에 아랑곳없이 자기가 나아가야 할 방향을 지켜 나간다.

⑦ 계속적인 신선한 감상력(a continued freshness of appreciation)

건전한 성격의 사람은 지속적인 신선한 인지력으로 외계를 나날이 새롭게 받아들이며, 순수한 입장에서의 놀라움, 황홀로 인생의 기본적인 미덕을 알아차리는 역량을 갖고 있다. 자아실현자들은 기존의 경험들이 아무리 반복되어도 즐거움, 경외, 놀라움과 같은 신선한 감각으로 새롭게 경험한다.

⑧ 신비로운, 혹은 '절정'의 경험들(mystical, or 'peak' experience)

자아실현의 사람들은 때때로 종교적 경험과 비슷한 강렬하고 저항할 수 없는 황홀경과 경외를 경험하는 경우가 있다. 매슬로는 건전한 성격의 사람은 이 절정을 경험하는 동안 자아를 초월하게 되고 지배감과 자신감, 결정감 등 무엇이든 성취하거나 될 수 있을 것 같은 심오한 의식을 갖게 된다고 한다. 게다가 몰두하고 있는 그 일은 쾌감의 절정으로 확대된다는 것이다.

⑨ 사회적 흥미(social interest)

자아실현자들은 모든 인간에 대하여 강하게 이입된 감정과 애정을 느끼며 동시에 인본주의를 지지하고자 애쓴다. 그들은 한 가족 또는 인류의 구성원으로서 가족 성원 모두에게 형제애를 느낀다. 따라서 건전한 성격의 사람은 형제애 · 인류애 등 사회공동감을 가지고 있다.

⑩ 대인관계(interpersonal relations)

건전한 성격의 사람은 더욱 깊고 풍부한 대인관계를 맺고, 더욱 화합하고 사랑하며, 또 완전한 동일시까지 한다. 그러나 이러한 대인관계는 몇몇 사람에게만 계속되는 것이 특징이다.

자아실현자들이 타인에 대하여 느끼는 사랑은 결핍사랑(Deficiency love, D-사랑)에 반대되는 존재의 사랑(Being love, B-사랑)이다. 결핍사랑은 결핍욕구에 의해, 특히 소속감과 사랑의 욕구가 충분히 만족되지 못함으로써 동기화된다. 또한 필요로 하는 사랑을 잃을까 봐 매우 두려워하며 사랑하는 이에게 의존한다. 보통 수준의 정신건강을 가진 사람이라면 사랑을 박탈당했을 때, 굶주린 사람이 음식을 갈망하고 구걸하며 필요로 하듯이 사랑을 갈구한다.

B-사랑일 때 건강한 사람은 결핍 때문에 괴로워하지 않고, 사랑을 갈구하지 않으며, 오랫동안의 질투를 경험하지 않는다. 그들의 사랑은 적어도 받는 만큼 주는 것이 중요하고 자기의 성장만큼이나 다른 이들의 성장과 발달을 생각하는 이기적이지 않은 사랑이다. B-사랑에는 결핍동기와는 달리 재미 · 기쁨 · 웃음 · 행복 등이 충만하다.

⑪ 민주적인 성격구조(a democratic character structure)

건전한 성격의 사람은 계층 · 교육 · 정치신념 · 종족에 관계없이 적당한 성격을 가진 사람이면 누구하고나 함께 있을 수 있고, 우호적으로 어울릴 수 있다.

⑫ 수단과 목표 · 선과 악의 구별(discrimination between means and ends, between good and evil)

건전한 성격의 사람은 일정한 도덕률을 지니고, 늘 정당한 편에 서서 악을 행하지 않는다. 수단보다는 목표에 고착되어 있고, 수단은 이 목표에 종속되어 있다.

⑬ 적개심이 없는 유머 감각(an unhostile sense of humor)

건전한 성격의 사람은 적대적인 유머, 우월감을 느끼려는 유머를 멀리한다. 이들의 유머는 분명히 철학에 연관된 면이 있고, 또 누구도 해치지 않는 비공격적인 것이 특징이다.

건전하지 못한 사람은 타인에게 상처를 입히는 적의에 찬 유머(hostile humor), 타인이나 타 집단의 열등감에 편승하는 우월감 섞인 유머(superiority humor), 그리고 오이디푸스적 상황이나 음탕함에 관련된 권위배반적인 유머(authority-rebellion humor)라는 세 종류의 유머를 즐긴다.

그러나 자아실현자가 보여 주는 유머는 인간성 전체에 대하여 조소하기는 하지만 특정한 개인을 지칭하지 않는 철학적인 것이다. 이들의 유머에는 웃기려고 하는 뜻이 있지만 대개는 교훈이 담겨 있다. 이들의 유머는 폭소를 자아내는 것이라기보다는 이해함으로써 미소 짓고 수긍을 하게 만드는, 깊은 생각이 담긴 그런 종류의 유머이다.

⑭ 창의력(creativeness)

건전한 성격의 사람은 특유한 창의력을 발휘한다. 이들의 창의성은 어리광이 아닌 어린이의 순진하고 보편적인 창의성과 같으며, 또 신선하고 순수하며 인생을 있는 그대로 바라보는 진실성을 갖고 있다.

⑮ 문화적 동화에의 저항(resistance to enculturation)

건전한 성격을 가진 사람은 문화의 모순이나 사회의 부당성에 대하여 비판적인 태도를 가지고 있다. 자아실현자는 자아충족적이고 자율적이므로 어떤 하나의 방식으로 생각할 것을 기대하는 사회적 강압에 잘 저항한다. 타의에 의해서라기보다는 스스로가 방향을 정하고 문화로부터 내적으로 이탈하여 초연함을 유지한다. 그렇다고 공공연히 문화에 반항하는 것은 아니다. 독립심을 보여 주느라고 고의로 사회의 규칙을 위반하지는 않는다. 개인적으로 대단히 중요한 문제에 대해서만(대개 도덕적, 윤리적 문제) 사회규칙이나 규범에 도전한다.

(5) 로저스의 완전한 기능의 인간

로저스(Rogers)는 성격을 변화시키기 위해 도움이 필요한, 심리적으로 부적응 상태에 있는 환자를 상대로 연구했다. 그는 그의 임상사례를 토대로 인간중심 요법(person-centered therapy)을 주장하였다. 그의 이론은 인간으로의 가치나 존엄성에 대한 환자의 믿음, 즉 모든 인간은 스스로 성장할 잠재적인 능력을 갖추고 있다고 보는 기본적인 관점에서 시작된다. 따라서 인간중심 치료에서 상담자의 역할은 내담자가 자신의 문제해결 능력을 스스로 되찾고 인간적인 성숙을 할 수 있도록 도와주는 것이다. 이 이론을 몇 년 전까지는 '내담자 중심치료(client-centered therapy)'라고 불렀다.

그에 의하면 건전한 성격이 형성되기 위한 첫째 조건은 유아기의 무조건적인 긍정적 존중(unconditional positive regard)이다. 무조건적인 긍정적 존중을 받으며 성장한 어린이는 가치조건이 발달하지 않을 것이며, 가치감에 조건이 없는 한 건전한 성격형성에 방해가 되는 방어적 행동을 할 필요가 없기 때문이다. 따라서 무조건적인 긍정적 존중 속에 성장한 사람은 모든 경험에 대하여 개방적이며, 자아 표현이 자유롭다. 또한 이 사람은 자아실현의 과정이 전적으로 자유롭게 진행이 되며, 로저스가 제시하고 있는 건전한 성격의 모형인 '완전한 기능의 인간(the fully functioning person)'이란 궁극적인 목표를 향해 계속 전진하게 된다.

로저스는 건전한 성격의 사람, 즉 완전한 기능의 인간이 나타내 보이는 특징을 다음의 다섯 가지로 표현하고 있다.

① 경험에의 개방성(an openness to experience)

완전한 기능의 인간은 가치조건에 아무런 제재를 가하지 않기 때문에 긍정적이든 부정적이든 감정과 태도를 경험하는 데 자유롭다. 왜냐하면 완전한 기능의 인간은 주위로부터 심리적으로 위협받는 것이 없으므로 방어해야 할 것이 없기 때문이다. 이러한 사람은 자기 본성에 대해 모두 알고 있고 성격의 어떤 부분도 차단하지 않는다. 성격은 삶이 제공하는 경험을 수용하는 데뿐만 아니라 지각과 경험의 새로운 길을 열기 위해 활용하는 데도 융통성이 있다. 이와 대조적으로 방어적인 사람의 성격은 조건부적인 가치감 아래서 작용하기 때문에 정체되어 있고 역할 뒤로 숨어 어떤 경험을 소화하거나 인정조차도 할 수 없다.

② 실존적 삶(existential living)

충분히 기능을 발휘하는 사람은 실존의 어느 순간에나 완전히 존재한다. 각 경험은 이전에는 똑같은 방식으로는 존재하지 못한 것이므로 신선하고 새로운 것으로 지각된다. 그 결과 모든 경험이 펼쳐질 때마다 완전한 기능의 사람은 흥분감(excitement)을 느낀다.

건강한 사람은 개방적이므로 자아나 성격이 모든 경험에 끊임없이 영향을 받거나 새롭게 되는 반면, 방어적인 사람은 자아와 일치시키기 위해 새로운 경험을 왜곡하며, 모든 경험이 들어맞을 자아구조(self-structure)에 선입관을 갖는다. 충분히 기능을 발휘하는 사람은 자아에 선입관이나 완고함이 없어 경험을 통제하고 조절할 필요가 없으며 자유롭게 자신에 참여한다. 충분히 기능을 발휘하는 사람은 자아구조가 새로운 경험에 항상 개방되어 있으므로 적응력이 있다. 순간에 일어나는 모든 일에 개방되어 있기 때문에 후에 올 경험에 반응할 수 있도록 쉽게 변화하는 구조를 가지고 있다. 로저스는 '실존적 삶'을 건전한 성격의 요체로 보았다.

③ 자신의 유기체에 대한 신념(a trust in one's own organism)

건전한 성격을 가진 사람은 유기체로 하여금 하나하나의 상황을 고려하게 하여 균형을 이루게 하고, 상황의 전체에 가장 적합한 결정을 내린다. 즉, 자기가 옳다고 느끼는 방식으로 행동하는 것이 행동의 과정을 결정하는 데 가장 신뢰할 만한 지침이 된다.

로저스는 건강한 성격을 관련된 모든 자료가 짜여 있는, 즉 어떤 문제에 대한 행동과정을 결정하는 전자계산기에 비유했다. 이성적이거나 지적인 근거에 의해서만 움직이는 사람은 결정에 이르는 과정에서 정서적인 요소를 무시하기 때문에 어떤 의미에서 불합리한 입장에 있다. 유기체의 모든 면, 즉 지적 능력뿐 아니라 의식 · 무의식 · 정서까지도 분석해야 한다. 결정에 이르는 데 사용한 자료가 왜곡되지 않고 정확하고, 성격 전체가 결정과정에 참여하고 있기 때문에 건강한 사람은 자신을 신뢰하듯, 자기들의 결정도 전적으로 신뢰한다.

한편, 방어적인 사람은 자기행동을 지시하는 금지사항들에 의하여 결정을 내린다. 예를 들어, 그들은 예절을 지키지 않는다고 생각하거나 어리석게 보일까 봐 두려워하는 과정을 통해 행동을 통제한다.

④ 자유감(a sense of freedom)

건전한 성격의 사람은 억제나 금지 없이 생각과 행동과정의 대안들을 자유롭게 선택한다. 뿐만 아니라 충분히 기능을 발휘하는 사람은 삶에 대한 개인적인 지배감 때문에 많은 선택권을 가지며 원하는 것은 모두 해낼 수 있음을 느낀다. 즉, 완전한 기능의 인간은 삶에 대한 개인적인 지배감을 즐기며, 일시적 생각이나 주변 환경, 과거의 사건에 의해 미래가 정해지는 것이 아니라 바로 자기 자신에 의해 좌우됨을 확신하기 때문에 선택이나 행동에 자유로움을 경험한다.

⑤ 창의성(creativity)

충분히 기능을 발휘하는 사람은 고도로 창조적이다. 모든 경험에 대해 개방하고, 자신의 유기체성을 신뢰하며, 결정이나 행동에 융통성이 있는 사람은 자기 실존의 모든 영역에서 독창적 사고력과 창조적 삶으로 스스로를 표현한다. 그들은 자기 행동에 자발적이며 자기를 둘러싼 풍요로운 삶의 작용에 대응하여 변화하고 성장하고 발달한다.

방어적인 사람은 자유로운 감정이 결핍되어 있어 많은 경험을 차단하고 이미 결정한 지침에 따라 살아가므로 창의적이지도 자발적이지도 못하다. 또한 새로운 도전이나 자극과 흥분을 구하기보다는 삶을 안전하고 예측할 수 있는 쪽으로 이끌어 가려 하며 긴장감을 최소로 줄이고자 한다. 결국 건전한 성격과 건전하지 못한 성격의 차이는 자기 실존의 모든 영역에서 독창적인 사고력과 창조적인 삶으로 스스로를 표현하느냐 못하느냐에 달려 있다고 하겠다.

이상에서 '자기'가 되고(to be 'me') '현재'(to be 'now') 하라고 주장하는 로저스의 건전한 성격에 대한 견해를 살펴보았다. 로저스의 이론에서 결론지을 수 있는 것은 건전한 성격의 사람이란 바로 '완전한 기능의 인간'인데 그 과정은 어렵고 때로는 고통스럽기도 하다는 것과, 진정한 자기 자신이 되어 나가는 하나의 상태가 아닌 과정이라는 것이다. 또한 로저스의 이론에서 건전한 성격의 특성이 바로 경험에의 개방성, 실존적 삶, 자신의 유기체에 대한 신념, 자유감, 창의성에 있음을 알 수가 있다.

(6) 프랭클의 자아를 초월한 사람

실존분석적 치료는 실존주의(existentialism) 철학의 영향을 받은 정신치료 이론이다. 이 이론은 종래의 증상(symptom)을 위주로 하는 여러 요법과는 달리 고민하는 인간 존재의 참뜻을 파고들어가는 실존적인 입장을 기저로 하고 있다. 실존적인 입장이란 한 개체의 내면적인 주체성에서 진리를 찾으려는 것으로 거짓 없는 자기의 내면생활인 자기주체에 충실함으로써 어떤 고난이나 불안도 회피하지 않고 자기의 책임 아래 감당하여 나가는 것을 말한다.

신경학자이며 정신과 의사인 프랭클(Frankl)은 의미치료법(logotherapy)을 창시하였다. 의미치료란 삶의 의미를 찾기 위한 독특한 치료기법으로서 실존의 의미와 의미를 찾고자 하는 인간의 욕구를 다루고 있다. 따라서 의미치료란 의미가 결여된 채 세상을 살아가는 사람을 다루는 심리치료 방법이다.

프랭클은 정신분석학의 접근방법이 인간의 정신적 현실성을 소홀히 취급하고 있음을 지적하면서 심리적인 단계로부터 정신적인 단계로 탈바꿈해야 한다고 주장하였다. 그는 정신분석학에서는 인간 고유의 의무성 · 가치성 · 책임성을 찾아볼 수 없다고 주장하면서 개인의 근원적인 동기를 제한함으로써 적응할 수 있다는, 즉 무의식적인 것의 의식화 요법을 배격하고 정신적인 것의 이식화 요법을 내세우고 있다. 프랭클은 모든 인간이 자기 존재의 의미를 경험하고, 자기 존재에 대한 결정을 내리며, 자기의 능력에 따라 행동해 나가는 과정을 통해 건전한 성격의 사람, 즉 자아초월의 사람(the self-transcendence)이 된다고 본 것이다.

프랭클의 이론에서 제시되고 있는 건전한 성격의 특징은 대개 다음의 10가지로 요약된다.

① 자기의 행동과정을 자유롭게 선택한다.
② 자기 삶에 있어서의 모든 행위와 운명을 보는 태도에 개인적인 책임의식이 있다.
③ 외부의 힘에 제한받지 않는다.
④ 자기에게 적합한 삶의 의미를 갖고 있다.
⑤ 자기 생활에 의식적인 통제력이 있다.
⑥ 창조적 · 경험적 · 태도적 가치를 표현할 수 있다.
⑦ 자신의 내부로 향하는 관심을 초월한다.
⑧ 미래의 목표와 임무를 추구하는 등 미래지향적이다.
⑨ 창조적 가치를 통해서 일에 열중한다.
⑩ 인간의 궁극적 목표인 사랑을 주고받을 수 있다.

이상 살펴본 여러 이론을 통해 유출할 수 있는 건전한 성격의 특성은 다음과 같다. 첫째, 건전한 성격은 모든 인간은 정상을 초월할 수 있는 성장가능성, 인간의 초월성에 대한 확고한 신념이 있으며, 건전한 성격을 하나의 상태가 아닌 하나의 과정(process)으로 본다. 둘째, 건전한 성격은 자기의 인생을 의식적으로 통제할 수 있는 능력을 가진다. 셋째, 건전한 성격은 자기 자신에 대하여 올바른 지각을 한다. 넷째, 건전한 성격은 과거에 지배되지 않고 현재에 정착한다. 다섯째, 건전한 성격은 미래에 대한 확고한 목표와 사명에 대한 지향성을 가지고 있다. 여섯째, 건전한 성격은 다양한 자극과 감각과의 접촉을 통해 자기의 긴장을 증가시킨다. 일곱째, 건전한 성격은 대인관계를 보다 부드럽고 따뜻하게 맺어 나간다.

3. 건강한 삶과 인간관계

우선, 건강한 인간관계에 대하여 살펴보기로 한다. 우리는 살아가면서 인간관계를 따로 떼어 놓고 삶을 이야기할 수 없다. 인간이 건강하고 행복한 삶을 살아가기 위해서는 우리의 인간관계에서도 건강하고 행복함을 느껴야 한다. 우리는 각자의 생각과 감정이 다름을 이해하고 서로를 존중하는 마음으로 인간관계를 맺어 간다면 건강한 인간관계의 삶을 경험하게 될 것이다.

건강한 인간관계의 특성은 다음과 같다.

첫째, 건강한 인간관계의 사람은 인간관계에 대한 현실적인 욕구와 동기가 있다. 현실적인 동기란 현실 상황에 맞추어 조절된 욕구를 의미하는데 이러한 현실적인 욕구와 동기를 가지기 위해서는 먼저 조절 능력이 필요하다. 건강한 인간관계를 위해서는 억압과 표현을 적절하게 조절하는 능력이 필요하다.

둘째, 건강한 인간관계의 사람은 인간관계에 대한 현실적이고 유연한 신념이 요구된다. 성숙한 사람은 인간관에 대한 깊은 관심을 지닐 뿐만 아니라 인간의 본성에 대한 깊은 이해를 지닌다. 건강한 인간관계의 사람은 상대방에 대해 막연한 기대나 자신이 필요한 방향으로 인식하고 받아들이지 않고 건강한 사고방식을 통하여 현실적인 신념을 가지고 있다.

셋째, 건강한 인간관계의 사람은 인간관계에 대한 효과적이고 원활한 대인관계 기술을 가지고 있다. 성숙한 사람은 상대방의 말을 진지하게 경청할 줄 알고, 또 자신의 감정과 의사를 적절하게 표현할 수 있는 효과적인 대인기술을 가지고 있다.

넷째, 건강한 인간관의 사람은 인간관계에 대한 객관적이고 정확한 지각능력과 판단능력이 있다. 성숙한 사람은 인간관계에서 왜곡이나 편견을 개입시키지 않고 타인을 신중하게 관찰하고 타인의 의도나 감정을 객관적으로 정확하게 파악한다.

다섯째, 건강한 인간관계의 사람은 인간관계 속에서 안정된 감정상태를 유지한다. 성숙한 사람은 타인과의 관계를 조화롭게 유지하기 때문에 불필요한 부정적인 관계에서의 감정에 크게 동요하지 않는다. 즉, 안정된 감정상태를 유지하고 스트레스를 받지 않으며 적절한 관리를 통하여 건강한 인간관계를 유지한다.

다음으로 인간이 살아가면서 잘 적응하고 행복한 삶을 살아가기 위해서는 삶의 단계에 맞는 인간관계를 이루어야 하는데, 이러한 건강한 인간관계를 이루지 못하게 되면 어떠한 영향을 미치는지에 대하여 살펴보기로 한다. 발달과정에서 인간관계는 매우 중요한 핵심이 된다. 우리는 인간관계를 통하여 자신의 능력을 측정하고 현실을 확인할 기회를 갖는데, 만약 각 발달단계의 시기에 형성해야 할 인간관계를 이루지 못하면, 그 시기는 물론 다음 시기의 행동발달과 적응에 지장을 초래한다. 그 결과 자신감이 없어지고 자신의 문제나 어려움을 외면하기 쉬운 상황이 되며, 이는 우리의 삶에 지속적인 영향을 미치게 된다.

따라서 적절한 인간관계를 하기 위해서는 성장시기에 따라 의존적이고 공생적이었던 관계를 점차 분리시키고, 독립적이고 자율적인 인간으로 성장하게 해야 한다. 이러한 관계에서 경험이 성격형성에 많은 영향을 미치게 된다.

4. 의사소통과 인간관계 개선 전략

우리는 누구나 다른 사람들과 인간관계를 맺으며 살아가고, 모든 인간관계를 형성하고 유지하는 데에는 의사소통의 과정이 반드시 필요하다. 그뿐만 아니라 우리는 의사소통을 통하여 자기 자신을 더 잘 이해할 수 있게 된다.

1) 의사소통의 의미

우리는 살아가면서 다른 사람과 서로의 생각과 느낌을 나누고, 감정이나 의견을 교환하는 상호작용을 하는데, 이를 의사소통이라고 한다. 의사소통을 통하여 상대방을 더 잘 이해하고, 서로의 욕구를 충족시킬 수 있다. 가족 구성원은 가장 가까운 사이로서 의사소통을 통하여 서로의 생각과 감정을 주고받으며, 가족 내 일상생활에 관한 문제를 해결한다. 따라서 가족과의 협동이 가능하고, 긴장을 풀어 주어 가족관계를 좀 더 친밀하게 유지할 수 있다. 의사소통은 말이나 글을 통한 언어적 요소는 물론 몸짓이나 자세, 얼굴표정, 눈맞춤, 목소리, 억양 등과 같은 비언어적 요소를 통해서도 이루어진다.

일반적으로 의사소통을 구성하는 기본 요소는 송신자(말하는 사람), 수신자(듣는 사람), 정보, 반응이다. 의사소통은 일방적인 것이 아니므로 서로의 정서적 감정 교류를 통하여 안정을 얻고, 불만과 갈등을 해결해 나간다. 가족은 규모가 작고 같이 있는 시간이 길며, 편안한 마음으로 대하기 때문에 오히려 상처를 줄 수 있는 상황으로 진행되기 쉽다. 그러므로 효과적으로 의사소통을 하기 위해서는 바른 의사소통 방법을 익혀야 한다.

가족 의사소통 분야에서 주로 연구되어 온 가족 의사소통 구조의 유형화는, 크게 두 가지로 나뉜다. 하나는 횡적 결혼관계인 부부관계의 의사소통을 중심으로 나누는 것이고, 다른 하나는 종적으로 부모와 자녀관계의 의사소통을 강조하는 것이다. 이 두 관계는 다른 구조를 가지지만 서로 무관하지는 않다. 부부간의 의사소통과 부모-자녀 간의 의사소통은 서로에게 영향을 주고, 빈번히 동시에 일어나기도 한다. 가족 내의 의사소통 중, 부모와 자녀 간의 의사소통을 살펴보면, '부모와 자녀의 상호작용에서 감정, 느낌, 생각, 태도 등의 메시지를 전달하는 과정으로 상호 간의 공통이해를 도모하는 상호반향적 과정(이재연 외 역, 1990; Galvin & Brommel 1986)'이라고 정의할 수 있다.

많은 연구자는 그들이 흥미를 가졌던 의사소통의 다양한 측면을 측정하기 위한 척도를 개발하였다(Barnes & Olson, 1982; Bienvenu, 1970). 이 중에 의사소통의 중요한 진단적 기능과 가족 의사소통의 유형에 주목해야 함을 강조한 반즈와 올슨(Barnes & Olson, 1982)은 부모-자녀 간 의사소통 유형에 관한 척도인 PACI(Parent-Adolescent Communication Inventory)를 제작하였다. 이 척도는 기능적 의사소통(개방형 의사소통)과 역기능적 의사소통(문제형 의사소통)으로 구분된다. 기능적 의사소통이란 자녀가 부모와의 상호작용에 있어서 억압받지 않고 자유롭게, 사실 또는 감정을 표현하는 긍정적인 의사소통 유형을 말한다. 역기능적 의사소통은 청소년기 자녀가 부모와의 의사소통에서 의사교환 및 주제 선택에 조심하고, 주저하거나 회피하며, 부모로부터 애정적 표현보다는 비난적인 표현을 더 많이 경험하여, 의사소통이 원만하게 잘 이루어지지 않는 유형이다. 반즈와 올슨(Barnes & Olson, 1982)은 부모-자녀 간의 의사소통에서 억압받지 않고 자유롭게 감정을 표현할 수 있는 기능적인(개방적인) 의사소통의 중요성을 강조하였다.

(1) 호킨스의 분류

호킨스(Hawkins)는 의사소통의 유형을 언어화 정도와 감정 노출 정도의 두 가지 차원에서 유형화하였다. 부부간 의사소통 유형을 감정 노출의 정도와 사실에 대한 언어화 정도에 따라 차단형, 분석형, 억제형, 친숙형으로 구분한다.

첫째, 차단형은 문제를 숨기거나 피하여 명백하게 언어로 표현하지 않고 감정 노출이 적어서 정서표현이 거의 이루어지지 않으며, 가벼운 농담이나 날씨에 관한 이야기 등 자신의 개인적인 문제와 상관없는 내용으로 상대방과 관계를 유지하려 한다. 둘째, 분석형은 언어 표현을 많이 하되 자신의 감정 노출보다는 주로 사실에 대한 분석적인 지적이나 문제의 다양한 측면을 탐색해 제시한다. 셋째, 억제형은 감정적 노출이 잘 일어나 화가 나 있거나 감정적으로 격앙된 상태임을 쉽게 알 수 있으나 명확한 언어로 표현하지 않는다. 넷째, 친숙형은 정서적인 노출이 잘 이루어지며 직접적인 언어로 잘 표현한다.

(2) 사티어

사티어(Satir)는 일반적인 의사소통 유형을 회유형, 비난형, 타산형으로 구분한다. 의사소통 중에서도 가족체계 내에서 자신과 다른 사람에 대해서 어떻게 느끼느냐 하는 감정과 정서에 관심을 가졌다. 의사소통 유형을 자기존중감이란 기준으로 분류하고, 역기능적 의사소통을 기능적인 것으로 변화시키는 논의를 하였다. 자부심이 결여된 사람이 불안, 자기 불확실감을 가지고 있어서 다른 사람으로부터 거부되는 것이 두려워 솔직, 단순한 의사소통을 하지 못하고 무조건 긍정하거나, 비난하거나, 극히 사무적인 대화를 하거나 혼란스러운 대화를 하는 것이라고 보았다. 사티어의 의사소통 유형에 따라 나타나는 역기능적 가족의 의사소통에 대한 특성을 보면 다음과 같다.

첫째, 회유형(placating)이다. 이는 무조건 상대방의 의견에 동의하고 상대방이 원하는 대로 행동하고 모든 것을 자신의 책임으로 돌리고 자기 자신의 욕구를 숨기고 상대방에게 죄의식을 갖게 함으로써 상대방으로부터 거부되는 것을 방어하는 의사소통 유형이다.

둘째, 비난형(blaming)이다. 이는 무조건 동의하지 않으려 하고 자기주장이 강하고 지배적이며 남의 잘못을 찾는 탐지자이면서 항상 우월하게 타인을 통제하지만, 내적인 감정은 외롭고 실패감으로 꽉 차 있고, 타인을 향한 자신의 욕구를 숨기고 타인에게 공포를 유발하게 함으로써 스스로 강한 자로 군림하고 싶어 하는 것을 반영하는 유형이다. 이런 유형은 항상 상대방의 결점을 발견하며, 독재적이고 목소리는 딱딱하고 긴장되어 있으며 소리를 크게 지르기도 한다. 이런 유형의 경우 상대방의 의견을 경청하거나 적절하게 행동할 수 있는 지식, 기술, 능력이 매우 부족하다.

셋째, 타산형(computing)이다. 이러한 의사소통 유형은 매우 정확하고 완벽을 추구하며 냉정하고 침착하게 의사소통하고 결코 심정을 내보이는 일이 없어서 사전이나 계산기에 비유될 정도이다. 그러나 내면적으로는 상처받고 있고, 스스로 타인을 위한 정서적 욕구를 숨기고 타인에게 질투를 느끼게 함으로써 자신의 가치를 높이려 하는 것을 반영한다. 어떤 감정도 드러내는 법이 없이 매우 정확하고 차가우며 이성적인 말투를 사용한다.

2) 효과적인 의사소통 방법

(1) 말을 잘하는 방법

첫째, 다른 사람의 이야기 도중에 끼어들지 않는다. 상대방의 이야기는 끝까지 경청한다.

둘째, 말하기 전에 먼저 생각한다. 해도 되는 이야기인지, 어떻게 말해야 할지 등을 미리 생각하고 신중하게 말한다.

셋째, 당황해서 서둘러 대답하지 않는다. 사전에 충분히 준비해서 질문에 대비한다. 충분한 검토 없이 서둘러 대답해서 실언이 되지 않도록 한다.

넷째, 질문과 대답을 간결하게 한다. 말하고자 하는 요지를 간략하게 말한다. 장황하게 말해서 전달하려는 내용을 파악할 수 없는 경우가 되지 않도록 유의한다.

다섯째, 처음 할 이야기와 나중에 할 이야기를 구별해서 한다. 이야기에도 흐름이 있어 어떤 이야기를 먼저 하느냐에 따라 듣는 사람의 이해 정도가 달라진다. 어떤 순서로 이야기를 풀어 가는 것이 좋은지 사전에 충분히 검토한다.

여섯째, 잘 알지 못하고 말했거나 잘못 말한 것은 솔직하게 인정한다. 자신의 잘못을 인정하지 않은 상태에서는 이야기가 겉돌고 자칫 말다툼으로 번지기 쉽다.

일곱째, 본인이 없는 자리에서 다른 사람의 이야기를 하지 않는다. 자리에 없는 사람의 험담을 하는 사람은 다른 자리에서 나의 험담을 할지도 모르는 사람이다. 자신의 인격을 의심받게 하는 행동이다.

여덟째, 긍정화법으로 이야기한다. '나쁘다'보다는 '좋지 않다', '안 된다'보다는 '노력해 보겠다' 같이 가능한 긍정적인 방향의 단어를 쓰는 것이 좋다.

아홉째, 상대방을 품어 주고 살리는 말을 한다. 흉을 보거나 꾸짖는 말보다는 칭찬하고 격려하는 말을 많이 하는 것이 좋다.

열째, 연장자에게 먼저 발언권을 준다. 연장자나 높은 직급의 사람에게 먼저 발언할 수 있는 기회를 주는 것이 좋다.

(2) 효과적인 의사소통 방법

첫째, 상대방의 수준에 맞춘 대화를 한다. 세계 어느 지역에서든 커뮤니케이션 능력이 뛰어난 사람들은 주로 쉬운 단어를 사용한다. 함축적이고 학문적인 단어 사용을 자제하고 듣는 사람이 이해하기 쉽도록 생동감 있게 강조점을 부각하며 비유를 많이 사용하기도 한다. 분위기를 가볍게 만들 수 있는 유머를 사이사이 활용하는 것도 좋다.

둘째, 교대로 대화를 하며 주의 깊게 듣는다. 대화란 혼자 하는 것이 아닌 양방향 채널이어서 일방적으로 말하기보다는 문장 끝이나 자연스럽게 말을 중단하여 상대방이 말할 수 있도록 교대로 대화가 되도록 한다. 또한 말을 하는 상대방의 눈을 부드럽게 쳐다보며 집중하여 경청한다. 주의 깊게 듣지 않으면 듣는 사람이 멋대로 판단해 듣게 되어 오해가 생길 수 있다.

셋째, 상대방을 이해하기 위한 관점과 감정에 집중한다. 상대방 입장에서 생각하며 듣다 보면 상대방의 의도를 이해할 수 있다. 주로 공감하는 대화가 이런 방법인데 공감하지 못하면 대화가 기름과 물과 같이 섞이지 못해 겉돌게 된다.

넷째, 관심을 기울이며 비언어적 표현도 함께 사용한다. 코나 가슴, 눈 등을 자연스럽게 번갈아 가며 시선 처리를 하는 것은 잘 듣고 있음을 보여 주는 비언어적 표현의 대표적인 예이다. 대화에서 언어로 인해 전달되는 메시지는 30%에 불과하다. 나머지는 제스처와 얼굴표정, 음성 강약과 변화 등에 의해 전달된다.

(3) 의사소통 향상 방법

첫째, 요약하고 질문하라. 요약하고 질문하는 것은 효과적인 의사소통에서 매우 중요한 요소들이다. 겉으로는 그래 보이지 않겠지만, 이러한 대화법은 대화를 흥미롭게 만들어 준다. 상대방은 자신의 말이 귀담아듣는 것을 느끼고, 공감받는다는 기분을 받기 때문이다. 또한 요약하는 것은 대화가 진행되는 동안 잘 이해하지 못하는 부분들을 말끔히 정리해 준다. 이는 물론 적절한 순간에 사용되어야 한다. 만약 타이밍이 어긋난다면 오히려 의사소통을 방해할 수 있다. 상대방은 우리가 그 사람을 무시한다는 기분이 들 수 있기 때문이다.

둘째, 칭찬을 아끼지 말라. 칭찬은 상대방의 말에 힘을 준다. "나는 네 의견에 동의해.", "난 너와 함께 있는 것이 좋아."와 같은 긍정적인 반응을 보여 주는 말은 대화에 있어서 매우 유용하다. 혹은 "훌륭해.", "좋아."와 같은 말을 사용해도 좋다.

셋째, 공감 표시를 하라. 모든 사람이 공감 능력을 갖추고 있는 것은 아니다. 다른 사람의 입장에 설 수 있다는 것은 의사소통의 유창성을 현저하게 향상한다. 그것은 이해와 신뢰의 분위기를 조성하는 정서적 공감대인 긍정적인 관계를 확립한다. 게다가 우리가 친근하고 경청하는 사람이라는 이미지를 가질 수 있도록 도와준다. 둘 사이에 효율적인 소통을 구축하기도 한다.

넷째, 맥락에 적응하라. 우리가 전후 사정을 고려하지 않는다면 좋은 의사소통 방식이 망가질 수 있다. 환경, 주변 사람들의 수 또는 우리가 논의할 주제는 매우 중요하다. 우리는 상대방과 논쟁하거나 그 사람을 질책하는 일을 방지해야 한다. 오히려 그들의 업적을 칭찬하는 것이 더 낫다. 소음, 장소, 순간은 최대한 적절히 활용되어야 한다. 만약 상황이 여의치 않다면, 대화를 미루는 것도 하나의 방법이다.

다섯째, 상대방의 의견을 존중하라. 다른 사람들의 의견을 존중하는 것은 필수적이다. 다른 사람의 믿음을 모욕하고, 신용을 떨어뜨리고, 과소평가하는 것은 성숙함의 부족을 보여 준다. 우리는 삶 내내 우리와 매우 다르게 생각하는 많은 사람을 만날 것이다. 또, 그들과 함께 토론할 기회도 많이 주어진다. 하나의 이슈에 대해 다양한 관점이 있을 수 있다는 것을 인정해야 한다. 그들의 생각과 논쟁을 들은 후에, 우리는 계속해서 같은 생각을 할 수도 있지만, 우리가 우리의 편견 중 일부에 대해 의문을 가질 수도 있다. 열린 마음을 갖는 것은 대인관계에 도움이 될 뿐만 아니라 우리 자신의 지식에도 도움이 된다.

여섯째, 상대방의 눈을 보라. 대화를 할 때 상대방의 눈을 볼 것을 추천한다. 눈은 매우 표현력이 있는 요소이기 때문에 자연스럽게 보일 수 있도록 해야 한다. 눈빛만으로도 대화가 더 잘 전달되고, 두 사람 간 관계가 개선될 수 있다.

만약 눈빛 교환이 제대로 진행되지 않는다면 기대와는 반대되는 상황이 만들어질 것이다. 왜냐하면 눈을 마주치지 못한다면 상호작용에 대한 불안감을 더하기 때문이다. 말하는 동안 다른 사람을 보는 것은 다른 사람에 대한 관심 부족을 나타낸다. 내려다보는 것은 우리가 거짓말을 하고 있다는 것을 나타낸다.

3) 인간관계 개선 전략

(1) 자기인식 향상

자기의식(self-consciousness)은 자기인식(awareness of oneself)이 고양된 것이다. 현재 의미로, 자기의식은 자기에 대한 전념이며, 특히 타인이 자기의 외모나 행동을 어떻게 인지할지에 대한 것이다. 역사적으로 자기의식은 자의식 혹은 자기인식과 동의어였으며, 자기가 존재하고 있다는 것, 그리고 의식(consciousness)을 가지고 있다는 것을 인식(awareness)하는 상태를 말한다. 자기의식적(self-conscious)과 자기인식적(self-aware)이란 말은 지금도 여전히 서로 바꿔 쓰이기도 하며 특히 철학 분야에서 그런 모습을 보인다. 그러나 주로 자기의식은 한 사람이 타인을 보고 생각하는 방식에 대한 인식 상태를 의미하는 데 사용된다. 자신이 주시되거나 관찰되고 있다는 사실을 깨달을 때, 자기의식에 대한 기분 나쁜 느낌, 즉 '만인이 자신을 보고 있다'는 느낌이 생긴다. 어떤 사람들은 타인에 비하여 습관적으로 더욱 자기의식적이다.

심리학자들은 자기인식의 유형을 공적 또는 사적의 두 가지 유형으로 나눈다. 우선, 공적 자기인식은 사람들이 어떻게 다른 사람들에게 나타나는지를 인식할 때 나타난다. 공개적 자각은 종종 프레젠테이션을 하거나 친구들 그룹과 이야기할 때와 같이 사람들이 관심의 중심에 있을 때 나타난다. 이러한 유형의 자각은 사람들로 하여금 사회적 규범을 고수하도록 강요하며 우리가 지켜보고 평가하는 것을 알고 있을 때, 우리는 종종 사회적으로 용인되고 바람직한 방식으로 행동하려고 노력한다.

다음은 사적 자기인식으로 이 유형은 사람들이 개인적인 측면에서만 자신의 일부 측면을 인식하게 될 때 발생한다. 예를 들어, 거울에서 당신의 얼굴을 보는 일은 사적 자기인식의 한 유형이다. 중요한 시험을 위해 공부하지 않거나 매력을 느끼는 사람을 볼 때 심장 박동이 느껴진다는 것을 깨달았을 때 위장이 느껴지는 것은 개인의 자각의 예이다.

(2) 자기표현 하기

자기표현이란 확신을 가지고 기술적으로 자기의 생각이나 감정을 폭넓게 전달하는 능력이다. 자기를 표현하는 능력이란 단지 한 가지 능력에만 국한된 것이 아니라 어떤 상황에서도 적절한 행동방식을 선택할 수 있는 것을 의미한다. 즉, 자기표현이란 상대방에게 불쾌감을 주지 않고 자신의 생각, 감정을 있는 그대로 솔직하게 전달하여 어떤 상황에서도 자신에게 가장 바람직한 행동을 선택하고 실천하는 것이다. 우리는 소극적이지도 공격적이지도 않은 '자기표현 행동'을 함으로써 자신에 대한 확신을 갖고, 대인관계를 더욱 풍요롭게 발전시킬 수 있다.

자신을 표현하는 능력(ability)이란 단지 한 가지 반응에만 국한되어 있다기보다는 어떤 상황에서도 적절한 행동방식을 선택할 수 있는 것을 의미한다. 저녁에 조용히 쉬기를 학수고대하면서 집에 돌아와 보니 옆집에서 시끄러운 음악소리와 함께 대잔치를 하고 있었다고 상상해 보자. 자기표현을 못하는 사람은 전화를 걸어 경찰에 호소할까 생각(공격적인 경우)하거나 아니면 속으로만 부글부글 끓고 있을 수도 있다. 반면, 자기표현을 할 줄 아는 사람은 이웃에 좀 조용히 해 달라고 직접 요청하거나, 그렇지 않으면 별로 문제 삼지 않고 이웃들이 즐겁게 놀도록 허용하는 등 여러 대안 중에서 하나를 선택할 것이다. 이런 대안은 각각 상황과 사람에 따라 가장 좋은 대안이 될 수 있다. 최종 선택이 어떤 것이든지 간에 알아야 할 중요한 사항은 자기표현을 할 수 있는 사람은 적절하고 만족스러운 행동을 할 수 있는 선택의 폭이 넓다는 것이다. 그 선택이 때로는 속시원하게 말을 하는 것일 수도 있고 때로는 참는 것일 수도 있으나 어떤 경우에라도 의사소통을 효과적으로 할 줄 아는 사람은 자신에게 가장 바람직한 행동을 선택할 수 있다.

두 번째로 설명해야 할 사항은 자기표현을 하는 사람은 폭넓게 의사소통을 할 수 있게 된다는 점이다. 대부분의 사람은 '상황에 따라 비자기표현적인 사람'이 된다. 즉, 대개의 경우 자신을 잘 표현하지만 특수한 상황에서는 확신과 기술이 부족하다는 것이다. 예컨대, 어떤 사람은 언짢은 것이나 분노는 잘 표현하지만 애정은 잘 표현하지 못한다. 또 어떤 사람은 동성끼리는 잘 이야기하지만 이성에게는 말문이 막혀 버린다. 또 어떤 사람은 식구나 친구들에게는 능숙하게 이야기를 잘하면서도 직장에서는 자신의 권리를 옹호하지 못한다.

자기표현 능력이 있는 사람은 자신의 생각(thought)을 전달할 수 있다. 이러한 생각 속에는 왜 특별한 후보자가 선출되어야 하는지 또는 어떤 책이 읽을 만한 가치가 있는가 하는 의견(opinion)이나 세탁소에서 옷을 어떻게 다려 달라고 주문하거나 돈을 빌리려고 하는 이유를 묻는 것과 같은 요청(request), 혹은 왜 직업을 바꾸거나 다른 곳으로 이사 가려고 하는 계획을 세웠는지 하는 행동에 대한 설명(explanation)도 포함되어 있다. 자기표현 능력을 가진 사람들은 또한 분노, 애정, 감사, 고통, 자부심 등과 같은 다양한 감정을 전달하는 데도 익숙하다.

아울러 자기표현 능력을 가진 사람은 자신감을 가지고 있다. 이는 불안감이 전혀 없다는 말이 아니다. 사실 불안이 전혀 없는 상태란 있을 수 없고 또 바람직한 상태가 아니다. 자신감이란 항상 두려움이 없다는 것을 의미하지는 않는다. 사실은 정당한 일을 했다고 믿을 수 있을 만큼 자기 자신을 신뢰하면서, 자신의 두려움을 받아들이고 다스리며 계속 앞으로 나아가는 것이 곧 용기라고 할 수 있다.

끝으로, 자기표현 전달은 일종의 기술(skill)이다. 때때로 진실성이나 자신감만으로는 자신을 잘 표현할 수 없다. 음치가 노래를 할 수는 있지만, 음정이 어쩔 수 없이 떨리는 것처럼 뜻은 좋으나 비효과적으로 대화를 하는 사람은 종종 효과적인 의사 전달에 실패할 수 있다. 하지만 낯선 사람과 태연하게 만나는 것은 배울 수 있는 기술이다. 어떤 것을 요청할 수 있는 것, '싫다'고 거절할 수 있는 것, 그리고 자기표현 능력이 있는 사람들이 할 수 있는 여러 행동은 모두 배울 수 있는 기술이다. 어떤 사람들은 일찍이 그리고 쉽사리 이런 훌륭한 대화 기술을 익힐 수 있을 만큼 운이 있었지만 나머지 사람들은 나쁜 습관을 떨쳐 버린 후 새로운 대화 기술을 터득해야 할 필요가 있다.

(3) 자기주장 하기

자기주장(assertiveness)은 개방적이고, 직접적이며, 친근한 방법으로 의사소통을 하는 능력이라고 정의한다. 그것은 상대방을 압박하거나 다치게 하는 것이 아니라, 자신이 정말로 생각하는 것을 배제하거나 말하지 않는다는 것을 의미한다.

자기주장은 의사소통의 소극성과 적극성 사이에 존재하는 특성이다. 소극적인 태도는 물러서는 느낌이 있다. 그리고 적극성 안에서 상대방은 침묵하거나 취소해 버린다. 자기주장은 그 한가운데 있다. 우리가 다른 사람들, 그리고 우리 자신과 의사소통하는 방법은 궁극적으로 우리 삶의 질을 결정한다.

자기주장을 위한 비결을 이해하고 그것을 적용한다면 당신이 표현하고 싶은 것을 표현하는 데 도움이 된다. 당신이 누군가를 욕하지 않고도 "아니요."라고 말하면서 견해차에 합의를 하도록 도와준다. 상대방과 원활한 의사소통을 하기 위해 필요한 기술이며, 전반적으로 원활한 인간관계를 위한 기술이다. 이것이 자기주장을 위한 다섯 가지 비결이다.

첫째, 융통성이다. 삶의 과정에서 우리는 소극적이거나 적극적으로 의사소통하는 법을 배운다. 그렇게 간단하지는 않지만, 대부분의 사람은 양극단 중 한쪽에 있다. 시간이 흐를수록 당신은 양극단 어느 쪽이든 곤경에 빠트릴 것을 깨닫게 된다. 바로 여기서 융통성이 발휘된다. 융통성은 자기주장을 위한 가장 중요한 비결이다. 융통성이 있다는 것은 한때 부족한 의사소통을 배웠던 것처럼, 주장하려는 방법 또한 배울 수 있다고 깨닫는 것이다. 하지만 자신의 행동을 고치고 더 나은, 더 행복한 사람이 될 수 있다는 사실을 이해해야 변할 수 있다.

둘째, 올바른 정신 반응 체계이다. 우리는 모두 정신 체계를 가지고 있다. 하지만 가장 중요한 부분은 자신을 다루는 부분이다. 어떤 체계는 당신이 보는 방식 및 자신을 다루는 방식과 관련이 있다. 그리고 당신의 성과에 대해 예상을 한다. 자신에 대한 정신 체계가 부정적이라면, 적절한 의사소통이 힘들어진다. 사람들이 당신에게 강요하거나 당신이 사람들에게 강요하도록 요구할 것이다. 자기주장을 위한 비결 중 하나는 당신이 누구이며 무엇을 하든지 좋은 태도를 보이는 것이다. 그것은 당신이 외부의 요구에 더욱 현명하게 대응할 수 있게 도와준다.

셋째, 문제를 정의하는 방법을 이해하기이다. 문제에 대해 생각하는 것이 항상 즐겁진 않지만, 이것은 꼭 해야 할 일이다. 많은 사람은 그것이 무의미하다고 생각하며 그러한 생각이 자신을 더 우울하게 만든다고 생각한다. 하지만 어려움에 관한 생각을 피하지 말라. 대신 일반적인 방법으로 어려움을 바라보라. 자기주장을 위한 비결 중 하나는 무엇이 문제인가를 정확히 알아내는 능력이다. 즉, 문제를 정의할 수 있는 능력이다. 누가, 언제, 어떻게 일이 일어나는가를 이해한다는 의미이다. 이런 방법으로 생각한다면, 문제는 훨씬 다루기 쉬워진다. 문제를 정의한다는 간단한 사실은 그 자체로도 도움이 되며, 더욱 적극적으로 그것을 해결하려 할 때도 도움이 된다.

넷째, 자신의 권리와 상대방의 권리 이해하기이다. 존중은 원활한 의사소통에서 기본이고, 그래서 원활한 관계에서도 기본이다. 존중은 상대방의 존엄성을 인정한다는 의미이지만, 당신 자신의 존엄성 역시 인정한다는 의미이다. 결국에는, 당신의 요구와 상대의 요구도 배려하게 된다. 또한 사람을 있는 그대로 받아들이려는 바람 같은 것이다. 자신과 상대에 대한 존중을 구축하는 한 가지 방법은 우리 개개인이 가지고 있는 권리를 이해하는 것이다. 우리의 권리는 배려심과 수용 그리고 존엄성을 포함한다.

다섯째, 방어 행동을 바꾸거나 없애기이다. 방어 행동은 편견과 두려움에서 나온다. 이것은 우리가 가끔 공격받고, 질문을 받거나, 맞서야 하는 두려움을 다루는 방식이다. 그것은 불안의 결과물이다. 자신이 안전하다고 느끼는 사람은 자신과 다른 관점이나 다른 삶의 방식에는 문제가 생기지 않는다. 문제는 방어적인 행동이 보통은 자신을 매우 배려심 없는 사람이 되게 만들며 심지어 상대방에게 공격적으로 행동하게 하기도 한다. 이 경우 차이점을 개인적인 모욕으로 받아들인다. 자신을 풍요롭게 하는 기회로 보는 대신, 자신을 위협하는 존재로 본다. 방어 행동을 인식하고 생각하는 것은 자기주장의 비결 중 하나이다.

이처럼 자기주장을 잘하기 위한 방법을 배운다면 삶이 편안해질 것이다. 자기주장은 갈등을 해결하는 아주 중요한 기술이고, 갈등을 100% 피할 수는 없다. 그렇다면 갈등을 최대한 활용하고 성장하기 위한 기회로 잡는 법을 배우는 것은 어떤가?

(4) 자존감 높이기

자아존중감(自我尊重感) 혹은 줄여서 자존감(自尊感)은 현재 자신의 상태에 대해 만족하고 있고 다른 사람들과 비교하며 열등감 등을 느끼지 않는 감정을 의미한다. 일상적 활용으로는 '자신을 사랑하는 감정' 정도로 사용된다.

자존심과 비슷하지만 용법상 약간의 차이가 있다. 자존심은 타인이 자신을 존중하거나 받들어 주길 바라는 감정을 의미하지만 자존감은 자기 자신을 그 자체로 존중하고 사랑하는 감정의 의미로 주로 쓰인다. 가지면 긍정적으로 보는 자존감과 달리 자존심은 나를 돌아보지 않고 타인의 경의만을 바라는 인간상을 의미하는 이기적 이미지로 사용된다.

자존감은 자신에 대한 생각, 감정, 믿음으로 이루어져 있다. 우리의 생각, 감정, 믿음은 항상 변하므로, 자존감 또한 지속적인 발전이 가능하다. 낮은 자존감은 정신건강, 인간관계, 학교나 직장생활에 부정적인 영향을 준다. 하지만 자신에 대하여 좋은 감정을 가지게 하고 자존감을 높일 수 있는 많은 방법이 있다. 자존감을 높이는 방법들에 대하여 살펴보자.

첫째, 생각과 믿음에 대하여 신중해야 한다. 긍정적이고, 용기를 주며, 건설적인 생각에 초점을 두도록 노력해야 한다. 당신은 다른 사람들과 자신으로부터 사랑과 존중을 받을 자격이 있는 특별한 사람이라는 사실을 기억하자.

둘째, 목표와 기대를 설정한다. 성취하고 싶은 일들의 목록을 작성하고 이 목표들을 성취하기 위해 시작한다. 예를 들어, 더 많은 봉사를 하고, 새로운 취미를 배우거나 친구들과 함께 시간을 보내겠다고 결정할 수 있다.

셋째, 자신을 돌본다. 우리는 다른 사람들을 걱정하고 돌보는 데 너무 많은 시간을 보내서 자신의 신체와 정신적인 행복을 무시한다. 뿐만 아니라 자신에 대하여 너무 부정적인 감정을 가져서 스스로를 돌보는 데 시간과 노력을 쏟는 것이 무의미하다고 생각하기도 한다. 자신을 돌보는 일은 궁극적으로 자존감을 향상시키는 데 도움이 된다. 당신의 정신과 신체가 건강할수록, 스스로에 대하여 만족할 가능성이 더 크다. 자신을 돌보는 일이 매우 날씬하고 완벽한 몸매를 가지며, 결점이 없어져야 한다는 의미는 아니다. 그보다는, '건강'해지기 위해서 개인적으로 당신을 위한 무엇이든지 최선을 다한다는 의미이다.

넷째, 삶과 성취한 일들을 되돌아본다. 이상하게도 당신은 삶에서 성취한 모든 일에 대하여 충분한 신뢰를 부여하지 않는다. 다른 사람들이 아닌 자신에게 감동을 줘야 한다. 크고 작은 과거의 영광들을 되돌아보는 시간을 가지자. 이것은 성취한 일들에 대하여 더 많이 깨닫게 할 뿐만 아니라, 세상에서 당신의 위치와 주변 사람들과 사회에 부여한 가치관들을 증명하는 데도 도움이 될 것이다.

다섯째, 즐기는 일들을 한다. 요리, 독서, 운동, 정원 가꾸기, 배우자와 한 시간 동안 대화하기 등과 같이, 매일 당신을 행복하게 만드는 일을 하는 시간을 따로 떼어 둔다. 즐기기 위한 시간을 따로 정하는 것에 대한 죄책감을 느껴서는 안 된다. 당신은 그것을 누릴 자격이 있다.

여섯째, 다른 사람을 돕는다. 연구에 따르면 자원봉사를 하는 사람들이 더 행복하고 자존감이 높은 경향이 있다고 한다. 다른 사람을 도와야 자신에 대한 긍정적인 감정을 가질 수 있다는 사실이 역설적으로 들릴지도 모른다. 하지만 과학적인 연구는 실제로 자원봉사나 다른 사람을 도우면서 동반되는 사회적인 연결고리가 스스로를 더욱 긍정적으로 만들어 준다고 증명한다.

일곱째, 필요하다면 자아상을 조정한다. 당신은 항상 변하고 현재의 모습에 어울리는 관점을 가지도록 개선할 필요가 있다. 예를 들어, 자신에 대하여 정확한 이미지를 가지고 있지 않다면, 자존감을 높이는 것이 무의미할 것이다. 아마도 수학을 정말로 잘하는 어린이의 이미지였겠지만, 현재는 거의 집의 면적을 계산할 수 있는 모습이다. 한때는 종교에 깊이 심취했었지만, 현재는 불가지론자가 되어 교회에 더 이상 참석하지 않을지도 모른다. 자신에 대한 관점을 지금의 현실적인 삶에 부합하는 것으로 조절해야 한다. 여전히 수학을 매우 잘하거나 영적인 것을 믿는다고 예상해서는 안 된다.

여덟째, 완벽함에 대한 생각에서 벗어나자. 그 누구도 완벽하지 않다. 새로운 만트라를 정해 보자. 당신은 절대로 완벽한 삶, 완벽한 신체, 완벽한 가족, 완벽한 직업 등을 가질 수 없을 것이다. 그 누구도 불가능하다. 완벽함이란 사회와 미디어에 의해 만들어지고 확산된 인위적인 개념이다. 미디어는 완벽함에 도달할 수 있다고 제시함으로써 대다수의 사람에게 부정적인 영향을 끼치며, 문제는 그로 인해서 우리가 쉽게 만족할 수 없다는 사실이다.

부록-워크북 SECTION 12

인간관계 개선 전략

Section 12 학습활동

인간관계 개선 전략 (1)

(V) 토론 ( ) 퀴즈 ( ) 과제 ( ) 검사 ( ) 조사 (V) 팀티칭 (V) 활동

주제	자신의 인간관계에서 가장 걱정되는 요인 분석하기
학습성과	자신의 인간관계에서 가장 걱정되는 요인을 분석하기를 통해 알 수 있다.
진행과정	**주제:** 자신의 인간관계에서 가장 걱정되는 요인 분석하기 **학습성과:** • 자신의 인간관계에서 가장 걱정되는 요인이 무엇인지 알고 해결할 수 있음 **진행과정:** 걱정되었던 요인을 분석하여 해결하였던 경험을 토론한다. 1. 걱정하고 있는 문제가 무엇인지 적는다. 2. 그러한 걱정거리에 대해 내가 할 수 있는 것들을 적는다. 3. 걱정거리를 해결하기 위하여 무엇을 할지 결정한다. 4. 결정 사항을 즉각적으로 실행에 옮긴다. 5. 학습활동을 통해 얻어진 긍정적인 점에 대하여 적는다. 젤린스키(E. Zelinski)는 느리게 사는 즐거움(Don't hurry, be happy)에서 "걱정의 40%는 절대 현실로 일어나지 않는 것, 30%는 이미 일어난 것, 22%는 사소한 것, 4%는 어쩔 수 없는 것, 나머지 4%만이 우리가 바꿔 놓을 수 있는 것"이라고 하였다.
토론과정	1. 앞의 진행과정 다섯 가지에 대하여 두 명이 한 조가 되어 대화를 나누고 발표를 해 보자.

Section 12 학습활동

인간관계 개선 전략 (2)

(V) 토론 ( ) 퀴즈 ( ) 과제 ( ) 검사 ( ) 조사 ( ) 팀티칭 (V) 활동

주제	시간 관리의 중요성
학습성과	시간 관리의 중요성을 알 수 있다.
진행과정	**시간 관리의 중요성** 1. 목표 달성이 가능하다. 2. 생산성이 향상된다. 3. 스트레스를 감소시킬 수 있다. 4. 워크-라이프 밸런스를 맞출 수 있다. **효율적인 시간 관리 방법** 1. 목표 설정하기 2. 우선순위 부여하기 3. 일정 계획하기 4. 집중하기 5. 습관 형성하기 **시간을 관리하기 위한 다섯 가지 법칙** 제1법칙: 시간을 잘 관리하면 인생을 잘 관리할 수 있다. 제2법칙: 성공과 자기실현의 토대는 지배가치이다. 제3법칙: 일상활동에서 지배가치에 따라 행동하면 마음의 평화를 얻는다. 제4법칙: 더 높은 목표에 도달하려면 현재의 편한 상태를 벗어나야 한다. 제5법칙: 일일계획의 수립과 실행은 집중력과 시간 활용도를 높여 준다. * Hyrum W. Smith-프랭클린 코비사 최고경영자 가장 중요한 일들이 별로 중요하지 않은 일들에 의해 좌우되어서는 안 된다. -괴테(Johann Wolfgang von Goethe)
토론과정	1. 자신의 시간 관리의 방법을 말해 보고 효율적인 시간 관리 계획과 그 중요성에 대하여 발표해 보자.

Section 12 학습활동

인간관계 개선 전략 (3)

(V) 토론 ( ) 퀴즈 ( ) 과제 ( ) 검사 ( ) 조사 ( ) 팀티칭 (V) 활동

주제	효과적인 의사소통을 통한 인간관계 개선 전략
학습성과	효과적인 의사소통을 통한 인간관계 개선 전략의 특성을 알 수 있다.

진행과정

구분	정의
끌림	사람들을 서로 끌어당겨 모이게 하는 정신적이거나 정서적인 힘
설렘	마음이 가라앉지 않고 들떠서 두근거림
울림	소리가 무엇에 부딪쳐 되울려 오는 현상
어울림	두 가지 이상의 것이 서로 잘 조화됨

효과적인 의사소통 방법 10단계

- 1단계: 끌리게 하라.
- 2단계: 호감을 갖게 하라.
- 3단계: 매력적인 대화로 설레게 하라.
- 4단계: 적당한 밀당 대화도 필요하다.
- 5단계: 공감은 과하지 않게 하라.
- 6단계: 대화의 목적은 들어 주는 것이다.
- 7단계: 원칙이 담긴 칭찬을 하라.
- 8단계: 때로는 친밀감과 열정을 보여 주는 몸짓도 필요하다.
- 9단계: 공동의 목표를 향해 헌신하라.
- 10단계: 진정성을 가지고 상대방에게 성실히 대하라.

나만의 실천 방법 (1)

구분	정의
진정한 끌림이란?	
진정한 설렘이란?	
진정한 울림이란?	
진정한 어울림이란?	

나만의 실천 방법 (2)

구분	대인관계와 의사소통에서 자신만의 실천사항
끌리는 사람이 되기 위한 조건	
셀렘을 주는 사람이 되기 위한 조건	
울림을 주는 사람이 되기 위한 조건	
어울림을 주는 사람이 되기 위한 조건	

출처: 신민주, 주용국(2022). **대인관계 의사소통**. 학지사.

토론과정

1. 진행과정의 나만의 실천 방법 (1), (2)를 완성하고, 끌림, 설렘, 울림, 어울림의 대인관계와 의사소통 향상 방법 10계명을 적성해 보자.

참고문헌

강문희, 이광자, 박경(1999). 인간관계의 이해. 학지사.
강은희(2022). 의사소통장애 진단평가 학지사.
곽윤경 외 15인(2021). 인간관계와 의사소통. 의학서원.
구현정(1997). 대화의 기법. 한국문화사.
권석만(2004). 젊은이를 위한 인간관계의 심리학. 학지사.
권석만(2008). 긍정심리학. 학지사.
권석만(2020). 인간관계의 심리학. 학지사.
권석만(2022). 사랑의 심리학. 학지사.
권순우, 권순복, 김영익, 김태숙, 박희준, 팽재숙(2020). 의사소통장애학생 교육. 창지사.
권재일, 김현권, 남승호(2015). 언어의 이해. 한국방송통신대학교 출판문화원.
김계숙(2013). 성 건강 간호. 군자출판사.
김명자 외(2009). 기본간호학. 현문사.
김명희(2022). 인간관계와 의사소통. 한올출판사.
김미리혜, 박예나, 최설, 김유리(2018). 건강심리학. 시그마프레스.
김미자(2018). 결혼과 가족. 공동체.
김보기, 김인기, 김정일, 문상목, 박성석, 박연경, 정명란, 한신애(2017). 인간행동이해를 위한 심리학. 양서원.
김성일(2006). 뇌 기반 학습과학: 뇌 과학이 교육에 대해 말해 주는 것은 무엇인가? 인지과학, 17(4), 375-398.
김애순, 윤진(1997). 청년기 갈등과 자기 이해. 중앙적성출판사.
김영태, 신문자(2002). UTAP2 우리말조음음운검사2. 인싸이트.
김영희, 김경미(2020). 결혼과 가족. 파워북.
김정호(2006). 동기충족 및 동기충족예상과 스트레스 및 웰빙과의 관계: 동기상태이론의 적용. 2006년 대한스트레스학회 춘계학술대회.
김정호, 김선주(1998). 스트레스 이해와 관리. 도서출판 아름다운세상.
김종만(2020). 신경해부생리학. 메디컬포럼.
김종운(2017). 인간관계 심리학. 학지사.
김종운(2022). 인간관계 심리학(2판). 학지사.
김주원, 권재일, 고동호, 김윤신, 전순환(2008). 사라져가는 알타이 언어를 찾아서. 태학사.
김주현, 강소연, 고가연, 김경희, 김현주, 박복순, 박현태, 윤성자, 이하나, 최경혜, 추현심(2018). 대학생의 건강관리. 메디컬사이언스.
김진숙, 김지은, 연미희, 이인수(2016). 인간관계와 의사소통. 창지사.
김창대, 민경화, 윤숙경, 공은혜(2008). 직장에서의 대인역량에 대한 직장인들의 인식: 대인 역량 교육 및 개발을 위한 기초 조사. 아시아교육 연구, 제9권, 서울대학교 교육연구소.
김창오, 배미애, 정현주, 김경희(2014). 교사의 마음리더십. 에듀니티.
김청송(2019). 현대 청소년심리 및 상담. 싸이앤북스.
김청송(2021). 행복의 선택. 싸이앤북스.
김현택 외 17인(2003). 현대 심리학 이해. 학지사.
김혜숙, 반선환, 박숙희, 이주희, 정미경(2018). 인간관계론. 양서원.
남승규(2017). 행복심리학. 양서원.
민성길(2019). 성, 사랑, 가정 II. 한국성과학연구협회.
민윤기, 김보성, 안권순, 한건환(2013). 인간생활과 심리학. 학지사.
박권생, 이재호, 최윤경, 김민영(2015). 사회심리학(제8판). 시그마프레스.
박민수(2014). 마음을 움직이는 커뮤니케이션 기법. 시그마북스.
박병준(2003). 아리스토텔레스의 인간학 이해. 신학전망, 140호(2003년 봄). 광주가톨릭대학교 출판부.
박병준(2004). '사랑'에 대한 철학적 성찰. 해석학연구, 제14집(2004년 가을). 한국 해석학회.
박선영(2013). 삶의 의미와 심리적 건강의 관계:다차원적 삶의 의미 척도와 의미감 증진 프로그램 개발. 서울대학교 대학원 박사학위논문.
박선영, 권석만(2012). 삶의 의미에 대한 이론적 고찰과 임상적 함의. 한국심리학회지: 일반, 31(3), 741-768.
박세미(2015). 부서 내 직급 간 간접화행 분석: A조직 사례를 중심으로. 이화여자대학교 대학원 석사학위논문.
박연경, 박종팔, 조영란(2020). 인간관계와 의사소통. 양서원.
박진규(2003). 청소년문화. 학지사.
배경숙(2001). 학급활동으로 이어가는 집단상담. 우리교육.
배주채(2015). 언어학개론. 태학사.
변지은, 이수정, 유재호, 이훈구(1997). 개인의 인지적 종류 욕구와 정서에 대한 인식 정도가 직무스트레스에 미치는 영향. 한국심리학회지: 사회, 7(1), 107-123.
서울시정개발연구원(2006). 한국의 행복 지수 개발 연구.
서창원, 민윤기(2007). 생활 속의 심리학. 시그마프레스.
성철재(2022). 의사소통장애. 학지사.
손영화(2022). 인간관계 심리학. 학지사.
신군재(2013). 직장 내 남녀갈등의 해결방안으로서 ADR 적용가능성에 관한 연구. 仲裁硏究, 23(4).
신민주, 주용국(2022). 대인관계 의사소통. 학지사.
신승환(2010). 진화생물학적 인간 이해의 한계와 존재론적 인간학. 인간연구, 18, 가톨릭대학교 인간학연구소.
신용주, 김혜수(2021). 결혼과 가족. 창지사.

신주연, 이윤아, 이기학(2005). 삶의 의미와 정서조절 양식이 청소년의 심리적 안녕에 미치는 영향. 한국심리학회지: 상담 및 심리치료, 17(4), 1035-1057.

심미성(2006). 스트레스 완충자원으로서 삶의 의미의 역할. 가톨릭대학교 대학원 석사학위논문.

심현섭(2021). 의사소통장애의 진단과 평가(2판). 학지사.

심현섭 외(2019). 의사소통장애의 진단과 평가(2판). 학지사.

안권순(2023a). 인간심리의 이해. 학지사.

안권순(2023b). 정신건강론. 학지사.

안권순, 고은혜, 명향란, 신혜영(2023). 삶과 사랑의 심리학. 학지사.

안선모(2005). 변함없는 친구 사귀기 비법. 토마토 친구.

양근모(2009). 행복한 관계를 맺는 인간관계 불변의 법칙. 도서출판 청년정신.

엄정식(2011). 사랑에 관하여. 철학문화연구소, 철학과 현실.

여은호, 박경우(2009). 말하기의 중요성에 대한 한국인들의 인식에 관한 탐색적 연구. 언론과학연구, 9(4). 한국지역언론학회.

오윤선, 유양숙(2021). 대인관계와 의사소통. 창지사.

요하네스 로쯔 저, 심상태 역(1988). 사랑의 세 단계. 서광사.

원호택, 이훈진(1995). 편집증적 경향, 자기개념, 자의식 간의 관계에 대한 탐색적 연구. 한국심리학회 '95 연차대회 학술발표논문집', 277-290.

유가효(2010). 성인기 사랑의 개념적, 발달론적 이해에 대한 연구. 젠더와 문화, 3(2).

유계환, 김대명(2022). 인간관계 향상을 위한 의사소통. 퍼플.

윤가현(1998). 성문화와 심리. 학지사.

윤대혁(2019). 인간관계의 이해. 탑북스.

윤명길(2020). 결혼과 가족. 양성원.

윤명희, 이정희, 서희정, 강창완(2018). 전공탐색과 생애설계. 학지사.

윤현숙, 김연옥, 황숙연(2001). 의료사회사업. 나남출판사.

윤호균(1994). 정신분석과 치료: 정신분석과 선을 중심으로. 성신여자대학교 논문집, 23, 113-124.

이근후, 박영숙 공역(1990). 사회적응을 위한 인간관계. 하나의학사.

이규은(2018). 성, 사랑, 성교육 그리고 가족. 공동체.

이상희, 윤신영(2015). 인류의 기원-난쟁이 인류 호빗에서 네안데르탈인까지 22가지 재미있는 인류 이야기. 사이언스북스.

이성태(2006). 인간관계론. 양서원.

이성희, 한희선(2020). 성 평등 관점에서 본 결혼과 가족. 공동체.

이영돈(2011). 마음. 예담.

이은해(1999). 아동의 친구관계에 관한 연구. 아동학회지, 20(3), 77-95.

이은혜(1999). 점프트리 A+ 3. 시공사.

이인식(2008). 짝짓기의 심리학. 고즈윈.

이재연(1990). 의사소통과 가족관계. 양서원.

이정우, 김명자, 계선자(1992). 결혼과 가족관계. 숙명여자대학교 출판부.

이주희, 치은정, 최명선, 박희연, 진혜경(2008). 인간관계론. 공동체.

이창덕 외(2001). 삶과 화법. 박이정.

이태연(2021). 인간관계 심리학. 신정.

이태연, 이인수, 정기수, 최명구(2006). 인간관계의 심리학. 신정.

이형영(1992). 정신의학(총론). 전남대학교출판부.

임동건, 임주성, 홍국주, 김선영, 송준기, 김송희(2020). THE 커뮤니케이션. 플랜비디자인.

임은희(2012). 인간행동과 사회환경. 양서원.

임창재(2005). 교육심리학. 학지사.

장연집(2007). 현대인의 정신건강. 학지사.

전은주(2013). 드라마 직장 대화에 나타난 질문 화행 분석. 화법연구, 22, 한국화법학회.

전은주 외(2015). 분야별 화법 분석 및 향상 방안 연구–직장 내 대화법. 국립국어원.

정미영(2013). 삶의 의미의 두 요인에 관한 연구: 의미추구와 의미발견의 기능과 효과. 한국기독교상담학회지, 24(1), 153–180.

정석용, 이규은(2009). 자기계발과 직업. 동문사.

정아란, 유정희(2019). 양성평등을 위한 행복한 성과 결혼. 공동체.

정여주, 두경희, 김창대(2011). 대학생 연인관계 유형 검사 개발 연구. 상담학연구, 12(1), 219–241.

정옥분(2013). 아동발달의 이해. 학지사.

정진선, 문미란(2008). 인간관계의 심리: 이론과 실제. 시그마프레스.

정태연(2022). 대인관계와 의사소통 심리학. 학지사.

정현숙, 유계숙, 최연실(2003). 결혼학. 신정.

조범상, 전재권(2012). 직장인 스스로가 본 심리 건강. LG Business Insight. LG경제연구원.

지용근, 김옥희, 김희수, 김병숙(2004). 인간관계론. 박영사.

채규만(2022). 성행동 심리학. 학지사.

천성문, 박은아, 안세지, 문정희, 선혜민, 전은주, 윤정훈, 박선우(2019). 인간관계와 정신건강. 학지사.

최광일(2020). 학습 및 기억심리학. 지식과 미래.

최규련(2007). 가족관계론. 공동체.

최성규(1996). 제5차 아시아–태평양 청각장애 학술대회 결과 보고서. 한국재활과학회, 19(2).

최성규(1997). 청각장애아의 학업성취에 미치는 요인 분석. 한국재활과학회, 20(2), 145–159.

최송식, 최말옥, 김경미, 이미경, 박은주, 최윤정(2019). 정신건강론. 학지사.

최순영(2016). 성과 사랑의 심리학. 다사랑.

최은수, 신승원, 강찬석, 김민서, 김진혁, 박재진, 신용국, 연지연, 이미섭, 진규동, 한우섭, 이종원, 이희(2018). 대학생의 심리와 커리어 개발. 학지사.

최정아(2021). 인간관계의 이해와 적용. 학지사.

최혜경, 신수진, 강진경(2014). 사랑학. 창지사.

태희원, 권문영(2018). 민간영역 양성평등활동 지원체계 사례 연구. 충청남도여성정책개발원.

한규석(2020). 사회심리학의 이해. 학지사.

한양대학교 국어교육위원회(2013). 말이 힘이다 삶이 문화다(개정3판). 한양대학교출판부.

허상희(2011). 공손법 관점에서 본 거절화행의 실현양상: 가족지위와 직장 지위를 중심으로. 한민족어문학, 56. 한민족어문학회.

허혜경, 박인숙, 김혜수(2017). 유아교육개론. 동문사.

홍경자(2007). 의사소통의 심리학. 이너북스.

홍길희, 황정혜(2015). 결혼과 가족관계. 동문사.

Akmajian, A., Demers, R. A., & Harnish, R. M. (1984). *Linguistics*. MIT Press.

Albarracin, D., & Shavitt, S. (2018). Attitudes and attitude change (Review unadvance, posted 25 August, 2017). *Annual Review of Psychology*, 69, 4.1–4.29.

Allgeier, E., & Allgeier, A. (1991). *Sexual interactions* (3rd ed.). D. C. Health & Co.

Altman, I., & Taylor, D. A. (1973). Social penetration: The development of interpersonal relationships. Holt, Rinehart, & Winston.

Amen, D. G. (2000). *Change your brain change your life*. Three Rivers Press.

Argyle, M. (2001). Causes and collates of happiness. In D. Kahneman, E. Diener, & N. Schwarz (Eds.), *Well-being: The foundations of health psychology* (pp. 353–373).

Aristotle. (2022). *Nicomachean Ethics* (Loeb Classical Library XIX). 박문재 역. 니코마코스 윤리학. 현대지성. (원저 출판: 1934년).

Aronson, R., Offman, H. J., Joffe, R. T., & Naylor, C. D. (1996). Triiodothyronine augmentation in the treatment of refractory depression: A meta-analysis. *Archives of General Psychiatry*, *53*(9), 842–848.

Arredondo, L. (2002). *Management Power Program01.* 하지현 역. 커뮤니케이션의 기술. 지식공작소. (원저 출판: 2000년).

Asch, S. E. (1946). Forming impressions of personality. *Journal of Abnormal and Social Psychology, 41*, 258–290.

Baars, B. J., & Gage, N. M. (2010). *Cognition, brain, and consciousness: Introduction to cognitive neuroscience.* 강봉균 역. 인지, 뇌, 의식: 인지신경과학 입문서. 교보문고. (원저 출판: 2010년).

Badcock, C. (2000). *Evolutionary psychology: A critical introduction*. Polity Press.

Baer, G. (2004). *Real love*. Gotham Books.

Barnes, H. L., & Olson, D. L. (1982). Parent-adolescent communication scale. In D. H. Olson et al. (Eds.), *Family inventories: Inventories used in a national survey of families across the family life cycle* (pp. 33–48). Life Innovations.

Bartholomew, K., & Horowitz, L. M. (1991). Attachment styles among young adults: A test of a four-category model. *Journal of Personality and Social Psychology, 61*(2), 226–244.

Becker, L. C. (1992). Good lives: Prolegomena. *Social Philosophy and Policy, 9*, 15–37.

Bem, S. L. (1993). *The lenses of gender.* Yale University Press.

Berger, R., & Federico, R. C. (1982). *Human behavior, a social work perspective*. Longman

Publishing Group.

Berndt, T. J. (2004). Children's friendships: Shifts over a half century in perspectives on their development and effects. *Merrill Palmer Quarterly, 50*(3), 206–223.

Berndt, T. J., & Perry, T. B. (1986). Children's perceptions of friendships as supportive relationships. *Developmental Psychology, 22*(5), 640–648.

Berscheid, E., & Meyers, S. A. (1996). A social categorical approach to a question about love. *PR, 3*, 19–44.

Bienvenu, M. J. (1970). Measurement of marital communication. *The Family Coordinator*, *19*(1), 26–31.

Billings, A. G., & Moos, R. H. (1984). Coping, stress, and social resources among adults with unipolar depression. *Journal of Personality and Social Psychology*, *46*, 877–891.

Blackstone J. (2011). *The intimate life*. Sounds True.

Bloom, B. L., Asher, S. J., & White, S. W. (1978). Marital disruption as a stressor: A review and analysis. *Psychological Bulletin*, *85*(4), 867.

Boelen, P. A., van den Bout, J., & de Keijser, J. (2003). Traumatic grief as a disorder distinct from bereavement–related depression and anxiety: A eplication study with bereaved mental health care patients. *American Journal of Psychiatry*, *160*(7), 1339–1341.

Boothman, N. (2009). *How to make someone fall in love with you*. Nicholas Boothman.

Bower, G. H. (1983). Affect and cognition. Philosophical Transaction: Royal Society of London, ***Series B, 302***, 387–402.

Bowlby, J. (1973). *Attachment and Loss, Vol. 1, 2*. Separation, anxiety, and anger. Basic Books.

Branden, N. (2008). *The psychology of romantic love*. Penguin Group Inc.

Brandon, N. (2019). 임정은 역. **낭만적 사랑의 심리학**. 교양인.

Braza, J. (2011). *The seeds of love*. Tuttle.

Brehm, S. S. (1992). *Intimate relationship*. McGraw–Hill.

Broderick. C. B. (1972). *Marriage and the family*. Prentice Hall.

Bronk, K. C. (2020). 임효진, 박주명 공역. **삶의 목적**. 박영스토리.

Brown, K. W., & Ryan, R. M. (2004). Fostering healthy self–regulation from within and without: A self–determination theory perspective. In P. A. Linley & S. Jonseph (Eds.), *Positive psychology in practice* (pp. 105–124). Wiley.

Bullough, V. L. (1976). *Sexual variance in society and history*. Wiley.

Burge, D., & Hammen, C. (1991). Maternal communication: Predictors of outcome at follow–up in a sample of children at high and low risk for depression. *Journal of Abnormal Psychology, 100*, 174–180.

Buss, D. M. (1989). Sex differences in human mate preferences. *Behavioral and Brain Science, 12*, 1–49.

Byrme, D., & Clore, G. L. (1970). Reinforcement and attraction specifying the effects of affective states. *Journal of Research in Personality, 8*(3), 294–305.

Cassirer, E. (1988). *Essay on man*. 최명관 역. 인간이란 무엇인가: 문화철학 서설. 서광사. (원저 출판: 1944년).

Corballis, M. C. (2012a). How language evolved from manual gestures. *Gesture, 12*(2), 200–226.

Corballis, M. C. (2012b). Lateralization of the human brain. *Progress in Brain Research, 195*, 103–121.

Coreth, E. (1994). *Was ist der Mensch?* 안명옥 역. 인간이란 무엇인가–철학적 인간학의 기본개요. 성바오로출판사. (원저 출판: 1973년).

Corey, G. (2003). *Theory and practice of counseling and psychotherapy*. 조현춘 외 역. 심리상담과 치료 이론의 실제. 시그마프레스.

Davis, K. E., & Todd, M. J. (1985). Assessing friendship: Prototypes, paradigm cases and relationship description. In S. Duck & D. Perlman (Eds.), *Understanding personal relationships: An interdisciplinary approach* (pp. 17–38). Sage Publications, Inc.

Deutsch, M. (1980). Fifty years on conflict. In L. Festinger (Ed.), *Retrospections on social psychology*. Oxford University Press.

Devine, P. G., & Monteith, M. J. (1999). Suppression as a stereotype control strategy. *Personality and Social Psychology Review, 2*(1), 63–82.

Diener, E., & Seligman, M. E. P. (2004). Very happy people. *Psychological Science, 13*, 80–83.

Diener, E. (1984). Subjective well–being. *Psychological Bulletin, 95*(3), 542–575.

Diener, E., & Emmons, R. A. (1985). The satisfaction with life scale. *Journal of Personality Assessment, 49*(1), 71–75.

Diener, E., Sandvik, E., & Pavot, W. (1991). Happiness is the frequency, not the intensity, of positive versus negative affect. In F. Strack, M. Argyle, & N. Schwarz (Eds.), *Subjective well–being: An interdisciplinary perspective* (pp. 119–139). Pergamon Press.

Diener, E., & Seligman, M. E. (2002). Very happy people. *Psychological Science, 13*(1), 81–84.

Dong, J., David, F., & Matzuk, M. M. (1996). Growth differentiation factor is required during early overiation. *Nature, 383*, 531–535.

Duncan, B. L. (1976). Differential social perception and attribution of intergroup violence: Testing the lower limits of stereotyping of Blacks. *Journal of Personality and Social Psychology, 34*(4), 590–598.

Drucker, P. D. (2016). *The Peter F. Drucker Reader: Selected articles from the father of modern management thinking*. 조미라 역. 피터 드러커의 경영을 읽다. 처음북스.

Eagly, A. H., & Karau, S. J. (1991). Gender and the emergence of leaders: A meta–analysis. *Journal of Personality and Social Psychology, 60*(5), 685–710.

Ekman, P. (1972). Universals and cultural differences in facial expressions of emotion. In J. Cole (Ed.), *Darwin and facial expression: A century of research in review* (pp. 169–222). Academic Press.

Ellis, A. (1950). Love and family relationships of American college girls. *American Jounral of Society, 55*, 55–56.

Erikson, E. H. (1959). *Identity and the life cycle*. Selected papers.

Eysenck, H. J., & Wurzburg, W. A. (1972). The conceptual overlap between cognition and conditioning in clinical psychology. *Clinical Psychology Review, 11*(2), 193–203.

Feingold, A. (1992). Good–looking people are not what we think. *Psychological Bulletin, 111*, 304–341.

Ferguson, R. F., Ludwig, J., &Rich, W. (2001). A diagnostic analysis of Black–White GPA disparities in Shaker Heights, Ohio. *Brookings Papers on Education Policy*, (4), 347–414.

Fisher, H. (2006). The drive to love: The neural mechanism for mate selection. In R. J. Sternberg & K. Weis (Eds.), *The new psychology of love* (pp. 87–115). Yale University Press.

Fisher, H. (2004). *Why we love*. Henry Holt and Company.

Fisher, H. (2006). *Why we love: The nature and chemistry of romantic love*. Henry Holt and Company.

Fisher, R., & Ury, W. (1983). *Getting to yes: Negotiating agrement without giving in*. Penguin Books.

Folkman, S., & Lazarus, R. S. (1985). If it changes it must be a process: Study of emotion and coping during three stages of a college examination. *Journal of Personality and Social Psychology, 48*(1), 150–170.

Ford, M. E. (1992). *Motivating humans: Goals, emotions, and personal agency beliefs*. SAGE Publications, Inc.

Frankl, V. E. (1959). *Man's search for meaning: An Introduction to logotherapy*. Beacon Press.

Fraser, B. (1990). Perspectives on politeness. *Journal of Pragmatics, 14*, 219–236.

Fukushima, O. (2007). 자기이해를 위한 심리학. 김세곤, 성정애 공역. 공동체.

Galvin, K. M., & Brommel, B. J. (1986). Family communication: Cohesion and change. *Scott, Foresman*.

Gendlin, E. T. (2017). *Saying what we mean: Implicit precision and the responsive order*. 김성준 역. 상처받은 내 마음의 소리를 심리 치유. 팬덤북스.

Gerrig, R. J. (2013). *Psychology and life* (12th ed.). Pearson.

Gibbons, A. (2004). Tracking the evolutionary history of a "warrion" gene. *Science, 304*, 818–819.

Goffman, E. (1967). *Interaction ritual: Essays on face to face behavior*. Anchor Books.

Gottman, J. M. (1999). The marriage survival kit: A research–based marital therapy. In R. Berger & M. T. Hannah (Eds.), *Preventive approaches in couples therapy* (pp. 304–330). Routledge.

Goleman (2000). *Woring with emotional intelligence*. Bantam.

Gordon, R. M. (2006). What Is Love? A unified model of Love relations. *Issues In Psychoanalytic*

Psychology, 28(1), 25–33.

Gottman, M., & Parker, J. G. (1987). *Conversations with friends*. Cambridge Press.

Gray, J. (1992). *Men are from Mars, women are from Venus: A practical guide for improving communication and getting what you want in your relationships*. Harper Collins.

Gray, J. A. (1970). The psychophysiological basis of introversion–extraversion. *Behavior Research and Therapy, 8*, 249–266.

Greenberg, L. S. (1993). Emotion and change processes in psychotherapy. In M. Lewis & J. M. Haviland (Eds.), *Handbook of emotion*. Guilford Press.

Greenberg, L. S., & Safran, J. D. (1987). *Emotion in psychotherapy: Affect, cognition, and the process of change*. Guilford Press.

Grice, H. P. (1975). Logic and Conversation. In Cole, P. & J. Morgan (Eds.), *Syntax and semantics*. Vol. 3. New York/San Francisco/London.

Grossman, M., & Wood, W. (1993). Sex differences in Intensity of emotional experience: A social role interpretation. *Journal of Personality and Social Psychology, 65*, 1010–1022.

Grouzet, F. M. E., Kasser, T., Ahuvia, A., Dols, J. M. F., Kim, Y., Lau, S., et al. (2005). The structure of goal contents across 15 cultures. *Journal of Personality and Social Psychology, 89*, 800–816.

Haeffner, G. (1996). *Philosophische anthropologie*. 김의수 역. 철학적 인간학. 서광사. (원저 출판: 1982년).

Hamilton, V. Bower, & Frijda, N. (1988). *Cognitive science perspectives on emotion and motivation* (pp. 173–194). Martinus Nijhoff.

Harris, V. A. (1967). The attribution of attitudes. *Journal of Experimental Social Psychology, 3*, 1–24.

Hatfield, E. (1988). Passionate and companionate love. In R. J. Sternberg & M. L. Barnes (Eds.), *The psychology of love*. Yale University Press.

Hatfield, E., & Sprecher, S. (1986). Measuring passionate love in intimate relations. *Journal of Adolescence, 9*, 383–410.

Hazan, C., & Shaver, P. (1987). Romantic love conceptualized as an attachment process. *Journal of Personality and Social Psychology, 52*, 511–524.

Hazo, R. G. (1967). *The idea of love*. Praeger.

Headlee, C. (2019). *We need to talk*. 김성환 역. 말센스. 스몰빅라이프.

Hebel, M. R., & Heatherton, T. F. (1998). Awkward moments in interactions between nonstigmatized and stigmatzied individuals. *Journal of Health Psychology, 24*, 524–529.

Hendrick, L. H. (1990). *Five days to an organizwd life*. Dell Publishing.

Hendrick, C., Hendrick, S. S., & Dicke, A. (1998). The love attitudes scale: Short form. *Journal of Social and Personal Relationships, 15*(2), 147–159.

Hill, C. T., Rubin, Z., Peplau, L. A., & Willard, S. G. (1979). The volunteer couple: Sex differences, couple commitment and participation in research on interpersonal relationships. *Social Psychology Quarterly, 42*, 415–420.

Hill, M. S. (1988). Marital stability and spouses shared time. *Journal of Family Issues, 9*(4), 427–451.

Hoggard, L. (2006). *How to be happy*. 이경아 역. 행복: 행복 전문가 6인이 밝히는 행복의 심리학. 예담.

Hoff, E. (2005). Socioeconomic status and cultural influences on language. *Journal of Communication Disorders, 38*(4), 271–278.

Hoff, J. (2005). Training and Testing Physical Capacities for Elite Soccer Players. *Journal of Sports Sciences, 23*, 573–582.

Homans, G. C. (1961). *Social behavior: Its elementary forms*. Harcourt, Brace.

Huizinga, J. (1981). *Homo ludens*. 김윤수 역. 호모 루덴스. 홍성사. (원저 출판: 1938년).

Huston, T. L., & Levinger, G. (1978). Interpersonal attraction and relationships. *Annual Review of Psychology, 29*, 115–156.

Hwong, N., Cawell, A., Johnson, D. W., & Johnson, R. (1993). Effects of cooperative and individualistic learning on prospective elementary teachers' music achievement attitudes. *Journal of Social Psychology, 133*, 53–64.

Hymes, D. H. (1972). On communicative competence. In J. B. Pride, & J. Holmes (Eds.), *Sociolinguistics: Selected readings* (pp. 269–293). Penguin.

Ivey, A. E. (1971). Communication as adaptation. *Journal of Communication, 10*, 1460–2466.

Jackson, L. A., & McGill, O. D. (1996). Body type preferences and body characteristics associated with attractive and unattractive bodies by African Americans and Anglo Americans. *Sex Roles, 35*, 295–307.

Janis, I. L., & Mann, L. (1977). Decision making: A psychological analysis of conflict. *Choice, and Commitment Hardcover, April 1*.

Janoff–Bulman, R. (2006). Schema–change perspectives on posttraumatic growth. In L. G. Calhoun & R. G. Tedeschi (Eds.), *Handbook of posttraumatic growth: Research and practice* (pp. 81–99).

Jex, S. M., Beehr, T. A., & Roberts, C. K. (1992). The meaning of occupational stress items to survey respondents. *Journal of Applied Psychology, 77*(5), 623–628.

Jones, F. L. (1997). *Sex and ethnicity in the Australian labour market: The immigrant experience*. Australian Bureau of Statistics.

Kalat, J. W. (2019). *Biological psychology* (13th ed.). 김문수, 박순권 공역. 생물심리학. 박학사. (원저 출판: 2019년).

Kaplan, H. S. (1974). *The new sex therapy*. Brunner–Mazel.

Kayser, K. (1993). *When love dies: The process of marital disaffection*. The Guilford Press.

Kelly, G. F. (1981). Loss of loving: A cognitive therapy. *The Journal of Personal & Guidance*

Journal, 401–404.

Kelly, H. H. (1983). Love and commitment. In H. H. Kelly et al. (Eds.), *Close relationship* (pp. 265–314). Freeman.

Kerckhoff, A. C., & Davis, K. E. (1962). Value consensus and need complementarity in mate selection. *American Sociological Review, 27*(3), 295–303.

Kernberg, O. F. (1985). *Borderline conditions and pathological narcissism*. Rowman & Littlefield.

Kestner, P. B., & Ray, L. (2002). *The Conflict resolution training program*. Jossey Bass.

Kheirbeck, M. A., & Hen, R. (2011). Dorsal vs ventral hippocampal neurogenensis: Implications for cognition and mood. *Neuropsychopharmacology, 36*(1), 373–374.

King, L. A., & Hicks, J. A. (2009). Detecting and constructing meaning in life events. *Journal of Positive Psychology, 4*, 317–330.

Kinsey, A. C., Pomeroy, W. B., & Marin, C. E. (1948). *Sexual behavior in the human female*. Saunders.

Kirkpatrik, L. A., & Hazan, C. (1994). Attachment styles and close relationship; A four–year prospective study. *Personality Relationship, 1*, 123–142.

Knapp, M. L. (1978). *Social intercourse: From greeting to goodbye*. Allyn & Bacon.

Knapp, M. L., & Vangelisti, A. L. (2005). Relationships stages: A communication perspective. In M. L. Knapp & A. L. Vangelisti (Eds.), *Interpersonal communication and human relationships* (pp. 151–158). Allyn & Bacon.

Krauss, N. (2005). *The history of love*. Norton & Company.

Kressel, K., Jaffee, N., Tuchman, B., Watson, C., & Deutsch, M. (1980). A typology of devorcing couples: Implcation for mediation and the divorce process. *Family Process, 19*, 101–116.

Lakoff, R. (1973). The logic of politeness, or minding your P's and Q's. *Chicago Linguistics Society, 9*, 292–305.

Landmann, M. (1977). *Philosophical anthropology*. 진교훈 역. 철학적 인간학–역사와 현대에 있어서 인간의 자기 해명. 경문사. (원저 출판: 1955년).

LeDoux, J. E. (1994). *Emotion, memory and the brain*. *Scientific American, 270*, 32–39.

Lee, J. A. (1973). *The colors of love: An exploration of the ways of loving*. New Press.

Lee, J. A. (1988). Love–styles. In R. J. Sternberg, & M. L. Barnes (Eds.), *The psychology of love* (pp. 38–67). Yale University Press.

Leech, G. (1983). *Principles of pragmatics*. Longman.

Levi, L. (1967). Emotional stress. *Neuroscience and Medicine, 11*(1).

Levinger, G. (1980). Toward the analysis of close relationships. *Journal of Experimental Social Psychology, 16*(6), 510–544.

Levinger. G., & Snoek. J. D. (1972). *Attraction in relationship: A new look at interpersonal attraction*. General Learning Press.

Lewin, J. E. (1996). Organizational buying behavior: Toward an integrative framework. *Journal of Business Research, 35*(1), 1–15.

Lewis, D. (1973). Counterfactuals and comparative possibility. *Journal of Philosophy Logic, 2*, 418–446.

Lewis, T., Amini, F., & Lannon, R. (2001). *A general theory of love.* Random House.

Liebowitz, M. R. (1983). *The chemistry of love*. Little, Brown.

Love, P. (2001). *The truth about love*. Simon & Schuter.

Lowenthal, M. F., Thurnher, M., & Chiriboga, D. (1975). *Four stages of life*. Jossay–Bass Publisher.

Loyd, S. A., & Cate, R. M. (1985). The developmental course of contlict in dissolution premarital relationships. *Journal of Social and Personal Relationships, 2*, 755–773.

Lungu, A. (2021). 의미 있는 삶을 위하여. 수오서재.

Lyubomirsky, S. (2007). *The how of happiness: A scientific approach to getting the life you want*. Penguin Press.

MacLean, P. (1990). *The triune brain in evolution: Role in Paleocerebral functions*. Springer.

MacLean, P. D. (1998). The history of neuroscience in autobiography. *Society for Neuroscience, Bethesda*, 242–275.

Maslow, A. H. (1954). *Motivation and personality*. Harper & Row Publishers.

Master, W. H., Johnson, V. E., & Kolodny, R. C. (1988). *Heterosexual behavior in the age AIDS*. Grove Press.

May, R. (1975). A preface to love. A. Montagu (Ed.), *The practice of love* (pp. 114–119). Prentice–Hill.

May, R. (2007). Live & will. Norton.

Mayter, J. D., & Gaschke, Y. N. (1988). The experience and meta–experience of mood. *Journal of Personality and Social Psychology, 55*, 102–111.

McGrath, J. E. (1978). *Social psychology: A brief introduction*. Holt, Rinehart & Winston.

Mendelson, M. J., & Aboud, F. E. (1999). Measuring friendship quality in late adolescents and young adults: McGill Friendship Questionnaires. *Canadian Journal of Behavioural Science/ Revue canadienne des sciences du comportement, 31*(2), 130–132.

Michelson, L. (1983). Social skills training methods. *Behaviour Research and Therapy, 21*(5), 545–556.

Miller, L. C. (1990). Intimacy and liking: Mutual influence and the role of unique relationships. *Journal of Personality and Social Psychology, 59*, 50–60.

Mondin, B. (1996). *Antropologia filosofica*. 허재윤 역. 인간: 철학적 인간학 입문. 서광사. (원저 출판: 1985년).

Monroe, S. M., Rohde, P., Seeley, J. R., & Lewinsohn, P. M. (1999). Life events and depression in adolescence: Relationship loss as a prospective risk factor for first onset of major depressive disorder. *Journal of Abnormal Psychology, 108*(4), 606.

Moore, M., & Gould, J. (2000). *Date like a man*. Happer.

Morokqff, P., & Gilliland, R. (1997). Stress, sexual functioning and marital satisfaction. *Journal of Sex Research, 30*, 43–53.

Morris, M. H. (1999). Entrepreneurship in established organizations: The case of the public sector. *Entrepreneurship Theory and Practice, 24*(1), 71–91.

Murdock, G. P. (1965). *Culture and society: Twenty-four essays*. The University of Pittsburgh Press.

Murstein, B. I. (1976). Physical attractiveness and marriage adjustment in middle-aged couples. *Journal of Personality and Social Psychology, 34*(4), 537–542.

Olson, P. L., Legg, N. T., Abbe, T. B., Reinhart, M. A., Radloff, J. K. (2014). *A Methodology for delineating planning-level channel migration zones*. Ecology Publication.

Orthner, D. K. (1975). Leisure activity patterns and marital satisfaction over the marital career. *Journal of Marriage and Family*, Feb, 91–102.

Okun, M. A., John, A. S., Morris, A. M., & Alex, J. Z. (2016). The psychosocial context of financial stress: Implications for inflammation and psychological health. *Psychosom Med, 78*(2), 134–143.

Parker-Pope, T. (2012). *For better: The science of a good marriage*. 홍지수 역. 연애와 결혼의 과학. 민음사.

Pannenberg, W. (1996). *Anthropologie*. 박일영 역. 인간학 1-인간본성론. 분도출판사. (원저 출판: 1983년).

Pearlin, L. I., & Schooler, C. (1978). The structure of coping. *Journal of Health and Social Behavior, 19*, 2–21.

Pines, A. M. (1999). *Falling in love*: Why we choose the loves we choose. Routledge.

Pinkly, R. (1990). Dimensions of conflict frame: Disputant interpretations of conflict. *JAP, 75*, 117–126.

Plutchik, R. (1980). A general psychoevolutionary theory of emotion. In R. Plutchik & H. Kellerman (Eds.), *Emotion: Theory, research, and experience: Vol. 1. Theories of emotion* (pp. 3–33). Academic.

Praver, F. C. (2011). *The new science of love*. Sourcebooks, inc.

Pruitt, D. G., & Gahagan, J. P. (1974). Campus crisis. In J. T. Tedeschi (Ed.), *Perspectives on social power*. Aldine-atheron.

Rathus, S. A., Nevid, J. S., & Ficher-Rathus, L. F. (2011). *Human sexuality in a world of diversity* (8th ed.). Pearson.

Reeve, J. (2006). Teachers as facilitators: What autonomy-supportive teachers do and why their students benefit. *The Elementary School Journal, 106*(3), 225–236.

Reisman, J. M. (1979). *Anatomy of friendship*. Irvinton Press.

Reisman, J. M. (1981). *Anatomy of a Friend*. Penguin Books.

Reiss, A. J. (1971). *The police and the public*. Yale University Press.

Renaye, P. (2012). *Living the life you love*. Diomo Books.

Rosenbaum, M. E. (1986). The repulsion hypothesis: On the nondevelopment of relationships. *Journal of Personality and Social Psychology, 51*(6), 1156–1166.

Rosenberg, E. L. (2004). Mindfulness and consumerism. In T. Kasser & A. D. Kanner (Eds.), *Psychology and consumer culture: The struggle for a good life in a materialistic world* (pp. 107–125).

Roth, G. (2011). Leadership and teachers' motivation: Self-determination theory analysis. *Journal of Educational Administration, 49*, 256–275.

Ruti, M. (2011). *The summons of love*. Columbia University Press.

Ryan, R. M., & Frederick, C. M. (1997). On energy, personality, and health: Subjective vitality as a dynamic reflection of well-being. *Journal of Personality, 65*, 529–565.

Sardello, R. (1995). *Live and the soul*. HarperCollins Publishers Inc.

Satir, V. (2004). *Self esteem*. Celestial Arts.

Schlusher, M. P., & Anderson, C. A. (1987). When reality morning fails: The role of imagination in stereotype maintenance. *Journal of Personality and Social Psychology, 54*, 250–263.

Schmidt, N., & Sermat, V. (1983). Measuring loneliness in different relationships. *Journal of Personality and Social Psychology, 44*(5), 1038–1047.

Scott, W. G. (1976). *Organizational theory: A Structural and Behavioral Analysis*. Irwin Press.

Seligman, M. E. P. (2004). *Character strengths and virtues: A handbook and classification*. Oxford University Press.

Sesma, A. (2000). *Developmental approaches to understanding media effects on individuals*. Praeger.

Shavelson, R. J., Hubner, J. J., & Stanton, G. C. (1996). On the structure of social self-concept for pre-, early, and late adolescents: A test of the Shavelson, Hubner, and Stanton (1976) model. *Journal of Personality and Social Psychology, 70*(3), 599–613.

Simpson, J. A. (1990). Influence of attachment styles on romantic relationship. *Journal of Personality and Social Psychology, 59*, 971–980.

Simpson, J. A., & Harris, B. A. (1994). Interpersonal attraction. In A. L. Weber & J. H. Harvey (Eds.), *Perspective on close relationships* (pp. 45–66). Allyn & Bacon.

Snyder, D. K. (1979). Multidimensional assessment of marital satisfaction. *Journal of Marriage and Family*, Nov, 813–823.

Steger, M. F., Frazier, P., Oishi, S., & Kaler, M. (2006). The meaning in life questionnaire: Assessing the presence of and search for meaning in life. *Journal of Counseling Psychology, 53*, 80–93.

Sternberg, K. (2014). *Psychology of Love 101*. Springer Publishing Company.

Sternberg, K. (2016). 이규미, 손강숙 역. 사랑의 심리학. 시그마프레스.

Sternberg, R. et al. (2003). 최연실, 이경희, 고선주, 조은숙 편역. 사랑의 심리학. 도서출판 하우.

Sternberg, R. J. (1986). A triangular theory of love. *Psychological Review, 93*, 119–135.

Sternberg, R. J. (2006). *The new psychology of love*. Yale University Press.

Sternberg, R. J., & Grajek, S. (1984). The nature of love. *Journal of Personality and Social Psychology, 47*(2), 312–329.

Stinnett, N. (1985). Strong families. In J. M. Henslin (Ed.), *Marriage and family in a changing society*. The Free Press.

Stinnett, N., & Walters. J. (1997). *Relationships in marriage & family*. Macmillan.

Stock, H. J. (2005). Getting emotional about sales. *Bank Investment Consultant*, January, 32–33.

Sullins (1989). Perceptual Salience as a Function of Nonverbal Expressiveness. *Personality and Social Psychology Bulletin, 15*(4), 584–595.

Sullivan, H. S. (1953). *The interpersonal theory of psychiatry*. Norton.

Tannahill, R. (1980). *Sex in history*. Stein & Day.

Thibaut, J. W., & Kelley, H. H. (1959). *The social psychology of groups*. John Wiley.

Thompson, L., & Hastie, R. (1990). Social perception in negotiation. *OBHDP, 47*, 98–123.

Thompson, S. C. (1985). Finding positive meaning in a stressful event and coping. *Basic and Applied Psychology, 6*, 279–295.

Tylor, E. B. (1974). Primitive culture: researches into the development of mythology, philosophy, religion, art, and custom. *Dictionary of Sociology, 101*.

Vallerand, R. J., & Reid, G. (1984). On the causal effects of perceived competence on intrinsic motivation: A test of cognitive evaluation theory. *Journal of Sport Psychology, 6*, 94–102.

VandenBos, G. R. (Ed.). (2015). *APA dictionary of psychology* (2nd ed.). American Psychological Association.

Villard, K. L., & Whipple, J. J. (1976). *Beginnings in relational communication*. Wiley.

Warren, N. C. (1992). *Finding the love your life*. Focus on Family Publishing.

Waterman, A. S. (1993). Tow concepts of happiness: Constrast of personal expressiveness (eudaimonia) and hedonic enjoyment. *Journal of Personality and Social Psyvhology, 64*, 678–691.

Watzlawick, P. (2017). *Pragmatics of Human Communication: A Study of Interactional Patterns*. Pathologies and Paradoxes. Norton.

Wieselquist, J., Rubult, C. E., Foster, C. A., & Agnew, A. R. (1999). Commitment, por-relationships. *Journal of Personality & Social Psychology, 77*(5), 942–996.

Willson, G., & Nias, D. (2009). 김정범 역. 사랑의 미스테리 성 심리학으로 풀다. 미래문화사.

Winch, R. F. (1958). *Mate-selection: A study of complementary needs*. Harper.

Woods, M. E., & Hollis, F. (1990). *Casework–A psychosocial therapy*. McGraw-Hill.

Zajonc, R. B. (1968). Feeling and thinking: Preference need no inferences. *American Psychologist, 35*, 151–175.

Zhou, M. (1993). A survey of sexual states of married, healthy, reproductive age woman. *Journal of Personality & Human Sexuality, 6*(2), 15–28.

찾아보기

인명

내용

저자 소개

안권순(Ahn kwon soon)

충남대학교 심리학과 학사

중앙대학교 대학원 심리학과 임상심리학 석사

동국대학교 대학원 교육학과 상담심리학 박사

(주 전공: 임상심리학, 상담심리학, 교육학)

현) 한서대학교 교육대학원 상담심리교육전공 교수

한서대학교 사회복지학과 교수

이정순(Lee jung soon)

한서대학교 대학원 아동청소년상담심리학과 박사과정

충청남도 예산군 의회 의원

인간관계와 의사소통

Human Relationships and Communication

2025년 6월 20일 1판 1쇄 인쇄
2025년 6월 25일 1판 1쇄 발행

지은이 • 안권순 · 이정순
펴낸이 • 김진환
펴낸곳 • (주) 학지사
04031 서울특별시 마포구 양화로 15길 20 마인드월드빌딩
대표전화 • 02)330-5114 팩스 • 02)324-2345
등록번호 • 제313-2006-000265호

홈페이지 • http://www.hakjisa.co.kr
인스타그램 • https://www.instagram.com/hakjisabook

ISBN 978-89-997-3414-4 93180

정가 24,000원

저자와의 협약으로 인지는 생략합니다.
파본은 구입처에서 교환해 드립니다.